Studienbuch Gender und Diversity für die Soziale Arbeit

Karin E. Sauer · Sebastian Klus ·
Rahel Gugel
(Hrsg.)

Studienbuch Gender und Diversity für die Soziale Arbeit

 Springer VS

Hrsg.
Karin E. Sauer
DHBW Villingen-Schwenningen
Villingen-Schwenningen, Deutschland

Sebastian Klus
Katholische Hochschule Freiburg
Freiburg, Deutschland

Rahel Gugel
DHBW Villingen-Schwenningen
Villingen-Schwenningen, Deutschland

ISBN 978-3-658-42941-6   ISBN 978-3-658-42942-3   (eBook)
https://doi.org/10.1007/978-3-658-42942-3

Die Deutsche Nationalbibliothek verzeichnet diese Publikation in der Deutschen Nationalbiblio-grafie; detaillierte bibliografische Daten sind im Internet über http://dnb.d-nb.de abrufbar.

Planung/Lektorat: Stefanie Laux
Springer VS ist ein Imprint der eingetragenen Gesellschaft Springer Fachmedien Wiesbaden GmbH und ist ein Teil von Springer Nature.
Die Anschrift der Gesellschaft ist: Abraham-Lincoln-Str. 46, 65189 Wiesbaden, Germany

Das Papier dieses Produkts ist recyclebar.

Inhaltsverzeichnis

Einleitung: Gender und Diversity für die Soziale Arbeit   1
Karin E. Sauer, Sebastian Klus und Rahel Gugel

**Gesellschaftliche Strukturen als Rahmenbedingungen der
Sozialen Arbeit**

Geschlecht, Macht und Herrschaft als Grundbegriffe der Sozialen
Arbeit   13
Maria Ludwigs

„Identitätspolitik" oder „Klassenkampf"? Über
Deutungskonkurrenzen sozialer Ungleichheit   35
Christoph Schneider

Zwischen Modernisierung und Traditionalisierung: zur
feministischen Kritik an wohlfahrtsstaatlichen Politiken und ihren
Ungleichheitseffekten   59
Sebastian Klus

Diskurse, Bilder und Konstruktionen von Normalität

Who Cares? Zwischen „relativer Verewigung" der
Geschlechterordnung und feministischer Utopie   77
Beate Blank

Die Bedeutung des Geschlechts männlicher Fachkräfte in der
frühkindlichen Erziehung   107
Stephan Sälinger

Zwischen männlicher Herrschaft und dem Scheitern am Ideal
der Dominanz. Pierre Bourdieus „Die männliche Herrschaft"
als theoretischer Rahmen für die sozialarbeiterische Praxis der
Männerberatung 131
Florian Schumacher und Jonas Muth

Subjektorientierte Positionierungen in gesellschaftlichen
Diskursen & Identitätskonstruktionen

Depression und Männlichkeit – theoretische Ansätze, empirische
Befunde und Erfordernisse sozialpsychiatrischer Versorgung 157
Tobias Staiger und Silvia Krumm

Diversity und Gesundheit. Der Einfluss lebensbedrohlicher
Krankheiten auf die Lebensplanung junger Menschen 179
Kenth Joite, Michael Malina und Karin E. Sauer

Zur Intersektionalität von Behinderung* und Geschlecht* aus
subjektorientierter Sicht 197
Karin E. Sauer

Queer-theoretische Perspektiven auf sexuelle und
Geschlechter-Diversität: Eine kritische Auseinandersetzung mit
Heteronormativität in der Sozialen Arbeit 223
Robin Bauer

Das Subjekt in gesellschaftlichen Macht-Strukturen

Auswirkungen kolonial-rassistischer Wissensbestände im Kontext
der Hilfen zur Erziehung 249
Isabelle Ihring

Prävention häuslicher Gewalt im Fluchtkontext 269
Mohammad Naser Rostami, Mohamad Abdullah
und Alexander Stotkiewitz

Prostitution/Sexarbeit zwischen rechtlicher Normierung und
lebensweltlichen Bewältigungsstrategien. Konsequenzen für die
Soziale Arbeit 291
Rahel Gugel

Soziale Arbeit und sexualisierte Gewalt 317
Anja Teubert

Herausgeber:innen- und Autor:innenverzeichnis

Über die Herausgeber:innen

Karin E. Sauer Dr. rer. soc., Dipl.-Päd., Master in Diversity Education. Professorin für Sozialarbeitswissenschaft und Methoden der Sozialen Arbeit an der DHBW Villingen-Schwenningen, Fakultät für Soziale Arbeit. Lehrbeauftragte im Masterstudiengang Kulturelle Diversität in der musikalischen Bildung an der Universität Hildesheim. Lehrtätigkeit zu Prozessen der Inklusion und Exklusion in (Post-)Migrationsgesellschaften, Cultural Studies, Dis_ability Studies, Gender & Diversity in der Sozialen Arbeit, interkulturellen Perspektiven der Sozialen Arbeit (Deutschland – Ruanda), Erziehung – Bildung – Sozialisation. Forschungsinteressen sind Critical Whiteness, De-colonial Social Work, Erinnerungsarbeit, Globale Umweltbewegungen, Community Music, Musik (und andere kreative Künste) als Formen von Kommunikation und politischer Artikulation, Partizipative Aktionsforschung.

Sebastian Klus Dr. phil., Diplom-Sozialarbeiter und Soziologe, Professor für Konzepte und Methoden der Sozialen Arbeit an der Katholischen Hochschule Freiburg. Arbeits- und Interessenschwerpunkte: Sozialarbeitspolitik, Gemeinwesenarbeit und Sozialraumorientierung, soziale Stadtentwicklung, Gender und Care, Soziale Arbeit und Nachhaltigkeit.

Rahel Gugel Dr., Juristin, Master in Humanitarian Assistance. Studiengangsleiterin Soziale Arbeit – „Jugend-, Familien- und Sozialhilfe" an der Dualen Hochschule Baden-Württemberg in Villingen-Schwenningen. Arbeitsschwerpunkte: Recht in der Sozialen Arbeit, Antidiskriminierungrecht und Social

Advocacy, Opferrechte, Legal Gender Studies, Gleichstellungsorientierte Gesetzesfolgenabschätzung.

Autor:innenverzeichnis

Mohamad Abdullah Stuttgart, Deutschland

Robin Bauer Dr. phil., DHBW Stuttgart, Stuttgart, Deutschland

Beate Blank Dr. rer. soc., Dipl.-Päd., Duale Hochschule Baden-Württemberg, Villingen-Schwenningen, Deutschland

Rahel Gugel Dr., DHBW Villingen-Schwenningen, Villingen-Schwenningen, Deutschland

Isabelle Ihring Dr., Dipl. Päd., Evangelische Hochschule Freiburg, Freiburg, Deutschland

Kenth Joite Deizisau, Deutschland

Sebastian Klus Dr. phil., Katholische Hochschule Freiburg, Freiburg, Deutschland

Silvia Krumm Prof. Dr. phil. habil., Universität Ulm, Günzburg, Deutschland

Maria Ludwigs Frauenhorizonte e. V., Freiburg, Deutschland

Michael Malina Dipl. Päd., Villingen-Schwenningen, Deutschland

Jonas Muth Dipl. Päd., Caritasverband für den landkreis Emmendingen e.V, Emmendingen, Deutschland

Mohammad Naser Rostami Stuttgart, Deutschland

Karin E. Sauer Dr. rer. soc., Dipl.-Päd., DHBW Villingen-Schwenningen, Villingen-Schwenningen, Deutschland

Christoph Schneider Dr. rer. soc., DHBW-VS, Villingen-Schwenningen, Deutschland

Florian Schumacher Dr. phil., M.A., Katholische Hochschule Freiburg, Freiburg, Deutschland

Tobias Staiger, Dr. PH, MSc in Public Health, Dipl.-Soz.Arb./Soz.Päd. (FH) Duale Hochschule Baden-Württemberg, Villingen-Schwenningen, Deutschland

Alexander Stotkiewitz Stuttgart, Deutschland

Stephan Sälinger Duale   Hochschule   Baden-Württemberg,   Villingen-
Schwenningen, Deutschland

Anja Teubert Dr. phil., Dipl. Soz.päd., Duale Hochschule Baden-Württemberg
Stuttgart, Stuttgart, Deutschland

Einleitung: Gender und Diversity für die Soziale Arbeit

Karin E. Sauer, Sebastian Klus und Rahel Gugel

Zusammenfassung

Das Studienbuch Gender und Diversity für die Soziale Arbeit erfasst verschiedene Facetten sozialer Ungleichheit, die sich an bestimmten Kategorien von Diversität, hier v. a. Gender, materialisieren. So durchdringen Gender-Fragen alle Praxisfelder Sozialer Arbeit, jedoch werden sie oft noch nicht als Ursache von Diskriminierungen wahrgenommen. Anhand konkreter, interdisziplinär angelegter Fokussierungen wird eine übergreifende Perspektive auf gesellschaftliche Macht- und Herrschaftsverhältnisse aufgezeigt, in denen spezifische Diskriminierungsverhältnisse eingebettet sind. Neben einer kritischen Analyse der Geschichte der Sozialen Arbeit vermittelt das Studienbuch sowohl Befunde aus der Sozialarbeitsforschung als auch Sichtweisen von Erfahrungsexpert:innen, aus welchen Perspektiven zur Transformation ungerechter Macht- und Geschlechterverhältnisse hervorgehen, die in einer diversitäts- und gendersensiblen Sozialen Arbeit Berücksichtigung finden (sollten).

K. E. Sauer (✉) · R. Gugel
DHBW Villingen-Schwenningen, Villingen-Schwenningen, Deutschland
E-Mail: karin.sauer@dhbw.de

R. Gugel
E-Mail: rahel.gugel@dhbw.de

S. Klus
Katholische Hochschule Freiburg, Freiburg, Deutschland
E-Mail: sebastian.klus@kh-freiburg.de

1   Inhalte des Studienbuchs Gender und Diversity für die Soziale Arbeit

Das vorliegende Studienbuch widmet sich dem Themenkomplex Gender und Diversity in der Sozialen Arbeit. Es ist im Kontext der Ringvorlesung Gender & Diversity entstanden, welche seit 2019 regelmäßig an der Dualen Hochschule Baden-Württemberg Villingen-Schwenningen durchgeführt wird. Die Beschäftigung mit Gender und Diversity erscheint zentral für Theorie, Praxis und Ausbildung der Sozialen Arbeit im 21. Jahrhundert, da gesellschaftliche Verhältnisse, Strukturen und Praktiken ohne diese weder verstanden noch bearbeitet werden können. Das Studienbuch bietet eine ebenso verständliche wie fachlich fundierte Einführung in Grundlagen der sozial- und kulturwissenschaftlichen Gender-, Queer- und Diversity Studies und damit verbundene Problem- und Handlungsfelder für die Soziale Arbeit. Die Auseinandersetzung mit Konzepten und Methoden der diversitätsbewussten Sozialen Arbeit eröffnet zudem Perspektiven des Transfers in die professionelle Praxis. Neben aktuellen Fachdiskursen aus Wissenschaft und Forschung sind Beiträge von Erfahrungsexpert:innen einbezogen, z. B. im Kontext (psychische) Gesundheit, Behinderung*/Divers_ability, Flucht. Dabei wird ein subjektives Erleben von Diskriminierung in Bezug gesetzt zu gesellschaftsstrukturellen Exklusionsprozessen aus sozialen Funktionssystemen, welche durch negativ konnotierte Abweichungen von mehrheitsgesellschaftlichen Diskursen, Normen bzw. Normalitäten hergestellt werden.

In den verschiedenen Perspektiven auf Theorie und Praxis Sozialer Arbeit zeigt sich, dass die von Paula-Irene Villa formulierte Beobachtung zur Relevanz der Gender Studies auch für die aktuelle Soziale Arbeit von Bedeutung ist:

„Die Deplausibilisierung des Common Sense ist einer der nachhaltigsten Effekte der Gender Studies und auch ihr enormes Irritationspotenzial. Die Konstruiertheit des Geschlechts, auch dessen Dekonstruktion, bestimmt seit mindestens zwei Jahrzehnten das theoretische und empirische Arbeiten in den Gender Studies" (Villa 2014, S. 53).

Insofern nehmen die Gender Studies auch auf die Profession und Disziplin Sozialer Arbeit Einfluss. Dabei ist wichtig sich zu vergegenwärtigen, dass sowohl die Wissenschaft Soziale Arbeit als auch Gender Studies die gemeinsame Grundlage haben, dass sie soziale Ungleichheiten und ungerechte Machtverhältnisse analysieren, öffentlich benennen und Lösungen anstreben, die mehr soziale Gerechtigkeit – insbesondere Geschlechtergerechtigkeit versprechen. So kam es im Kontext historischer und politischer Entwicklungen zu Überschneidungen von sozialen Bewegungen z. B. Arbeiter-, Friedens-, Jugend- und Frauenbewegung. Deren Impulse fanden – teilweise nach langen Kämpfen – Eingang in gesetzliche, ökonomische und soziokulturelle Strukturen. Somit beinhalten auch die Strukturen institutionalisierter Sozialer Arbeit soziale Konstrukte dazu, was als ‚Normalität' und was als ‚Abweichung' zu definieren sei, um im – durch diese Konstrukte nachweisbaren – Bedarfsfall entsprechende Unterstützungsmöglichkeiten vorzuhalten. So bewegt sich Soziale Arbeit im Rahmen historisch gewachsener Bedingungen, aus denen sich Umgangsformen mit sozialen Diversitäten ergeben haben. Wie oben beschrieben sind diese Bedingungen teilweise entstanden aus Formen der Solidarisierung von und mit Menschengruppen, die soziale Ausgrenzung erfahren. Verschiedene Gegebenheiten führten jedoch dazu, dass sich aus ursprünglich solidarisch angelegten Strukturen wiederum Ausgrenzungsprozesse ergeben haben, die neue soziale Ungleichheiten hervorgebracht haben. Ein für Gender und Diversity in der Sozialen Arbeit relevanter Bezug ist etwa die historische Entwicklung von Geschlechterverhältnissen, wie hier am Beispiel Ehe skizziert werden soll.

Historische Entwicklung von Geschlechterverhältnissen am Beispiel Ehe

Die historische Gewachsenheit der Ehe zwischen Mann* und Frau* geht mit gesetzlichen Verbindlichkeiten und ökonomischen Abhängigkeitsverhältnissen einher. Das Verhältnis zwischen Ehefrau und Ehemann in einem kapitalistisch geprägten Gesellschaftssystem ist bestimmt durch die wechselseitige Abhängigkeit eines ‚Ernährers' und einer ‚Fürsorgerin', wobei deren Aufgaben sich aufteilen in Produktion (Erwerbsarbeit, die finanziell vergütet ist) und Reproduktion (Care-Arbeit, die unbezahlt für die dem gemeinsamen Haushalt Angehörigen geleistet wird). Diese Verbindung entwickelte sich durch emanzipatorische Bewegungen einerseits und durch ökonomische Notwendigkeit andererseits hin zu einer Doppelbelastung der Frau, die nunmehr ebenfalls durch Erwerbstätigkeit zur Sicherung des Einkommens beitragen konnte bzw. musste, während die Verantwortung für die Care-Arbeit weitgehend bei ihr verhaftet blieb. Dies führte wiederum zu ihrer eingeschränkten Verfügbarkeit für den Arbeitsmarkt, was (insbesondere im Fall einer Ehescheidung) ihre wirtschaftliche Situation massiv verschlechterte, mit Konsequenzen bis hin zur Altersarmut. Um Familienverhältnisse staatlich zu unterstützen und darüber den gesellschaftlichen Zusammenhalt zu stärken, bemühte sich die Politik in den letzten Jahren um sozial- und gesellschaftspolitische Reformen und rechtliche Anpassungen, z. B. durch die ‚Ehe für alle', bei der auch gleichgeschlechtliche Paare heiraten und Kinder haben dürfen (qua Adoption oder Fertilisation) oder Regelungen zu Elternzeit und Elterngeld, welche eine gleichberechtigtere Arbeitsteilung ermöglichen sollen.◄

An diesem Beispiel wird deutlich, wie sich im Lauf der Geschichte Geschlechterverhältnisse gewandelt haben, und wie diese intersektional mit weiteren sozialen Integrations- und Ausschlussprozessen verkettet sind. In diesem Band werden unterschiedliche Phasen dieser Entwicklungen in den Blick genommen und in ihrer Bedeutung für die heutige Soziale Arbeit reflektiert. Diese (re-)produziert in ihrem Wirken selbst Machtverhältnisse, welche hier kritisch beleuchtet werden. Über eine differenzierte Revision verstetigter Formen institutionalisierter und gesetzlich gerahmter Sozialer Arbeit hinaus stellt das Studienbuch neue Denk- und Handlungsräume für die Soziale Arbeit vor. Diese beziehen sich einerseits auf spezifische differenzsensible Ansätze Sozialer Arbeit, die die Autor:innen mit ihren jeweiligen Spezialisierungen praxisnah erläutern. Andererseits beschäftigen sich die Beiträge auch mit Initiativen von Nutzer:innen und Nicht-Nutzer:innen Sozialer Arbeit, welche durch ihre Aktivitäten soziale Transformationsprozesse in Gang setzen, die für die Weiterentwicklung der Sozialen Arbeit angesichts globaler Problemlagen existenziell sind.

2 Wirkebenen sozialer Ungleichheitsverhältnisse in heterogenen Gesellschaften

Macht- und Ungleichheitsverhältnisse werden auf verschiedenen, aufeinander bezogenen sozialen Ebenen erkennbar und wirksam. Ausgehend von dieser Überlegung folgt das Buch mit seinen Beiträgen einer Strukturierung anhand der Wirkebenen Struktur – Diskurs – Subjekt (vgl. z. B. Riegel 2016). Die Ebene des Subjekts wird dabei jeweils in ihrer Verschränkung mit gesellschaftlichen Strukturen bzw. Diskursen betrachtet, woraus sich insgesamt vier Hauptkapitel ergeben:

1. Gesellschaftliche Strukturen als Rahmenbedingungen der Sozialen Arbeit
2. Diskurse, Bilder und Konstruktionen von Normalität
3. Subjektorientierte Positionierungen in gesellschaftlichen Diskursen und Identitätskonstruktionen
4. Das Subjekt in gesellschaftlichen Macht-Strukturen.

Die einzelnen Beiträge möchten wir an dieser Stelle kurz überblicksartig vorstellen.

2.1   Gesellschaftliche Strukturen als Rahmenbedingungen der Sozialen Arbeit

Maria Ludwigs gibt eine Einführung in das grundlegende Verständnis von Geschlechterverhältnissen als gesellschaftsstrukturelle Machtverhältnisse. Durch den in der Definition der Sozialen Arbeit angelegten Auftrag zur Kritik sozialer Ungleichheit und Achtung der Vielfalt werden Geschlechterverhältnisse zu einem zentralen Bezugspunkt und verlangen von Sozialarbeitenden eine spezifische Genderkompetenz, bestehend aus den drei Elementen Wissen, Können und Wollen. Dabei werden die Gender Studies als Referenzdisziplin für die Soziale Arbeit vorgestellt.

In *Christoph Schneiders* Kapitel „Identitätspolitik" oder „Klassenkampf"? geht es um Deutungskonkurrenzen sozialer Ungleichheit. Dabei werden zwei Perspektiven gesellschaftlicher Statusdifferenzen verglichen, zum einen Ungleichheit in Form identitätsbezogener Anerkennungsdefizite und zum anderen Ungleichheit hinsichtlich der Verteilung monetärer Ressourcen. Im ersten Fall geht es um Fragen der Diskriminierung von Frauen, von Angehörigen genderbezogener und sexueller Minoritäten, anderer Kulturen, Hautfarben und Ethnien. Im zweiten Fall ist der Kernkonflikt vorrangig ökonomisch gelagert. Das Hauptinteresse liegt hier darin, die ungleiche gesellschaftliche Güterverteilung bezüglich Einkommen und Vermögen entlang einer kapitalismuskritischen Achse zu analysieren. Die zwischen den genannten beiden Ebenen bestehenden Verflechtungen werden hier zur Diskussion gestellt.

Sebastian Klus nimmt den Zusammenhang von wohlfahrtsstaatlichen Politiken, Care-Arrangements und Geschlechterverhältnissen in den Blick. In einer historischen Perspektive wird zunächst verdeutlicht, wie eng die Entwicklung des Wohlfahrtsstaats in Deutschland mit der geschlechtsbezogenen Teilung in produktive und reproduktive Arbeit verknüpft ist. Die feministische Kritik hieran wird mit der Care-Debatte verknüpft. Zentrale Begriffe und Konzepte der Wohlfahrtsstaatsforschung werden eingeführt und erlauben eine Einordnung wohlfahrtsstaatlicher Politiken und ihrer Auswirkungen auf Care- und Geschlechterverhältnisse. Abschließend werden Perspektiven eines sozial gerechteren Care-Mix skizziert.

2.2   Diskurse, Bilder und Konstruktionen von Normalität

Beate Blank stellt mit Who cares? eine im doppelten Sinn alte Frage: Wen kümmert schon die Sorgearbeit? und: Wer macht die Care-Arbeit? Sorgearbeit durchdringt alle Bereiche des Lebens. Von ihr hängt unser Leben und Überleben im Ökosystem des Planeten Erde ab. Der Beitrag zeichnet Linien einer kritischen Analyse der Arbeitsteilung und der ihr untergeordneten Geschlechterordnung in ihrer historischen Entwicklung bis in die Gegenwart nach. Er diskutiert theoretische Zugänge zum Verständnis der mehrfachen Vergesellschaftung des weiblichen Geschlechts und fragt, weshalb sich patriarchale Strukturen und Praxen der Geschlechterhierarchie mit ihren immanenten Denkmustern über Jahrhunderte hinweg gewissermaßen verewigen und immer wieder neu reproduzieren.

Stephan Sälinger setzt sich mit der Bedeutung des Geschlechts männlicher Fachkräfte in der frühkindlichen Erziehung auseinander. Die theoretische Basis seines Beitrags ist das Konzept der hegemonialen Männlichkeit nach R. Connell. Dieses Verständnis von Männlichkeit stellt einen Zusammenhang von gesellschaftlicher Hierarchie und Machtstruktur her. In der darauf aufbauenden qualitativen Studie zu Erziehern in der frühkindlichen Erziehung geht es um die Zuschreibung von Männlichkeit in Care-Berufen.

Florian Schumacher und *Jonas Muth* stellen die sozialarbeiterische Praxis der Männerberatung in den theoretischen Rahmen von Pierre Bourdieus „Die männliche Herrschaft". Ziel des Beitrags ist, Probleme von Männern im Hinblick auf die soziale Bedeutung von Männlichkeit zu betrachten. Hierzu werden die sozialarbeiterische Konzeption und die Praxis einer Männerberatungsstelle sowie Beispiele aus der Beratungspraxis vor dem Hintergrund der theoretischen Ausführungen zur sozialen Bedeutung von Männlichkeit in Bourdieus Werk beleuchtet.

2.3 Subjektorientierte Positionierungen in gesellschaftlichen Diskursen und Identitätskonstruktionen

Tobias Staiger und *Silvia Krumm* gehen epidemiologischen Befunden nach, die auf Geschlechtsunterschiede in der Prävalenz depressiver Erkrankungen hindeuten: Frauen erkranken etwa doppelt so häufig wie Männer. Gleichzeitig stehen die geringeren Depressionsprävalenzen in Widerspruch zu der deutlich höheren Suizidrate der Männer. Dieses Geschlechter-Paradox wird u. a. mit der Existenz einer „männlichen Depression" erklärt. Der Beitrag widmet sich diesem Phänomen, indem empirische Befunde und theoretische Erklärungsansätze zum Zusammenhang von Depression, Männlichkeit und Bewältigungshandeln vorgestellt und Erfordernisse für die sozialpsychiatrische Praxis und Forschung diskutiert werden.

Kenth Joite, Michael Malina und *Karin E. Sauer* diskutieren in einem Interview, welchen Herausforderungen junge Menschen mit chronischen Erkrankungen bei ihrer Lebensplanung gegenüberstehen. Anhand der Biographie des ‚Palliativpatienten' Kenth Joite, der eine chronisch Herzerkrankung hat, werden alltägliche Erlebnisse von Inklusion und Exklusion im Rahmen sozialer Funktions- und Unterstützungssysteme geschildert. Einen Schwerpunkt bilden dabei seine subjektiven Handlungsstrategien angesichts existenzbedrohender Situationen und widriger Umstände. Welche Rolle die Soziale Arbeit in diesem Kontext einnimmt, bzw. einnehmen sollte, wird sowohl bezüglich alltagspraktischer Problemfelder als auch anhand von Spannungsfeldern gesellschaftlicher und wissenschaftlicher Diskurse thematisiert.

Karin E. Sauer beschäftigt sich mit der Intersektionalität von Behinderung* und Geschlecht. Ihre Ausgangsbasis ist die subjektive Sicht von funktionell diversen Personen (‚mit körperlicher bzw. mentaler Behinderung*'), die sich für eine selbstbestimmte Sexualität einsetzen. Die Widerstände, auf die sie dabei treffen, werden anhand einer Analyse kultureller Deutungsmuster bezüglich menschlicher Körper aufgezeigt. Diese finden sich innerhalb gesellschaftlicher Machtverhältnisse wieder und sind u. a. für die Soziale Arbeit von entscheidender Bedeutung.

Robin Bauer betrachtet sexuelle und Geschlechtervielfalt aus einer queertheoretischen Perspektive. Zunächst werden grundlegende Selbstdefinitionen von LSBTIQA-Personen und zentrale Konzepte der Queer-Theorie wie Heteronormativität dargestellt. Anschließend wird die Kritik der Queer-Theorie an Identitätskategorien wie Mann/Frau und homo/hetero erläutert. Schließlich wird skizziert, welche Bedeutung die queere Perspektive für die Soziale Arbeit besitzt.

2.4 Das Subjekt in gesellschaftlichen Macht-Strukturen

Isabelle Ihring befasst sich mit den Auswirkungen kolonial-rassistischer Wissensbestände im Rahmen der Hilfen zur Erziehung. Im Kontext von Kindeswohlgefährdung zeigt sie auf, inwiefern sich diese und weitere diskriminierende Wissensbestände negativ auf nicht-weiß gelesene Menschen auswirken können. Ihring wirft daran anschließend Fragen auf, was es für eine diskriminierungssensiblere Soziale Arbeit braucht.

Mohammad Naser Rostami, Mohamad Abdullah und *Alexander Stotkiewitz* sind Vertreter der „Stuttgarter Ordnungspartnerschaft gegen häusliche Gewalt" (STOP). Sie leisten Empowerment-Arbeit mit geflüchteten Betroffenen von häuslicher Gewalt durch die „Stuttgarter Gewaltschutz-Mentor*innen", eine Gruppe von ehrenamtlichen Frauen und Männern, die eine Flucht- bzw. Migrations-geschichte haben. Rostami und Abdullah sind selbst Mentoren und berichten über ihre Aktivitäten beim Aufbau informeller Begegnungscafés, mittels derer sie langfristige, vertrauensvolle Beziehungen aufbauen und so für die Betroffenen eine Brücke ins professionelle Hilfesystem bieten konnten.

Rahel Gugels Beitrag analysiert das soziale Phänomen Prostitution/Sexarbeit, indem er das Tätigkeitsfeld des Sexmarktes beschreibt, die Struktur der ganz überwiegend weiblichen Angebotsseite darstellt sowie ein Bild der Freier vermit-telt. Dabei zeigt sich, dass Prostitution von einem hohen Maß an Gewalt geprägt ist, die sich als besonders kriminogen erweist und dass sich die Angebotsseite deutlicher Diskriminierung und Vulnerabilität ausgesetzt sieht. Das Kapitel prob-lematisiert die bisherige Praxis der Sozialen Arbeit in diesem Feld und stellt weiterführende Fragen.

Anja Teubert stellt ausgehend vom Auftrag Sozialarbeitender dar, weshalb sich diese fachlich-reflexiv mit der Thematik der sexualisierten Gewalt auseinan-dersetzen müssen. Dabei wird von einem Verständnis Sozialer Arbeit als Ermöglichungs- und Beziehungsprofession ausgegangen, deren Auftrag sowohl in der Prävention als auch in der Intervention liegt. Dazu bedarf es Wissens-, Handlungs-, sozial-ethischer und Selbstkompetenzen, die sich im Laufe eines Berufslebens weiterentwickeln, vertiefen und modifizieren. In diesem Kontext wird ein Einblick in ein sozialarbeiterisches Präventionsverständnis ermöglicht, das eine regionale Verankerung von Schutzkonzepten anstrebt und auf der kommunalen Ebene Vernetzungsstrukturen schafft, in denen Schutz vor und Bear-beitung von sexualisierter Gewalt interdisziplinär fachlich implementiert und stetig weiterentwickelt werden.

3 Didaktische Konzeption des Studienbuchs und Hinweise zum Selbststudium im digitalen Lernuniversum Gender & Diversity

Das Studienbuch „Gender und Diversity für die Soziale Arbeit" verfolgt das Ziel, eine verständliche Einführung ins Themenfeld für Studierende und Professionelle der Sozialen Arbeit zu leisten. Dieser Ansatz wird durch die folgenden Elemente unterstützt:

• Die Mischung aus wissenschaftlichen und praxisorientierten Beiträgen stellt ein Spektrum von Möglichkeiten zur Bearbeitung von Diversität in der Sozialen Arbeit dar, in dem die Kontextualisierungen, Verortungen, und

Positionierungen der einzelnen Autor:innen abgebildet sind. Diese finden in einem breiteren Spektrum an Schreibstilen und Denkansätzen Ausdruck. Allen Beiträgen gemein ist, dass keine Triggerwarnungen bei Themen gesetzt wurden, mit denen eine Konfrontation in der Sozialen Arbeit unumgänglich bzw. essenziell ist.

- Didaktische Elemente in den einzelnen Buchbeiträgen (Zusammenfassungen, Fragen zum Textverständnis sowie zur Reflexion der eigenen Praxis, Aufgaben, weiterführende Literatur etc.) fördern den Zugang und die aktive Auseinandersetzung mit den Inhalten.
- Durch die Verknüpfung mit dem digitalen Lernuniversum Gender & Diversity werden weitergehende Perspektiven eröffnet und die dynamische und fortlaufende Auseinandersetzung mit den Themen ermöglicht: http://gender-div ersity.social/. Diese wachsende, sich aktualisierende Seite orientiert sich an der jährlich stattfindenden Ringvorlesung Gender & Diversity der Fakultät Sozialwesen der DHBW VS unter der Leitung von Professorin Karin E. Sauer.
- In Kombination mit der Arbeit im Lernuniversum werden Leser:innen zu einer aktiven, kritisch-reflexiven Auseinandersetzung mit dem Themenkomplex Gender und Diversität angeregt. Es besteht die Möglichkeit, durch Aufgaben und Übungen einen Transfer zum eigenen Vorwissen und zu Alltags- oder Praxiserfahrungen herzustellen. Dies geschieht in Form von Reflexionsfragen (z. B. „Was haben Sie als Kind/Jugendliche:r gemacht, das nicht dem gängigen Verständnis von männlichen* bzw. weiblichen* Aktivitäten entspricht?"), Umfragen (z. B. „Inwiefern kamen Sie in Ihrer Praxis mit sexueller Gewalt in Berührung?"), Wahrnehmungsaufgaben („Betrachten Sie das Spielwarensortiment eines Kaufhauses/Online-Handels Ihrer Wahl").

Zu diesem komplexen wie spannenden Universum haben viele fachkundige Personen beigetragen. An dieser Stelle sei allen gedankt, die seit 2019 zu Ringvorlesung und Seminaren des Moduls Gender & Diversity als Dozierende beigetragen haben. Besonderer Dank gilt denjenigen, die die Entwicklung des digitalen Lernuniversums Gender & Diversity unterstützt haben, namentlich Carsten Schnekenburger vom Zentrum für Hochschuldidaktik und Lebenslanges Lernen ZHL der DHBW, Christiana Nolte und Florian Kraut vom Education Support Center der DHBW VS, Dominik Stahl, stud. Soziale Arbeit DHBW VS und Marc Hasselbach, der die Digitale Soziale Arbeit wegweisend und kontinuierlich fortentwickelt (vgl. Sauer und Hasselbach 2021).

Literatur

Riegel, C. (2016). *Bildung – Intersektionalität – Othering. Pädagogisches Handeln in widersprüchlichen Verhältnissen*. Bielefeld: transcript.

Sauer, K. E., & Hasselbach, Marc (2021). Ringvorlesung Gender & Diversity. Ein Werkstattbericht aus dem „Digital Gender & Diversity Lab". *DUAL. Synchron und asynchron: Berichte, Erfahrungen und Beispiele zur Lehre in 2020.* Schriftenreihe der DHBW 05/2021, S. 143–157, https://www.zhl.dhbw.de/fileadmin/user_upload/CAS-ZHL/Hochschuldidaktik/Schriftenreihe_DUAL/ZHL_Schriftenreihe_Dual_Band_5.pdf.

Villa, P.-I. (2014). Gender Studies. In S. Moebius (Hrsg.), *Kultur. Von den Cultural Studies bis zu den Visual Studies. Eine Einführung* (S. 48–62). Bielefeld: transcript.

Karin E. Sauer Dr. rer. soc., Dipl.-Päd., Master in Diversity Education. Professorin für Sozialarbeitswissenschaft und Methoden der Sozialen Arbeit an der DHBW Villingen-Schwenningen, Fakultät für Soziale Arbeit. Lehrbeauftragte im Masterstudiengang Kulturelle Diversität in der musikalischen Bildung an der Universität Hildesheim. Lehrtätigkeit zu Prozessen der Inklusion und Exklusion in (Post-)Migrationsgesellschaften, Cultural Studies, Dis_ability Studies, Gender & Diversity in der Sozialen Arbeit, interkulturellen Perspektiven der Sozialen Arbeit (Deutschland – Ruanda), Erziehung – Bildung – Sozialisation. Forschungsinteressen sind Critical Whiteness, De-colonial Social Work, Erinnerungsarbeit, Globale Umweltbewegungen, Community Music, Musik (und andere kreative Künste) als Formen von Kommunikation und politischer Artikulation, Partizipative Aktionsforschung.

Sebastian Klus, Dr. phil., Diplom-Sozialarbeiter und Soziologe, Professor für Konzepte und Methoden der Sozialen Arbeit an der Katholischen Hochschule Freiburg. Arbeits- und Interessenschwerpunkte: Sozialarbeitspolitik, Gemeinwesenarbeit und Sozialraumorientierung, soziale Stadtentwicklung, Gender und Care, Soziale Arbeit und Nachhaltigkeit.

Rahel Gugel, Dr., Juristin, Master in Humanitarian Assistance, Studiengangsleiterin Soziale Arbeit – „Jugend-, Familien- und Sozialhilfe" an der Dualen Hochschule Baden-Württemberg in Villingen-Schwenningen. Arbeitsschwerpunkte: Recht in der Sozialen Arbeit, Antidiskriminierungrecht und Social Advocacy, Opferrechte, Legal Gender Studies, Gleichstellungsorientierte Gesetzesfolgenabschätzung.

Gesellschaftliche Strukturen als Rahmenbedingungen der Sozialen Arbeit

Geschlecht, Macht und Herrschaft als Grundbegriffe der Sozialen Arbeit

Maria Ludwigs

Zusammenfassung

Der Beitrag stellt eine Einführung in das grundlegende Verständnis von Geschlechterverhältnissen als interaktive und gesellschaftsstrukturierende Macht- und Herrschaftsverhältnisse dar. Durch den in der Definition der Sozialen Arbeit angelegten Auftrag zur Kritik sozialer Ungleichheit und Achtung der Vielfalt werden Geschlechterverhältnisse zu ihren Handlungsfeldern und verlangen von Sozialarbeitenden eine spezifische *Genderkompetenz*, bestehend aus den drei Elementen WISSEN, KÖNNEN und WOLLEN. Der Beitrag stellt die Gender Studies als Referenzdisziplin für die Soziale Arbeit vor (WISSEN): Die Handlungstheorie *Doing Gender* verdeutlicht durch ihre drei Dimensionen *sex, sex-category* und *gender* die Differenzierung von Geschlechtern als Teil eines interaktiven Machtverhältnisses auf der zwischenmenschlichen Mikroebene. Die drei Säulen der *Naturalisierung, Inkorporierung* und *Institutionalisierung* geschlechterstereotyper Differenzen erläutern Geschlechterverhältnisse als gesellschaftsstrukturierende Herrschaftsverhältnisse auf der Meso- und Makroebene. Es folgt ein Transfer des *Doing Gender* auf Handlungsfelder der Sozialen Arbeit, um gendersensible Ansätze vorzustellen (KÖNNEN). Abschließend begründet eine kritische Auseinandersetzung mit der Involviertheit der Sozialen Arbeit und ihrer Fachkräfte in die Produktion und Reproduktion geschlechterspezifischer Macht- und Herrschaftsverhältnisse die Notwendigkeit eines gendersensiblen fachlich-reflexiven Handlungskonzeptes (WOLLEN).

M. Ludwigs (✉)
Frauenhorizonte e. V., Freiburg, Deutschland
E-Mail: m.ludwigs@outlook.com

© Der/die Autor(en), exklusiv lizenziert an Springer Fachmedien Wiesbaden GmbH, ein Teil von Springer Nature 2024
K. E. Sauer et al. (Hrsg.), *Studienbuch Gender und Diversity für die Soziale Arbeit*, https://doi.org/10.1007/978-3-658-42942-3_2

Keywords

Soziale Arbeit • Macht • Herrschaft • Geschlechterverhältnisse • Doing
Gender

1   Die Notwendigkeit einer gendersensiblen Sozialen Arbeit

Menschliches Zusammenleben gestaltet sich als ein komplexes, systemisches Zusammenspiel. Institutionen und Organisationen übernehmen dabei zentrale Strukturfunktionen auf der Meso- und Makroebene unserer Gesellschaft. Aber auch auf der Mikroebene unserer Kommunikationen und Interaktionen sind wir um Komplexitätsreduktion bemüht, um Orientierung, Sicherheit und Stabilität als menschliche Grundbedürfnisse im alltäglichen Zusammenleben zu gewährleisten. Dies zeigen auch unsere Wahrnehmung, Unterscheidung und Zuordnung von Menschen zu einem männlichen oder weiblichen Geschlecht. „Dass Menschen einem der beiden Geschlechter angehören, dass sie ein Geschlecht haben, scheint das normalste der Welt zu sein" (Degele et al. 2011, S. 1). Die Unterscheidung in zwei Geschlechter ist vermutlich die grundlegendste und wirkmächtigste Strukturierung unserer Gesellschaft (Kuster 2019, S. 2), da sie völlig selbstverständlich einer Bezeichnung und Begründung überflüssig zu sein und als unsichtbare Folie alle Prozesse unseres Zusammenlebens zu umfassen scheint. Vom Moment unserer Geburt an sind wir in Erziehung und Sozialisation mit geschlechterstereotypisierten Annahmen und Erwartungen konfrontiert. Wir erlernen eine dualistische Zweigeschlechtlichkeit zwischen Mann und Frau als naturgegebene Tatsache und verinnerlichen, dass Geschlechter ungleich und, damit einhergehend, ungleichwertig sind. Daraus ergeben sich u. a. ungleiche Zugangs- und Nutzungsmöglichkeiten von Ressourcen in Verbindung mit sozialen Problemlagen, trotz einer rechtlich verankerten Gleichberechtigung der Geschlechter, scheinbar zunehmender Pluralisierung von Lebensstilen und Diversitätsbejahungen. „Ohne die Berücksichtigung der Kategorie Geschlecht sind die vielfältigen Realitäten, sozialen Problem- und Leidensgeschichten der Menschen nicht zu verstehen. (…) Geschlechtsspezifische Lebenswelten, machtvolle Zuschreibungsprozesse und bedeutsame Sozialisationserfahrungen zur Erklärung von Geschlechterdifferenzen" werden in gesellschaftlichen Teilbereichen wie u. a. Arbeit, Migration, Armut, Gewalt, Behinderung, Bildung und Familie zum Gegenstand Sozialer Arbeit (Micus-Loos 2013, S. 181). Diese begreift sich als handlungsorientierte Profession und wissenschaftliche Disziplin, die

„gesellschaftliche Veränderungen, soziale Entwicklungen und sozialen Zusammenhalt sowie die Stärkung der Autonomie und Selbstbestimmung von Menschen" fördern möchte (DBSH 2016). „Die Prinzipien sozialer Gerechtigkeit, die Menschenrechte, die gemeinsame Verantwortung und die Achtung der Vielfalt" (ebd.) bilden zentrale Grundlagen, wobei Vielfalt u. a. auch geschlechtliche, ethnische, milieubezogene Heterogenität umfasst. In der Orientierung an ihren Grundprinzipien begründet sich ein macht- und herrschaftskritischer Anspruch sowie die Notwendigkeit einer gendersensiblen Sozialen Arbeit. „Geschlecht strukturiert Soziale Arbeit grundlegend, aber auch umgekehrt gilt: Praxis und Theorie der Sozialen Arbeit bringen Geschlechterordnungen hervor, (...) als Profession, als institutionalisierte Praxis von Hilfe und Kontrolle und als konkrete Beziehungs- und Interaktionspraxis" (Bereswill 2016, S. 10). Die paradoxe Gleichzeitigkeit von auf Veränderung abzielender Kritik an sozialen Ungleichheiten und der Herstellung von Geschlechterverhältnissen fordert ein gendersensibles, fachlich-reflexives Handlungskonzept von Profession, Disziplin und allen ihnen zugehörigen Fachkräften. Kernelement einer gendersensiblen Sozialen Arbeit bildet dabei eine fundierte *Genderkompetenz*.

Genderkompetenz

Genderkompetenz, zurückzuführen auf die Einführung des Gender Mainstreaming im Jahr 2000, beschreibt „die Fähigkeit und die Motivation (...), soziale Zuschreibungen in Bezug auf Geschlecht auf Grundlage des Wissens über ihre Entstehung und ihre Auswirkungen auf gesellschaftliche Machtverhältnisse kritisch reflektieren zu können" (Wegrzyn 2014, o.S.). Sie setzt sich aus den drei Aspekten WISSEN, KÖNNEN und WOLLEN zusammen. Diese umfassen erstens entsprechendes Fachwissen der Frauen- und Geschlechterforschung sowie der Gender Studies, um Geschlechterverhältnisse als interaktive sowie gesellschaftsstrukturierende Macht- und Herrschaftsverhältnisse begreifen zu können, zweitens methodische Handlungsansätze zur praktischen Umsetzung einer gendersensiblen Haltung z. B. in Fallinterventionen oder Beratungsgesprächen, drittens Bereitschaft und Fähigkeit zur Wahrnehmung und Reflektion der eigenen Involviertheit in geschlechtsbezogene Denk- und Handlungsmuster, gleichzeitiger Ambiguitäten, Ambivalenzen und kognitiver Dissonanzen sowie damit einhergehende verunsichernde bis überfordernde Emotionen. *Genderkompetenz* baut auf einem transdisziplinären Verständnis auf und versteht sich als

Schnittstelle verschiedener Disziplinen und Professionen in Wissenschaft und Praxis (Abdul-Hussain 2014).

2　WISSEN: Geschlechterverhältnisse als interaktive und gesellschaftsstrukturierende Macht- und Herrschaftsverhältnisse

Gender Studies als interdisziplinäre Wissenschaften befassen sich mit den Prozessen der Wahrnehmung und Differenzierung von geschlechterbezogenen Merkmalen sowie deren Zuschreibungen und Kategorisierungen. Sie untersuchen Geschlechterverhältnisse und deren inhärente Hierarchisierungsstrukturen, um damit einhergehende Macht- und Herrschaftsstrukturen als veränderbar und vor allem veränderungsbedürftig offenzulegen (Schössler und Wille 2022, S. 2). Die Forschung der Gender Studies bewegt sich auf der alltags- und lebenswelt-bezogenen Ebene der Denk-, Deutungs- und Handlungsmuster von Individuen sowie der Strukturebene gesamtgesellschaftlicher Normen und Werte sowie deren Umsetzung in Institutionen und Organisationen. Die Gender Studies begreifen „Geschlecht gleichzeitig als etwas tagtäglich Gemachtes und Veränderbares und als etwas strukturell Gegebenes und Veränderungsresistentes" (Degele et al. 2011, S. 1). Daher richten die Gender Studies ihre Kritik u. a. gegen biologi-sche Erklärungen sozialen Verhaltens. Sie betrachten Geschlecht aus zahlreichen unterschiedlichen Perspektiven und bedienen sich u. a. machttheoretischen, handlungsorientierten, sprach- und kulturanalytischen Zugängen und Methoden (Mangelsdorf und Penkwitt 2003).

„Nun gibt es allerdings nicht die Gendertheorie, deren allgemeine Bedeu-tung für die Soziale Arbeit diskutiert werden kann, sondern eine Vielzahl gendertheoretischer Ansätze, die für die Soziale Arbeit eine ebenso große Vielfalt an Übertragungsmöglichkeiten bereitstellen." (Plößer 2013, S. 200). Ein einführendes Verständnis von Geschlechterverhältnissen als soziale Kon-struktionen und interaktives Machtverhältnis bietet daher die Handlungstheorie *Doing Gender* von West und Zimmerman, die sich aus Geburtsklassifikation *sex,* sozialer Zuordnung *sex-category* und sozialem Geschlecht *gender* zusammensetzt (1987). West und Zimmerman brechen mit der Annahme, dass Personen ein Geschlecht bereits von Natur aus haben, das sich im Alltagshandeln lediglich ausdrückt. Vielmehr haben wir erst dann ein Geschlecht, wenn wir es für andere aktiv herstellend tun. *Inkorporierte* Rituale und Routinen, aufbauend auf *naturalisierten* Legitimationen, halten das Geschlecht als binäre Differenzkategorie im Alltag permanent präsent und aktuell (Gildemeister 2008) wie u. a. Kleidungs- und Sprechgewohnheiten veranschaulichen. West und Zimmerman beleuchten neben der interaktiven Mikroebene die Fortführung und Verankerung sozialer Alltagshandlungen in *institutionalisierten* und organisierten Strukturen auf der gesellschaftlichen Mesoebene (Goffman 2001). Aufbauend auf dem *Doing Gender* Ansatz lassen sich drei Säulen eines gesellschaftsstrukturierenden Herrschaftsverhältnisses der Geschlechterdifferenzierung im Folgenden benennen: *Naturalisierung, Inkorporierung* und *Institutionalisierung.*

„Sich einem der beiden gesellschaftlich existenten Geschlechter zuzuordnen ist eine Voraussetzung für die Anerkennung als ein vollwertiges und somit auch handlungsfähiges Gesellschaftsmitglied" (Degele et al. 2011, S. 2). In unserem alltäglichen Handeln in Auseinandersetzung mit unseren Mitmenschen inszenieren wir daher Geschlecht immer wieder als aktive Herstellungsleistung, als eine soziale Konstruktion. Dies geschieht in *Interaktionen,* sobald Personen sich physisch begegnen, aufeinander reagieren und dabei in einen sich gegenseitig beeinflussenden Austausch von Werten, Normen, Annahmen und Erwartungen treten. Geschlecht wird dabei zu einem ständigen *Doing Gender,* basierend auf erlerntem und tief verinnerlichtem Wissen, wie sich das jeweilige Geschlecht gemäß sozialer Normen zu verhalten hat (vgl. West und Zimmerman 1987, S. 126). Indem wir uns diesen Erwartungen entsprechend situationsangemessen verhalten, bestätigen wir geschlechterstereotype Annahmen und Erwartungen und konstruieren *gender* als unsere Geschlechtsidentität in Bezug auf das Geschlecht, dem wir uns zugehörig fühlen (vgl. Gildemeister 2008, S. 138). Der (un)bewusste Rückgriff auf *inkorporiertes,* geschlechterstereotypes Wissen und die daraus folgende Darstellung von *gender* konstituiert Geschlechter in einem ungleichen, dualistischen Machtverhältnis zueinander, das durch Annahmen, Erwartungen und Möglichkeiten hierarchisiert ist.

Inkorporierung

Inkorporierung bezeichnet die Verkörperung sozialer Normen, die soweit erlernt und verinnerlicht wurden, dass sie nicht mehr als solche erscheinen, sondern als natürliche Eigenschaft unsichtbar und machtvoll wirken (vgl. Degele et al. 2011, S. 5–7). Die *Inkorporierung* sozialer Normen in Bezug auf Geschlecht meint geschlechterstereotype Annahmen über Eigenschaften, die eine Person aufgrund ihres scheinbar männlichen oder weiblichen Geschlechts gegenwärtig aufweist, sowie Erwartungen an ihr zukünftiges Verhalten, das die Person aufgrund ihres jeweiligen Geschlechts erfüllen sollte (vgl. Hannover und Wolter 2019, S. 202–203). Geschlechterstereotype dienen der Komplexitätsreduzierung unseres Zusammenlebens, indem sie menschliche Beziehungen ordnen und strukturieren. An ihre (Nicht-)Erfüllung sind Prozesse der sozialen Belohnung bzw. Sanktionierung geknüpft, denen wir als *homo sociologicus* (Dahrendorf 2006) unterliegen. West und Zimmerman beschreiben diese Prozesse mit dem Begriff der Rechenschaftspflicht gegenüber unseren Mitmenschen, unsere Geschlechtszugehörigkeit *gender* adäquat, verständlich und berechenbar auszudrücken (vgl. West und Zimmerman 1987, S. 135–137). Unser Körper wird gleichzeitig zum Produkt und Produzenten der Geschlechterstereotype. Sie dienen als Nährboden für eine gesellschaftlich geduldete Kultur geschlechterspezifischer Macht- und Ungleichheitsverhältnisse, die u. a. in alltäglichen Sexismen, sexuellen Übergriffen und sexualisierter Gewalt zum Ausdruck kommt (vgl. Teubert und Vobbe 2023 S. 22–23). Mit der Aufrechterhaltung einer sozialen Ordnung via Geschlechterstereotype sowie deren Bestätigungs- und Disziplinierungsmaßnahmen befasst sich weiterführend das Habitus-Konzept des Soziologen Pierre Bourdieu (Bourdieu 2020).

Der Prozess des *Doing Gender* ist nicht auf unsere Eigendarstellung, unsere aktive Herstellungsleistung unserer Geschlechtsidentität *gender* begrenzt, sondern umfasst auch unsere soziale Zuordnung unserer Mitmenschen zu einer *sex-category* (vgl. Gildemeister 2008, S. 138). Im Kontakt mit unseren Klient*innen ordnen wir diese (un)bewusst einem Geschlecht zu, indem unsere Wahrnehmung auf geschlechterstereotype Annahmen in Bezug auf ihr Erscheinungsbild und Verhalten zurückgreift, nicht jedoch auf ein tatsächlich sichtbares biologisches Geschlechtsmerkmal, das normalerweise durch Kleidung verborgen ist. Die Zuordnung einer Person zu einer *sex-category,* basierend auf unseren Wahrnehmungs-, Denk- und Deutungsmustern, zeigt, dass die Deutungsmacht über Geschlechter nicht immer bei uns selbst liegt. Formulierungen wie „burschikose Mädchen" oder „androgyne Jungs" stellen Bemühungen des Umfeldes dar, trotz irritierender Abweichungen weiterhin die normierenden Kategorien des männlichen oder weiblichen Geschlechts aufrechtzuerhalten. Demgegenüber kann unsere eigene Herstellungsleistung von *gender* auch einen Akt der Ermächtigung darstellen, indem wir beispielsweise *gender* abweichend von einer fremdzugeschriebenen *sex-category* darstellen und einer externen

Zuordnung versuchen zu widersprechen. Sowohl unsere eigenen Erwartungen als auch die des sozialen Umfeldes beziehen die sexuelle Orientierung in den Prozess der Geschlechterdifferenzierung mit ein. „Bei der Herstellung von Geschlecht sind stets auch Annahmen über Sexualität im Spiel", sodass wir Geschlechterverhältnisse nicht ohne soziale Normierungen der sexuellen Orientierung betrachten können (Degele et al. 2011, S. 2). Judith Butler beschreibt den Zusammenhang zwischen biologischer Klassifikation *sex,* sozialer Geschlechtsidentität *gender* und sexueller Orientierung *desire* als einen machtvollen, kausalen Imperativ, der Körper und Identitäten in ihren Verhältnissen zueinander bestimmt und hierarchisiert (2021). Das zentrale Machtelement dieses Imperativs ist die soziale Norm der Heterosexualität, auch *Heteronormativität* genannt. Sie beruht erstens auf der Annahme, dass es von Natur aus nur zwei Geschlechter, nämlich ein männliches und ein weibliches, gibt, und zweitens, dass diese zwei Geschlechter sich jeweils, bedingt durch die biologische Fortpflanzung, in ihrem sexuellen Begehren aufeinander beziehen, also heterosexuell sind. Während Heterosexualität lediglich sexuelle Praktiken zwischen Männern und Frauen beschreibt, so umfasst *Heteronormativität* die stilisierte Norm aufeinander bezogener Zweigeschlechtlichkeit, dahinterstehende Denk- und Wahrnehmungsmuster und eine damit einhergehende privilegierte Lebensweise. Heteronormative Privilegien äußern sich beispielsweise in Besteuerung von Ehepaaren, Zugängen zu Adoptionsmöglichkeiten und der Freiheit, heterosexuelle Beziehungen ohne Diskriminierung öffentlich leben zu können. „Zusammenfassend begreifen wir Heteronormativität als organisiertes und organisierendes Wahrnehmungs-, Handlungs- und Denkschema, das Gesellschaft auf der Mikro- und Makroebene durchzieht" (Degele et al. 2011, S. 3). Sie entfaltet ihre Wirkmacht ähnlich wie Geschlechterstereotype durch ihre *Naturalisierung,* die entscheidend zu ihrer scheinbaren Unveränderbarkeit und Unsichtbarkeit beiträgt.

Naturalisierung
Der Begriff der *Naturalisierung* beschreibt die Rückführung visueller Wahrnehmungen wie Körperbewegungen, -formen und -proportionen, deren Gestaltung durch z. B. Kleidung, Frisuren sowie sozialer Verhaltensweisen auf ein biologisches Geschlecht als natürlichen Ursprung, vergegenwärtigt in einem Geschlechtsmerkmal wie Penis oder Vulva. Der Rückgriff auf die Natur dient als Legitimation dualistischer Geschlechterdifferenzierung, die so als naturgegeben, vorherbestimmt, unveränderbar und normalitätsbestimmend erscheint. Seit den 1950er Jahren etablierte

sich in den Sozial- und Kulturwissenschaften die Unterscheidung zwischen biologischem *sex* und sozialem *gender* (Mangelsdorf et al. 2013). Diese distanzierte sich zwar progressiv von einer deterministischen *Naturalisierung*, behielt jedoch die binäre Geschlechterdifferenzierung an sich bei. West und Zimmerman kritisieren hingegen, dass wir eine dualistische Zweigeschlechtlichkeit als naturgegeben biologisch begründen, obwohl wir sie selbst kulturell herstellen. Die biologische Forschung kann eine reine Zweigeschlechtlichkeit nicht bestätigen, sondern zeigt eine Vielfalt innerhalb der Geschlechterdifferenzierung: sie unterscheidet Geschlechter nicht als rein männlich/weiblich, sondern anhand verschiedener Ebenen als fließendes Kontinuum zwischen dem chromosomalen, gonadalen, hormonellen und morphologischen Geschlecht in diversen Kombinationen und Ausprägungen, die nicht immer homogen männlich oder weiblich übereinstimmen (Baltes-Löhr 2023). Auf *Naturalisierung*en basierende Geschlechterdifferenzierungen und -ungleichheiten zeigen sich beispielsweise in der ungleich verteilten Sorgearbeit, die aufgrund einer scheinbar im weiblichen Geschlecht universal angelegten liebenden, versorgenden Mütterlichkeit immer noch hauptsächlich und unbezahlt von Frauen geleistet wird.

Das alltägliche *Doing Gender* findet nicht nur als Machtverhältnis auf der Interaktionsebene zwischen Individuen und Gruppen statt. Geschlecht als Strukturkategorie wirkt als „Platzanweiser für die gesellschaftliche Verortung und Positionierung von Menschen" (Degele et al. 2011, S. 2). Beginnend bei der Geburt wird ein biologisches Geschlecht in die offizielle Geburtsurkunde eingetragen; im Reisepass findet eine Zuordnung zwischen den Kategorien männlich, weiblich und divers statt. Dabei erfolgt die Geburtsklassifikation des biologischen *sex* auf der Grundlage sozial vereinbarter und anerkannter Kriterien wie u. a. Genitalien oder Chromosomentypisierung als männlich oder weiblich. Sie findet bereits vor einer Auseinandersetzung und Aneignung der individuellen Geschlechtsidentität *gender* statt. *Gender* entsteht daher aus und untermauert Ansprüche auf Zugehörigkeit zu einem klassifizierten *sex,* kann aber auch von diesem abweichen, wie die bekannte Fallstudie „Agnes" zur Erforschung von Transidentität in den 1950er Jahren verdeutlichte (vgl. West und Zimmerman 1987, S. 127, 131). Die Geschlechtsklassifikation *sex* wird zum Allokationsinstrument gesellschaftlicher Institutionen und Organisationen. Die Wirkmacht der *Institutionalisierung* einer binären und naturalisiert begründeten Geschlechterdifferenzierung zeigt sich exemplarisch an der Struktur der Erwerbsarbeit.

Institutionalisierung

Mit dem Umbruch von einer ständisch gegliederten zu einer funktional differenzierten, industrialisierten Gesellschaft etablierte sich anhand des neu entstandenen Bürgertums die Trennung zwischen Haus- und Erwerbsarbeit, zwischen privater und öffentlicher Sphäre, jeweils gebunden an das weibliche bzw. männliche Geschlecht (Biermann 2009). Aufgrund ihrer weiblichen Geschlechtsklassifikation wurde bürgerlichen Frauen der Zugang zum Arbeitsmarkt durch das Ehe- und Familienrecht bis in die 1970er Jahre nur über die Vermittlung durch den Ehemann ermöglicht, sodass sich Frauen in einem unfreien, finanziellen Abhängigkeitsverhältnis befanden. Im Zuge der neoliberalen Öffnung ermöglichte der moderne Wohlfahrtsstaat Frauen vermehrt die Teilhabe an der Erwerbsarbeit, gebunden jedoch an *institutionalisierte* Ungleichheitsstrukturen, die bis heute bestehen: ungleiche Bezahlung, Berufszugänge, Aufstiegschancen sowie diskriminierende Diskurse über „Quoten-Frauen", „Frauenberufe" und „Mannsweiber" in sogenannten „Männerberufen". *Institutionalisierung* bedeutet daher die Einbettung sozial konstruierter, naturalistisch begründeter Ungleichheiten, Bevorzugungen und Benachteiligungen von Menschen aufgrund ihres bei der Geburt zugeschriebenen Geschlechts in Organisationen und Funktionssystemen einer Gesellschaft wie u. a. Bildung, Arbeit, Recht und Politik, sodass ein langfristiges, strukturelles und strukturierendes Herrschaftsverhältnis entsteht, das durch Zugang zu und Verfügung über Ressourcen gekennzeichnet ist. Die gleichzeitige Indienstnahme von Frauen für Sorgetätigkeiten und (teilzeitgeregelte) Erwerbsarbeit beschreibt Becker-Schmidt mit der These der doppelten Vergesellschaftung der Frau (2008). Nancy Fraser kritisiert weiterführend die einseitige Forderung nach Vollerwerbstätigkeit von Frauen ohne dabei das Zurückdrängen von Frauen in Niedriglohnberufe und die kapitalistische Ausbeutung der Doppelverdiener*innenfamilie zu beachten (2013). Weiterführende Forschungen verdeutlichen Phänomene wie die gläserne Decke, die eine ungleiche Verteilung von Männern in Führungspositionen mit höherer Bezahlung beschreibt, einhergehend mit erschwerten Aufstiegschancen von Frauen (Müller et al. 2013).

West und Zimmermans *Doing Gender* Ansatz wurde vielseitig diskutiert und vor allem in Bezug auf die Betrachtung komplexer Machtverhältnisse anhand nur einer und nur geschlechterspezifischen Differenzkategorie kritisiert. Die weiterentwickelte Zusammenführung mit dem Konzept der *Intersektionalität* im *Doing Difference* Ansatz von West und Fenstermaker ermöglicht der Sozialen Arbeit durch die Berücksichtigung mehrdimensionaler Differenzkategorien hingegen ein holistischeres Verständnis der Lebenswelten ihrer Klient*innen (1995).

Intersektionalität

Das Konzept der Intersektionalität stellt einen Antwortversuch auf Theorien und Konzepte der Frauen- und Geschlechterforschung der 1970er/80er dar, die bis dato durch die Perspektiven weißer, europäischer, mittelständiger Frauen und weniger Männer geprägt waren und die Lebensrealitäten schwarzer Frauen nicht erfassten (vgl. Binder und Hess, 2011 S. 17, 22–24). Die Juristin Kimberlé Crenshaw verdeutlichte die Betroffenheit von Mehrfachdiskriminierungen schwarzer Frauen durch Rassismus- und Sexismuserfahrungen anhand der Metapher einer Straßenkreuzung. Diese Überschneidungen wurden vom damaligen amerikanischen Rechtssystem der 1980er nicht erfasst. Intersektionalität als Forschungskonzept hat sich mittlerweile als fester Bestandteil der Gender Studies etabliert und bezieht sich vor allem auf die Überschneidungen der Trias *Race, Class* und *Gender* als soziale Ungleichheitskategorien. Konzeptionelle Weiterentwicklungen befassen sich mit der Frage, wie viele und welche Kategorien in ihren Überschneidungen in die Analyse von Diskriminierungsphänomenen miteinbezogen werden sollten (Degele und Winker 2010). Walgenbach hingegen bemüht sich um eine Erweiterung des Begriffs der Intersektionalität um den Begriff der Interdependenz, um die ständige reziproke Bedingtheit der Diskriminierungskategorien zu betonen, die sich nicht nach einem einmaligen Überkreuzen wieder auflösen, sondern interaktiv und strukturell weiterhin Bestand haben (Walgenbach 2012). Intersektionalität bzw. Interdependenz erlangt ähnlich wie in den Gender Studies eine zentrale Bedeutung im Versuch, die Komplexität von Macht- und Herrschaftsverhältnissen als Ursache sozialer Probleme zu erfassen.

West und Fenstermaker kritisieren im *Doing Difference* Ansatz, dass Geschlechter in bisherigen feministischen Theorien der weißen Mittelklasse unabhängig und außerhalb von Klasse und Ethnizität verortet wurden. Ihr Ziel ist die Etablierung einer ethnomethodologischen Perspektive, die den kontextualen Moment der gleichzeitigen, fortlaufenden Erfahrung von Geschlecht, Ethnizität und Klasse in sozialen Interkationen erfasst: „conceiving of these as ongoing accomplishments means that we cannot determine their relevance to social action apart from the context in which they are accomplished" (West und Fenstermaker 1995, S. 30). *Sex, race* und *class catergory* bleiben zwar an sich relevant, allerdings nur als eine soziale Identität unter anderen, die je nach Kontext unterschiedliche Bedeutungen haben kann. Dabei verstehen die Interaktionsteilnehmenden scheinbar gleiche interaktive Momente völlig unterschiedlich: Das Phänomen der Mutterschaft lässt sich beispielsweise nicht universal nur durch die Kategorie Geschlecht begreifen, sondern kann in seinen verschiedenen Ausprägungen nur als Zusammenspiel zwischen Geschlecht, Ethnizität und Klasse erfasst werden, in dem je nach Kontext eine oder mehrere Differenzkategorien dominieren (vgl. West und Fenstermaker 1995, S. 32). Ein intersektionales bzw. interdependentes Verständnis von Machtverhältnissen in ihrer Komplexität gehört zwar mittlerweile zu den Grundlagen der Sozialen Arbeit. Jedoch wird die praktische Umsetzung aufgrund der oft noch separat organisierten Zuständigkeitssäulen der Sozialen Arbeit in Anlehnung an die Sozialgesetzgebung erschwert. Es bedarf daher einer ständigen Aktualisierung durch professionelle Fachkräfte (KÖNNEN) anhand eines intersektional ausgerichteten fachlich-reflexiven Handlungskonzeptes sowie einer verinnerlichten intersektionalen Haltung (WOLLEN).

Zwischenfazit WISSEN

Geschlechterdifferenzierung ist ein machtvoller Prozess der Unterscheidung von Geschlechtern in einem ungleichen Verhältnis, sodass ein Machtverhältnis innerhalb zwischenmenschlicher Interaktionen aufgrund einer Geschlechterhierarchisierung sowie Privilegierung des männlichen Geschlechts entsteht. Geschlechterdifferenzierung in einem fortlaufenden, interaktiven *Doing Gender* Prozess besteht aus den drei Dimensionen der biologischen Geschlechtsklassifikation *sex*, der sozialen Zuordnung *sex-category* und der sozialen Konstruktion *gender.* Die interaktiven Machtverhältnisse werden gerahmt durch drei Säulen der *Naturalisierung, Inkorporierung* und *Institutionalisierung* von Geschlechterstereotypen als scheinbar biologisch unveränderbare Differenzen. Geschlechterdifferenzierung setzt sich so auf der Meso- und Makroebene der Gesellschaft in einem strukturellen und strukturierenden Herrschaftsverhältnis fort. Funktionssysteme der Gesellschaft wie beispielsweise der Arbeits- und Wirtschaftssektor produzieren und reproduzieren geschlechterspezifische

Ungleichheiten. Dabei stehen interaktive Machtverhältnisse zwischenmenschlicher Prozesse der Mikroebene in ständiger Wechselwirkung
mit gesellschaftsstrukturierenden Herrschaftsverhältnissen der Meso- und
Makroebene. Geschlechterverhältnisse bedingen daher ungleiche Zugangs-
, Teilhabe-, Mitbestimmungs- und Handlungsmöglichkeiten der Adressat*innen der Sozialen Arbeit zu Lebensbereichen und Ressourcen, sodass
an die Geschlechterdifferenzierung unterschiedliche soziale Problemlagen
geknüpft sind, die zum Gegenstand der Sozialen Arbeit werden. Dabei
ist stets die interdependente Verwobenheit mit anderen Differenzkategorien
wie Ethnizität und Klasse zu beachten.

3   KÖNNEN: Gendersensible Handlungsfelder in der Sozialen Arbeit

„Geschlecht strukturiert ohne Zweifel den Verlauf von Hilfebeziehungen", indem
sowohl Klient*innen als auch Fachkräfte ihre jeweiligen Dimensionen der
Geschlechterdifferenzierung *sex, sex-category* und *gender* (un)bewusst und interaktiv in den Hilfekontext hineintragen (Bereswill 2016, S. 43). Fachkräfte
unterliegen dem Risiko, komplexe Problemlagen der Klient*innen vereinfachend
anhand *inkorporierter* und *naturalisierter* Geschlechterstereotype zu erfassen,
erklären und bearbeiten zu wollen. Konsequenzen sind machtvolle Prozesse
der Gewährung oder Verweigerung von Hilfeleistungen; sie lassen sich als
geschlechterspezifisches Machtfeld der Sozialen Arbeit beschreiben. Es verlangt von Fachkräften eine Verantwortungsbereitschaft, Handlungsfelder und
Hilfekontexte gendersensibel wahrzunehmen und zu gestalten: „Wer meint,
‚geschlechtsneutral' arbeiten zu können, arbeitet unprofessionell" und entgegen
der Grundprinzipien von Profession und Disziplin (Böhnisch und Funk 2002,
S. 18).

Die Kinder- und Jugendforschung hat u. a. die individuelle Entwicklung von
gender als zentrale Entwicklungsaufgabe Jugendlicher im Spannungsverhältnis
zwischen *sex* und *sex-category* herausgestellt (vgl. Hurrelmann und Quenzel
2014, S. 7–9). Dabei ist der sich verändernde jugendliche Körper Medium,
Erlebnis-, Gestaltungs- und Ausdrucksfläche zugleich. Jugendliche eigenen sich
die Dimensionen von Geschlecht in einem körperlichen Inszenierungsprozess des
Doing Gender aktiv an (vgl. Burghard 2020, S. 219–220). Über die Erfüllung
oder Verweigerung geschlechterstereotyper Annahmen und Erwartungen erfahren

Jugendliche die zugangsregulierende Macht der Geschlechterdifferenzierung zu bestimmten Peergroups sowie Formen gesellschaftlicher Anerkennung und Akzeptanz. Die Kinder- und Jugendhilfe ist ein zentrales gendersensibles Handlungsfeld der Sozialen Arbeit, da sie geschlechterstereotypen Erziehungs- und Sozialisationsprozessen und daraus folgenden geschlechterspezifischen Macht- und Ungleichheitsverhältnissen zukunftsgestaltende Veränderungsimpulse entgegensetzen kann. Während traditionelle Mädchen- und Jungenarbeit in den 1960er/ 70er Jahren als „geschlechtshomogene Settings immer Spezialangebote" einzelner Einrichtungen und Mitarbeitender waren (Wallner 2013, S. 74), meinen hingegen gegenwärtige Genderkonzepte in der Kinder- und Jugendhilfe in hetero- und homogenen Settings sowie in Überkreuzungsangeboten eine gendersensible Haltung und Vorgehensweise. Das Handlungsfeld der Kinder- und Jugendhilfe wird durch das *Doing Gender* der Fachkräfte und deren biographische Befindlichkeiten und Emotionalitäten entscheidend mitstrukturiert (vgl. Böhnisch und Funk 2002 S. 9–10). Demgegenüber kann eine gendersensible, geschlechtervielfältige Gestaltung des Handlungsfeldes subversive Gegenimpulse setzen. Methodische Ansätze eines diverseren *Doing Genders* bieten beispielsweise Impulse aus der Sexualpädagogik (Vanagas 2021) oder konkrete Handreichungen von Bildungsinitiativen wie QUEERFORMAT (*Geschlechtliche und sexuelle Vielfalt in der pädagogischen Arbeit mit Kindern und Jugendlichen* 2012).

Zwischenfazit KÖNNEN

Die Institutionalisierung Sozialer Arbeit im Rahmen eines sozialstaatlichen Auftrages trägt entscheidend zur Stabilisierung und Reproduktion geschlechterspezifischer Macht- und Herrschaftsverhältnisse bei, wenn sozialarbeiterische Handlungsfelder anhand *inkorporierter* Geschlechterstereotype auf der Grundlage *naturalisierter* Begründungen strukturiert sind. Dies steht im entscheidenden Widerspruch zum Anliegen und Auftrag der Profession und Disziplin der Sozialen Arbeit, soziale Ungleichheiten abzubauen, Vielfalt zu achten und gesellschaftliche Entwicklung zu fördern. Dennoch sollten differenzorientierte Handlungsansätze in der Mädchen- und Jungenarbeit nicht völlig verworfen werden, sondern im Sinne eines „Re-Gendering" (Brückner 2008, S. 13) auf Angemessenheit, Passung und Relevanz im jeweiligen Kontext geprüft werden bei gleichzeitiger Anerkennung ihrer bisherigen Leistungen, geschlechterspezifische Ungleichheiten abzubauen.

Geschlechterspezifische Macht- und Herrschaftsverhältnisse drücken sich besonders in geschlechterspezifischen Gewaltformen aus. Diese stellen ein besonders sensibles Handlungsfeld der Sozialen Arbeit dar, welches aus fachlicher Perspektive im Kontext geschlechterspezifischer sozialer Kontexte sowie Diskurse der Gender Studies zu betrachten und zu erfassen ist.[1] In der Einzelfallberatung von Betroffenen sexualisierter Gewalt ist nach wie vor eine tiefe *Inkorporierung* geschlechterstereotyper Annahmen und Erwartungen einer männlichen Überlegenheit und Verfügungsgewalt über weibliche Körper vorherrschend, welche sich in Verantwortungs- und Schuldübernahmen für Macht- und Ungleichheitsverhältnisse im subjektiven Erleben ausdrücken können, z. B. in Form von Äußerungen wie „Ich hätte nicht so viel Alkohol trinken dürfen." oder „Ich hätte nicht allein nach Hause gehen sollen.". Beratungsgespräche mit Betroffenen sind daher zentrale Orte zur Erzeugung einer kognitiven Dissonanz durch eine achtsame Hinterfragung von Geschlechterstereotypen. Eine besonders gendersensible, grenzachtende Gesprächsführung ist dabei unerlässlich, denn die Irritation von Geschlechterstereotypen geht oft mit Verunsicherung einher, von der Klient*innen durch das Erleben sexualisierter Gewalt bereits betroffen sind, sodass die Gefahr einer Überforderung besteht, welche ggf. zu einem Abbruch des vertrauensvollen Arbeitsbündnisses zwischen Fachkraft und Betroffenen führen kann. Insofern erlangt Sprache in einer gendersensiblen Gesprächsführung eine herausragende Bedeutung, um begriffsherrschaftliche Termini zu dekonstruieren und umzudeuten (vgl. Butler 1993, S. 47): Wir verwenden bewusst den Terminus Betroffene anstelle des Opfer-Begriffs, der mit ungleichen Macht- und Unterwerfungsverhältnissen konnotiert ist. Um eine reflektierte, gendersensible Haltung entwickeln zu WOLLEN, müssen sich Fachkräfte ihrer eigenen *inkorporierten* Geschlechterstereotype und deren *naturalisierten* Begründungen als Elemente ihres *Doing Gender* innerhalb eines *institutionalisierten* Arbeitssettings bewusst sein.

---

[1] Spezialisierte Fachberatungsstellen für Betroffene sexualisierter Gewalt benötigen daher eine vertiefte Genderkompetenz sowie die Bereitschaft, sich mit aktuellen Forschungs- und Theorieentwicklungen auseinanderzusetzen.

4 WOLLEN: Ein gendersensibles fachlich-reflexives Handlungskonzept

Die Definition Sozialer Arbeit fordert eine Kritik sozialer Ungleichheit und damit einhergehender Macht- und Abhängigkeitsverhältnisse durch Profession und Disziplin. Ihre Kritik an ungleichen Machtverhältnissen ist jedoch nicht von einem erhabenen Standpunkt außerhalb dieser Verhältnisse möglich, denn sie ist selbst gestaltend an diesen Verhältnissen beteiligt. Es handelt sich daher stets um eine in den Machtverhältnissen selbst situierte Kritik, sodass eine Reflektion der eigenen Beteiligung an Produktion und Reproduktion geschlechterspezifischer Macht- und Herrschaftsverhältnisse eine notwendige Grundvoraussetzung für gesellschaftsveränderndes Wirken der Sozialen Arbeit sein muss (vgl. Benhabib 1993, S. 22). Eine Weigerung, die Beteiligung Sozialer Arbeit an gesellschaftlichen Verhältnissen zu hinterfragen, würde nichts Geringeres bedeuten, als ungleiche Geschlechterverhältnisse, einschließlich ihrer Macht- und Unterwerfungsmechanismen, zu bejahen und fortzusetzen, sodass ein paradoxer Widerspruch zum politischen Selbstverständnis der Profession entstehen würde. Eine selbstreflektierte Soziale Arbeit kann weder einer Politisierung noch einer gendersensiblen Haltung entsagen, ohne sich selbst zu widersprechen. Es besteht daher zunächst die „Notwendigkeit einer politisch engagierten Kritik" (Butler 1993, S. 36) der Sozialen Arbeit an der eigenen Beteiligung an interaktiven und gesellschaftsstrukturierenden Macht- und Herrschaftsverhältnissen, um diese im zweiten Schritt auf gesellschaftlich struktureller Ebene zu kritisieren und schließlich im dritten Schritt zu verändern.

Ein wesentlicher Bestandteil eines gendersensiblen fach-reflexiven Handlungskonzeptes ist die biographische Selbstreflexion in Bezug auf eigene Sozialisationserfahrungen, auf eigene *inkorporierte* Geschlechterstereotype und eigene *naturalisierende* Verhaltenslegitimationen (Micus-Loos 2013, S. 181). Dies ist ein herausfordernder und nie abgeschlossener Prozess des Ertappens, Bewusstwerdens, Reflektierens und Korrigierens der eigenen Wahrnehmungs- und Denkmuster. „Die selbstreflexive Dimension der [Geschlechterdifferenzierung] realisiert sich nur in einer ständigen Übung, die theoretische Einstellung der Verwunderung auf [die eigene Geschlechterdifferenzierung] zu wenden und dadurch für die Analyse und Kritik zu öffnen." (Wille 2007, S. 46).

Fallbeispiel

Ertappt sich eine Fachkraft im Beratungsgespräch, ein gle-
ichgeschlechtliches Paar gedanklich nach männlichen und weiblichen
Stereotypen *heteronormativ* zu kategorisieren, eröffnet ihr ein gendersensibles, fachlich-reflexives Handlungskonzept die Möglichkeit, ihre
heteronormativen Deutungsmuster wahrzunehmen und diese zu dekonstruieren: Dekonstruktion bedeutet in diesem Beispiel das Setzen eines
Fragezeichens hinter *heteronormative* Denk- und Deutungsmuster (vgl.
Degele et al. 2011, S. 8), um sie so für vielfältigere Umdeutungen zu
öffnen. Methodisch hilfreich ist dabei erstens die zentrale Frage nach
der Relevanz der Geschlechterdifferenzierung überhaupt und zweitens
ihrer sprachlichen Benennung in diesem konkreten Beratungsgespräch:
WARUM ist für mich als Fachkraft in diesem Moment eine differen-
zielle Zuordnung der Klient*innen zu einem männlichen oder weiblichen
Geschlecht relevant? Welche Funktion übernimmt meine vorgenommene
Geschlechterdifferenzierung der Klient*innen für mich und für den Fallver-
lauf? Die Frage zielt auf die Offenlegung der Bedürfnisse der Fachkraft
nach Orientierung, Verstehbarkeit und Komplexitätsreduktion ab. Das
Beratungsgespräch sollte sich jedoch primär an den Bedürfnissen der
Betroffenen orientieren. Im zweiten Schritt stellt sich die Frage, WARUM
für mich als Fachkraft eine sprachliche Benennung der wahrgenommenen Geschlechterdifferenzierung relevant ist. Die Frage verdeutlicht der
Fachkraft die subjektkonstituierende Macht des eigenen bezeichnenden
Sprechaktes, aus dem zwangsläufig eine Verantwortungsübernahme für das
eigene Sprechen und die Notwendigkeit einer gendersensiblen Sprache
folgt (vgl. Butler 1993, S. 45). Wenn wir die Frage nach der Relevanz
der Geschlechterdifferenzierung stellen, ergibt sich die Gegenfrage nach
dem Schaden einer Geschlechterdifferenzierung: Trage ich als Fachkraft
meine geschlechterstereotypen Annahmen und Erwartungen unreflektiert
an Klient*innen heran, werden Beratungsgespräche zu konfrontativen
Schauplätzen der Geschlechterdifferenzierung und ihres daraus folgenden
Machtverhältnisses. Die zentrale Frage nach der Legitimität und Relevanz
einer Geschlechterdifferenzierung verdeutlicht die ungleiche Verteilung
von Deutungs- und Artikulationsmacht in einem Arbeitsbündnis zwischen
Klient*innen und Fachkräften. Dieses ist bereits anhand der Machta-
symmetrie zwischen einer ratsuchenden und einer beratenden Person
strukturiert, sodass beispielsweise eine gesprächseinleitende Frage nach

der Pronomenverwendung der Klient*innen ein subversives Gegengewicht zur etablierten *heteronormativen* Sprachstruktur darstellen kann, indem die sprachliche Selbstbezeichnung von *gender* zu einem Moment der Selbstwirksamkeit werden kann. Die „Entselbstverständlichung" heteronormativen Sprechens ist ein Grundstein für eine weitere Veränderung bisheriger Machtverhältnisse (Degele et al. 2011, S. 8).

Eine gendersensible Haltung verlangt von Sozialarbeitenden, ein hohes Maß an Ambiguitätstoleranz, Unsicherheiten und Uneindeutigkeiten des *Doing Gender* ihrer Kolleg*innen und Klient*innen zu akzeptieren, respektieren und auszuhalten. Eine Reflektion des eigenen *Doing Gender* im fachlichen Arbeitssetting setzt bisher entlastende, komplexitätsreduzierende, orientierende Geschlechterstereotype einer permanenten, verunsichernden Hinterfragung aus. Um eine Überforderung und Verweigerung von Fachkräften zu vermeiden, sind achtsame Teamstrukturen, multiperspektivischer und interdisziplinärer Austausch, psychosoziale Unterstützung durch Supervisionen sowie Fort- und Weiterbildungen zu genderspezifischen Themen als sichere Rahmenstruktur für Fachkräfte unbedingt notwendig.

Zusammenfassung

Soziale Arbeit als Disziplin und Profession zielt u. a. auf den Abbau sozialer Ungleichheiten ab, die sowohl in interaktiven Austauschprozessen als auch in gesellschaftlichen Strukturen an die Differenzkategorie Geschlecht geknüpft sind, sodass sich interaktive und strukturelle Macht- und Herrschaftsverhältnisse produzieren und reproduzieren. In diese Prozesse ist die Soziale Arbeit selbst involviert und benötigt zur Reflexion der eigenen Position ein fachlich reflexives sowie gendersensibles Handlungskonzept, das auf einer fundierten *Genderkompetenz* aufbaut. *Genderkompetenz* als Grundvoraussetzung des Verstehens komplexer, geschlechterspezifischer Ungleichheitslagen der Adressat*innen Sozialer Arbeit setzt sich aus den Dimensionen des WISSENS, KÖNNENS und WOLLENS zusammen. Die Referenzdisziplin der Gender Studies erlangt dabei eine zentrale Bedeutung, indem sie Sozialer Arbeit theoretische Grundlagen, methodische Handlungsansätze sowie Impulse zur Veränderung aufzeigt sowie den macht- und herrschaftskritischen Anspruch der Sozialen Arbeit untermauert. Die Handlungstheorie des *Doing Gender* von West und Zimmerman ermöglicht Sozialarbeitenden interaktive Machtverhältnisse in ihrem Zusammenspiel von *sex, gender, sex-category* und *desire* zu begreifen sowie die Involviertheit der eigenen Person in diese Verhältnisse zu reflektieren. Die Struktursäulen der *Naturalisierung, Inkorporierung* und *Institutionalisierung* geschlechterdifferenzieller Ungleichheiten verdeutlichen Sozialarbeitenden hingegen das Ineinandergreifen von interaktiven Machtverhältnissen der Mikroebene und gesellschaftsstrukturierenden Herrschaftsverhältnissen auf der Meso- und Makroebene, wie das Beispiel der geschlechterspezifischen Arbeitsteilung aufzeigte. Theoretisches WISSEN der Gender Studies bietet Sozialarbeitenden Impulse gendersensibler Handlungsansätze auf der interaktiven Mikroebene (KÖNNEN) sowie Anregungen zu einer politischen Positionierung zur Veränderung gesellschaftsstrukturierender Herrschaftsverhältnisse (WOLLEN).

Fragen zur Reflexion

1. Welche biografischen Sozialisations- und Erziehungserfahrungen haben mich in meinem *Doing Gender* geprägt oder prägen mich bis heute und inwiefern haben diese Erfahrungen Einfluss auf meine fachliche Professionalität als Sozialarbeiter*in?
2. Wie sensibel ist meine Wahrnehmung für interaktive Machtverhältnisse in meinem Umfeld unter Einbezug meiner eigenen Person, für gesellschaftsstrukturierende Herrschaftsverhältnisse sowie für die Wechselwirkung zwischen beiden Verhältnissen?
3. Inwieweit kann ich mich mit dem macht- und herrschaftskritischen Anspruch der Sozialen Arbeit identifizieren und eine politische Positionierung daraus entwickeln?

Literatur

Abdul-Hussain, S. (2014). *Genderkompetenz*. Bundesministerium für Unterricht, Kunst und Kultur (Hrsg.). https://erwachsenenbildung.at/themen/gender_mainstreaming/grundl agen/genderkompetenz.php. Zugegriffen: 12. März 2023.

Baltes-Löhr, C. (2023). *Geschlecht als Kontinuum. Über das Aufbrechen binärer Ordnungen.* Bielefeld: transcript Verlag.

Becker-Schmidt, R. (2008). Doppelte Vergesellschaftung von Frauen: Divergenzen und Brückenschläge zwischen Privat- und Erwerbsleben. In R. Becker und B. Kortendiek (Hrsg.), *Handbuch Frauen- und Geschlechterforschung: Theorie, Methoden, Empirie* (S. 65–74). Wiesbaden: VS Verlag für Sozialwissenschaften.

Benhabib, S. (1993). Feminismus und Postmoderne. Ein prekäres Bündnis. In S. Benhabib, J. Butler, D. Cornell und N. Fraser (Hrsg.), *Der Streit um Differenz. Feminismus und Postmoderne in der Gegenwart* (S. 9–58). Frankfurt am Main: Fischer Taschenbuch Verlag.

Bereswill, M. (2016). *Hat Soziale Arbeit ein Geschlecht?* (Bd. 16). Rheinbreitbach: Verlag des Deutschen Vereins für öffentliche und private Fürsorge e. V.

Biermann, I. (2009). *Von Differenz zu Gleichheit: Frauenbewegung und Inklusionspolitiken im 19. und 20. Jahrhundert* (Gender Studies). Bielefeld: transcript Verlag.

Binder, B. und Hess, S. (2011). Intersektionalität aus der Perspektive der Europäischen Ethnologie. In S. Hess, N. Langreiter und E. Timm (Hrsg.), *Intersektionalität Revisited. Empirische, theoretische und methodische Erkundungen* (S. 15–52). Bielefeld: transcript Verlag.

Böhnisch, L. und Funk, H. (2002). *Soziale Arbeit und Geschlecht. Theoretische und praktische Orientierungen.* Weinheim, München: Juventa.

Bourdieu, P. (2020). *Die männliche Herrschaft.* Frankfurt am Main: Suhrkamp.

Brückner, M. (2008). Geschlechterverhältnisse und Soziale Arbeit. „De"- und „Re"-Gendering als theoretische und praktische Aufgabe. In I. Haasper und B. Jansen-Schulz (Hrsg.), *Key competence: gender. HAWK-Ringvorlesung 2007/2008* (Focus gender, Bd. 10, 1. Aufl., S. 213–230). Berlin: Lit-Verlag.

Burghard, A. B. (2020). *Körper und soziale Ungleichheit. Eine ethnographische Studie in der offenen Kinder- und Jugendarbeit.* Wiesbaden: Springer VS.

Butler, J. (1993). Kontingente Grundlagen. Der Feminismus und die Frage der „Postmoderne". In S. Benhabib, J. Butler, D. Cornell und N. Fraser (Hrsg.), *Der Streit um Differenz. Feminismus und Postmoderne in der Gegenwart* (S. 31–58). Frankfurt am Main: Fischer Taschenbuch Verlag.

Butler, J. (2021). *Das Unbehagen der Geschlechter* (22. Aufl.). Frankfurt am Main: Suhrkamp.

Dahrendorf, R. (2006). *Homo Sociologicus. Ein Versuch zur Geschichte, Bedeutung und Kritik der Kategorie der sozialen Rolle* (16. Aufl.). Wiesbaden: VS Verlag für Sozialwissenschaften.

DBSH (2016). *Deutscher Berufsverband für Soziale Arbeit.* https://www.dbsh.de/profession/definition-der-sozialen-arbeit/deutsche-fassung.html. Zugegriffen: 20. Februar 2023.

Degele, N. und Winker, G. (2010). *Intersektionalität. Zur Analyse sozialer Ungleichheiten* (Sozialtheorie Intro, 2. unveränderte Auflage). Bielefeld: transcript.

Degele, N., Bethmann, S. und Heckemeyer, K. (2011). *Warum wir Geschlecht berücksichtigen, um Gesellschaft zu verstehen. Ein Plädoyer für eine heteronormativitätskritische Analyseperspektive.* http://www.feministisches-institut.de. Zugegriffen: 26. Februar 2023.

Fraser, N. (2013). Neoliberalismus und Feminismus: Eine gefährliche Liaison. *Blätter für deutsche und internationale Politik*, (12), 29–32.

Geschlechtliche und sexuelle Vielfalt in der pädagogischen Arbeit mit Kindern und Jugendlichen. Handreichungen für Fachkräfte der Kinder- und Jugendhilfe (2012). *Bildungsinitiative QUEERFORMAT und sozialpädagogisches Fortbildungsinstitut Berlin-Brandenburg.*

Gildemeister, R. (2008). Doing Gender: Soziale Praktiken der Geschlechterunterscheidung. In R. Becker und B. Kortendiek (Hrsg.), *Handbuch Frauen- und Geschlechterforschung: Theorie, Methoden, Empirie* (S. 137–145). Wiesbaden: VS Verlag für Sozialwissenschaften.

Goffman, E. (2001). Das Arrangement der Geschlechter. In H. Kotthoff (Hrsg.), *Interaktion und Geschlecht* (2. Aufl., S. 105–158). Frankfurt am Main: Campus-Verlag.

Hannover, B. und Wolter, I. (2019). Geschlechtsstereotype: wie sie entstehen und sich auswirken. In B. Kortendiek, B. Riegraf und K. Sabisch (Hrsg.), *Handbuch Interdisziplinäre Geschlechterforschung* (S. 201–210). Wiesbaden: Springer Fachmedien Wiesbaden.

Hurrelmann, K. und Quenzel, G. (2014). Entwicklungsaufgaben im Jugendalter. *Sozialmagazin,* (10), 6–13.

Kuster, F. (2019). Mann – Frau: die konstitutive Differenz der Geschlechterforschung. In B. Kortendiek, B. Riegraf und K. Sabisch (Hrsg.), *Handbuch Interdisziplinäre Geschlechterforschung* (Geschlecht und Gesellschaft, S. 1–10). Wiesbaden: Springer Fachmedien Wiesbaden.

Mangelsdorf, M. und Penkwitt, M. (2003). Einleitung: Dimensionen von Gender Studies II. *FZG - Freiburger Zeitschrift für GeschlechterStudien, 12,* 18–53.

Mangelsdorf, M., Schmitz, S. und Palm, K. (2013). Körper(-sprache) – Macht – Geschlecht. *FZG - Freiburger Zeitschrift für GeschlechterStudien, 19*(2), 5–18.

Micus-Loos, C. (2013). Herausforderungen genderbezogener Sozialer Arbeit. In K.-P. Sabla und M. Plößer (Hrsg.), *Gendertheorien und Theorien Sozialer Arbeit. Bezüge, Lücken und Herausforderungen* (S. 179–197). Opladen: Verlag Barbara Budrich.

Müller, U., Riegraf, B. und Wilz, S. M. (2013). *Geschlecht und Organisation.* Wiesbaden: Springer VS.

Plößer, M. (2013). Die Macht der (Geschlechter-)Norm. Überlegungen zur Bedeutung von Judith Butlers dekonstruktiver Gendertheorie für die Soziale Arbeit. In K.-P. Sabla und M. Plößer (Hrsg.), *Gendertheorien und Theorien Sozialer Arbeit. Bezüge, Lücken und Herausforderungen* (S. 199–216). Opladen: Verlag Barbara Budrich.

Schössler, F. und Wille, L. (2022). *Einführung in die Gender Studies* (2. Aufl.). Berlin, Boston: De Gruyter.

Teubert, A. und Vobbe, F. (2023). *Sexualisierte Gewalt in Kindheit und Jugend. Ein Lehrbuch für die Soziale Arbeit* (1. Aufl.). Stuttgart: Verlag W. Kohlhammer.

Vanagas, A. (2021). *Sexualpädagogische (Re)Visionen. Sexualpädagogik als Diskriminierungsschutz für Schule und außerschulische Bildungsarbeit.* Wiesbaden: Springer Fachmedien Wiesbaden.

Walgenbach, K. (2012). *Intersektionalität – eine Einführung.* https://www.portal-intersektion alität.de. Zugegriffen: 9. Mai 2023.

Wallner, C. (2013). „Wie Gender in die Soziale Arbeit kam". Ein Beitrag zur Bedeutung feministischer Mädchenarbeit für die Geschlechterperspektive und zum Verständnis moderner Genderansätze. In K.-P. Sabla und M. Plößer (Hrsg.), *Gendertheorien und Theorien*

Sozialer Arbeit. Bezüge, Lücken und Herausforderungen (S. 61–78). Opladen: Verlag Barbara Budrich.

Wegrzyn, E. (Hrsg.) (2014). Genderkompetenz. *Gender Glossar.* https://www.gender-glossar. de/post/genderkompetenz. Zugegriffen: 12. März 2023.

West, C. und Fenstermaker, S. (1995). Doing Difference. *Gender and Society, 9*(1), 8–37. http://www.jstor.org/stable/189596. Zugegriffen: 21. Mai 2023.

West, C. und Zimmerman, D. H. (1987). Doing Gender. *Gender and Society, 1*(2), 125–151. http://www.jstor.org/stable/189945. Zugegriffen: 21. Mai 2023.

Wille, K. (2007). Gendering George Spencer Brown? Die Form der Unterscheidung und die Analyse von Unterscheidungsstrategien in der Genderforschung. In C. Weinbach (Hrsg.), *Geschlechtliche Ungleichheit in systemtheoretischer Perspektive* (S. 15–50). Wiesbaden: VS Verlag für Sozialwissenschaften.

Weiterführende Literatur

Degele, N. (2008). Gender/Queer Studies. Eine Einführung. Paderborn: Wilhelm Fink Verlag.

Gröning, K., Kunstmann, A.-C., & Neumann, C. (2015). Geschlechtersensible Beratung.

Kasten, A., von Bose, K., & Kalender, U. (2022). Feminismen in der Sozialen Arbeit. Debatten, Dis/Kontinuitäten, Interventionen. Weinheim, Basel: Beltz Juventa.

Korbik, J., & Bernhard, J. (2023). Simone de Beauvoir. Ich möchte vom Leben alles. Hamburg: Rowohlt Verlag.

Lépine, R., & Lorenz, A. (2018). Judith Butler. Philosophie für Einsteiger. Paderborn: Wilhelm Fink Verlag.

Maria Ludwigs, 1. Staatsexamen gymnasiales Lehramt Geschichte und Latein Universität Freiburg, Soziale Arbeit B.A. DHBW Villingen-Schwenningen, Masterstudentin Gender Studies Universität Freiburg, psychosoziale Beraterin bei Frauenhorizonte Freiburg e. V., Lehrbeauftragte an der DHBW Villingen-Schwenningen. Forschungsinteressen sind feministisch partizipative Forschungsmethoden, Feminismen in der psychosozialen Beratung der Sozialen Arbeit, diskurstheoretischer Dekonstruktivismus in sozialpädagogischer Alltagspraxis, sexuelle Bildung und Queer Theory in schulischen Kontexten sowie sexuelle und geschlechtliche Vielfalt in der Kinder- und Jugendhilfe.

„Identitätspolitik" oder „Klassenkampf"? Über Deutungskonkurrenzen sozialer Ungleichheit

Christoph Schneider

Zusammenfassung

Im folgenden Beitrag werden zwei Perspektiven gesellschaftlicher Statusdifferenzen verglichen, einmal Ungleichheit in *Form identitätsbezogener Anerkennungsdefizite* und zum anderen Ungleichheit hinsichtlich der *Verteilung monetärer Ressourcen*. Im ersten Fall geht es um Fragen der Diskriminierung von Frauen, von Angehörigen genderbezogener und sexueller Minoritäten, anderer Kulturen, Hautfarben und Ethnien. Die *soziokulturelle Missachtung* solcher Gruppen steht im Zentrum dieses Diskursstrangs. Im zweiten Fall ist der Kernkonflikt vorrangig *ökonomisch* gelagert. Das Hauptinteresse liegt hier darin, die ungleiche gesellschaftliche Güterverteilung bezüglich Einkommen und Vermögen entlang einer kapitalismuskritischen Achse zu analysieren. Zwischen den genannten beiden Ebenen bestehen Verflechtungen, die im Folgenden zur Diskussion stehen.

1 Einführung

Ungleichheit, so lautet ein seit geraumer Zeit oft vernommener Befund, werde in zeitgenössischen Gesellschaften tendenziell rückläufig als ökonomische Verteilungsfrage ungleicher Einkommens- und Vermögensverhältnisse thematisiert, wie es lange das klassische Anliegen sozialdemokratischer Agenden war.

C. Schneider (✉)
DHBW-VS, Villingen-Schwenningen, Deutschland
E-Mail: christoph.schneider@dhbw.de

© Der/die Autor(en), exklusiv lizenziert an Springer Fachmedien Wiesbaden GmbH, ein Teil von Springer Nature 2024
K. E. Sauer et al. (Hrsg.), *Studienbuch Gender und Diversity für die Soziale Arbeit*, https://doi.org/10.1007/978-3-658-42942-3_3

Vielmehr habe sich die Aufmerksamkeit auf identitätspolitisches Terrain insbesondere ethnischer und genderbezogener Ungleichheiten verschoben. Ging es
vormals an erster Stelle um *ökonomische Verteilungsfragen,* so stehen nun *identitätsbezogene Anerkennungsthemen* im Zentrum öffentlicher und akademischer
Ungleichheitsdiskurse. Das heißt, das Interesse, so die These, habe sich von
Armuts- und Ausbeutungsproblematiken hin zu Stichworten wie insbesondere
Rassismus und Sexismus verschoben.

Zum besseren Verständnis dieser Entwicklung sei zweierlei angemerkt. Der
tendenzielle Bedeutungsverlust klassischer Verteilungsfragen lässt sich einerseits
über die „Verbürgerlichung der Sozialdemokratie" miterklären (Piketty 2020,
S. 938 ff.; Münkler 2012, S. 46). Waren linke Parteien lange Zeit mit dem
Milieu einkommensschwacher Arbeiter:innen verbunden, so führte seit den 70er
Jahren des letzten Jahrhunderts sowohl die einsetzende Bildungsexpansion als
auch eine zunehmende ökonomische Prosperität dazu, das Zentrum linker Politik mehr und mehr in die Mitte der Gesellschaft zu verlagern, demnach hin
zu Bevölkerungs- und damit Wähler:innengruppen, deren Einkommenssituation
weit weniger als zuvor noch prekär war. Die Hoffnung, eine nun verbürgerlichte
Arbeiter:innenklasse löse sich sukzessive in der Mittelschicht auf, ließ die Vorstellung einer in „Klassen" gespaltenen Gesellschaft an Überzeugungskraft verlieren
(Boltanski und Chiapello 2006, S. 343 f.). So kam es dazu, dass in wohlhabenden
europäischen Ländern die „neue Linke" den lebensweltlichen Draht zu ihrer ein-
stmaligen sozialistisch-proletarischen Tradition verlor (bezüglich der USA vgl.
Lepore 2021, S. 843 f.).

Zum anderen ist miteinzurechnen, dass „Identitätspolitik", demnach
die anerkennungsbezogene Parteinahme für diskriminierungsbedrohte (Rand-)
Gruppen in den USA ihren Ursprung hatte (vgl. ebd., S. 853 f.). Das anzumerken
ist insofern aufschlussreich, als die Gesellschaft der USA eine relativ hohe allge-
meine Akzeptanz gegenüber ökonomischer Ungleichheit besitzt. Die Aufteilung
zwischen „arm und reich" an sich gilt nur bedingt als gesellschaftliches Übel (vgl.
Bowles und Gintis 2000; Dallinger 2008; Lammert und Vormann 2020, S. 343;
Liebig und Wegener 1995; Lübker 2007, S. 130 f.). Die Möglichkeit persönlichen
Erfolgs – und ebenso eigenen Scheiterns – ist tief in der US-amerikanischen
Nationalmythologie verwurzelt, während sozialstaatliche Umverteilung vielen
Amerikaner:innen, und zwar längst nicht nur Rechtskonservativen, suspekt
ist (zum ideengeschichtlichen Hintergrund des „Besitzindividualismus" vgl.
Macpherson 2016). Ebenso bedeutsam ist in diesem Zusammenhang, dass es in
der US-amerikanischen Gesellschaft nur sehr geringe Tradition hat, sich selbst

als *Klassen*-Gesellschaft zu thematisieren: „social class is not an important political cleavage in American society" (Harris und Rivera-Burgos 2021, S. 177; vgl. Fields und Fields 2015).

Damit muss die Beantwortung von Ungleichheitsfragen in den USA folgenden Spagat leisten: Wie lässt sich die faktisch ganz erhebliche gesellschaftliche (Vermögens-)Ungleichheit ansprechen, ohne allerdings dabei das sakrosankte amerikanische Narrativ infrage zu stellen, jedem stünde prinzipiell der Weg von „Tellerwäscher zum Millionär" offen? Wie also gesellschaftliche Ungleichheit zum Thema erheben, ohne den Beigeschmack des „Sozialismus" zu riskieren? Identitätspolitik, so lautet eine, wenn auch provokante Antwort, eröffnet hier die Möglichkeit, entlang von geschlechts- oder hautfarbenbezogenen Differenzachsen Ungleichheit zu skandalisieren, ohne allerdings damit die kapitalistische Wirtschaftsordnung im Gesamten infrage zu stellen.

Eine Randnotiz zu dessen besserem Verständnis: Schon in den 50er Jahren missbilligte der konservative Wirtschafts- und Sozialwissenschaftler und spätere Nobelpreisträger Gary Becker die Diskriminierung von dunkelhäutigen Menschen und Frauen am Arbeitsplatz. Warum? Einfach weil rassistische und sexistische Diskriminierung es erschwere, das vorhandene „Humankapital" effektiv nutzen zu können. An grundsätzlicher Einkommensungleichheit hatte Becker nichts auszusetzen, aber es sollte gewährleistet sein, dass die Wirtschaft das für sie bestgeeignete Personal nach individuellen Leistungsgesichtspunkten rekrutieren kann. Nicht-Weiße und Frauen zu diskriminieren, bedeutete daher schlicht, das Konkurrenzprinzip des (Arbeits-)Markts zu behindern (vgl. Michaels 2021, S. 245 f.; in ihrer Kritik an Intersektionalität weist Helgard Kramer (2013) auf denselben Sachverhalt hin). Wir werden im Folgenden sehen, dass dieses Kalkül heute noch, wenn auch unausgesprochen und verdeckt, Anwendung findet.

2   Identitätspolitik

Der Begriff *Identitätspolitik* wurde erstmals im Jahre 1977 im Rahmen des *Combahee River Collective,* einer Gruppe afroamerikanischer lesbischer Feministinnen explizit angeführt und hat sich seitdem zur Benennung politischer Programme etabliert, die gesellschaftliche Anerkennung und damit verknüpfte Teilhabe- und Partizipationschancen von Frauen, Nicht-Weißen und Menschengruppen non-heterosexueller Geschlechtsidentität einfordern. Dabei darf nicht ausgeklammert bleiben, dass Identitätspolitik nicht, wie oft dargestellt, allein Sache linker Politik ist. So greift ebenso rechte Politik seit jeher dort auf

„Identität" zurück, wo es darum geht, den eigenen proklamierten ethnischen, kulturellen und geschlechtsbezogenen Status Quo und daraus abgeleitete Privilegien zu verteidigen. Man kann es auf die Formel bringen, dass rechte Identitätspolitik bestehende konservative Exklusionsgrenzen aufrechterhalten und Forderungen nach pluralistischen Anerkennungsformen zurückweisen will, während linker Identitätspolitik grundsätzlich daran gelegen ist, Diskriminierung abzubauen und den Spielraum möglicher Identitätsformen zu erweitern (Susemichel und Kastner 2018, S. 17; Martschukat 2018, S. 12).

So ist es die unbestreitbare Stärke (linker) Identitätspolitik, die Frage nach *Identität(en)* überhaupt im Raum des *Politischen* anzusiedeln, um von hier aus Machtpotentiale von Humankategorisierungen (d. h. Gruppenaufteilung von Menschen: Schwarze, Weiße, Hetero-, Homosexuelle etc.; vgl. Hirschauer 2017, 2021) ansprechen zu können. So wäre es verkürzt, Identitätspolitiken grundsätzlich zu unterstellen, es ginge ihnen nur um die Anerkennung kultureller, ethnischer oder genderbezogener Differenzen – also um gesellschaftliche Sichtbarkeit und Respekt vor dem „Anderen" –, ohne dabei Ungleichheit bezüglich Einkommen, Vermögen, Bildungschancen etc. ebenso anzusprechen. Beides ging, besonders zu Beginn identitätspolitischer Bewegungen, immer schon Hand in Hand (Kastner und Susemichel 2019, S. 12; vgl. Susemichel und Kastner 2021, S. 13). Wie in den nächsten Abschnitten noch gezeigt wird, ist insbesondere *Gender* eine in dieser Hinsicht hybride Kategorie (Fraser 2017, S. 31 f.). *Frausein* beispielsweise kann sowohl Benachteiligung hinsichtlich des ökonomischen Status' bedeuten als auch Formen sexistischer Missachtung auf sich ziehen. Ebenso ist miteinzurechnen, dass sich der Status *Frausein* immer auch mit einer bestimmten Klassen- bzw. Schichtzugehörigkeit kreuzt. Dementsprechend war und ist es ein Grundkonflikt innerhalb der Frauenbewegung seit deren Beginn, inwiefern die gesellschaftliche Lage von Arbeiter:innen und bürgerlichen Frauen oder auch von weißen und nicht-weißen Frauen miteinander vergleichbar ist (Kastner und Susemichel 2019, S. 15 f.). Dies sind demnach Fragestellungen, die heute unter dem Stichwort *Intersektionalität* verhandelt werden.

Reflexionsfrage zu Intersektionalität
Frau Öztürk (migrantisch, weiblich, „bildungsfernes" Elternhaus) ist als CEO eines DAX-notierten Unternehmens die Nachfolgerin von Herrn Scherer (weiß, männlich, dem gehobenen Bürgertum entstammend). Sie

verdient wie ihr Vorgänger monatlich 50.000 €, demnach das ca. 25igfache ungelernter Arbeiter:innen. Sicherlich ist es – bedauerlicherweise! – immer noch relativ unwahrscheinlich, dass jemand wie Frau Öztürk in eine solche Position gelangt. Falls aber doch: Würden Sie ihre verwirklichte Chancengleichheit (vgl. Abschn. 5) als gesellschaftlichen Erfolg werten? Gönnen Sie es Frau Öztürk, dass sie trotz ihrer benachteiligten Startbedingungen ihren Weg „nach oben" geschafft hat und ein Spitzeneinkommen erzielt? Wie würden Sie selbst gemäß eigener sozialethischer Standards die Forderung nach Chancengleichheit einerseits mit der Forderung nach monetärer Umverteilung i.S. einer Verringerung von Einkommensdifferenzen andererseits zueinander in Stellung bringen?

Der genannte Fall sollte eigentlich wie geschaffen für intersektionale Analysen sein, allerdings mit einer Einschränkung. Im Falle Frau Öztürks kreuzen sich *positive* und *negative* Statuselemente (hoher Bildungsgrad, hohes Einkommen, hohes Sozialprestige einerseits, diskriminierungsbegünstigende Faktoren hinsichtlich ihrer ursprünglichen Herkunft andererseits). Die ansonsten sehr gewinnbringenden Intersektionalitätsansätze können die soziale Positionierung von jemandem wie Frau Öztürk insofern nicht hinreichend abbilden, da sie i. d. R. in ihrer „Fixierung auf *Ungleichheitseffekte*" (Hirschauer und Boll 2017, S. 10) dazu neigen, primär belastende Faktoren aufzuaddieren (z. B. „nicht-weiß" *plus:* „dunkelhäutig" *plus* „Behinderung" *plus*... etc.). Überkreuzungen von potenziellen *Diskriminierungsfaktoren* und potenziellen *Prestigequellen* (z. B. „migrantisch/weiblich" *plus* „reich/gebildet") werden dabei kaum berücksichtigt (zur Kritik an Intersektionalität vgl. Boger 2017; Griesebner 2013; Hirschauer 2013; Kramer 2013; Salem 2018; Stögner 2019).

Natürlich gibt es den *Gender Pay Gap* und natürlich bestehen eklatante Unterschiede in der gesamtgesellschaftlichen Einkommens- und Vermögensverteilung zwischen *weißen* und *nicht-weißen* Bevölkerungsgruppen. Allerdings bestehen nicht nur *zwischen* den genannten Gruppen, sondern auch *innerhalb* dieser Gruppen beträchtliche Unterschiede. In den USA der 2000er-Jahre beispielsweise hat sich die ökonomische Verteilung zwischen Weißen und Nicht-Weißen (*Blacks, Hispanics, Asians*) insgesamt noch mehr zu Ungunsten Letzterer verschoben. Wenn man sich allerdings die vermögendsten oberen 10 % der Gesellschaft ansieht, und zwar gestaffelt nach allen ethnischen Gruppen, dann lässt sich feststellen, dass *innerhalb* der jeweiligen Gruppen die ökonomische Verteilung ebenso ungleicher wurde (z. B. zwischen reichen und armen Afroamerikaner:innen), das heißt, trotz allgemein verschlechterter wirtschaftlicher Gesamtlage ist es den oberen 10 % – und zwar in *allen* ethnischen Gruppen – gelungen, für sich selbst Gewinne zu erzielen (PEW Research Center, 2011). Nebenbei bemerkt, bei „den oberen 10 %" denkt man schnell an teure Sportwagen und Villen auf den Malediven. Auf Deutschland bezogen, gehört z. B. eine FH-Professorin, die mit einem Studienrat verheiratet ist (plus abbezahltes Einfamilienhaus und dann vielleicht noch eine kleinere Erbschaft) zu den sowohl einkommens- aus u. U. auch bereits vermögensbezogenen oberen 10 %, auch wenn die Luxuskarosse noch auf sich warten lässt und man den Urlaub am Bodensee verbringt.

Trotz ihrer unbestreitbaren Berechtigung haben jüngste identitätspolitische Entwicklungen auch Kritik auf sich gezogen. Identitätspolitik, so Jens Kastner und Lea Susemichel, sei von einem ambivalenten Verhältnis hinsichtlich „Identität" gekennzeichnet, das zwischen „Ablehnung und Affirmation" (2019, S. 11) schwanke. Identitätspolitische Strömungen stehen zum einen ihrem namensgebenden Kernbegriff insofern mit Skepsis gegenüber, als sie im Sinne Judith Butlers das „Subjekt" und dessen „Identität" grundsätzlich als etwas gesellschaftlich Geformtes bzw. Konstruiertes betrachten, was jegliche Ideale „authentischer" Subjektivität gepaart mit „natürlicher" Identität dekonstruktivistisch zunichtemacht. Identitätspolitik ist zum anderen aber auch einer affirmativen, das heißt bejahenden und parteinehmenden Haltung gegenüber marginalisierungsgefährdeten Identitäten verpflichtet. Was hier erreicht werden soll, ist sowohl die Anerkennung neuer Identitätsformen (z. B. LGBTQ+) als auch die symbolische Rehabilitierung bestehender, vormals indes diskriminierter Identitäten (z. B. „Black is Beautiful" und „Gay is Good", vgl. Lepore 2021, S. 792; zur grundsätzlichen Konversion von *Stigma* zu *Charisma* vgl. Lipp 1985). Ein solches affirmatives Bekenntnis zu Identität bzw. bestimmten Identitätsgruppen beinhaltet nun aber die Gefahr, Identität erneut zu essentialisieren, das heißt, sie wiederum als etwas Feststehendes und mit einem an sich unveränderlichen Wesenskern Ausgestattetes zu behandeln, womit abermals distinkte Grenzen zwischen *In-* und *Outgroups* gezogen werden. Und das steht einem (de-)konstruktivistischen, um die Relativierung und Auflösung von Identitätskonstruktionen bemühten Theorie- und auch Politikprogramm im Grunde diametral entgegen. So wird in der Debatte um *Cultural Appropriation* der ernstzunehmende Vorwurf geäußert, hier artikuliere sich von linker Seite ein Kulturverständnis, das demjenigen rechter Positionen insofern zu ähneln beginne, als beide Seiten einem identitätsbezogenen ‚Reinheitsideal' und essentialistischen Ethnizitätsverständnis verpflichtet sind. Solche neuen Essentialismen – die sich links wie rechts bestens mit „Authentizitäts"-Beschwörungen vertragen – bedeuteten nach Susemichel und

Kastner einen „Rückschritt hinter die letzten fünfzig Jahre kulturtheoretischer Debatten in der Linken." (2021, S. 89). Dem ließe sich der Hinweis Paul Gilroys zur Seite stellen, „that identity should not be fossilized in keeping with the holy spirit of ethnic absolutism." (2001, S. 252). *Cultural Appropriation* thematisiert „Kultur" jedoch ausschließlich entlang *ethnischer* Grenzziehungen, was für unser Thema insofern interessant ist, als mit diesem ethnisch verengten Blick die *Klassendimension von Kultur* notorisch unterschlagen wird. Die aktuelle Frage, ob von Weißen getragene *Dreadlocks* oder das Spielen von *Reggae* als *Cultural Appropriation* gilt, erscheint in einem etwas anderen Licht, wenn wir folgendes Zitat des britisch-jamaikanischen Musikers und DJs Don Letts hinzuziehen, wenn er das Verhältnis zwischen der (schwarzen) *Reggaeszene* und den (weißen) *Punks* im London der späten 70er-Jahre folgendermaßen beschreibt: „Im Grund waren wir Rebellen und schlossen uns zusammen. Mit wem sonst sollten die Punks in London sich verbünden?" (Letts zit. in Colgrave und Sullivan 2006, S. 197). Letts, der als DJ im legendären *The Roxy Club* die Initialzündung von *Punk* musikalisch mit *(Dub-)Reggae* unterlegte, macht hier darauf aufmerksam, dass, sozusagen „intersektional" gedacht, die kulturelle Differenz zwischen „Schwarz" und „Weiß" durch die gesellschaftliche Erfahrung des gemeinsamen Klassenschicksals überbrückt wurde. So sah sich dann auch kein Geringerer als Bob Marley dazu veranlasst, die *Punky Reggae Party* zu besingen, in der die gesellschaftlich Marginalisierten über ethnische Grenzen hinweg letztlich doch miteinander feiern konnten ("It's a punky reggae party, and it's alright/What did you say? Rejected by society/The Wailers will be there, The Damned, The Jam, The Clash"). In den bildungsgentrifizierten Diskursräumen, in denen dieser Tage um Fragen kultureller Aneignung gestritten wird, spielen dagegen klassenbezogene Argumente keine Rolle mehr, ein Umstand, der sicherlich mit dazu beiträgt, der ethnischen Dimension von Identitätsthematiken Priorität einzuräumen, um sie damit allerdings abermals als etwas gleichsam essentiell Verbürgtes erscheinen zu lassen. Paula-Irene Villa, an Butler geschult und ostentativen Identitätsproklamationen wachsam gegenüberstehend, findet daher ebenfalls deutliche Worte, wenn sie anmerkt, neue Identitätspolitiken betrieben zuweilen „das Geschäft des Essentialismus in kritisch-links-grün." (2017) Karin Stögner wiederum hält fest: „Was in Identitätspolitik nicht stattfindet, ist eine Kritik am autoritären Identitätszwang und an gesellschaftlicher Kategorisierung von Menschen. Vielmehr wird Identität autoritär zum Prinzip erhoben, entgegen den Versprechen der *queer theory*, die das kategoriale Denken in der Kategorie des *genderqueer* sich überschlagen ließ" (2020, S. 275). In anderen Worten, Identitätspolitik kann dazu neigen, nicht wie ursprünglich gedacht die Grenzen zwischen Identitätskategorien sukzessive

zu unterlaufen, als vielmehr möglichst präzise definierte kollektive Partikulari-
dentitäten und damit zwangsläufig eine Vielzahl neuer Einsortierungszwänge zu
produzieren, ein Kritikpunkt den auch Mai-Anh Boger in ihrer Auseinandersetzung mit Intersektionalität teilt (2017, S. 80 f. Vgl. hierzu auch Bauer in diesem
Band).

3   Race, Gender – und Class?

Luc Boltanski und Ève Chiapello haben in *Der neue Geist des Kapitalismus* einen
gesellschaftsdiagnostisch höchst relevanten Befund zutage gefördert. Ihrer These
nach verfügt der Kapitalismus neuerer Prägung über die erstaunliche Fähigkeit,
Kritik und Widerstände ihm gegenüber sich selbst anzueignen und, um Ecken
und Kanten bereinigt, für sich selbst nutzbar zu machen. So weisen Boltanski
und Chiapello darauf hin, dass beispielsweise die dem gesellschafts- und kapitalismuskritischen Zeitgeist der 68er-Generation entstammenden Forderungen nach
Kreativität, Spontanität, Mobilität und der Offenheit gegenüber Neuem nach und
nach in die Managementliteratur einsickerten und in den Dienst kapitalistischer
Beschleunigungsdynamiken gestellt wurden (2006, S. 143 f.). Kurz gesagt, war
es vormals die Forderung des *Anti-Establishments* kreativ und spontan sein zu
dürfen, so lautete die kapitalistische Antwort, von nun an gefälligst kreativ und
spontan sein zu *müssen*. Ähnliche Prozesse lassen sich kulturell sehr anschaulich
dort beobachten, wo ursprünglich subkulturelle Stilrichtungen vom Markt aufge-
sogen und konsumfreundlich *vermainstreamt* werden, sprich: *Punk* oder *Street
Culture* gibt es nun für alle (Hebdige 1987, S. 90 ff.). So ist bei Paul Gilroy in
diesem Sinne bezüglich des Marketingwerts von *black culture* vom „glamour of
difference" die Rede (2001, S. 250).

Bezüglich des hier zu diskutierenden Themas wird auch Slavoj Žižek gemäß
derselben Logik nicht müde auf die hochdynamische Fähigkeit des Kapitalismus'
hinzuweisen, dass in diesem Falle *queere* Hoffnungen einer identitätspolitisch
angestoßenen Dekonstruktion des Modells der konservativ heterosexuellen Familie als Kernelement kapitalistischer Reproduktionsordnung längst nicht dazu
führten, den Kapitalismus als solchen zu gefährden (Žižek 2009, S. 88). Die
Affirmation anderer Lebensformen, anderer (Geschlechts-)Identitäten und ebenso
die Anerkennung anderer Ethnien und Hautfarben stellt aus kapitalistischer Perspektive an sich kein Problem dar – zumindest so lange daraus keine finanziellen
Forderungen abgeleitet werden.

Trifft also der Befund zu, bei identitätspolitischen Aktionismen handele
es sich um kapitalismuskompatible „kostenneutrale Symbolpolitiken" (Manow

2019, S. 36), die den eigentlichen Kern der Ungleichheit (Einkommens-/ Vermögensverteilung, Ausbeutung, Armut) nur übertünchen? So einfach ist es nicht, aber dennoch ist der Vorwurf ernst zu nehmen, sowohl was *Gender* als auch *Race* betrifft.

Um mit Letzterem zu beginnen, so begegnet man seit einiger Zeit im US-amerikanischen Diskurs dem Argument, der Kampf gegen die (rassistische) Diskriminierung des afroamerikanischen Bevölkerungsanteils sei zwar berechtigt, drohe allerdings die eklatante allgemeine Spaltung der amerikanischen Gesellschaft in arm und reich (s. oben) auszublenden (Fields und Fields 2015; Johnson 2022; A. Reed Jr. 2015, 2017; T. Reed 2020; West et al. 2022). Allein mit Antirassismus und Identitätspolitik im Allgemeinen sei dem keine Abhilfe zu schaffen. Adolphe Reed Jr. merkt hierzu sehr pointiert an: "As I have argued [...] within that moral economy a society in which 1 % of the population controlled 90 % of the resources could be just, provided that roughly 12 % of the 1 % were black, 12 % were Latino, 50 % were women, and whatever the appropriate proportions were LGBT people." (Reed Jr. 2015). In anderen Worten, eine *identitätspolitisch egalitaristische* Gesellschaft ließe ihrem Prinzip nach immer noch ganz erheblichen Spielraum für *ökonomische Ungleichheit*.

Was feministische Positionen betrifft, so vertritt Nancy Fraser die ähnlich gelagerte These, der neue Feminismus habe sich auf mittelklassenorientierte Anliegen wie die Verwirklichungsmöglichkeiten der Karrierechancen von (bessergestellten) Frauen verschoben und dabei seine ursprüngliche Agenda klassenüberschreitender Solidarität aus den Augen verloren. Die sich abzeichnende „identitätspolitische Wende des Feminismus" (2013, S. 30) passe insofern zur Ideologie des Neoliberalismus, als damit gesamtgesellschaftliche ökonomische Verteilungsfragen ins Hintertreffen geraten (2009, S. 50 f.). Hinsichtlich der Frage, was denn nun die Lösung sei – (Identitäts-)*Anerkennung* oder (Um-)*Verteilung* – verwahrt sich Fraser gegen Einseitigkeiten. Vielmehr insistiert sie darauf, beide Dimensionen, die identitätspolitische als auch die verteilungsbezogene, seien zueinander in Relation zu setzen, allein weil *Gender* eine zweiwertige Kategorie sei, die eben beides, sowohl Anerkennungs- aus auch Verteilungsfragen betreffe (2017, S. 32). Allerdings ist dabei ein Unterschied zu beachten, auf dem im folgenden Abschnitt näher eingegangen wird.

4   Identitätspolitik: doch ein kapitalistisches Ablenkungsmanöver?

Finden Sie nicht auch, wir alle sollten uns zum Feminismus bekennen? Falls Sie zustimmen sollten (was ich hoffe), dann können Sie sich zur symbolischen Bekräftigung bei der Luxusmarke *Dior* ein T-Shirt mit dem Slogan „We should all be Feminists" bestellen.[1] Zugegeben, ganz billig ist es nicht, es kostet immerhin 750 €, aber der Feminismus sollte uns das wert sein. Können Sie sich vorstellen, rein spekulativ, dass *Dior* gleichermaßen auf die Idee käme, zum selben Preis von 750 € ein T-Shirt mit der Aufschrift „We should all be *Socialists*" anzubieten? Ersparen wir uns die Antwort und wenden wir uns nach *Hollywood*. Die Vergabe der begehrten *Oscars* unterliegt seit einiger Zeit *Diversity*-Richtlinien, das heißt, prämierungswürdige Filme müssen vor und hinter der Kamera einen bestimmten Prozentsatz an Personal aus den Kategorien „Frauen, ethnische Gruppen, LGBTQ+und Behinderung" vorweisen.[2] Und natürlich ist es unterstützenswert, dass das Hollywood-Kino künftig weniger „männlich und weiß" ist. Sollten daraus als Nebeneffekt auch noch interessantere Filme hervorgehen, umso besser! Eine klassische Diskriminierungskategorie fehlt allerdings. Weder von „underclass", „poverty", „white trash" oder anderen Labels schichtbezogener Marginalisierung ist die Rede. Wurde das einfach unter den Teppich fallen gelassen? Das wäre zu einfach gedacht, vielmehr stoßen wir hier auf ein bemerkenswertes Paradox. Nehmen wir eine Schauspielerin wie Demi Moore, die sehr prekären familiären Verhältnissen entstammt. Wäre sie nicht eine geeignete – zudem weibliche – Repräsentantin des „armen Amerikas"? Sicherlich könnte sie das sein. Doch halt, etwas stimmt nicht! Demi Moore hat z. B. für den Film *G.I. Jane* eine Gage von 11 Mio. $ erhalten, und ihr Gesamtvermögen wird auf ca. 200 Mio. $ geschätzt. Das heißt, sie war einmal arm, ist es aber nicht mehr so wirklich. An dieser Stelle tritt der strukturelle Unterschied zwischen klassen- und damit bildungs- und einkommensbezogenen Diskriminierungskategorien einerseits und identitätsaffinen Diskriminierungskategorien wie *Race* und *Gender* andererseits deutlich hervor. Die ebenfalls sehr bekannte Schauspielerin Jodie Foster ist lesbisch, ihre Kollegin Halle Berry ist dunkelhäutig. „Dunkelhäutig sein" oder „lesbisch sein" (und gerade in der Filmindustrie: auch „Frausein") sind fraglos potenziell diskriminierungsanfällige Identitätsanker. Überwunden werden

---

[1] https://www.dior.com/de_de/fashion/products/213T03TA001_X9000-we-should-all-be-feminists-T-shirt-baumwolljersey-und-leinen-in-schwarz (Zugegriffen: 31.08.2022).

[2] https://www.oscars.org/news/academy-establishes-representation-and-inclusion-standa rds-oscarsr-eligibility (Zugegriffen: 31.08.2022).

können solche Diskriminierungsformen erstens durch Politiken und Praktiken der *Anerkennung,* und zweitens ist es den Betroffenen damit möglich, sich selbst in positiver Weise zur eigenen Identität als „dunkelhäutig" oder „lesbisch" zu bekennen. Beides gilt *nicht* für klassenbezogene Diskriminierung, oder zumindest nur in sehr eingeschränktem Maße. (Marginalisierte) Klassen, so Nancy Fraser, wollen aus marxistischer Perspektive vor allem eins: sich selbst *als Klasse abschaffen:* So schreibt sie zu den Interessen des „Proletariats": „Das letzte, was es braucht, wäre die Anerkennung seiner Andersartigkeit." (Fraser 2017, S. 29). Ähnlich argumentiert Terry Eagleton, wenn er bezüglich des Vorwurfs des *classism* („Klassismus", d. h. Diskriminierung ressourcenarmer unterer Gesellschaftsschichten) darauf verweist, dass Politiken identitätsbezogener „Anerkennung" hier ins Leere laufen, mehr noch, nahe an die Grenze zum Zynismus rücken, denn, so Eagleton: „Danach müsste die Mittelklasse nur ihre Verachtung für die Arbeiterklasse ablegen, so wie die Weißen ihre Verachtung für die Afroamerikaner überwinden müssten." (Eagleton 2012, S. 188). Aber genau damit ist es eben *nicht* getan. Walter Benn Michaels streicht den entscheidenden Unterschied noch deutlicher heraus, wenn er feststellt, Rassismus beispielsweise ließe sich überwinden, wenn wir bereit wären, unsere *Vorurteile* aufzugeben, die Beseitigung ökonomischer Ungleichheit verlange indes die Bereitschaft, etwas anderes aufzugeben, nämlich: unser *Geld.* (2021, S. 117). Der Unterschied zwischen identitätsbezogener und ökonomischer Ungleichheit ist demnach Folgender: *Erstens* ist es anders als bei *identitätsbezogener Ungleichheit* (Rassismus, Sexismus etc.) im Falle *ökonomischer Ungleichheit* nicht allein damit getan, den davon Betroffenen „Anerkennung und Respekt" zu zollen, vielmehr geht es um Umverteilung. Und *zweitens* wollen von ökonomischer Ungleichheit betroffene Menschen in aller Regel ihre Klassenzugehörigkeit, die ja im Grunde eine erzwungene Klassen*zuweisung* ist, hinter sich lassen („sozialer Aufstieg", wozu sollte „Chancengleichheit", s. Abschn. 5, denn sonst auch gut sein?), während Angehörige diskriminierungsbetroffener Identitätsgruppen (z. B. dunkelhäutige Menschen, LGBTQ+) ihre Identität ja gerade beibehalten und positiv konnotieren wollen. Auf unser Beispiel bezogen: Halle Berry will, dass ihre Hautfarbe positiv gewürdigt wird, Jodie Foster will sich positiv zu ihrer sexuellen Identität bekennen. Demi Moore aber ist sicherlich nicht unglücklich darüber, sowohl die Armut als auch das Stigma des *white trash* hinter sich gelassen zu haben. Auf ökonomische Ungleichheit abzielende Politik verfolgt so gesehen das Primärziel, marginalisierte Klassen aufzulösen – sie also von der gesellschaftlichen Landkarte verschwinden zu lassen – während identitätspolitische Forderungen genau

umgekehrt dahin gehen, von Missachtung betroffene Gruppen in ihrer Besonderheit anzuerkennen und zu positiver Sichtbarkeit zu verhelfen (Fraser 2016,
S. 38 f.).

Doch abermals, diese doch recht grobe Polarisierung hat ihre Tücken. Fraser
verweist darauf, dass aufgrund des zweiwertigen Charakters von *Gender* als
sowohl *soziokultureller* als auch *ökonomisch relevanter* Ungleichheitskategorie
eben auch zwei unterschiedliche Gegenmaßnahmen erforderlich sind, die nicht
ohne weiteres kompatibel sind. Denn im einen (identitätspolitischen) Fall sollen
genderbezogene Identitäten ja gerade anerkannt und sichtbar gemacht werden,
während im anderen (ökonomischen) Fall das Ziel darin besteht, die Relevanz von Genderkategorien hinsichtlich der gesellschaftlichen Einkommens- und
Vermögensverteilung obsolet werden zu lassen (Fraser 2016, S. 42 f.).

Man kann diese Relation daran verdeutlichen, wenn man die Einkommensverteilung nicht nur zwischen Männern und Frauen, sondern auch zwischen
homo- bzw. heterosexuellen Männern bzw. Frauen vergleicht (Kroh u. a. 2017;
vgl. Daneshvary u. a. 2009; Klawitter 2015). Wenig erstaunlich ist, dass im
Schnitt heterosexuelle Männer am besten verdienen, gefolgt von homosexuellen
Frauen, daran schließen sich an dritter Stelle homosexuelle Männer an, und heterosexuelle Frauen bilden das Schlusslicht. Auch Letzteres verwundert nicht,
lastet auf dieser Gruppe gemäß traditionaler Rollenaufteilungen in besonderer
Weise die Kinderbetreuung als Einkommenshemmnis. Aber warum rangieren
homosexuelle Frauen vor homosexuellen Männern (und vor heterosexuellen
Frauen) und homosexuelle Männer wiederum erst nach ihren heterosexuellen
Geschlechtsgenossen? Eine Erklärung kann lauten, dass erstens von homosexuellen Frauen bezüglich des Arbeitsmarktes ein geringeres Schwangerschafts-
und Kinder-‚Risiko‘ ausgeht. Homosexuelle Frauen fügen sich so gesehen besser
in die androzentrisch privilegierte Familien- und Berufsordnung ein. Sie sind als
Frauen dann besser gestellt, wenn sie Rollenerwartungen gerecht werden, die tra-
ditional *männliche* Vorteile darstellen (Daneshvary u. a. 2009, S. 434). Zweitens
ist miteinzubeziehen, dass sich homosexuelle Männer im statistischen Vergleich zu heterosexuellen Männern tendenziell eher auch für solche Berufssparten
entscheiden, die gemäß konventioneller Ansichten als „weiblich" kodiert gelten
wie beispielsweise *Care*-Berufe (vgl. Biechele 1997, S. 143; Chung und Harmon 1994, S. 232; Drydakis 2019; Ng u. a. 2012, S. 344). Man spricht hier
auch von „perceived bzw. anticipated discrimination" (Ng u. a. 2012; Schneider
und Dimito 2010), das heißt, schwule Männer neigen dazu solche Berufe *nicht*
zu wählen, in deren sozialen Umfeld homophobe Tendenzen eher zu erwarten
sind, wobei es sich hier um Berufsfelder handelt, die oftmals als „männlich-
konservativ" dominiert wahrgenommen werden und mit denen damit nicht selten

eine tendenziell bessere Entlohnung einhergeht. Das heißt, von der sich auch im Monetären spiegelnden Abwertung „weiblicher Berufe" (z. B. Sparten wie *Care*) sind letztlich auch Männer betroffen, die sich für solche Berufe entscheiden.[3] Hier wird sehr deutlich, dass die *ökonomische* und die *identitätsbezogene* Ebene eben doch beträchtlich miteinander verflochten sind.

Fallbeispiel: Ökonomie der Care-Arbeit und prekärer Dienstleistungsberufe

Manchmal empfiehlt es sich, die Dinge zum besseren Verständnis ein wenig zu überzeichnen. Stellen wir uns folgenden Fall vor: Frau und Herr Müller (sie IT-Spezialistin, er Ingenieur, ein Kind), beschäftigen zweimal die Woche Frau Yılmaz als Putzkraft. Für die inzwischen pflegebedürftige Mutter von Herrn Müller wurde Frau Kowalczyk eingestellt. Wenn es in der Firma von Frau Müller manchmal etwas länger geht, wird Pizza geordert, die dann von Herrn Mahmoud oder Herrn Dervishi geliefert wird. Bei Bedarf (etwa zweimal monatlich, manchmal öfter) wird Frau Dimitrova als Kindermädchen angeheuert. Befindet sich Frau Müller auf Dienstreise, wird ihr Hotelzimmer nach Abreise von Frau Traoré gereinigt, im Akkord versteht sich. Und sollte Herr Müller einmal seinem Drang nach außerehelichen Sexualambitionen gegen Entgeltentrichtung nicht widerstehen können, erhält er am vulnerabelsten und prekärsten untersten Ende der Dienstleistungshierarchie von Frau Mihaylova oder Frau Romanowa entsprechende Serviceleistungen. Die Liste ließe sich fortsetzen, ergänzt um weitere prestigearme Berufsgruppen in ähnlich schwierigen Lagen, die indirekt im Hintergrund dazu beitragen, Familie Müllers gehobenes Mittelschichtsidyll stabil zu halten.

Es ist durchaus gerechtfertigt darauf hinzuweisen, dass die weniger schöne Seite der Klassengesellschaft sehr oft ein sowohl migrantisches als auch weibliches Gesicht hat (vgl. Madörin 2006; Lutz 2007; Mayer-Ahuja und Nachtwey 2021). Zur Erklärung allein auf bestehende Rassismen und Sexismen („weiblich",

---

[3] Gegenläufige Klischees wie dasjenige des urbanen, gutverdienenden schwulen Mannes, vorzugsweise in „Kreativ"-Berufen, beruhen auch darauf, dass die Samples der Forschungen zu diesem Thema mitunter auch aus den persönlichen und das heißt akademisch geprägten Netzwerken der Forschenden gewonnen werden wie Chung und Harmon es auch offen eingestehen (1994, S. 226). Zur Kritik an daraus resultierenden Verzerrungen vgl. Biechle (1997, S. 144 f.).

„migrantisch") zu verweisen, griffe zu kurz. Also doch der Kapitalismus? Sicherlich, aber Letzteres allein bliebe wiederum ökonomisch zu abstrakt. Vielmehr muss eingerechnet werden, dass „der Kapitalismus" – was immer das genau sein mag – an sich weder in überproportionalem Maße zu Sexismus noch zu Rassismus neigt (auch nicht-kapitalistische und nicht-westliche Gesellschaften können ganz eklatante Sexismen und Rassismen vorweisen), allerdings kein Problem damit hat, bestehende gesellschaftliche Sexismen und Rassismen für sich selbst gewinnbringend auszunutzen.

5   „Chancengleichheit"

Ist von *Ungleichheit* die Rede, dann weiß man zwar, was in aller Regel gemeint ist, meistens allerdings wäre der Begriff *Ungerechtigkeit* passender. *Alle* (!) Gesellschaften verfügen über bestimmte Spielräume der Akzeptanz von Ungleichheit, und es wäre mehr als naiv, die Ungleichheit erst mit dem „Kapitalismus" auf der Gesellschaftsbühne erscheinen zu lassen (vgl. Berger 2014, S. 28; vgl. Fraser und Jaeggi 2020, S. 56, 179). Daher muss sich die entscheidende Frage auf die *Legitimation von Ungleichheit* richten. Aufgrund welcher Entscheidungsgrundlage wird gesellschaftlich zwischen *gerechtfertigter* und *ungerechtfertigter* Ungleichheit entschieden? Die Faustregel lautet: Wir erachten Ungleichheit (insbesondere bezogen auf berufliche Chancen und Einkommen) gesellschaftlich dann als *legitim,* wenn darin *individuelle Leistungsunterschiede* zum Ausdruck kommen. Wer etwas „besser kann", motivierter, talentierter, fleißiger etc. ist, soll davon auch profitieren. Ungleichheit wird dann wiederum als ungerecht angesehen, wenn sie auf Faktoren gründet, die hinsichtlich sachlicher Auswahl- und Verteilungsentscheidungen als irrelevant zu gelten haben. Das *Allgemeine Gleichbehandlungsgesetz (AGG)* nennt hier *ethnische Herkunft, Geschlecht, Religion/Weltanschauung, Behinderung, Alter* und *sexuelle Identität.* Faktoren der genannten Art dürfen demnach nicht mitentscheidend sein, wer wieviel vom gesellschaftlichen Kuchen abbekommt. Interessanterweise konnte sich die Kategorie *soziale Herkunft* politisch nicht gleichermaßen als Quelle potenzieller Diskriminierung durchsetzen. Man kann nur spekulieren. Erstens ist denkbar, dass man sich deshalb scheute, *soziale Herkunft* hier ebenfalls einzureihen, weil der Schichtzugehörigkeit – gerade im Falle der berüchtigten Gesellschaftsschublade „Unterschicht" – immer noch der unterschwellige Vorwurf anhaftet, wer dort lande, trage doch irgendwie zumindest teilweise selbst die (Mit-) Verantwortung für sein Schicksal. So lässt sich bis in aktuelle Ungleichheitsdiskurse die alte Unterscheidung zwischen den *deserving poor* und *undeserving poor* rückverfolgen, demnach zwischen Menschen in untersten gesellschaftlichen Etagen, die ohne eigenes Zutun dort gelandet sind („Schicksalsschläge" etc.) und jenen anderen, deren missliche Lage ihnen als selbstverschuldet angelastet wird (Lindner 2008, S. 13). Eine solche bis in unsere Tage andauernde Moralisierung gesellschaftlicher Positionszuweisungen kann nicht folgenlos bleiben. Würde man die Kategorie der sozialen Herkunft in den Diskriminierungskatalog aufnehmen, drohte damit nicht unter der Hand die „Gefahr", damit auch den „Leistungsunwilligen" gesellschaftliche Solidarität zuzubilligen? Dazu gesellt sich, dass das AGG just zu dem Zeitpunkt erschien, als die Debatte um die „neue Unterschicht" in Deutschland im vollen Gange war. Mitte der 2000er-Jahre verdichteten sich Diskurse um eine neue Form unterer gesellschaftlicher Klassen, deren *Lifestyle* nun besondere mediale Aufmerksamkeit genoss (oder vielmehr: dort auch eifrig *mitkonstruiert* wurde). Was sich abzeichnete, lässt sich als „Kulturalisierung von sozialer Ungleichheit" (Chassé 2010, S. 15) beschreiben. Die sensationsheischende Entdeckung der „Prolls" und „Assis" bildete durch alle gesellschaftlich tonangebenden Lager hindurch die Projektionsfläche mittelständisch-gebildeter Verachtung gegenüber dem „Billigen", der Ramschkultur, dem Vulgären, dem maskulin wie feminin Hypersexualisierten, der Verurteilung ungesunder Lebensstile bis hinein in schichtbezogene Ernährungsgewohnheiten usw. Man kann das als habituell-ästhetisch motivierte Entsolidarisierung mit Menschen am unteren Rand bezeichnen, wobei sich diesbezüglich sowohl das links-grüne als auch das konservative Bürgertum unter der Hand in trauter Einstimmigkeit wiederfanden. Hinzu kam, dass sich zur gleichen Zeit auch in Folge der ALG-II-Gesetzgebung ohnehin schon seit geraumer Zeit zunehmende Abstiegsängste in der (unteren) Mittelschicht artikulierten (vgl. Münkler 2012, S. 51 f.). Kurzum, es war nicht der günstigste Zeitpunkt, *soziale Herkunft* zur offiziellen Diskriminierungsursache zu deklarieren, bedurfte man doch allzu zu sehr der „Unterschicht" als Kontrastfolie eigener Distinktionsanstrengungen (vgl. Eder 2008).

Reflexionsfrage

Der französische Intellektuelle Didier Eribon, einer Arbeiter:innenfamilie entstammend und schwul, setzt sich in seinem Buch *Rückkehr nach Reims* mit seiner eigenen sozialen Herkunft auseinander. Darin notiert er, es sei für ihn leichter, über seine *sexuelle* als über seine *soziale Scham* zu schreiben (2020, S. 19). Woran könnte das liegen? Womöglich am sozialen

Referezhorizont eines bestimmten Milieus? Was ist in Pariser Intellektuel-
lenkreisen wohl eher schambehaftet: als schwul erkannt zu werden oder der
Umstand des proletarisch-bildungsfernen Familienerbes? Es liegt eine sehr
interessante Studie zu den Vorurteilen gebildeter Menschen vor. Menschen
aus höheren Bildungsschichten haben zwar weniger Vorurteile gegenüber
anderen Ethnien, gegenüber Behinderung oder gegenüber anderen Religionen, allerdings: an erster Stelle gegenüber *ungebildeten* Menschen
(Kuppens u. a. 2017). Weiter hält Eribon fest: „Politisch stand ich auf
der Seite der Arbeiter, verfluchte aber gleichzeitig meine Herkunft aus
ihrer Welt." (S. 65). Und an anderer Stelle: „Mein jugendlicher Marxis-
mus war also ein Instrument meiner eigenen sozialen Desidentifikation. Ich
glorifizierte die Arbeiterklasse, um mich leichter von den realen Arbeit-
ern abgrenzen zu können." (S. 81). Wie ist dieses gespaltene Verhältnis
zur eigenen Herkunft zu interpretieren? Warum verachtet Eribon *als Marx-
ist* die eigene *Herkunft aus dem Proletariat?* Welche in sich gespaltenen
Identifikationsmuster sind hier zu vermuten?

Soziale Ungleichheit, so lautet die These, bedarf einer Legitimationsgrundlage, letztere wiederum der gesellschaftlichen Aushandlung. Bezüglich der
Grenzziehung zwischen gerechtfertigter und ungerechtfertigter Ungleichheit soll
uns im Folgenden eine Strategie besonders interessieren, nämlich die Rede
von „Chancengleichheit". Bezogen auf das Dachthema des vorliegenden Ban-
des stellt sich hier beispielsweise die Frage nach unterschiedlich verteilten
Berufschancen entlang der Gender-Achse. Und natürlich ließe sich ebenso
nach Chancenverteilung bezogen auf Ethnie, Schicht, Religionszugehörigkeit etc.
fragen.

Ist von Chancengleichheit die Rede, so schließt sich sogleich der Verdacht
an, dass es um sie nicht gut bestellt ist. Der erste und bekannteste Kritikpunkt
lautet wie folgt: Auch wenn Chancengleichheit *formal* besteht („*allen* Kindern
stehen prinzipiell *alle* Schularten offen"), so wird sie informell wieder unterlaufen
(„Kinder aus privilegierten Milieus werden dennoch familiär besser gefördert als
ihre Altersgenossen aus bildungsfernen Milieus").

Ein zweiter Einwand ist beinahe noch wichtiger, auch wenn er nur selten
benannt wird. Um was geht es bei Chancengleichheit? Nun, um gleiche *Chancen* (!). Aber was sind *gleiche* (!) Chancen? Können Sie sich folgendes Szenario
vorstellen? In einer Talkshow tritt eine Politikerin oder ein Politiker mit fol-
gendem *Statement* auf: „Ich setze mich dafür ein, dass auch die Sprösslinge

akademischer Mittelstandsfamilien dieselben Chancen wie Kinder aus unterprivilegierten Familien haben, ihre Berufslaufbahn als unterbezahlte Paketbotin
oder als Gebäudereiniger ohne festen Arbeitsvertrag zu beschließen!" Natürlich
käme darin rein strukturell gesehen ein glühendes Bekenntnis zu „Chancengleichheit" zum Ausdruck, allerdings mit suboptimalen Wahlkampfpotenzial. Was
geschieht hier? Die Grundidee von Chancengleichheit setzt sich aus zwei Kom-
ponenten zusammen. Erstens geht es ihr nicht um soziale Gleichheit im Sinne
einer möglichst *gleichen (Um-)Verteilung gesellschaftlicher Ressourcen* (Einkommen, Vermögen, Sozialstatus), sondern um die möglichst *gleiche Verteilung von
Chancen* bezüglich der Erlangung von Erstgenanntem. Und das ist durchaus ein
Unterschied. So hält der Soziologie Zygmunt Bauman fest: „Angesichts der heutigen Bedingungen […] erscheint uns ‚Chancengleichheit' als etwas Verlockendes,
während der Stern der Gleichheit zu sinken beginnt." (Bauman 2007, S. 119).
Gleiche *Chancen*(!)verteilung soll nun zweitens gewährleistet werden, indem die
Generationen statusbezogen möglichst voneinander entkoppelt werden. Chancengleichheit heißt demnach, dass die soziale Herkunft (das „generationale Erbe")
bezüglich der Karrieremöglichkeiten der Folgegeneration möglichst irrelevant ist
(vgl. Berger 2019, S. 77; vgl. Luhmann 1994, S. 188 f.). In ihrer populären
Version bedeutet Chancengleichheit, dass beispielsweise auch *Diellza* und *Sirac*
aus dem migrantischen Prekariat der Weg zur Uni offen steht. Man kann nur
sagen: gut so! Weniger populär, wenn auch nur folgerichtig, wäre allerdings
der Hinweis, dass dieselbe generationale Entflechtung gesellschaftlicher Posi-
tionsverteilungen ebenso bedeutete, dass *Julian* und *Birte* aus dem akademischen
Justemilieu hinsichtlich ihrer Karrierewege keinen sozialen Heimvorteil mehr
genössen. Chancengleichheit, konsequent zu Ende gedacht, ließe so gesehen die
in manchen Milieus liebgewonnene Illusion zerplatzen, die *Promotionsurkunde*
sei nur die logische Erweiterung der *Geburtsurkunde.*

Kommen wir damit zum entscheidenden Punkt. *Chancengleichheit* klingt
irgendwie nach *sozialer Gleichheit,* ist aber im Grunde gemäß ihrer, wenn
auch verdeckten Kernaussage, eine sehr brauchbare *Legitimationsgrundlage
gesellschaftlicher Ungleichheit.* Chancengleichheit will für faire leistungsbe-
zogene Wettbewerbs- und Konkurrenzbedingungen sorgen, leistungsbezogener
Wettbewerb interessiert sich aber *per se* erst einmal überhaupt nicht für Recht-
fertigungsfragen bezüglich der Verteilungsspannweite der in Aussicht stehenden
Gewinne. So ist es aufschlussreich, wenn der Ökonom Anthony B. Atkinson
anmerkt: „Eben weil die Verteilung der Preise [Einkommen, Vermögen, C.S.]
höchst ungleich ist, legen wir so viel Wert auf einen fairen Ablauf des Wet-
tkampfs." (Atkinson 2017, S. 19). Damit ist gemeint, dass Gesellschaften, die
durch die Idee leistungsbezogenen Wettbewerbs und daraus resultierender hoher

ökonomischer Ungleichheit gekennzeichnet sind, allein deshalb die Fahne der Chancengleichheit vor sich her tragen müssen, um dadurch von sich selbst legitimatorisch behaupten zu können, die bestehende Ungleichheit beruhe nicht auf Willkür und missbräuchlichen Privilegien, sondern allein auf individuellen Leistungsdifferenzen. Anders gewendet, Chancengleichheit wird dort zur Ideologie, wenn sie denjenigen, „die es geschafft haben", das wohlige Gefühl vermitteln soll, dass sie es geschafft haben, allein weil sie selbst so tüchtig, intelligent etc. sind. Um den amerikanischen Philosophien Michael J. Sandel zu zitieren: „In einer Gesellschaft der Ungleichheit wollen diejenigen, die ganz oben landen, daran glauben, dass ihr Erfolg moralisch gerechtfertigt ist." (2020, S. 25). Und das gilt natürlich auch für Frauen, für dunkelhäutige Menschen oder Angehörige sogenannter „sexueller Minoritäten", die es eben auch „nach oben" geschafft haben. Offen bleibt dann allerdings die Frage, was mit jenen ist, die es trotz aller Chancengleichheit nicht geschafft haben. Sehr wahrscheinlich wird ihnen das Stigma *persönlichen* Scheiterns nun verstärkt aufgebürdet.

Reflexionsfrage
Soziale Arbeit ist in vielfältiger Weise der Förderung gesellschaftlicher Chancengleichheit verpflichtet. Im obigen Abschnitt wurde nun auf die gesellschaftspolitische Schattenseite ideologisierter Chancengleichheit verwiesen. Ändert sich dadurch etwas an der Auftragslage Sozialer Arbeit? Wie sollte sich Soziale Arbeit hier positionieren? Was kann Soziale Arbeit dazu beitragen, um die an sich ja berechtigte Forderung nach einer gleichen Verteilung gesellschaftlicher Chancen nicht in die Ideologie einer entfesselten individualisierten Leistungsethik umschlagen zu lassen?

Ausblick
Die beiden diskutierten Achsen der Ungleichheit, anerknnnungs- und identitätspolitisch auf der einen, verteilungsbezogen auf der anderen Seite, können nur relational begriffen werden. Ein erster Fehler wäre es daher, sie gegeneinander auszuspielen oder zu glauben, man habe sich – irgendwie politisch motiviert – für eine Seite zu entscheiden. Ebenso wäre es ein Fehler, der oft geäußerten Polemik gegenüber identitätspolitischen Programmen pauschal zu folgen, es handele sich hier „nur" um sozialkosmetische Ablenkungsmanöver ohne ausreichendes Sensorium für ökonomische Ungleichheitslagen. Es wäre allerdings genauso falsch, die

Gefahr gänzlich auszublenden, dass selbst verwirklichte anerkennungsbezogene Identitätspolitik aufgrund der genannten Gründe in der Tat reibungslos
mit ansonsten weiter bestehender ökonomischer Ungleichheit einhergehen
kann.

Nancy Fraser ist beizupflichten, in der Kategorie *Gender* überschneide
sich beides, sowohl soziokulturelle als auch ökonomische Ungleichheit.
Allerdings, wie oben bereits angemerkt, weist sie darauf hin, dass sich
daran zwei zumindest auf den ersten Blick gänzlich unterschiedlich
politische Forderungen anschließen. Im identitätspolitischen bzw. anerken-
nungsorientierten Sinne geht es darum, gender- und sexualbezogene Identitäten zu gesellschaftlicher Akzeptanz und Sichtbarkeit zu verhelfen, in
einem verteilungsorientierten Sinne geht es gegenteilig darum, die Relevanz identitätsbezogener Kategorien zu neutralisieren, d. h. sie insbesondere in bildungs-, arbeitsmarkt- und einkommensrelevanten Kontexten
zum Verschwinden zu bringen, sprich: ob Mann oder Frau, ob homo-,
trans- oder heterosexuell (gleichermaßen: ob dunkelhäutig oder weiß, ob
muslimisch, christlich etc.), all das soll bezüglich Einkommensverteilung,
Bildungs- und Arbeitsmarktzugängen als *irrelevant* gesetzt werden. Es
mag zunächst etwas paradox klingen, aber bezüglich von Verteilungsfragen solchen Zuschnitts bedeutet z. B. die identitätszentrierte Anerkennung einer Muslima oder einer Transperson nichts anderes, als die so
gewürdigte Identitätsform situationsbezogen auch wieder ausblenden zu
können. *Anerkennung* ist so gesehen die Voraussetzung der kontextbe-
zogenen *Nichtbeachtung* (nicht zu verwechseln mit *Missachtung*) von
Identität.

Hier deutet sich eine Klippe an, die für Identitätspolitiken nicht einfach
zu nehmen ist. Auf der einen Seite ist Identitätspolitik dem affirmativen
Bekenntnis zu *Diversity* verpflichtet, und entsprechend wird ein Identitätsverständnis gepflegt, das den normativen Wert der Seinsberechtigung
unterschiedlicher Identitäten herausstreicht. Hier wird die positive Relevanz von Identität als Fremd- und Selbstkategorisierung betont („sein,
wer/was/wie man ist"), und das sich darin artikulierende empathische
Identitätsverständnis kann sicherlich zuweilen eine erneut essentialistische
Gestalt annehmen (d. h. eigene Identität als Beanspruchung eines gleich-
bleibend unverrückbaren „Wesenskern" existenzieller Qualität in expliziter
Differenz zu den Identitäten Anderer).

Ein sich solchermaßen äußernder Pathos der Identität muss nun allerdings, wenn es nicht mehr allein um anerkennungs- als vielmehr um verteilungsorientierte Fragen geht, wieder rückgebaut werden und einer situationistisch relationierenden Identitätsauffassung den Platz räumen. Denn nun geht es ja nicht darum, in seiner jeweils unverwechselbaren Individual- oder auch Kollektividentität – als Existential eigenen „Mensch-Seins", als „inneres Wesen des Subjekts" – gewürdigt zu werden, als vielmehr darum, dass bezüglich bildungs- und berufsbezogener Partizipations- und Verteilungschancen die genannten Identitätskategorien als irrelevant erachtet und innerhalb dieses spezifischen gesellschaftlichen Rahmens dementsprechend inaktiviert werden (zu diesem Formen von *undoing* vgl. Hirschauer 2001, S. 217 f.; Hirschauer und Boll 2017, S. 11 f.). Identitätspolitik sollte sich daher nicht in Forderungen nach Anerkennung erschöpfen, sondern muss gleichzeitig dazu bereit sein, dort, wo es um Verteilungsfragen geht, sich von den eigenen Identitätsproklamationen auch wieder zu distanzieren. Die verteilungspolitische *Relevanz der Irrelevanz* identitätsbezogener Fremd- und Selbstkategorisierungen könnte so gesehen in der Verpflichtung münden, sich in verteilungsbezogenen gesellschaftlichen Feldern wie dem Bildungs- und Arbeitsmarkt auf wechselseitige Identitätsabstinenz zu einigen, was sicherlich mit einer gewissen Bereitschaft einhergehen müsste, sich in solchen gesellschaftlichen Kontexten vom Ideal der „individuellen Authentizität" (Sennett 2004, S. 49) zeitweise zu verabschieden. Alle (!) Beteiligten müssten so gesehen dazu bereit sein, innerhalb solcher sozialen Kontexte die ansonsten berechtigte Relevanz identitätsbezogener Fragen – sei es Gender, Kultur, Ethnie oder Religion betreffend – auf ein zivilgesellschaftlich moderates Maß herunterzukühlen. Doch abermals: Erst die gesellschaftliche Anerkennung von Identitäten ermöglicht es, die gesellschaftliche Relevanz von Identität dann auch wieder phasenweise und anlassbezogen hinter sich lassen zu können.

Literatur

Atkinson, A. B. (2017). Ungleichheit. Was wir dagegen tun können. Stuttgart: Klett-Cotta.
Bauman, Z. (2007). Leben in der flüchtigen Moderne. Frankfurt a. M.: Suhrkamp.
Berger, J. (2019). Wirtschaftliche Ungleichheit. Zwölf Vorlesungen. Wiesbaden: Springer.

Berger, J. (2014). Kapitalismus und Kapitalismusanalyse. Wiesbaden: Springer.

Biechele, U. (1997). Ungewöhnliche Homosexuelle: Schwulsein ohne die Community. *Psychologie und Gesellschaftskritik*, 21 (4), 135–150.

Boger, M.-A. (2017). Notizen zur Phänomenologie und Psychodynamik intersektionaler Identitätspolitik. *Psychologie & Gesellschaftskritik*, 41 (2), 67–91.

Boltanski, L., Chiapello È. (2006). Der neue Geist des Kapitalismus. Konstanz: UVK.

Bowles, S., Gintis, H. (2000). Reciprocity, Self-Interest, and the Welfare State. *Nordic Journal of Political Economy*, 26, 33–53.

Chassé, K. A. (2010). Unterschichten in Deutschland. Materialien zu einer kritischen Debatte. Wiesbaden: VS-Verlag.

Chung, Y. B., Harmon, L. W. (1994). The Career Interests and Aspirations of Gay Men: How Sex-Role Orientation Is Related. *Journal of Vocational Behaviour*, 45, 223–239.

Colgrave, S., Sullivan, C. (2006). Punk. München. Collection Rolf Heyne.

Dallinger, U. (2008). Sozialstaatliche Umverteilung und ihre Akzeptanz im internationalen Vergleich: Eine Mehrebenenanalyse. *Zeitschrift für Soziologie*, 37, (2), 137–157.

Daneshvary, N., Waddoups, J. C., Wimmer, B. S. (2009). Previous Marriage and the Lesbian Wage Premium. *Industrial Relations* 48, 432–453.

Drydakis, N. (2019). Sexual orientation and labor market outcomes. *IZA World of labor*. https://wol.iza.org/uploads/articles/494/pdfs/sexual-orientation-and-labor-market-outcomes.pdf?v=1. Zugegriffen: 9. November 2022.

Eagleton, T. (2012). Warum Marx recht hat. Berlin: Ullstein.

Eder, B. (2008). Prekariat, Proletariat, „neue Unterschicht"? Dis-/Kontinuitäten divergierender Bezeichnungspraxen im Kontext aktueller Prekariatsdiskurse. *Kurswechsel*, 1, 56–66.

Eribon, D. (2020). Rückkehr nach Reims. Frankfurt a. M.: Suhrkamp.

Fields, K. E., Fields B. (2015). How Race Is Conjured. https://jacobin.com/2015/06/karen-barbara-fields-racecraft-dolezal-racism/. Zugegriffen: 19. September 2022.

Fraser, N. (2009). Feminismus, Kapitalismus und die List der Geschichte. *Blätter für deutsche und internationale Politik* 8, 43–57.

Fraser, N. (2013). Neoliberalismus und Feminismus: Eine gefährliche Liaison. *Blätter für deutsche und internationale Politik* 12, 29–31.

Fraser, N. (2016). Die halbierte Gerechtigkeit. Schlüsselbegriffe des postindustriellen Sozialstaats. Frankfurt a. M.: Suhrkamp.

Fraser, N. (2017). Soziale Gerechtigkeit im Zeitalter der Identitätspolitik. Umverteilung, Anerkennung und Beteiligung. In N. Fraser, A. Honneth (Hrsg.), Umverteilung oder Anerkennung? Eine politisch-philosophische Kontroverse (S. 13–128). Frankfurt a. M.: Suhrkamp.

Fraser, N., Jaeggi, R. (2020). Kapitalismus. Ein Gespräch über kritische Theorie. Frankfurt a. M.: Suhrkamp.

Gilroy, P. (2001). Against Race. Imagining Political Culture beyond the Color Line. Cambridge: Harvard University Press.

Griesebner, A. (2013). Intersektionalität versus Interdependenz und Relationalität. *Erwägen Wissen Ethik* 24 (3), 381–383.

Harris, F. C. und Rivera-Burgos, V. (2021). The Continuing Dilemma of Race and Class in the Study of American Political Behavior. Annual Review of Political Science, 24, 175–191. https://www.annualreviews.org/doi/10.1146/annurev-polisci-050317-071219. Zugegriffen: 09. November 2022.

Hebdige, D. (1987). Subculture. The meaning of Style. London: Routledge.

Hirschauer, S. (2001). Das Vergessen des Geschlechts. Zur Praxeologie einer Kategorie sozialer Ordnung. *Kölner Zeitschrift für Soziologie und Sozialpsychologie. Sonderheft 41 Geschlechtersoziologie*, 208–235.

Hirschauer, S. (2013). Achtung Kreuzung! ,Geschlechter'_Forschung am Scheideweg. *Erwägen Wissen Ethik* 24 (3), 393–395.

Hirschauer, S. (2017). Humandifferenzierung. Modi und Grade sozialer Zugehörigkeit. In S. Hirschauer (Hrsg.), Un/doing Differences. Praktiken der Humandifferenzierung (S. 29–54). Weilerswist: Velbrück.

Hirschauer, S. und Boll, T. (2017). Un/doing Differences. Zur Theorie und Empirie eines Forschungsprogramms. In S. Hirschauer (Hrsg.), Un/doing Differences. Praktiken der Humandifferenzierung (S. 7–26). Weilerswist: Velbrück.

Hirschauer, S. (2021). Menschen unterscheiden. Grundlinien einer Theorie der Humandifferenzierung. *Zeitschrift für Soziologie* 50 (3–4), 155–174.

Johnson, C. (2022). The Panthers can't save us now. Debating Left Politics and Black Lives Matter. London, New York: Verso.

Kastner, J. und Susemichel, L. (2019). Zur Geschichte linker Identitätspolitik. *Aus Politik und Zeitgeschichte* 69 (9–10), 11–17.

Klawitter, M. (2015). Meta-Analysis of the Effects of Sexual Orientation on Earnings. *Industrial Relations*, 54, 1, S. 4–32.

Kramer, H. (2013). Antidiskriminierungspolitik in den USA und Intersektionalität: ein interessantes Konzept empirischer Forschung, allerdings ungeeignet für theoretische Höhenflüge. *Erwägen Wissen Ethik* 24 (3), 414–416.

Kroh, M., Kühne, S., Kipp, C., Richter, D. (2017). Einkommen, soziale Netzwerke, Lebenszufriedenheit: Lesben, Schwule und Bisexuelle in Deutschland. *DIW-Wochenbericht, Deutsches Institut für Wirtschaftsforschung* 35, 687–698.

Kuppens, T., Spears, R., Manstead, A.S.R., Spruyt, B., Easterbrook, M. J. (2017). Educationism and the Irony of Meritocracy: Negative Attitudes of Higher Educated People Towards the Less Educated, *Journal of Experimental Social Psychology*, 76, 429–447.

Lammert, C., Vormann, B. (2020). Demokratie, Partizipation und Ungleichheit in den Vereinigten Staaten. In C. Lammert, M. B. Siewert, B. Vormann (Hrsg.), Handbuch Politik USA (S. 333–346). Wiesbaden: Springer.

Lepore, J. (2021). Diese Wahrheiten. Eine Geschichte der Vereinigten Staaten von Amerika. München: C.H. Beck.

Liebig, S., Wegener, B. (1995). Primäre und sekundäre Ideologien. Ein Vergleich von Gerechtigkeitsvorstellungen in Deutschland und den USA. In H. P. Müller und B. Wegener (Hrsg.), Soziale Ungleichheit und soziale Gerechtigkeit (S. 265–293). Opladen. Leske + Budrich.

Lindner, R. (2008). „Unterschicht". Eine Gespensterdebatte, in: R. Lindner, L. Musner (Hrsg.), Unterschicht. Kulturwissenschaftliche Erkundungen der „Armen" in Geschichte und Gegenwart (S. 9–17). Freiburg: Rombach.

Lipp, W. (1985). Stigma und Chrisma. Über soziales Grenzverhalten. Berlin: Reimer.

Lübker, M. (2007). Inequality and the demand for redistribution: are the assumptions of the new growth theory valid? *Socio-Economic Review*, 5, 117–148.

Luhmann, N. (1994): Soziologische Aufklärung 4. Beiträge zur funktionalen Differenzierung der Gesellschaft. Opladen: Westdeutscher Verlag.

Lutz, H. (2007). „Die 24-Stunden-Polin" – Eine intersektionale Analyse transnationaler Dienstleistungen. In C. Klinger, G.A. Knapp, & B. Sauer (Hrsg.), Achsen der Ungleichheit. Zum Verhältnis von Klasse, Geschlecht und Ethnizität. Frankfurt, New York: Campus.

Macpherson, C. B. (2016). Die politische Theorie des Besitzindividualismus. Von Hobbes bis Locke. Frankfurt a. M.: Suhrkamp.

Madörin, M. (2006). Plädoyer für eine eigenständige Theorie der Care-Ökonomie. In T. Niechoj, & M. Tullney (Hrsg.), Geschlechterverhältnisse in der Ökonomie (S. 277–297). Marburg: Metropolis.

Manow, P. (2019). Politischer Populismus als Ausdruck von Identitätspolitik? Über einen ökonomischen Ursachenkomplex. *Aus Politik und Zeitgeschichte* 9–11, 33–40.

Martschukat, J. (2018). Hegemoniale Identitätspolitik als „entscheidende Politikform" in den USA. *Aus Politik und Zeitgeschichte* 38–39, 12–17.

Mayer-Ahuja, N., Nachtwey, O. (2021). Verkannte Leistungsträger:innen: Berichte aus der Klassengesellschaft. Frankfurt a. M.: Suhrkamp.

Michaels, W. B. (2021). Der Trubel um Diversität. Wie wir lernten, Identitäten zu lieben und Ungleichheit zu ignorieren. Berlin: Edition Tiamat.

Münkler, H. (2012). Mitte und Maß. Der Kampf um die richtige Ordnung. Reinbek bei Hamburg: Rowohlt.

Ng, E. S. W., Schweitzer, L., Lyons, S. T. (2012). Anticipated Discrimination and a Career Choice in Nonprofit: A Study of Early Career Lesbian, Gay, Bisexual, Transgendered (LGBT) Job Seekers. *Review of Public Personnel Administration,* 32 (4), 332–352.

PEW Research Center (2011). Wealth Gaps Rise to Record Highs Between Whites, Blacks, Hispanics. https://www.pewresearch.org/social-trends/2011/07/26/chapter-8-wealth-gaps-within-racial-and-ethnic-groups/. Zugegriffen: 23. September 2022.

Piketty, T. (2020). Kapital und Ideologie. München: C.H. Beck.

Reed Jr., A. (2015). From Jenner to Dolezal: One Trans Good, the Other Not So Much. https://www.commondreams.org/views/2015/06/15/jenner-dolezal-one-trans-good-other-not-so-much. Zugegriffen: 19. September 2022.

Reed Jr., A. (2017). Antiracism: a neoliberal alternative to a left. *Dialectical Anthropology* 42, 105–115.

Reed, T. F. (2020). Toward Freedom. The Case against Race Reductionism. London, New York: Verso.

Salem, S. (2018). Intersectionality and its discontents: Intersectionality as traveling theory. *European Journal of Women's Studies* 25, 4, 403–418.

Schneider, M. S., Dimito, A. (2010). Factors Influencing the Career and Academic Choices of Lesbian, Gay, Bisexual, and Transgender People. *Journal of Homosexuality*, 57, 1355–1369.

Sandel, M. J. (2020). Vom Ende des Gemeinwohls. Wie die Leistungsgesellschaft unsere Demokratien zerreißt. Frankfurt a. M.: S. Fischer.

Sennet, R. (2004). Verfall und Ende des öffentlichen Lebens. Die Tyrannei der Intimität. Frankfurt a. M.: Fischer.

Stögner, K. (2019). Wie inklusiv ist Intersektionalität? Neue soziale Bewegungen, Identitätspolitik und Antisemitismus. In S. Salzborn (Hrsg.), Antisemitismus seit 9/11. Ereignisse, Debatten, Kontroversen (S. 385–402). Baden-Baden: Nomos.

Stögner, K. (2020). Autoritärer Charakter und Identitätspolitik. Vom Hass auf Differenz zum Identitätszwang. In K. Henkelmann, C. Jäckel, A. Stahl, N. Wünsch, & B. Zopes (Hrsg.), Konformistische Rebellen. Zur Aktualität des autoritären Charakters (S. 265–280). Berlin: Verbrecher.

Susemichel, L. und Kastner, J. (2021). Identitätspolitiken. Konzepte und Kritiken in Geschichte und Gegenwart der Linken. Münster: Unrast.

Villa, P.-I. (2017). Milo Yiannopoulos. Eure Gefühle sind mir schnuppe. https://www.zeit. de/kultur/2017-02/milo-yiannopoulos-populismus-usa-donald-trump-breitbart-10nach8. Zugegriffen: 13. September 2022.

West, C. gemeinsam mit Butler, J., Greenwald, G. (2022). Identity Politics and Culture Wars. https://publicseminar.org/essays/identity-politics/. Zugegriffen: 19. September 2022.

Žižek, S. (2009). Ein Plädoyer für die Intoleranz. Wien: Passagen.

Weiterführende Literatur

Badgett, M. V. L., & Jefferson, F., (Hrsg.) (2007). Sexual Orientation Discrimination. An international perspective. London, New York: Routledge.

Balzer, J. (2022). Ethik der Appropriation. Berlin: Matthes & Seitz.

Fluck, W., Werner, W., Hrsg. (2003). Wie viel Ungleichheit verträgt die Demokratie? Armut und Reichtum in des USA. Frankfurt, New York: Campus.

Gilens, M. (1999). Why Americans Hate Welfare. Race, Media, and the Politics of Antipoverty Policy. Chicago: University of Chicago Press.

Christoph Schneider, Dr. rer. soc., Dipl. Sozialarbeiter, systemischer Paar- und Familientherapeut. Professor für psychologische und sozialwissenschaftliche Grundlagen Sozialer Arbeit an der DHBW-VS. Dozent im Masterstudiengang „Soziale Arbeit in der Migrationsgesellschaft" am CAS in Heilbronn. Lehrtätigkeit zu u. a. Sozialpsychologie, Kultur- und Gesellschaftstheorie, In-/Exklusionsprozesse. Forschung zu systemischer und systemtheoretischer Theorie sowie zu kultursoziologischen Fragestellungen.

Zwischen Modernisierung und Traditionalisierung: zur feministischen Kritik an wohlfahrtsstaatlichen Politiken und ihren Ungleichheitseffekten

Sebastian Klus

Zusammenfassung

Der Beitrag nimmt den Zusammenhang von wohlfahrtsstaatlichen Politiken, Care-Arrangements und Geschlechterverhältnissen in den Blick. In einer historischen Perspektive wird zunächst verdeutlicht, wie eng die Entwicklung des Wohlfahrtsstaats in Deutschland mit der geschlechtsbezogenen Teilung in produktive und reproduktive Arbeit verbunden ist. Die feministische Kritik hieran wird mit der Care-Debatte verknüpft. Zentrale Begriffe und Konzepte der Wohlfahrtsstaatsforschung werden eingeführt und erlauben eine Einordnung wohlfahrtsstaatlicher Politiken und ihrer Auswirkungen auf Care- und Geschlechterverhältnisse. Abschließend werden Perspektiven eines sozial gerechteren Care-Mix skizziert.

---

* Die in diesem Beitrag dargestellten Diskurse und Überlegungen folgen weitgehend einer zweigeschlechtlichen Perspektive. Tatsächlich stellen non-binäre und queere Sichtweisen vielfach eine Leerstelle in politischen und wissenschaftlichen Debatten um den Wohlfahrtsstaat dar. Eine Integration entsprechender Perspektiven steht aus und bleibt zu leisten.

** Obgleich in Deutschland der Begriff Sozialstaat geläufiger ist, wird im Beitrag in der Regel der international gebräuchlichere und anschlussfähigere Begriff Wohlfahrtsstaat (welfare-state) synonym verwendet.

S. Klus (✉)
Katholische Hochschule Freiburg, Freiburg, Deutschland
E-Mail: sebastian.klus@kh-freiburg.de

© Der/die Autor(en), exklusiv lizenziert an Springer Fachmedien Wiesbaden GmbH, ein Teil von Springer Nature 2024
K. E. Sauer et al. (Hrsg.), *Studienbuch Gender und Diversity für die Soziale Arbeit*, https://doi.org/10.1007/978-3-658-42942-3_4

Keywords

Care • Familienpolitik • Feminismus • Geschlechterverhältnisse •
Wohlfahrtsstaat

1 Industrialisierung, Wohlfahrtsstaat und Geschlechterverhältnisse

Der Beginn einer staatlichen Sozialpolitik ist in Deutschland und anderen Ländern untrennbar mit der Industrialisierung und der damit einhergehenden umfassenden Etablierung von kapitalistischer Produktionsweise und Marktökonomie verbunden. Der tiefgreifende ökonomisch-soziale Strukturwandel führte im 19. Jahrhundert dazu, dass immer größere Bevölkerungsteile in das System lohnabhängiger Erwerbsarbeit eingeschlossen wurden und zu den Produktionsstätten in die Städte zogen. Die mit der Industrialisierung eng verknüpften sozialen Problemlagen – gesundheitsgefährdende und unfallträchtige Arbeitsbedingungen, Ausbeutung, Armut, schlechte Wohnbedingungen, schwierige hygienische Verhältnisse – kumulierten in einer breiten Verelendung der Massen, die als Pauperismus bezeichnet wird. Die bis dahin verbreiteten Unterstützungssysteme wie Familie, kommunale Armenfürsorge und ständische Sicherungseinrichtungen der Zünfte verloren relativ rasch ihre ökonomischen und sozialen Grundlagen oder waren angesichts von Qualität und Quantität des Elends weithin überfordert. Es waren dann vor allem die Arbeiterbewegung und ihre Gewerkschaften und Parteien, die diese Missstände offensiv thematisierten und politisierten und teils revolutionäre Perspektiven einnahmen. In Deutschland reagierte der Staat in doppelter Art und Weise: neben weitreichenden Repressionen und dem Verbot der sozialistischen Organisationen („Sozialistengesetze") wurde ab den 1880er Jahre eine Befriedigungspolitik eingeleitet, die ihren Kern in der Bismarck'schen Sozialversicherungspolitik fand. Die wesentlichen Risiken rund um die Arbeit (etwa Krankheit, Unfälle, Alter) wurden durch die schrittweise eingeführten beitragsfinanzierten Sozialversicherungen in einem gewissen Maße abgesichert. Flankierend kamen regulierende Eingriffe in den Produktionsprozess durch Beschränkungen (etwa Verbot der Kinderarbeit, Arbeitszeiten) und Arbeitsschutzvorschriften hinzu (Bäcker et al. 2020, S. 17).

Die historische Bedeutung dieser Entwicklung ist weitreichend: in ihr ist nicht nur die grundlegende und bis heute wirksame Systematik des stark auf Sozialversicherungen basierenden und damit am Faktor Arbeit orientierten deutschen

Sozialsystems angelegt – es wurde auch eine grundlegende Verhältnisbestimmung von produktiver und reproduktiver Arbeit mit weitreichenden Folgen für die Geschlechterverhältnisse vorgenommen.

   In der Neuzeit stellten zunächst die Familienhaushalte mit einer engen Kooperation aller Haushaltsangehörigen die zentrale ökonomische wie soziale Basis dar, über die sowohl die wesentlichen wirtschaftlichen Prozesse wie Landwirtschaft, Gewerbe und Handel als auch soziale Absicherung organisiert wurden. Im Zuge der Industrialisierung wurden diese Strukturen rasch relativiert und zunehmend obsolet. Die sich rasant verbreitende familienferne Tätigkeit des Mannes ging mit der Zuständigkeit der bürgerlichen Frau für Haus und Familie einher. Obgleich insbesondere Arbeiterfamilien aufgrund der ökonomischen Not auf die Erwerbstätigkeit aller Familienmitglieder angewiesen blieben, setzte sich die geschlechtsspezifische Arbeitsteilung in die (dem Mann zugeordnete) Sphäre der Produktion und die (der Frau zugeordnete) Sphäre der Reproduktion letztlich als gesellschaftliches Leitbild und Ordnungsprinzip durch. Umfänglich gesellschaftlich realisiert wurde dieses Modell spätestens seit den 1950er Jahren. Und obwohl die im Bereich der Reproduktion, also in Haushalt und Familie geleistete Arbeit als Voraussetzung für das Funktionieren der kapitalistischen Ökonomie unverzichtbar ist, fokussierten Sozialpolitik und soziale Sicherung lange Zeit fast ausschließlich die Erwerbsarbeit im Produktionsprozess (Scheele 2019, S. 755). Becker-Schmidt (2001) spricht vor diesem Hintergrund von einer „doppelten Relationalität der Geschlechterverhältnisse", die aus der unterschiedlichen gesellschaftlichen Bewertung von Produktions- und Reproduktionsarbeit bei gleichzeitiger geschlechtsspezifischer Arbeitsteilung resultiert: so wird der männlich konnotierten Produktionsarbeit ein höherer Wert zugemessen. Sie steht in der ihr zugeschriebenen gesellschaftlichen Bedeutung über der weiblich konnotierten Reproduktionsarbeit, die häufig kaum thematisiert wird und gewissermaßen „unsichtbar" in Haushalt und Familie erbracht wird (S. 47 ff.).

2   Feministische Wohlfahrtsstaatskritik

Feministische Kritik an der skizzierten geschlechtsspezifischen Teilung gesellschaftlicher Arbeit in Produktion und Reproduktion und der damit verbundenen Verteilung von Status, Machtpositionen, Rechten und Privilegien zwischen den Geschlechtern nimmt insbesondere auch den Wohlfahrtsstaat in den Blick.[1] Problematisiert wird insbesondere die Orientierung wohlfahrtsstaatlicher Politik am so genannten Normalarbeitsverhältnis. Zwar hat sich das deutsche Sozialsystem in seiner bald 150-jährigen Geschichte verändert und weiterentwickelt. So wurden zunehmend allgemeine Lebensrisiken jenseits von typischen Arbeitsrisiken in Politik und soziale Sicherung einbezogen. Kern des Systems war und ist jedoch – so die feministische Kritik – die Orientierung am männlichen Erwerbstätigen, der in Vollzeit und idealerweise in einem tariflich abgesicherten und unbefristeten Arbeitsverhältnis das Familieneinkommen erzielt. Diese Idee ist eng mit dem Ernährer-Modell verknüpft, welches im Zuge des fordistischen „Wirtschaftswunders" der Nachkriegszeit noch einmal gestärkt und in der gesellschaftlichen Breite zur „Normalität" wurde und so die Zuständigkeit von Frauen für Haushalte und Familie abermals unterstrich.

Dieses gesellschaftliche Arrangement wird strukturell bis in die Gegenwart durch den Wohlfahrtsstaat befördert und abgesichert, wie Scheele anschaulich darlegt: „Die starke Erwerbsorientierung der sozialen Sicherungssysteme wird von einer finanziellen (und ideologischen) Förderung der modernisierten Hausfrauenehe begleitet und (re-)produziert die geschlechtszuschreibende Arbeitsteilung in Familien. Das Steuersystem, insbesondere das Ehegattensplitting, belohnt die Nicht- bzw. nur geringfügige Erwerbsarbeit von Frauen, das geringe Angebot an öffentlicher Kinderbetreuung erschwert die Erwerbstätigkeit von Müttern und die abgeleitete Kranken- und Rentenversicherung erhöht die Abhängigkeit vom Ehemann." (Scheele 2019, S. 758) Zwar sind in der jüngeren Vergangenheit durchaus sozialpolitische Reformen erkennbar, die beispielsweise auf den Ausbau von Kinderbetreuungsmöglichkeiten oder die Anerkennung von Erziehungszeiten zielen; grundlegende geschlechtsbezogene Strukturprinzipien bleiben jedoch bestehen und sind ein wichtiges Thema der feministischen Wohlfahrtsstaatsforschung. Dies gilt umso mehr, da sozialpolitische Reformen insbesondere seit den 2000er Jahren weniger an Zielen der Geschlechtergerechtigkeit als am ökonomischen Interesse einer besseren Nutzung des „Humankapitals" durch den Einbezug von Frauen in den Erwerbsprozess orientiert sind (Pfau-Effinger 2022, S. 648). Ein zentraler Aspekt bleibt vor diesem Hintergrund die Frage, wie Arbeit gesellschaftlich definiert, bewertet und organisiert wird – hieran knüpft die Care-Debatte an (vgl. hierzu auch den Beitrag von Blank in diesem Band).

---

[1] Eine weitere kritische Perspektive der Wohlfahrtsstaatsforschung bezieht sich auf die Zusammenhänge von Wohlfahrtsstaatsentwicklung und Kolonialismus bzw. neo-koloniale Entwicklungen der Gegenwart. Hierauf kann lediglich am Rande (Care-Migration) eingegangen werden. Vergleiche hierzu auch den Beitrag von Ihring in diesem Band.

3   Wohlfahrtsstaat und Care

Der englische Begriff Care („Sorge, Pflege, Umsicht") verweist auf professionelle, familiale und private Sorgetätigkeiten, die überwiegend von Frauen erbracht werden. Der Care-Diskurs schließt an Überlegungen zur Reproduktionsarbeit an, erweitert jedoch die Perspektive um weitere Aspekte des Sorgens (jenseits von Familie und Haushalt) und ist zudem an neuere gesellschaftliche Entwicklungen (Globalisierung, Krise der Arbeitsgesellschaft, Klimakrise) anschlussfähig und besitzt hier ein großes kritisch-analytisches Potenzial. Care umfasst demnach „den gesamten Bereich familialer und institutionalisierter pflegender, erziehender und betreuender Sorgetätigkeiten im Lebenszyklus (Kinder, pflegebedürftige und alte Menschen) sowie personenbezogener Hilfen in besonderen Lebenslagen." (Brückner 2018, S. 212) Damit werden universelle Tatsachen menschlicher Abhängigkeit, Verletzlichkeit und Endlichkeit in den Blick genommen, die alle Menschen zumindest in Phasen ihres Lebens betreffen. Menschen sind dabei nicht nur Empfänger*innen von Sorge, sondern grundsätzlich zu Fürsorglichkeit in der Lage und selbst Sorgende. Care wird somit zu einer grundlegenden Kategorie, die untrennbar mit dem Menschsein und menschlichen Beziehungen verbunden ist. Gleichwohl stellt Brückner fest: „Diese philosophisch-ethische Annahme einer grundlegenden zwischenmenschlichen Interdependenz steht dem vorherrschenden Ideal der Autonomie entgegen und ist daher negativ besetzt." (ebd.) Es kommt hinzu, dass das Sorgen weiblich konnotiert ist und als Gegensatz zum vorherrschenden „männlichen" Ideal der Unabhängigkeit und Autonomie konstruiert wird. Die damit verbundene Abwertung von Care führt dazu, dass entsprechende Tätigkeiten im professionellen oder privaten Bereich wenig anerkannt und kaum in ihrer gesellschaftlichen Bedeutung gewürdigt werden. In einem erweiterten Begriffsverständnis bezieht sich Care zudem nicht nur auf zwischenmenschliche Beziehungen und Verhältnisse sondern auch auf die Selbstsorge und die Sorge für die ökologischen Lebensgrundlagen und Systeme (Gottschlich/Hackfort 2022, S. 307 f.; Klus/Schramkowski 2022, S. 229 ff.)

Wohlfahrtsstaaten bieten grundsätzlich einen Rahmen und Anreize für die gesellschaftliche Aufteilung von Care-Arbeit zwischen Staat, Markt, Familie und Zivilgesellschaft sowie für die bezahlte oder unbezahlte Erbringungen dieser Tätigkeiten. Damit verbunden sind modernisierende oder (re-)traditionalisierende Effekte in Bezug auf Familienkonzepte und Geschlechterverhältnisse. Zwar orientieren sich Menschen auch an vorherrschenden kulturellen Normen und Leitbildern, doch werden diese von wohlfahrtsstaatlichen Strukturen und Politiken gerahmt und somit beeinflusst (Pfau-Effinger 2022, S. 648). Um entsprechende

Wirkungen besser verstehen und einordnen zu können, lohnt sich zunächst eine Auseinandersetzung mit der klassischen Wohlfahrtsstaatstypologie nach Esping-Andersen.

Wissensbaustein: Wohlfahrtsregime

Der dänische Wohlfahrtsstaatsforscher Esping-Andersen (1990) hat drei Kriterien vorgeschlagen, anhand derer Wohlfahrtsstaaten beschrieben und voneinander unterschieden werden können. Hierbei wird der Blick zunächst auf das Mischungsverhältnis von öffentlicher bzw. staatlicher, familiärer oder marktförmiger Wohlfahrtsproduktion gelenkt. So kann beispielsweise Kinderbetreuung oder Altenpflege in der Familie geleistet, staatlich organisiert oder auf dem Markt bei einem privaten Anbieter eingekauft werden. Dieses Verhältnis wird auch als *welfare-mix*, bezeichnet, wobei ein Einbezug der Zivilgesellschaft in die Betrachtung geboten scheint. Des Weiteren ist von Interesse, wie hoch der Grad marktunabhängiger Existenzsicherung ist, wie stark soziale Sicherheit also von der Stellung auf dem Arbeitsmarkt abhängt. Hierfür ist es bedeutend, wie umfassend sozialstaatliche Leistungen ausgebaut sind und wie stark sie entkoppelt vom Faktor Arbeit gewährt werden. Schließlich wird betrachtet, wie stark sozialstaatliche Leistungen einen Einfluss auf Sozialstruktur und soziale Ungleichheiten in einer Gesellschaft haben. Sozialsysteme können in der Finanzierung beispielsweise derart gestaltet werden, dass sie eine (sekundäre) Umverteilung von Einkommen in einer Gesellschaft vornehmen, etwa in dem Bürger*innen mit höheren Einkommen stärker über Steuerzahlungen zur Finanzierung beitragen, obwohl sie vielleicht weniger oder gar keine Leistungen in Anspruch nehmen.

Ausgehend von den skizzierten drei Kriterien hat Esping-Andersen eine Typologie von Wohlfahrtsstaaten entwickelt, in deren Rahmen drei Wohlfahrtsregime grundsätzlich unterschieden werden.

Der *liberale* Typ strebt eine hohe Marktkonformität in der Organisation und Ausgestaltung wohlfahrtsstaatlicher Leistungen und Programme an. Dabei wird die Eigenverantwortung des Einzelnen betont. Die Leistungen sind eher gering und werden subsidiär, also erst nach einer Bedürftigkeitsprüfung gewährt. Das Maß der sozialen Ungleichheit ist relativ hoch und soll nicht durch sozialpolitische Interventionen beeinflusst werden.

Der *konservative* Typ basiert wesentlich auf beitragsfinanzierten Sozialversicherungen. Daher sind Leistungen stark von der Position auf dem Arbeitsmarkt abhängig. Beispielsweise wird die Höhe der Rente aus dem im Erwerbsleben erzielten Einkommen berechnet. Darüber hinaus spielt die (traditionelle) Familie eine große Rolle. Es ist vorgesehen, dass sie einen wesentlichen Beitrag zur sozialen Sicherung, Betreuung und Erziehung leistet. Dies intendiert eher klassische Geschlechterrollen. Insgesamt ist die soziale Sicherung stark an beruflichen Erfolg und Klassenzugehörigkeit gekoppelt.

Der *sozialdemokratische* Typ sieht eine umfassende Wohlfahrtsverantwortung des Staates. Die soziale Sicherung wird eher öffentlich und marktfern sowie statusunabhängig organisiert. Als Anspruchsgrundlage gelten allgemeine (soziale) Bürgerrechte. Eine eigenständige Absicherung von Frauen über die Förderung ihrer Erwerbsbeteiligung wird angestrebt. Das Niveau der Leistungen ist vergleichsweise hoch. Sozialpolitik zielt zudem auch auf eine Verringerung von Einkommensunterschieden und sozialen Ungleichheiten (Bäcker et al. 2020, S. 14 ff.).

Bei den drei von Esping-Andersen beschriebenen Wohlfahrtsregimen handelt es sich um Idealtypen, die nicht in ihrer Reinform auftreten. Vielmehr finden sich in vielen Ländern Mischformen und eigene Akzentsetzungen. Zudem ist die Typologie nicht geeignet, um Entwicklungen in allen Ländern zu betrachten, da diese zum Teil anderen Logiken folgen. Trotz dieser Einschränkungen sind Esping-Andersens Überlegungen aber hilfreich, um wohlfahrtsstaatliche Strukturen und Entwicklungen einordnen zu können.

Eine feministische Kritik an Esping-Andersens Typologie von Wohlfahrtsstaaten lautet, dass sie letztlich wiederum stark auf den Faktor Erwerbsarbeit fokussiert und nur unzureichend die verschiedenen Facetten von Care-Arbeit und die damit verbundenen Geschlechterverhältnisse und -hierarchien reflektiert (Henninger 2019, S. 1273). Um genau diese Zusammenhänge sichtbar zu machen, hat Margrit Brückner (2018) in Analogie zu Esping-Andersen drei Care-Regime beschrieben, die in der folgenden Tabelle dargestellt werden (Tab. 1).

Allen drei Modellen liegt die Erkenntnis zugrunde, dass sowohl häusliche als auch professionelle Care-Tätigkeiten überwiegend von Frauen erbracht werden, jedoch eine erhebliche Differenzierung anhand von Klassenzugehörigkeit oder Migrationshintergründen zu beobachten ist. Brückner macht somit darauf aufmerksam, dass eine intersektionale Betrachtung von Care- und Geschlechterverhältnissen unbedingt geboten ist (vgl. dazu auch den einleitenden Beitrag

Tab. 1 Care-Regime. (Darstellung auf Grundlage von Brückner 2018, S. 215)

Dienstbotenmodell	Familien-Mix-Model	Dienstleistungsmodell
Hohes Maß marktförmiger sozialer Dienstleistungen, vor allem im Niedriglohnsektor Starke soziale Polarisierungen, intersektional und innerhalb der Geschlechtergruppen Hohe Frauenbeschäftigung bei geringem Ausbau sozialstaatlicher Leistungen	Relativ geringer Ausbau professioneller sozialer Dienstleistungen Hoher Anteil familialisierter Leistungen (politisch gestützt) Vergleichsweise niedrige Frauenbeschäftigung, viel Teilzeit Mittleres Maß von Niedriglohnarbeit im Sorgebereich Insgesamt Mix bei relativ hohem Lebensstandard	Ausgebaute professionelle Sorgearbeit Vor allem von Frauen geleistete öffentliche Dienste Hohe Frauenbeschäftigung, relativ geringe soziale Differenzierungen Hohe Steuerquote, ausgeprägte Sozialbürokratie

im Band). Dies wird insbesondere beim *Dienstbotenmodell* deutlich, wo eine starke soziale Polarisierung von Frauen zu beobachten ist. Die hohe Erwerbstätigkeit von Frauen der Mittel- und Oberschicht geht mit einem ausgeprägten Niedriglohnsektor einher, in dem wiederum vor allem Frauen mit Migrationsgeschichte unter prekären Bedingungen soziale Dienstleistungen erbringen. Die häufig illegalisierte Sorgearbeit von Migrantinnen in Privathaushalten trägt dabei wesentlich zum Funktionieren der Care-Arrangements in westlichen Wohlfahrtsstaaten bei, führt jedoch im Gegenzug zu einem erheblichen Sorgemangel in den Herkunftsländern der Frauen (Brückner, a.a.O. und grundlegend Lutz 2018). In unterschiedlichen Ausprägungen und Abstufungen ist dieses Phänomen in allen Modellen zu beobachten, obgleich im *Familien-Mix-Modell* weniger soziale Dienstleistungen im Niedriglohnbereich erbracht werden, da diese stärker über Familienstrukturen organisiert werden. Hinzu kommt ein gewisses Maß an professionellen sozialen Dienstleistungen, weshalb insgesamt von einem Mix gesprochen wird. Im *Dienstleistungsmodell* sind die öffentlichen sozialen Dienstleitungen, etwa in der Kinderbetreuung stark ausgebaut, was eine hohe Frauenbeschäftigung bei vergleichsweise geringer sozialer Differenzierung ermöglicht. Zu beachten ist, dass auch die öffentlichen sozialen Dienste meist von Frauen geleistet werden.

Ein zentraler Aspekt bei der Betrachtung von Care-Regimen ist der Grad der Familialisierung. Hier geht es um die Frage, wie und in welchem Umfang Care-Arbeit marktförmig, öffentlich oder eben familiär (Familialismus) organisiert und geleistet wird. Dabei wird davon ausgegangen, dass ein hoher Grad der De-Familialisierung (etwa durch eine ausgebaute öffentliche Kinderbetreuung) eine bessere Vereinbarkeit von Familie und Beruf für Frauen und Männer ermöglicht. Vor diesem Hintergrund werden gesellschaftliche Care-Arrangements und ihre Wirkungen untersucht.

Beispiel: Familienpolitik im europäischen Vergleich
In einer vergleichenden Untersuchung von europäischen Wohlfahrtsstaaten haben Pfau-Effinger und Saxonberg (2015) diese anhand der Kriterien „Grad der Generosität von Elternzeitregelungen" und „Grad der Generosität von Politiken zur Kinderbetreuung für Kinder unter drei Jahren" analysiert und miteinander verglichen. Entscheidende Faktoren waren hier der mögliche Umfang von Elternzeiten und damit verbundene Einkommensersatzleistungen sowie ein Rechtsanspruch auf bzw. die großzügige Förderung von Kinderbetreuung unter drei Jahren. Ihre Analyse ergab das folgende Bild (Tab. 2):

Tab. 2 Regelungen zu Elternzeit und Kinderbetreuung unter drei Jahren (Darstellung auf Grundlage von Pfau-Effinger/Saxonberg 2015)

Grad der Generosität Elternzeitregelungen	Grad der Generosität von Politiken zur Kinderbetreuung für Kinder unter drei Jahren	
	Hoch (Rechtsanspruch und/oder großzügige Förderung)	Niedrig
Hoch (Zeitdauer und Einkommensersatzleistung)	Schweden, Dänemark, Norwegen, Finnland, Deutschland	
Niedrig (in der Regel nur für Mütter)	Frankreich Portugal	Belgien, Griechenland, Italien, Irland, Niederlande, Österreich, Schweiz, Spanien, Großbritannien, Zypern

Auf Grundlage ihrer Analyse erkennen und beschreiben Pfau-Effinger/Saxonberg zwei grundlegende Typen europäischer Familienpolitik: im Modell der „multi-optionalen Familienpolitiken" werden sowohl großzügige Leistungen zur Kinderbetreuung wie auch großzügige Leistungen zur Elternzeit verwirklicht. Dies ermöglicht eine gewisse Wahlfreiheit und verschiedene Gestaltungsoptionen. Ihrer Ansicht nach wird hiermit auf einen kulturellen Widerspruch reagiert, da gesellschaftlich sowohl die Gleichstellung auf Grundlage von Erwerbsarbeit als auch die temporäre Betreuung der Kinder zuhause positiv bewertet werden. Demgegenüber stehen Länder, in denen weder Kinderbetreuung noch Elternzeitregelungen besonders generös ausgebaut sind. Hieraus resultieren (re-)traditionalisierende Effekte für die Geschlechterverhältnisse. Nur wenige Länder wie Frankreich und Portugal lassen sich nicht in diese Dichotomie einordnen. Diese setzen (gewissermaßen widerspruchsfrei) vor allem auf eine gut ausgebaute Kinderbetreuung (Pfau-Effinger/Saxonberg 2015, S. 94 ff.).

Das Beispiel macht deutlich, inwiefern wohlfahrtsstaatliche Politiken Einfluss auf Care-Arrangements und damit Geschlechterverhältnisse nehmen können. Dabei wirken diese Politiken und damit verbundene strukturelle Bedingungen jedoch nicht determinierend, da kulturelle Normen und Orientierungen ebenso eine wichtige Bedeutung haben. Nicht selten kommt es auch zu Widersprüchen zwischen gesellschaftlichen Leitbildern und wohlfahrtsstaatlichen Politiken (Pfau-Effinger 2022, S. 648). Scheele (2019) macht zudem auf eine weitere Paradoxie aufmerksam: die Teilnahme von Frauen am Erwerbsleben ist in Deutschland sowohl von einer zunehmenden Gleichstellung als auch von einer fortgesetzten Ungleichheit geprägt, die sich nach wie vor auch bei der Übernahme von Care-Aufgaben zeigt (S. 759 f.).

Wissensbaustein: Gender Care Gap
Der Unterschied zwischen der von Frauen und Männern geleisteten Care-Arbeit wird als Gender Care Cap bezeichnet. So werden gesellschaftlich notwendige Care-Aufgaben sowohl im privaten (unbezahlten) als auch im professionellen (bezahlten) Bereich wie der Sozialen Arbeit nach wie vor überwiegend von Frauen verantwortet und geleistet. Im familiären Kontext übernehmen sie noch immer den weitaus größeren Teil der Care-Arbeit. Dies gilt insbesondere für die Zeit, bis ein Kind drei Jahre alt ist (Bücker

2020, S. 7). Zwar steigt die Erwerbsbeteiligung von Frauen seit Jahren an, aber das insgesamt von ihnen geleistete Arbeitszeitvolumen im Bereich der Erwerbsarbeit stagniert. Dies bedeutet, dass eine Umverteilung von Erwerbsarbeit vor allem unter Frauen stattfindet. Diese sind überwiegend in Teilzeit beschäftigt und leisten darüber hinaus weiterhin deutlich mehr unbezahlte Sorgearbeit als Männer, welche somit freier von Care-Arbeit und damit freier für Erwerbsarbeit sind. Zudem sind Frauen häufiger in prekären und atypischen Verhältnissen beschäftigt. Der Gender Care-Gap ist somit eng mit dem Gender Pay Gap (Einkommenslücke) und dem Gender Pension Gap (Rentenlücke) verwoben (Scheele 2019, S. 758 f.; Gärtner/ Scambor 2020, S. 22). Dieser Umstand wird beispielsweise daran deutlich, dass Frauen pro Arbeitsstunde rund 21 % weniger verdienen als Männer. Die Rentenlücke beträgt (bezogen auf das Jahr 2015) sogar 53 % (WSI 2020, S. 20). Diese Lücken korrelieren offenkundig mit dem Gender Care Gap: „Laut Mikrozensus 2016 steigen knapp 30 % der Mütter dauerhaft aus einem bezahlten Beruf aus. (…) In den Familien, in denen beide Partner*innen einem Beruf nachgehen, arbeiten in 70 % der Konstellationen die Mütter in Teilzeit und die Väter in Vollzeit. Dass beide Elternteile in Teilzeit-Jobs arbeiten, ist nach wie vor eine Rarität: Gerade einmal drei Prozent der Paare wählen diese Option." (Bücker 2020, S. 7).

Die skizzierten Ungleichheitsverhältnisse verweisen auf die Notwendigkeit, Care und die gesellschaftliche Verteilung von Care-Aufgaben kritisch zu hinterfragen, neu zu denken und zu bewerten.

4 Perspektiven

Der Care-Mix einer Gesellschaft wird durch wohlfahrtsstaatliche Politiken ebenso beeinflusst wie durch Wertorientierungen, gesellschaftliche Leitbilder und Diskurse, an denen sich Menschen orientieren. Die Übernahme von Care-Aufgaben ist dabei eng mit der Gestaltung von Geschlechterverhältnissen verbunden. Wenn „Care als Herzstück des Sozialen" (Brückner 2022, S. 103) weiter gedacht wird und neben Fürsorge auch Selbstsorge und die Sorge um die planetaren Lebensgrundlagen in den Blick genommen werden, stellen sich grundlegende gesellschaftliche Fragen. Brückner (2022) verweist vor diesem Hintergrund auf die Notwendigkeit eines sozial gerechteren Welfare-Mix, in dessen

Rahmen eine Kultur des Sorgens etabliert wird. Zentrale Care-Aufgaben müssten
von öffentlichen Institutionen übernommen werden, zugleich aber auch Frauen
und Männer durch neue Arbeitszeitmodelle in die Lage versetzt werden, Care im
privaten Kontext und im Rahmen zivilgesellschaftlichen Engagements zu real-
isieren. Ein besonderes Augenmerk gilt hierbei der Etablierung und Dursetzung
sozialer Bürgerrechte für alle Sorgeleistenden, insbesondere für die oftmals unter
prekären Bedingungen in reichen Ländern sorgeleistenden Migrantinnen. Eine
quantitativ und qualitativ gut ausgebaute öffentliche Daseinsvorsorge, in denen
die Beschäftigten unter guten Bedingungen arbeiten, sind ebenso eine bedeutsame
Säule eines solchen Care-Mix wie zivilgesellschaftliche Initiativen (S. 102 f.).

Beispiel: Caring Communities
Der zivilgesellschaftliche Sektor war lange keine relevante Größe für
wohlfahrtsstaatliche Politiken und Perspektiven und spielt beispielsweise
auch in den Überlegungen von Esping-Andersen keine wesentliche
Rolle. Welches Potenzial hier jedoch liegt, macht das Beispiel lokaler
Verantwortungs- und Sorgestrukturen deutlich, welche als Caring Communities bezeichnet werden. Hier geht es darum, jenseits von famil-
ialen Verpflichtungen Sorgebeziehungen und -netzwerke in lokalen
Gemeinwesen zu etablieren. Diese sind häufig auf Zeit angelegt und
bieten einen Ansatzpunkt, um Care-Aufgaben unabhängig von traditionellen Geschlechterzuweisungen neu zu verteilen. Die Ausgestaltung
der „sorgenden Gemeinde" kann dabei sehr unterschiedlich sein und
Projekte wie Mehr-Generationen-Häuser, Gemeinschaftsgärten, Betreu-
ungsnetzwerke oder nachbarschaftliche Unterstützungsmodelle („Wohn-
verwandtschaften") umfassen. Caring Community-Ansätze spielen in der
sozialraumorientierten Sozialen Arbeit eine bedeutende Rolle (Thiessen
2019, S. 91).

Um einen neuen Care-Mix zu etablieren und damit Care insgesamt einen
anderen Stellenwert zu geben, braucht es auch einen anderen Umgang mit Zeit.
Wohlfahrtsstaatliche Politik mit dem Ziel, Care auf unterschiedlichen Ebenen
in ein neues Verhältnis zu setzen und zu gestalten, ist somit vor allem auch
Zeitpolitik. Wer wie viel Zeit für welche Form von Arbeit und unter welchen
Bedingungen zur Verfügung hat, ist eine zentrale Machtfrage, die erheblichen
Einfluss auf Geschlechterverhältnisse hat (Bücker 2020, S. 8 f.) Diese Erkenntnis
bewog Nancy Fraser bereits in den 1990er Jahren ein „Modell der universellen

Betreuungsarbeit" vorzuschlagen, welches durch eine allgemeine Verkürzung der Wochenarbeitszeit Frauen und Männer gleichberechtigt in die Lage versetzen soll, sowohl am Erwerbsleben wie am zivilgesellschaftlichen Leben teilzunehmen und Sorgearbeit zu leisten (Fraser 1996, zitiert nach Scheele 2019, S. 760). Ob und in welchem Ausmaß Care in diesem Sinne neu gedacht werden kann, ist eine offene Frage und Gegenstand gesellschaftlicher Konflikte in einem Feld, in welchem widerstreitende politische und ökonomische Interessen aufeinanderstoßen.

Fazit

Wohlfahrtsstaatliche Politiken und Strukturen können sowohl (re-) traditionalisierende als auch modernisierende Effekte auf Geschlechterverhältnisse haben. Wie Care-Arbeit in einer Gesellschaft verstanden, bewertet und organisiert wird, ist dabei von zentraler Bedeutung, da diese bislang überwiegend von Frauen geleistet wird. Durch Sozialpolitik wird ein Rahmen für den Care-Mix, also die Verteilung von Care-Aufgaben zwischen Staat, Markt, Familie und Zivilgesellschaft, gesetzt. Je nach Ausgestaltung der Politik kann dieses Verhältnis verschoben, verändert und auch qualitativ beeinflusst werden. Ein Care-Mix, der stärker auf soziale und Geschlechtergerechtigkeit fokussiert, setzt entsprechende wohlfahrtsstaatliche Arrangements voraus. Ein anderer Umgang mit Zeit ist hierbei Voraussetzung für erweiterte sozial-ökologische Care-Perspektiven, welche neben Selbst- und Fürsorge auch das Engagement für den Erhalt von ökologischen Systemen und Lebensgrundlagen umfassen und die verschiedenen Dimensionen in ihrer Aufeinanderbezogenheit anerkennen.

Für die Soziale Arbeit ist die Beschäftigung mit derlei Fragen in mehrfacher Hinsicht von Bedeutung: als professionelle Care-Arbeit ist sie ebenso wie ihre Adressat*innen in wohlfahrtsstaatliche Strukturen eingebunden und in ihren Möglichkeiten und Perspektiven von den damit verbundenen Begrenzungen betroffen. Vor diesem Hintergrund kann sie an der Erweiterung von Spielräumen für sich und ihre Adressat*innen arbeiten, etwa durch das Mitwirken an neuen Care-Arrangements jenseits traditioneller Geschlechtszuschreibungen. Genauso kann sie aber auch selbst Geschlechterverhältnisse reproduzieren und Gestaltungsmöglichkeiten von Menschen einschränken. In jedem Fall bleibt sie in den gesellschaftlichen Verhältnissen verstrickt, weshalb eine kritische Reflexion dieser und der eigenen Rolle eine zentrale professionelle Kompetenz darstellt.

Reflexionsfragen

1. Welche Arrangements der Aufteilung von Erwerbsarbeit und Care-Arbeit erleben Sie in ihrem Alltag, beispielsweise im Familien- und Freundeskreis? Welche Rolle spielen (sozial-) politische Programme und Leistungen für die gelebte Aufteilung?
2. Es wurde ein kultureller Widerspruch zwischen der Gleichstellung der Geschlechter auf der Grundlage von Erwerbsarbeit und der (für einen gewissen Zeitraum) positiv bewerteten Betreuung von Kindern zuhause beschrieben. Können Sie diese Einschätzung nachvollziehen? Welche Ihrer Alltagsbeobachtungen und -erfahrungen stützt diese These? Welche Konflikte resultieren womöglich aus diesem Widerspruch?
3. Ein Gedankenexperiment: einmal angenommen, die reguläre wöchentliche Arbeitszeit würde verkürzt und nur noch 25 oder 30 h bei einer Vollzeitbeschäftigung umfassen. Wie würden Sie die gewonnene Zeit nutzen? Inwiefern würden Sie Care Aufgaben (für sich, für andere, für die Gesellschaft und den Planeten…) neu oder anders in Ihr Leben integrieren?

Literatur

Bäcker, G. et al. (2020). *Sozialpolitik und soziale Lage in Deutschland*, Band 1, 6. Aufl. Wiesbaden: Springer VS.

Becker-Schmidt, R. (2001). Frauenforschung, Geschlechterforschung, Geschlechterverhältnisforschung. In R. Becker-Schmidt, & G.-A. Knapp (Hrsg.), *Feministische Theorien zur Einführung*, 2. Aufl. (S. 14–62). Hamburg: Junius.

Brückner, M. (2018). Care – Sorgen als sozialpolitische Aufgabe und als soziale Praxis. In H.U. Otto, H. Thiersch, R. Treptow, & H. Ziegler (Hrsg.), *Handbuch Soziale Arbeit*, 6., überarb. Aufl. (S. 212–218). München: Ernst Reinhardt Verlag.

Brückner, M. (2022). Care. In G. Ehlert, H. Funk, & G. Stecklina (Hrsg.), *Grundbegriffe Soziale Arbeit und Geschlecht* (S. 101–104). Weinheim & Basel: Beltz Juventa.

Bücker, T. (2020). Zeit, die es braucht. Care-Politik als Zeitpolitik. *Aus Politik und Zeitgeschichte 45/2020: Care-Arbeit*, 4–9.

Esping-Andersen, G. (1990). *The three Worlds of welfare Capitalism*. Princeton, New Jersey: Princeton University Press.

Fraser, N. (1996). Die Gleichheit der Geschlechter und das Wohlfahrtssystem: Ein postindustrielles Gedankenexperiment. In H. Nagl-Docekal, & H. Pauer-Studer (Hrsg.), *Politische Theorie. Differenz und Lebensqualität* (S. 469–498). Frankfurt a. M.: Suhrkamp.

Gärtner, M., & Scambor, E. (2020). Über Männlichkeiten und Sorgearbeit. *Aus Politik und Zeitgeschichte 45/2020: Care-Arbeit*, 22–27.

Gottschlich, D., & Hackfort, S. (2022). Care. In D. Gottschlich et al. (Hrsg.), *Handbuch Politische Ökologie. Theorien, Konflikte, Begriffe, Methoden* (S. 307–314). Bielefeld: transcript.

Henninger, A. (2019). Wohlfahrtsstaat: feministische Aspekte zu wohlfahrtsstaatlichen Praktiken. In B. Kortendiek, et al. (Hrsg.), *Handbuch Interdisziplinäre Geschlechterforschung* (S. 1271–1279). Wiesbaden: Springer VS.

Klus, S., & Schramkowski, B. (2022). Gender Climate Gap. Zur Notwendigkeit des Zusammendenkens von Klima- und Geschlechtergerechtigkeit. In T. Pfaff, B. Schramkowski, & R. Lutz (Hrsg.), *Klimakrise, Sozialökologischer Kollaps und Klimagerechtigkeit. Spannungsfelder für Soziale Arbeit* (S. 229–241). Weinheim & Basel: Beltz Juventa.

Lutz, H. (2018). *Die Hinterbühne der Care-Arbeit. Transnationale Perspektiven auf Care-Migration im geteilten Europa*. Weinheim & Basel: Beltz Juventa.

Pfau-Effinger, B., & Saxonberg, S. (2015). Multi-optionale Familienpolitiken in europäischen Wohlfahrtsstaaten. In E. Nadai, & M. Nollert, (Hrsg.), *Geschlechterverhältnisse im Post-Wohlfahrtsstaat* (S. 94–109). Weinheim & Basel: Beltz Juventa.

Pfau-Effinger, B. (2022). Wohlfahrtsstaat. In G. Ehlert, H. Funk, & G. Stecklina (Hrsg.), *Grundbegriffe Soziale Arbeit und Geschlecht* (S. 646–649). Weinheim & Basel: Beltz Juventa.

Scheele, A. (2019). Arbeit und Geschlecht: Erwerbsarbeit, Hausarbeit und Care. In B. Kortendiek, B. Riegraf, & K. Sabisch (Hrsg.), *Handbuch Interdisziplinäre Geschlechterforschung* (S. 753–762). Wiesbaden: Springer VS.

Thiessen, B. (2019). Geschlechterverhältnisse im sozialen Wandel – Die Bedeutung von Care-Theorien für Soziale Arbeit. In B. Thiessen et al. (Hrsg.), *Sozialer Wandel und Kohäsion. Ambivalente Veränderungsdynamiken* (S. 79–97). Wiesbaden: Springer VS.

Wirtschafts- und Sozialwissenschaftliches Institut (WSI) der Hans-Böckler-Stiftung (2020). Stand der Gleichstellung von Frauen und Männern in Deutschland. WSI Report Nr. 56. Februar 2020. www.boeckler.de/pdf/p_wsi_report_56_2020.pdf. Zugegriffen: 10. Februar 2023.

Weiterführende Literatur

Boeckh, J. et al. (2022). *Sozialpolitik in Deutschland. Eine systematische Einführung*, 5. Aufl., Wiesbaden: Springer VS.

Bundeszentrale für politische Bildung (2020). *Care-Arbeit*. Aus Politik und Zeitgeschichte 45/2020, Bonn. https://www.bpb.de/shop/zeitschriften/apuz/care-arbeit-2020/. Zugegriffen: 10. Februar 2023.

Winker, G. (2021). *Solidarische Care-Ökonomie. Revolutionäre Realpolitik für Care und Klima*, Bielefeld: transcript.

Sebastian Klus, Dr. phil., Diplom-Sozialarbeiter und Soziologe, Professor für Konzepte und Methoden der Sozialen Arbeit an der Katholischen Hochschule Freiburg. Arbeits- und Interessenschwerpunkte: Sozialarbeitspolitik, Gemeinwesenarbeit und Sozialraumorientierung, soziale Stadtentwicklung, Gender und Care, Soziale Arbeit und Nachhaltigkeit.

Diskurse, Bilder und Konstruktionen von Normalität

Who Cares? Zwischen „relativer Verewigung" der Geschlechterordnung und feministischer Utopie

Beate Blank

Zusammenfassung

Who cares? ist eine im doppelten Sinn alte Frage: Wen kümmert schon die Sorgearbeit? Und wer macht die Care-Arbeit? Sorgearbeit durchdringt alle Bereiche des Lebens. Von ihr hängt unser Leben und Überleben im Ökosystem des Planeten Erde ab. Doch weshalb wird ihre ökonomische und lebenserhaltende Bedeutung so wenig gesehen und in gesellschaftspolitische Entscheidungsprozesse einbezogen? Der Beitrag zeichnet Linien einer kritischen Analyse der Arbeitsteilung und der ihr untergeordneten Geschlechterordnung in ihrer historischen Entwicklung bis in die Gegenwart nach. Er diskutiert theoretische Zugänge zum Verständnis der mehrfachen Vergesellschaftung des weiblichen Geschlechts und fragt, weshalb sich patriarchale Strukturen und Praxen der Geschlechterhierarchie mit ihren immanenten Denkmustern über Jahrhunderte hinweg gewissermaßen verewigt haben und immer wieder neu reproduzieren. Ist die feministische Utopie einer ökonomisch gerechten, solidarischen und nachhaltig wirtschaftenden Gesellschaft möglich oder nur ein Traum? Sind die im Ethikkodex der Sozialen Arbeit formulierten Ziele der Befreiung und Ermächtigung der Adressat_innen unter den gegebenen Machtverhältnissen einlösbar? In Bezug zu diesen Fragestellungen werden einige ausgewählte professionstheoretische Ansätze diskutiert. Abschließend werden Gleichstellungsstrategien und Maßnahmen vorgestellt, die für die Hochschulen, die Lehre und Forschung aller Studienbereiche relevant sind. Gerade deshalb können sie einen wichtigen Beitrag für die

B. Blank (✉)
Duale Hochschule Baden-Württemberg, Villingen-Schwenningen, Deutschland
E-Mail: dr.beate.blank@gmail.com

© Der/die Autor(en), exklusiv lizenziert an Springer Fachmedien Wiesbaden GmbH, ein Teil von Springer Nature 2024
K. E. Sauer et al. (Hrsg.), *Studienbuch Gender und Diversity für die Soziale Arbeit*, https://doi.org/10.1007/978-3-658-42942-3_5

interdisziplinäre Zusammenarbeit und den Transfer in die Soziale Arbeit leisten.

Keywords

Care-Arbeit • Patriarchat • Kapitalismus • Frauen- und
Geschlechterforschung • Geschlechterordnung • Gender Bias •
Gleichstellungsstrategien

1   Einleitung

Die familiale und gesellschaftliche Wirklichkeit spiegelt sich in der Feminisierung der Care-Arbeit wieder. Als sogenannter Frauenberuf ist die Geschichte und Gegenwart der Sozialen Arbeit durch die gesellschaftlich vorgegebene Geschlechterordnung geprägt. Der paternalistische Fürsorgebegriff im Berufsbild der Fürsorgerin der ersten Hälfte des 20. Jahrhunderts wird mit dem heutigen wissenschaftlichen Verständnis von Care auch für die Soziale Arbeit zu einer gleichstellungspolitischen Frage, sowohl im Bezug zu ihrem Professionsverständnis als auch zu ihren berufsethischen Prinzipien. Die Leitziele soziale Gerechtigkeit sowie die Förderung der Befreiung und Ermächtigung (Empowerment) der Adressat_innen (vgl. Blank 2018, 2021) können nicht getrennt von der Sorge für sich selbst und andere verstanden werden.

Wie die Care-Berufe insgesamt, leistet Soziale Arbeit einen signifikanten Beitrag zum Wirtschaftssektor, indem sie die Arbeitskraft wiederherstellt oder erhält und die Arbeitskräfte von morgen versorgt, betreut, erzieht, fördert und ausbildet. Obgleich die SAGE-Berufe (Soziale Arbeit, Gesundheit, Erziehung und Bildung) zum Bruttosozialprodukt beitragen, wird die strukturelle Asymmetrie von Reproduktions- und Produktionsbereich aufrechterhalten. Ungeachtet des von Sorgearbeit geleisteten Beitrags am volkswirtschaftlichen Gesamtergebnis, werden die Sozialausgaben stets als viel zu hoher Anteil am Haushalt des Bundes, der Länder und Kommunen beklagt. Wechselseitig werden in fortwährenden Anpassungsprozessen Bedingungen und Voraussetzungen für ihre Auslagerung aus der Wertschöpfungskette geschaffen und es werden die Bereiche der Daseinsvorsorge, wie zum Beispiel Krankenhäuser oder Pflegeheime, ökonomisiert (vgl. Abschn. 2).

Die COVID-19-Pandemie hat die Systemrelevanz der Care-Berufe für alle sichtbar gemacht. Die kollektive Erkenntnis, dass das Funktionieren von Arbeitswelt und Gesellschaft von familialer und institutionalisierter Sorgearbeit abhängen, hat nicht zur Aufwertung ihres gesamtgesellschaftlichen Stellenwerts geführt. Im Gegenteil: Zahlreiche Studien belegen, dass sich das Gender-Care-Gap und damit auch das Gender-Pay-Gap vertieft haben (vgl. Abschn. 3.1).

Stabilisiert wird die Geschlechterdichotomie der Arbeitsteilung nicht nur durch die ökonomischen Bedingungen, also wer das meiste Geld nach Hause bringt und steuerlich belohnt wird, sondern auch durch die Wirkweisen von Vorurteilen. Als Gender Bias werden geschlechtsbezogene verzerrte Wahrnehmungen von ‚typisch weiblichen' oder ‚typisch männlichen' Eigenschaften bezeichnet, die als Überzeugungsmuster intergenerational wirksam sind. Die seit Jahrhunderten in Erziehung und Gesellschaft tradierte patriarchale und hetero-normative Geschlechterordnung wird subjektiv als ‚natürlich' empfunden. Basierend auf meist unbewussten Denkmustern, werden individuelle und strukturelle Diskriminierungen nicht als solche erkannt. Dies gilt nicht nur für den alltäglichen Sexismus, den die #Mee Too Bewegung weltweit sichtbar macht, sondern für alle Diskriminierungsformen; für Rassismus, Antisemitismus, Islamfeindlichkeit, Antiziganismus, Ableismus, Klassismus und andere. In einem intersektionalen Verständnis sozialer Ungleichheit leben benachteiligte Personen und Gruppen häufig in mehreren, sich überlappenden, von Privilegien und Machtstrukturen beeinflussten Diskriminierungsverhältnissen.

Ganz überwiegend tragen Frauen und Mädchen die Hauptlast der Sorgearbeit. Die mehrfache Vergesellschaftung der Frauen reicht von der Erfindung der Hausfrau im 18. Jahrhundert bis zur global verfügbaren Care-Arbeiterin des 21. Jahrhunderts (vgl. Abschn. 3). Die Privatisierung gesellschaftlicher Aufgaben und die marktliberale Ökonomisierung der Care-Arbeit produziert immer neue Care-Chains weiblicher Arbeitsmigration (Lutz & Palenga-Möllenbeck 2014). Im Pflegesektor wird die Kettenwirkung der Vermittlung von Pflegerinnen aus osteuropäischen und asiatischen Ländern und die damit verbundene Ausbeutung ihres „Humankapitals" zunehmend zu einem globalen Problem. Die Ungleichheit der Geschlechter dokumentieren die Vereinten Nationen jedes Jahr zum Weltfrauentag. Nach dem Gender Equality Index (GII) sind 2022 in den demokratischen Staaten der Welt 22,1 % in der Politik als Parlamentarierinnen tätig. Laut der Weltgesundheitsorganisation (WHO) erfährt jede dritte Frau im Laufe ihres Lebens in Deutschland und weltweit sexualisierte Gewalt; die überwiegende Mehrheit durch ihren Partner. Frauen und Mädchen stellen mehr als die Hälfte der Weltbevölkerung und haben wegen ihrer unbezahlten Haus- und Sorgearbeit 50 % weniger Vermögen als Männer. 22,8 % beträgt ihr Anteil in den Vorständen der DAX-Unternehmen. Weltweit sind zwei Drittel der Analphabet_innen Frauen

und zwei Drittel der Mädchen besuchen keine Schule.[1] Gleichzeitig sind Frauen
die Leistungsträgerinnen in ihren Familien und Nachbarschaften. Als global wirksame Care-Arbeiterinnen sorgen sie für die Abmilderung der Umweltzerstörung
und Klimafolgeschäden. Ihr soziales und ökonomisches Kapital wird dennoch
viel zu wenig anerkannt und in die Politik einbezogen.

2   Was ist Care-Arbeit?

Care-Arbeit ist ein Oberbegriff für einen Arbeitsbereich mit vielen Facetten,
unterschiedlichen Perspektiven und Positionierungen. Übereinstimmung besteht
darin, dass menschliche Gesellschaften nicht ohne Care-Arbeit denkbar sind. Die
Gemeinsamkeit jeder Art von Sorgearbeit liegt in ihrer lebenserhaltenden Funktion. Der Begriff Care Work ist in den 1990er Jahren im englischen Sprachraum
entstanden. Er schließt an die feministischen Theorien um die Reproduktionsarbeit als eine an den Bedürfnissen anderer orientierten Arbeit, als „others centred
work", an. Die Studentenbewegung der 1968er-Generation leitete mit ihrem Slogan „Das Private ist politisch!" einen Bewusstseinswandel in der Wissenschaft
und Gesellschaft ein.

   Für die Soziologin, Frauen- und Geschlechterforscherin Margit Brückner
(2010) umfasst Care-Arbeit „den gesamten Bereich weiblich konnotierter, personenbezogener Fürsorge und Pflege, d. h. familialer und institutionalisierter
Aufgaben der Versorgung, Erziehung und Betreuung und stellt sowohl eine
auf asymmetrische Beziehungen beruhende Praxisform als auch eine ethische
Haltung dar" (ebd., S. 43). Aushandlungsprozesse sind in asymmetrischen
Betreuungs- und Geschlechterverhältnissen alltägliche, meist unbewusste Praxis.
Das Spannungsfeld zwischen Selbst- und Fürsorge einerseits und Erwerbsarbeit
andererseits beeinflusst den Erfahrungshorizont unserer Lebenswelt und die darin
aufgehobenen Sinndeutungen (vgl. Thiersch 2016). An die lebensweltorientierte
und institutionalisierte Care-Arbeit knüpft die Wissenschaft Soziale Arbeit mit
ihrem Fokus auf soziale Probleme (vgl. Staub-Bernasconi 1994) an. Sie entstehen, wenn Einzelne und Gruppen über länger Zeit ihre legitimen Bedürfnisse
nicht befriedigen können oder keinen ausreichenden Zugang zu Ressourcen und
Handlungsmacht haben (Staub-Bernasconi 2018, S. 216–222), Sagebiel 2009, S.
119–127).

---

[1] International Women's Day 2022 (8 March) – UN-Chief message/United Nations: https://
www.youtube.com/watch?v=O3mhYlY0NWc [Zugegriffen: 15. Februar 2023]

2.1   Care in Wissenschaft und Forschung

Die Gender Studies analysieren Care in ihren Diskurslinien der feministischen Forschung (Feminist Studies) und Männer- bzw. Männlichkeitenforschung (Masculinity Studies). Sie untersuchen die Herstellungspraxen von sozialem Geschlecht in den Strukturen der patriarchalen Gesellschaftsordnung und der kapitalistischen Ökonomie. Arbeit wird in eine produktive und reproduktive Sphäre getrennt. Dem entsprechend betrachten die Gender-Equality Studies die Asymmetrien innerhalb der Care-Arbeit mit dem Fokus auf geschlechtsbezogene, soziale und ökonomische Gleichstellung.

Die Care Studies sind sowohl Teil der Geschlechterforschung, als auch der Gesundheitswissenschaft und der weltweiten Professionalisierung von Health Care. Diskutiert werden vielfältige Perspektiven und Fragen: Wie ist das Verhältnis von affektiven Begriffen wie Liebe, Fürsorge und Solidarität zu sozialer Gerechtigkeit? (Lynch & Walsh 2009). Lässt sich tätige Liebe im Prozess der Kommodifizierung, also der Umwandlung in eine Ware, kommerzialisieren? Welche Folgen hat die Ökonomisierung für das gesellschaftliche Verständnis von Fürsorge und für die Care-Berufe? Wie wirken sich Gender Bias auf die Berufswahl, die Ausübung und Weiterentwicklung von Care aus? Ist die Forderung, Männer in die frühkindliche Erziehung und Frauenberufe zu bringen, die Lösung oder eher an Männer gerichtete Hoffnung und auf Frauen bezogene Kritik?[2] Und wie schaffen es auch in den SAGE-Berufen mehr Frauen in Führungspositionen?

Care-Tätigkeiten gehen über ihre Funktion der Bewahrung und Erneuerung des Lebens hinaus. Ereignisse wie die Corona Virus-Pandemie werden bestimmt von der Kontingenz, von der Unvorhersehbarkeit des Lebens und dessen potenzieller Vulnerabilität. Eine Pandemie wird dem Feld der erweiterten Reproduktionsarbeit (vgl. Notz 2010) zugeordnet. Zu den Care-Aufgaben gehört die Versorgung, Betreuung und Forschung in einer Pandemie oder anderer Zufallsereignisse infolge des Klimawandels. In diesem Sinne ist die Entwicklung von Impfstoffen oder von Technologien zur Dekarbonisierung als eine die Menschheit erhaltende Care-Arbeit zu verstehen.

Während der Pandemie war in den Medien häufig von den verdrängten gesellschaftlichen Problemen die Rede, die nun wie in einem Brennglas sichtbar würden. Die Wirkweisen der COVID-19-Pandemie treten auf der Subjekt-, Struktur- und Systemebene in Erscheinung und sind miteinander interdependent verwoben (Tab. 1).

---

[2] Vgl. hierzu den Beitrag von Sälinger in diesem Band.

Tab. 1 Wirkweisen der Folgen der Coronavirus-Pandemie

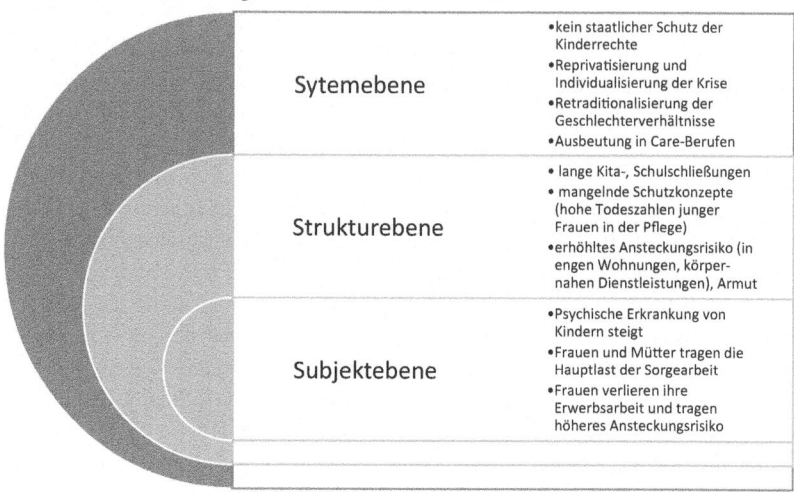

Sytemebene	• kein staatlicher Schutz der Kinderrechte • Reprivatisierung und Individualisierung der Krise • Retraditionalisierung der Geschlechterverhältnisse • Ausbeutung in Care-Berufen
Strukturebene	• lange Kita-, Schulschließungen • mangelnde Schutzkonzepte (hohe Todeszahlen junger Frauen in der Pflege) • erhöhtes Ansteckungsrisiko (in engen Wohnungen, körpernahen Dienstleistungen), Armut
Subjektebene	• Psychische Erkrankung von Kindern steigt • Frauen und Mütter tragen die Hauptlast der Sorgearbeit • Frauen verlieren ihre Erwerbsarbeit und tragen höheres Ansteckungsrisiko

Die Studie von Zucco und Lott (2021) belegt die im Schaubild dargestellten Erkenntnisse zum Stand der Gleichstellung nach dem ersten Jahr der Pandemie. Die Auswertungen von Oxfam Deutschland (2021[3]) bestätigen ebenfalls die wachsende Ungleichheit, sowohl zwischen den Geschlechtern als auch den privilegierten Menschen des Globalen Nordens und den Migrant_innen beziehungsweise der Bevölkerung des Globalen Südens.

2.2 Warum ist Care-Arbeit systemrelevant?

Care-Arbeit hat im umfassenden Sinn eine lebenserhaltende und -erneuernde Funktion. Ihre Systemrelevanz bezieht sich auf das gesamte Ökosystem des Planeten Erde, einschließlich der vom Menschen erreichbaren kosmischen Umgebung. Die Weltgemeinschaft als Ganzes mit ihren ökonomischen, sozialen und

---

[3] Titel der Oxfam-Studie: „Das Ungleichheitsvirus. Wie die Corona-Pandemie soziale Ungleichheit verschärft und warum wir unsere Wirtschaft gerechter gestalten müssen".

politischen Systemen, einschließlich aller Subsysteme, ist von Care-Arbeit abhängig. Sie durchdringt alle Bereiche des Lebens, von der Makro- bis zur Mikroebene jeder Spezies und jedes Einzelwesens.

Was macht den Mensch zum Menschen?
Der Mensch und seine sozialen Beziehungen bilden gemeinsam die Mikroebene in sozialökologischen Systemen. Aus der Sozialisationsforschung wissen wir, dass wir – trotz ausreichend Nahrung – ohne emotionale Zuwendung und sensorische Stimulation nicht überleben können. Kaiser Friedrich II. werden Experimente zugeschrieben, die er im 13. Jh. an Waisenkindern durchführen ließ, um herauszufinden, welche Sprache sie aus sich selbst heraus sprechen würden, wenn sie ohne Ansprache und Zuneigung aufwachsen. Alle Kinder starben[4]. Ohne soziale Kontakte, ohne ein Gegenüber – keine Menschwerdung, keine Ich-Identität. „Der Mensch wird am Du zum Ich", mit diesem Satz fasst Martin Buber (1999) seine Philosophie vom Menschsein zusammen.

Die Frage was der Mensch zur Befriedigung von Bedürfnissen benötigt (vgl. Obrecht 2009) korreliert mit dem Grundrecht auf ein Leben, das der Würde des Menschen entspricht. Artikel 1 des Grundgesetzes[5] ist Auftrag und Verpflichtung für die Profession zugleich. Was macht die Würde des Menschen aus? Gibt es dafür gesichertes Wissen oder gar Messgrößen? Philosophische Disziplinen fragen seit der Antike nach dem, was der Mensch für ein gutes und gelingendes Leben braucht. Das humanistische Menschenbild der europäischen Aufklärung schließt daran an. Ein Rechtsanspruch auf ein Leben, das der Würde des Menschen entspricht, wird jedoch erst mit Einführung des Grundgesetzes 1949 begründet.

Als Handlungswissenschaft dekonstruiert Soziale Arbeit die Feminisierung von Care. Sie analysiert die Wirkweisen von Geschlechterrollen in der Gesellschaft und Politik, Arbeitsmarkt und Ökonomie (Tab. 2). Wo Bedürfnisse und

---

[4] https://www.wissen.de/welche-sprachexperimente-machte-friedrich-ii-mit-kindern [Zugegriffen: 19. Februar 2023].
Trotz der eindeutigen Erkenntnisse starben in den Findelhäusern Europas noch jahrhundertelang Kinder an mangelnder Zuwendung und Vernachlässigung.
[5] Art. 1 GG (1): Die Würde des Menschen ist unantastbar. Sie zu achten und zu schützen ist Verpflichtung aller staatlichen Gewalt.

Tab. 2 Systemische, strukturelle und subjektive Faktoren der Feminisierung von Care

Arbeitsmarktbezogene Faktoren	•Trennung von produktiver und reproduktiver Arbeit •Globalisierung in beiden Sektoren -> Care Chains •Prämisse Gewinnmaximierung (Kapitalakkumulation) (Marx 1890, S. 418) •Demographischer und klimatischer Wandel
Einstellungen von Frauen und Männern Geschlechterrollen	•Gender-Bias (geschlechtsbezogene Vorurteile) •Geschlechterbinarität als Normalitätsvorstellung • Verinnerlichung der patriarchalen (und religiösen) Ordnung als ‚natürlich‘ •Soziale Konstruktion von Geschlecht (Gildemeister 2004, S. 232-240)
Rollenerwartungen der Gesellschaft	•Doing-Gender, Gender als „Produkt sozialen Verhaltens und Handelns" (West, Zimmermann 1987, S. 125) •Historisch tradierte Rollenbilder •Traditionelle Familie „Keimzelle der Gesellschaft"

Rechte der Adressat_innen missachtet werden, setzt sie sich mit professionellem Wissen (Obrecht 2013) für deren Durchsetzung ein.

2.3 Die Sektoren der Care-Arbeit

Sorgende Tätigkeiten lassen sich drei großen Sektoren zuordnen: Der unbezahlten Haus- und Sorgearbeit, der beruflichen Care-Arbeit und dem Markt an haushaltsbezogenen Dienstleistungen (Tab. 3).

Die Globalisierung macht Care-Arbeit in mehrfacher Weise zur Ware mit weitreichenden Folgen. Als Reaktion auf den Pflegenotstand werden Migrantinnen aus Osteuropa – die sprichwörtliche „polnische Perle"– angeworben. Dem Gesetz der billigeren Arbeitskraft folgend werden in den globalen Betreuungsketten (Care-Chains) die Osteuropäerinnen durch Frauen aus Asien und Lateinamerika ersetzt. Sie alle sind meist gut ausgebildet und Mütter. Ihre Kinder müssen sie in ihren

Tab. 3 Die drei Sektoren der Care-Arbeit

- **unbezahlte Haus- und Sorgearbeit**
  - Beginnt mit Selbstsorge
  - Mitglieder des Haushalts leisten Daseinssorge, Pflege, Kindererziehung
  - Ehrenamtliche Arbeit

- **Berufliche Arbeit**
  - Beschäftigte im sozialen Dienstleistungssektor
  - SAGE-Berufe (Soziale Arbeit, Gesundheit, Erziehung und Bildung)

- **Markt an haushaltsbezogenen Dienstleistungen**
  - Informelle Arbeit als Hausangestellte, Pflegekraft, Au-pair
  - meist Migrantinnen

Heimatländern zurücklassen. In Polen ist ein öffentlicher Diskurs über die „Euro-Waisen" und die sozialen Folgen für die Kinder sowie den Verlust an Fürsorge- und Bildungskapital entbrannt (Lutz 2007, S. 554–560). An die Care-Arbeit im Pflegesektor schließt das Modell des modernen Dienstmädchens an. Sie arbeiten für die Mittel- und Oberschicht als Au-pair, Haushaltshilfe und Pflegerinnen. 67 % aller Deutschen beschäftigen eine Haushaltshilfe (vgl. Trendreport der Minijob-Zentrale 2011: „Alltag statt Luxus").

2.4 Die Feminisierung des Berufsbilds Soziale Arbeit

Die Feminisierung von Care ist eng verwoben mit der Trennung von produktiver und reproduktiver Arbeit im Kontext der industriellen kapitalistischen Produktionsweise. Mit den arbeitsmarktbezogenen Faktoren sind die binären, heterosexuellen Vorstellungen von Geschlechterrollen mit den Rollenerwartungen der Gesellschaft verbunden. Diese wiederum lassen die geschlechtsbezogene Arbeitsteilung als naturgegeben erscheinen.

Zur Zeit der Gründerjahre der Frauenschulen zu Beginn des 20. Jahrhunderts hat die Konstruktion der „geistigen Mütterlichkeit" einerseits einen emanzipatorischen Charakter, da mit dieser Begründung den nach Bildung und finanzieller Unabhängigkeit strebenden jungen Frauen des Adels und Bürgertums die Berufstätigkeit erlaubt werden konnte. Andererseits hat der Topos der Mütterlichkeit das vorgeprägte Bild und die Zuschreibung von sozialer Arbeit als Frauenberuf für lange Zeit geprägt.

„Geschichte und Gegenwart Sozialer Arbeit weisen eine enge Verquickung von Geschlecht und Profession auf, zum einen durch die gesellschaftlich vorgegebene Geschlechterordnung und das damit zusammenhängende Berufsbild und zum anderen durch die berufliche Praxis von Frauen und Männern im Institutionengefüge und gegenüber der Klientel" (Brückner 2013, S. 107).

Hundert Jahre später scheint das Konzept von Weiblichkeit in der Dekonstruktion von Geschlecht (vgl. Butler 1991) aufgegangen zu sein. Doch an der Genderhierarchie hat sich seit Beginn des 20. Jh. nichts substantiell geändert. „Soziale Arbeit veränderte sich […] von einem Konzept weiblicher Emanzipation zu einem Dienstleistungsberuf unter männlicher Leitung" (Sachße 2001, S. 679, In: Brückner 2013, S. 107).

„Zusammenfassend lässt sich sagen, dass die Entwicklung Sozialer Arbeit als Profession und ihre gesellschaftliche Verortung nur im Gesamtzusammenhang von Sozialpolitik […] mit ihrem starken Gender-Bias zu verstehen ist" (Brückner 2013, S. 108). Auf der strukturellen Ebene besteht ein „an männlicher Normalität orientiertes Modell sozialer Sicherung" (ebd. S. 108) und Ökonomie. Auf der Ebene der alltäglichen Lebenswelt „dominiert die Vorstellung und Realität von Sorgearbeit als Frauenarbeit, die schlecht oder gar nicht bezahlt ist […] (ebd.)". Damit wird die Kultur auch in der Sozialen Arbeit durch Gender Bias und die Geschlechterhierarchie geprägt.

Reflexionsfrage

Was müsste sich verändern, damit mehr Frauen, auch in der Sozialen Arbeit, in Leitungspositionen kommen? Nennen Sie Strategien und Maßnahmen, die auf der strukturellen-systemischen, organisationalen und personalen Ebene wirksam sein könnten.

Die Konstruktion von sozial, gesellschaftlich und kulturell hergestelltem Geschlecht beeinflusst die Rollen, Rollenbilder und Funktionen von Männern und Frauen. „Man wird nicht als Frau geboren, man wird es." (Beauvoir 1949) Durch die Ausübung von Geschlechterrollen (doing gender) werden die Vorstellungen von dem was als

‚natürlich', als ‚typisch weiblich' und ‚typisch männlich' gilt, intergenerational weitergegeben. Die mehrheitlich geteilten Werte und Normen werden durch die Wissenschaft, Medien, Kunst sowie die Institutionen des Rechts, der Religionen, der Familie, des Erziehungs-, Bildungs- und Gesundheitswesens unterlegt und gestützt. Gesellschaften wandeln sich in Prozessen der Bewältigung von Krisen und der Anpassung an soziale Probleme. Damit verändern sich notwendigerweise auch die Vorstellungen von Gerechtigkeit und Erwartungen an Geschlechterrollen.

Trotz einem deutlichen Zuwachs an Professorinnen und Wissenschaftlerinnen in den Sozial- und Erziehungswissenschaften wird der Diskurs von Männern in den Leitungspositionen der Hochschulen und Universitäten dominiert. Staub-Bernasconi sieht eine Ursache in den seit alters her von Männern dominierten Wissenschaften und deren offenen und latenten Frauenfeindlichkeit (vgl. Abschn. 3). Menschliche Bedürfnisse und deren Befriedigung werden nicht als allgemein gültige wissenschaftliche Grundlagen anerkannt, sondern als „weibliche Domäne" missverstanden (vgl. Staub-Bernasconi 2007, S. 126–132). Dies hat im Denken zur Dichotomie von Theorie und Praxis und deren unterschiedlichen Wertigkeit beigetragen. Damit sind gleichzeitig die an der heterosexuellen Norm orientierten binären Geschlechterrollen weiter verfestigt worden. Das tradierte Wissenschaftsverständnis ist bis heute in der Lehre, den Curricula und Modulbeschreibungen wirkmächtig.

3   Who cares? – eine neue alte Frage

Die enge Verknüpfung von Geschlecht und Fürsorgearbeit beginnt mit dem Entstehen der bürgerlichen Gesellschaft im späten 18. Jahrhundert. Der Typus der gelehrten Frau, den es in der Frühaufklärung noch gibt, wird zum Ende des 18. Jahrhunderts vom sogenannten „natürlichen Geschlechtscharakter der Frau" verdrängt. Eine Frau soll sittsam sein, tugendhaft und fleißig. Damit bleibt ihr noch eine Rolle: die der Hausfrau. Die bürgerliche Hausmutter hat Personal, managed den Haushalt und Familienbetrieb, während die spätere Hausfrau zum unbezahlten Dienstmädchen wird. Die Kulturwissenschaftlerin Evke Rulffes (2021) beschreibt die „Die Erfindung der Hausfrau" als eine „Geschichte einer Entwertung".

3.1   Die Erfindung der Hausfrau und „die doppelte Vergesellschaftung der Frauen"

Mit der beginnenden Industrialisierung verändern sich die Produktionsbedingungen zur Herstellung von Gütern und Waren. Die Arbeit in den Fabriken, den Behörden und Banken, im Handel und anderen Dienstleistungen muss von den Familienhaushalten räumlich getrennt erledigt werden. Erwerbsarbeit wird entlohnt, die Haus- und Sorgearbeit hingegen nicht. Der Faktor Arbeit ist neben den Produktionsmitteln und dem eingesetzten Kapital des Arbeitgebers eine Messgröße in der Berechnung der Produktionskosten. Damit das eingesetzte Kapital sich nicht verbraucht, sondern vermehren lässt, müssen die Löhne so gering als möglich gehalten werden. Die Arbeitskraft muss voll und ganz zur Verfügung stehen. Sie darf nicht durch Familien- und Hausarbeit unterbrochen oder geschmälert werden. Die Trennung in sogenannte produktive und reproduktive Arbeit lagert die Care-Arbeit aus den Produktionskosten aus. Ihr Anteil wird weder in der Berechnung des Lohns des Ehemanns, noch im Betriebsergebnis berücksichtigt.

Der Ökonom Kenneth Galbraith (1976) beschreibt diesen ökonomischen Coup so:

> „Die Umwandlung der Frauen in eine auf unsichtbare Weise dienende Klasse war eine ökonomische Leistung ersten Ranges. Dienstboten für gesellschaftlich unterbewertete Arbeit standen einst nur einer Minderheit der vorindustriellen Bevölkerung zur Verfügung; die dienstbare Hausfrau steht jedoch heute auf ganz demokratische Weise fast der gesamten männlichen Bevölkerung zur Verfügung" (ebd., S. 33).

Belohnt wird die unentgeltlich geleistete Arbeit der Frauen mit den Versprechen der romantischen Liebe und rechtlich bis 2008 mit der Versorgungsehe[6]. Bis in die 1970er Jahre ist der Verzicht auf die Erwerbstätigkeit der Ehefrau ein Statussymbol. Wer es sich leisten kann, bleibt Zuhause. Doch oft wird der Zuverdienst für das Familieneinkommen gebraucht. Die Soziologin und Geschlechterforscherin Regina Becker-Schmidt (2008, S. 65–74) spricht in diesem Zusammenhang von der „doppelten Vergesellschaftung der Frauen" als unbezahlte Hausfrau und als Lohnarbeiterin.

Die Teilzeiterwerbsarbeit der Frauen ist in Deutschland auch heute noch hoch. In keinem anderen Land Europas tragen Frauen so wenig zum Familieneinkommen bei wie in Deutschland (OECD-Studie 2017).

---

[6] 2008 wurde das Unterhaltsrecht nach dem Grundsatz der Eigenverantwortung reformiert.

- Fast die Hälfte der verheirateten Frauen mit Kindern verdienen weniger als 1500 EUR netto, knapp 70 % unter 2000 EUR (Mikrozensus 2021 Statistisches Bundesamt).
- Mehr als jede 3. Ehe wurde 2020 in Deutschland geschieden (Statista Research Department 26.07.2022).
- Das Risiko für Eineltelternfamilien in Armut zu leben ist deutlich höher als bei anderen Familienformen. 42,7 % der Eineltelternfamilien (88 % sind Mütter) gelten als einkommensarm und leben an oder unterhalb der offiziell definierten Armutsgrenze. Und dies obwohl alleinerziehende Mütter häufiger erwerbstätig sind als andere Mütter und öfter in Vollzeit oder vollzeitnah arbeiten (Lenze et al. 2021).
- Frauen beziehen 2021 durchschnittlich 420 € weniger Altersrente als Männer. Die Rentenlücke zwischen den beiden Geschlechtern beträgt hier 34 Prozentpunkte (Datenquelle: Statistikportal Deutsche Rentenversicherung, Bearbeitung WSI GenderDatenPortal 2022).

3.2 Der Streit um die ‚Natur' des weiblichen Geschlechts

Die Verdrängung der Frau aus der mit dem Ehemann geteilten Verantwortung für den vorbürgerlichen Haushalt und Wirtschaftsbetrieb fällt in die Zeit der europäischen Aufklärung und ihrer Idee der Freiheit und Gleichheit für alle Menschen. Gleichzeitig werden die heilkundigen Frauen und Hebammen von der aufkommenden Medizin verdrängt. Die neue Disziplin tut sich mit Forschungen hervor, welche die These belegen sollen, dass eine Frau dem Mann nicht gleich sein kann. Das weibliche Geschlecht könne hormonell bedingt nicht so gut Politik machen. Frauen hätten ein kleineres Gehirn als Männer und daher weniger Verstand. Von nun an werden sie auf ihren Uterus reduziert (Pfister 1991). Aus der weiblichen Anatomie werden „weibliche Eigenschaften" abgeleitet. Das medizinische Teilgebiet der Psychiatrie hilft die „weiblichen Kapazitäten" zu vermessen: Frauen könnten vor allem fürsorglich sein und den Haushalt erledigen. Für Bildung oder gar ein Studium und das öffentliche Leben seien sie nicht geeignet[7]. 1851 schreibt der Philosoph Arthur Schopenhauer „Über die Weiber"[8]:

---

[7] Vgl. Geschlechtergeschichte: https://www.sozialgeschichte.ch/themen/geschichte-des-weiblichen-koerpers [Zugegriffen: 22. Februar 2023].

[8] Zitiert aus: Über die Weiber, Erstausgabe 1851: https://aboq.org/schopenhauer/parerga2/weiber.htm [Zugegriffen: 22. Februar 2023].

„§. 364. Zu Pflegerinnen und Erzieherinnen unserer ersten Kindheit eignen die Weiber
sich gerade dadurch, daß sie selbst kindisch, läppisch und kurzsichtig, mit Einem [sic]
Worte, Zeit Lebens große Kinder sind: eine Art Mittelstufe, zwischen dem Kind und
dem Manne, als welcher der eigentliche Mensch ist […]".

Die Misogynie[9] ist in der Philosophie fest verwurzelt. Der große Denker Imma-
nuel Kant (1724–1804) rechtfertigt mit seiner Rede vom ‚schwachen Geschlecht'
die Vormundschaft des Vaters, Ehemannes oder eines anderen männlichen
Stellvertreters über die Frau.

„[…] so wenig es ihrem Geschlecht zusteht in den Krieg zu ziehen, eben so wenig
ihre Rechte persönlich vertheidigen und staatsbürgerliche Geschäfte für sich selbst,
sondern nur vermittelst eines Stellvertreters treiben, und diese gesetzliche Unmündigkeit in Ansehung öffentlicher Verhandlungen macht sie in Ansehung der häuslichen
Wohlfahrt nur desto vermögender: weil hier das Recht des Schwächeren eintritt, welches zu achten und zu vertheidigen, sich das männliche Geschlecht durch seine Natur
schon berufen fühlt". (Kant 2000, AA. VII, S. 229)

Als ‚Kind seiner Zeit' sind Kants Überzeugungen ein Beispiel für die Wirkmächtigkeit von Gender Bias einerseits, aber auch der Verteidigung von Privilegien
des europäischen und weiß-gelesenen Mannes andererseits. In seinen Abhand-
lungen (1785, 1788) äußert er sich nicht nur sexistisch, sondern auch rassistisch
und antisemitisch[10]. Dem gegenüber stehen seine epochalen emanzipatorischen
Gedanken. Die Freiheit des Menschen zum Willen zur Vernunft ermächtige ihn
zur Überwindung seiner Unmündigkeit und Unfreiheit. Im Sinne der Kant'schen
Vernunftslogik wäre zu fragen: Ist es gerechtfertigt, ein Geschlecht über das
andere zu stellen und ihm*ihr die Fähigkeit zur Mündigkeit abzusprechen? Ist es
gerechtfertigt, die Rechtlosigkeit von Frauen mit dem „Recht des Schwächeren"
zu begründen und sie dem Gesetz des Stärkeren zu überlassen?
   Die französische Revolutionärin, Frauenrechtlerin, Schriftstellerin und Zeitge-
nossin Kants, Olympe de Gouges (1748–1793), hat genau dies die Männer der
französischen Nationalversammlung gefragt:

„Mann, bist du fähig, gerecht zu sein? Es ist eine Frau, die dir diese Frage stellt,
zumindest dieses Recht nimmst du ihr nicht. Sag mir, wer hat dir die unumschränkte
Herrschaft verliehen, mein Geschlecht zu unterdrücken? […]"[11]

---

[9] Frauenfeindlichkeit.

[10] Vgl. Lieder, M. in: Philosophie Magazin. Heft Nr. 1/2021. https://www.philomag.de/art
ikel/kant-und-der-rassismus-0 [Zugegriffen: 17. Februar 2023].

[11] Zitat aus „Die Rechte der Frau": http://olympe-de-gouges.info/frauenrechte/ [Zugegriffen:
22. Februar 2023].

3.3   Der Kampf um die Gleichstellung der Frau

Der Streit der Philosophen um die Rechte der Frau und Bürgerin geht bis ins antike Griechenland, zur Wurzel der europäischen Aufklärung, zurück. Um 600 vor Christus wird den Bürgern Athens politische Mitsprache ermöglicht. In der Bürgergemeinde genießen die wohlhabenden Männer als Freie und Gleiche Bürgerrechte. Frauen und Sklaven hingegen sind Abhängige der Polis und von den Bürgerrechten ausgeschlossen. Die seitdem behauptete Überlegenheit des erfolgreichen ‚weißen' Mannes gräbt sich geistig und kulturell tief in die kolonialen Gesellschaften ein. Die Konstruktion von männlicher Herrschaft und rassischer Überlegenheit ist der Nährboden für die Rechtfertigung von Privilegien und für die pseudowissenschaftliche Begründung der „Rassenhygiene" bis hin zur „Vernichtung lebensunwerten Lebens" und dem Völkermord an den europäischen Juden[12].

Die Französische Revolution verspricht allen Menschen Gleichheit, Freiheit und Brüderlichkeit. Gemeint sind auch mehr als zweitausend Jahre nach der Gründung der Polis Athens nur die wohlhabenden ‚weißen' Franzosen. Ihre Brüderlichkeit in Männerbünden (vgl. Theweleit 1979) sichert ihnen Privilegien und Macht. Frauen haben zwar für die gleichen Rechte mitgekämpft, doch gleichgestellt sind sie in der neuen bürgerlichen Gesellschaft nicht. Die 1789 in Kraft getretene Menschen- und Bürgerrechtserklärung enthält ausschließlich Männerrechte. Aus Protest verfasst de Gouges 1791 die erste uns bekannte „Erklärung der Rechte der Frau und Bürgerin". Sie will sie der Nationalversammlung zur Verabschiedung vorzulegen. In ihrer Déclaration des droits de la Femme et de la Citoyenne fordert sie in XVII Artikeln die völlige politische, rechtliche und soziale Gleichstellung der Frauen. De Gouges wird 1793 auf der Guillotine hingerichtet.

Zeiten gesellschaftlicher Umwälzungen bringen Emanzipationsbewegungen hervor. Unterdrückte und ausgebeutete Menschen beginnen auf ein besseres Leben zu hoffen. Sojourner Truth (1797–1883) wurde als Sklavin geboren. Sie adressierte die doppelte Diskriminierung aufgrund ihres Geschlechts und ihrer Hautfarbe. Sie wird zur öffentlichen Streiterin für die Abschaffung der Sklaverei und für die Einführung des Frauenwahlrechts in den U.S.A. In ihrer Rede „Ain't I

---

[12] An die pseudowissenschaftliche Rassenlehre schließt die NS-Ideologie an und rechtfertigt die industrielle, millionenfache Ermordung von Menschen.

A Woman?"[13] spricht sie die Unterdrückung von Geschlecht (gender) *und* Ethnie (race) an und wird zur Pionierin des Black Women's Empowerment.

Um 1800 ist der Kampf um Frauenrechte mit der sich organisierenden Arbeiterschaft und dem im Bürgertum und Adel wachsenden Protest gegen den Pauperismus[14] in Europa stärker geworden. Die sich für adlige und bürgerliche Frauen öffnende Tür zu Bildung, Universitäten und Wissenschaft ist ein Schlüsselmoment in der Geschichte der europäischen und angloamerikanischen Frauenbewegung, die (bis dahin) von den bürgerlichen ‚weißen‘ Frauen bestimmt wird. Das transatlantische Frauenrechtsbündnis wird von den Gründerinnen der sozialen Frauenschulen, Alice Salomon in Berlin (1908) und Ilse Arlt in Wien (1910) sowie von Jane Adams, der Mitbegründerin des Hull House (1889) in Chicago und der Settlementbewegung[15], mit geprägt. Die Weimarer Republik ruft 1919 das allgemeine Wahlrecht für Frauen aus. Doch der demokratische Aufbruch wird 1933 mit der Machtergreifung der NSDAP zerschlagen. Die völkische Ideologie sieht die Bestimmung der Frau in der Mutterschaft und der Aufzucht der „arischen Rasse"[16] als Dienst an der Volksgemeinschaft.

Nach der nationalsozialistischen Diktatur und dem Ende des 2. Weltkrieges gelang der Rechtsanwältin und Sozialdemokratin Elsbeth Selber 1949 die Organisation einer knappen Mehrheit für die Verankerung der Gleichstellung von Mann und Frau im Grundgesetz Artikel 3 GG: „Männer und Frauen sind gleichberechtigt. (2) Der Staat fördert die tatsächliche Durchsetzung der Gleichberechtigung von Frauen und Männern und wirkt auf die Beseitigung bestehender Nachteile hin".

Zweihundert Jahre nach Olympe de Gouges wird 1979 die politische, rechtliche und soziale Gleichstellung der Frau in die Frauenrechtskonvention der Vereinten Nationen[17] aufgenommen. Der Gleichheitsgrundsatz ist völkerrechtlich als universales Menschenrecht für Frauen und Mädchen definiert. Ihre Verwirklichung stößt jedoch an die von den Systemen männlicher Herrschaft[18] gesetzten

---

[13] In: Illona Linthwaite (Hrsg.) 1991: Ain't I A Woman! A book of Women's Poetry from around the World.

[14] Verarmung großer Bevölkerungsgruppen, vor allem der frühindustriellen Arbeiterschaft.

[15] Wird als historischer Beginn der Gemeinwesenarbeit gesehen.

[16] Ist eine Fiktion, ein Kunstbegriff, der völkischen, nationalsozialistischen Ideologie.

[17] https://www.frauenrechtskonvention.de [Zugegriffen: 17. Februar 2023].

[18] Vgl. hierzu auch die Beiträge von Klus und Sälinger in diesem Band.

Grenzen. Das Übereinkommen des Europarats zur Verhütung und Bekämpfung von Gewalt gegen Frauen und häusliche Gewalt, die sogenannte Istanbul
Konvention[19], ist bis heute nicht von allen Staaten ratifiziert worden[20].
Wir alle können anthropologisch betrachtet nicht frei von Bias (vgl. Kahneman et al. 2021) sein. Dies spiegelt sich in der Geschichte der Frauenbewegung
wieder. Afroamerikanische Frauenrechtlerinnen trenn(t)en sich immer wieder
von ihren ‚weißen' Schwestern, um auf rassistische Vorurteile aufmerksam zu
machen. Auch das Setting einer asymmetrischen Hilfebeziehung kann strukturellen Klassismus innerhalb des Hilfesystems und Vorurteile (middle class bias) der
helfenden Person verdecken (Blank 2021). Gut gemeinte, paternalistische Fürsorglichkeit und Hilfeangebote können nicht die Menschenrechte ersetzen. Bis
2021 konnten wohnungslose Frauen nicht von den Schutzrechten der Istanbul
Konvention profitieren[21]. Die Intersektionalität von sozialem Geschlecht (gender) mit sozialer Herkunft (class) und Ethnie (race) beschreibt sich verstärkende
Diskriminierungsfaktoren. Wohnungslosigkeit und Armut, Gewalt und Schutz-
losigkeit sind gesundheitsgefährdende, lebensverkürzende Stressoren. Die von
mehrfachen Gewaltfaktoren gezeichneten depravierten Frauen erhalten mit dem
Beitritt zum Übereinkommen zur Verhütung und Bekämpfung von Gewalt gegen
Frauen dieselben Hilfeangebote wie alle anderen betroffenen Frauen[22]. Die Fol-
geerkrankungen aus den vielfältigen Formen von Gewalt und den erlittenen
Traumata werden nun anerkannt und in die Sozialleistungen aufgenommen.

3.4 Die „relative Verewigung" der Strukturen der Geschlechtertrennung

Weshalb ist die mit Scheinargumenten und erkennbaren ökonomischen Absichten
konstruierte Geschlechterordnung in modernen, demokratischen Gesellschaften

---

[19] Übereinkommen des Europarats zur Verhütung und Bekämpfung von Gewalt gegen
Frauen und häusliche Gewalt: https://www.frauenhauskoordinierung.de/themenportal/ist
anbul-konvention [Zugegriffen: 26. Februar 2023].

[20] Die Türkei hat 2021 die Istanbul Konvention wieder verlassen.

[21] Bundesarbeitsgemeinschaft Wohnungslosenhilfe 2021: Das Recht auf ein Leben ohne
Gewalt: https://www.bagw.de/fileadmin/bagw/media/Doc/TGD/TGD_2021_03_Prof.in._
Blank.pdf [Zugegriffen: 17. Februar 2023].

[22] In Deutschland wird jede dritte Frau mindestens einmal in ihrem Leben Opfer von physischer und/oder sexualisierter Gewalt: BMFSFJ 2022: https://www.bmfsfj.de/bmfsfj/themen/
gleichstellung/frauen-vor-gewalt-schuetzen/haeusliche-gewalt [Zugegriffen: 26. Februar
2023].

so stabil? Mit dieser Frage hat sich der Soziologe Pierre Bourdieu auseinandergesetzt. Ihn interessieren die sozialen Mechanismen der Naturalisierung, also *wie* es zu einer „Enthistorisierung und [...] relative[n] Verewigung der Strukturen der Geschlechterteilung" kommt (Bourdieu 2005, S. 43). Für ihn ist das Geschlecht für die Entstehung und Reproduktion gesellschaftlicher Ordnung konstitutiv. Gesellschaften werden in eine immer schon vergeschlechtlichte und vergeschlechtlichende Ordnung gefasst. Sie wird damit gewissermaßen verewigt. Dies ist die Erklärung auf die Frage wie männliche Herrschaft entsteht, sich reproduziert und erneuert (Bourdieu 1997 [2005]; vgl. hierzu auch den Beitrag von Muth/Schumacher in diesem Band). Die männliche Ordnung ist in die Institutionen systemisch und psychologisch in das Mindset der Akteur_innen eingeschrieben. Deshalb ist die systematische Verschränkung von Gesellschafts- und Geschlechtertheorie die Voraussetzung für die Analyse patriarchaler und kapitalistischer Gesellschaftsordnungen.

Bourdieu hat sich erst zum Ende seines Lebens der Komplexität der Interdependenz von Gesellschaft und Geschlecht zugewandt: „Ich hätte mich sicherlich nicht einem solch schwierigen Thema gestellt, wenn nicht die ganze Logik meiner Forschung mich dazu veranlasst hätte" (Bourdieu 2005, S. 7).

Ein Beispiel für die systematische Verschränkung von gesellschaftlicher Ordnung und Geschlecht ist das Modell des Familienernährers und Familienoberhaupts.

- Bis 1958 hatte der Ehemann das alleinige Bestimmungsrecht über die Frau und Kinder (BGB). Wollte eine Frau arbeiten, musste das ihr Ehemann erlauben. Aber auch dann verwaltete er ihren Lohn.
- Noch bis 1962 durfte eine Ehefrau kein eigenes Bankkonto eröffnen.
- Erst nach 1969 wurde eine verheiratete Frau als geschäftsfähig anerkannt.
- Seit 1977 ist die Berufsausübung ohne Unterschrift des Ehemanns möglich.
- Seit 1997 ist Vergewaltigung in der Ehe strafbar.

Die seit der Mitte des 20. Jahrhunderts Schritt für Schritt erfolgte rechtliche Gleichstellung der (Ehe-)frau scheint im Horizont der langen Geschichte des Kampfes um die Rechte der Frau und Bürgerin am Zustand der „relativen Verewigung" der Geschlechterordnung erfolgreich zu rütteln. Doch die Reform des Familien- und Eherechts ist nicht wirkmächtig genug. Die doppelte Vergesellschaftung der Frauen in Erwerbs- und Sorgearbeit zementiert gleichsam die Verewigung sowohl ökonomisch im Einkommen (vgl. Abschn. 3.1) als auch kulturell in der Zuschreibung von Geschlechterrollen im gesellschaftlichen und individuellen Mind-Set.

Überzeugungsmuster sind nicht zuletzt dem Einfluss einer vermeintlich neutralen Wissenschaft unterworfen. Die naturalistische Annahme der Bindungstheorien ist widerlegt. Trotzdem prägen sie die Politik und die Familien bis heute. Auf die Frage, ob Mütter mit Kindern unter sechs Jahren zuhause bleiben sollen, stimmen in Deutschland 35 % zu, in Skandinavien unter 10 %. (Daten aus International Social Survey Programs.) Haben junge Frauen in konservativen Gesellschaften eine Chance auf Verhaltensänderung? Wie wirksam ist immer noch die Rede von der „Rabenmutter"? Töchter kopieren häufig das Verhalten ihrer Mütter, so Nancy Chodorows in: „The Reproduction of Mothering".

3.5 Gender Care Gerechtigkeit – eine feministische Utopie?

„Der Trick besteht darin, sich eine soziale Welt vorzustellen, in der das Leben der Bürger_innen Lohnarbeit und Sorgearbeit mit Aktivitäten in der Gemeinschaft, politischer Partizipation und zivilgesellschaftlichem Engagement verbindet und gleichzeitig Zeit für Spaß lässt. Es ist unwahrscheinlich, dass diese Welt aus einem der Reformvorschläge hervorgeht, die in der bevorstehenden Debatte auf den Tisch kommen werden. Aber es wäre eine gute Welt zum Leben, und wenn wir uns jetzt nicht von dieser Vision leiten lassen, werden wir dem nie näher kommen."[23]

Nancy Frazer (2006) entwickelt ihre Vision und Positionen aus einer kritischen Perspektive heraus. Sie bricht Denkmuster und Denkverbote auch im feministischen Diskurs auf. Die „[...] vom Feminismus augenscheinlich gut geheißene Norm der Doppelverdienerfamilie" (Frazer 2013, S. 30) hinterfragt sie und fordert: „Wir sollten für eine Lebensweise eintreten, die nicht die Lohnarbeit ins Zentrum stellt, sondern die nicht-entlohnte Tätigkeiten aufwertet". (ebd.)

Diese Aufwertung sollte jedoch nicht im Sinne eines Rückfalls in die alte Trennung von Erwerbs- und Sorgearbeit erfolgen, sondern in der Entwicklung einer inklusiven Lebensweise, die Gendergerechtigkeit mit ökonomischer Gerechtigkeit verbindet. Die „partizipatorische Demokratie" (ebd. S. 31) müsse gestärkt werden, um den neoliberalen Kapitalismus rechtsstaatlich kontrollieren und regulieren zu können.

Reflexionsfrage

Ist Frazers feministische Utopie einer gendergerechten, inklusiven Lebensweise und nachhaltig wirtschaftenden, ökonomisch gerechten Gesellschaft möglich oder

---

[23] Übersetzt v. d. V.

nur ein Traum? Wie ist Ihre Meinung dazu? Vertreten Sie Ihre Position. Welche Möglichkeitsräume für ein solidarisches ‚Wir' sehen Sie?

In historischer Retroperspektive ist die Vorstellung vom künftig Möglichen keine ferne Utopie. Wir Menschen verwirklichen uns im Handeln und schöpfen daraus unsere Fähigkeit, etwas Neues zu beginnen und einen Prozess in Gang zu setzen, dessen Folgen unabsehbar sind. Die Philosophin Hannah Arendt verortet in ihrer „Vita activa" (2002, S. 17 f.) die Begabung des Menschen zum Handeln in seiner „Gebürtlichkeit". Selbst-Ermächtigung geschieht durch Handeln. Im solidarischen Handeln ensteht die Kraft und Macht des ‚Wir' (Blank 2015, S. 101 ff.). In diesem Sinne lohnt sich jedes Handeln für die Verwirklichung der Utopie des guten Lebens. Beispielhaft werden hierfür einige konkrete Maßnahmen benannt.

Die Beseitigung des Gender Care Gap: Es gilt die gemeinhin bekannten Ursachen der ungleichen Verteilung von Erwerbs- und Sorgearbeit zwischen den Geschlechtern politisch und rechtlich zu beseitigen, den Arbeitsmarkt und die Wirtschaft neu zu strukturieren und in das Bruttosozialprodukt die volkswirtschaftliche Leistung der Sorgearbeit einzuberechnen.

Die Wirtschaft und den Arbeitsmarkt neu ausrichten: Die unbezahlte Arbeit sollte gleichmäßiger zwischen Frauen und Männern verteilt werden. Denn mit der Teilung der familiären Sorgearbeit hängen viele soziale und arbeitsmarktbezogene Ungleichheiten zwischen Frauen und Männern zusammen (Ferrant et al. 2014).

Beseitigung des Gender Pay Gap: Das Gender Pay Gap speist sich aus dem Gender Care Gap, plus der hohen Teilzeiterwerbsarbeitsquote von Frauen, plus einer niedrigeren Entlohnung. Zwangsläufig führt das geringere Erwerbseinkommen zur Rentenlücke, zum Gender Pension Gap und für Frauen überproportional häufig in die Altersarmut (vgl. Abschn. 3.1).

Reform des Arbeitsmarkts und Steuerrechts: Einer egalitäre häusliche Arbeitsteilung setzt einen grundlegenden kulturellen und politischen Wandel voraus. Noch stützen das Ehegattensplitting oder die beitragsfreie Mitversicherung von Familienangehörigen in den gesetzlichen Krankenkassen die traditionelle häusliche Arbeitsteilung. „Eine politische Maßnahme, die geeignet wäre, egalitäre häusliche Arbeitsteilung zu fördern, wäre beispielsweise eine Reform des Elterngeldes dahingehend, dass ein Bezug des Elterngeldes voraussetzt, dass beide Elternteile in zeitlich gleichem Umfang ihre Erwerbsarbeit unterbrechen bzw. einschränken müssen. Auch die Gewährung der Elternzeit könnte an diese Voraussetzung gebunden werden" (Huf 2020, S. 213).

Die „gläserne Decke" sichtbar machen: Auch dann, wenn Eltern sich die Sorgearbeit gleichberechtigt teilen können, stoßen Frauen an die sprichwörtliche gläserne Decke je höher sie die Karriereleiter aufsteigen und je weniger sie ein unterstützendes Netzwerk um sich haben. Maßnahmen wie das Active Recruiting für Stellenbesetzungen und Berufungsverfahren, Mentoring und Networking sind nachweislich erfolgreiche Strategien.

Diese Maßnahmen sind Gleichstellungsziele und Transformationsperspektiven. Sie können von der Lehre aufgegriffen, interdisziplinär beforscht werden und in die Theoriebildung und Praxis eingehen. Voraussetzung ist die Aufnahme des Wissens aus der Frauen-, Geschlechter-, Care- und Diversitätsforschung in die Lehre und Forschung aller Studienbereiche sowie in die Strukturen der Organisation.

4 Gleichstellung und Diversity in Lehre, Forschung und Praxis

Exemplarisch für die Entwicklung anderer gesellschaftlicher Bereiche werden anhand der Bildungseinrichtung Hochschule die Entwicklung und Umsetzung einer Gleichstellungsstrategie als Policy-Mix Konzept vorgestellt (Tab. 4). Die rechtlichen Grundlagen sind das Grundgesetz und das Landeshochschulgesetz.

4.1 Das Leitprinzip Gleichstellung und Chancengleichheit

Die Aufnahme der Gleichstellungsziele als ein Leitprinzip in den Struktur- und Entwicklungsplan 2021–25 der Dualen Hochschule Baden-Württemberg (DHBW) hat einen Paradigmenwechsel eingeleitet. Gemeinsam mit Nachhaltigkeit und Digitalisierung bilden Gleichstellung und Chancengleichheit mit Gender und Diversity die Leitlinien für die Weiterentwicklung der größten Hochschule des Bundeslandes Baden-Württemberg.

Gleichstellung und Chancengleichheit werden nicht mehr unter den Personalbereich subsumiert, sondern als Querschnittsthemen in allen Bereichen und auf allen Ebenen der Hochschule verortet. Die Zusammenarbeit mit der Personalabteilung bleibt dennoch wichtig, etwa zur Verbesserung der Strukturen der Vereinbarkeit von Studium/Beruf mit Sorgearbeit oder bei der Beseitigung des Gender Pay Gap und Gender Pension Gap von Professor_innen im Angestelltenverhältnis zum Schutz vor Altersarmut. Dies unterstreicht die Bedeutung der Arbeit der Gleichstellungsbeauftragten an den Hochschulen. Auch in den Kommunen, Unternehmen und sozialen Einrichtungen nehmen sie eine wichtige Rolle ein bei der Durchsetzung der Grund- und Menschenrechte (GG Art. 3. LHG

Tab. 4 Policy-Mix Konzeptansatz der Gleichstellung

- Gender, Diversity und Care Studies in Lehre, Theorie-Praxisforschung, Unternehmen und wohlfahrtsstaatlichen Einrichtungen (Praxis)
- Gender Bias und Diskriminierung in der Lehre
- Gender Care und Pay Gap
  - Zusammenführung von Produktions- und Reproduktionsarbeit
  - Reform des Elterngeldes, Steuerrechts, Strukturen für gleichberechtigte Elternzeit etc.
  - Gender-Mainstreaming Allg. Gleichbehandlungsgesetz
  - Transformation der Geschlechterhierarchie
- Ökonomische, ökologische und soziale Gerechtigkeitsdiskuse
- UN Nachhaltigkeitsziel Nr. 5 „Gender Equality" mit Care Equality verbinden
- World Happiness Index
- Care Chains verbinden mit Menschenrechtsstandards
- Globale soziale Bewegungen

(Kreise: Lehre Praxis Forschung / Ökonomie Arbeitsmarkt Recht / Internationalisierung)

§ 4 f.) und der Stärkung einer demokratischen, inklusiven Gesellschaft, in der alle ihre Potenziale entfalten können.

4.2 Querschnittsthema und Qualitätsentwicklung

Als Querschnittsthema und in Vernetzung mit den Leitzielen Nachhaltigkeit und Digitalisierung gehen Gender Equality und Diversity in die Qualität von Lehre und Forschung ein. In jedem Studiengang werden die hochschulweiten Konzepte zur Geschlechtergerechtigkeit, zum Beispiel gendergerechte Berufungsverfahren, Trainings zu Gender Bias oder die Kinder- und Familienfreundlichkeit bestmöglich umgesetzt und gelebt. Wichtige Säule ist die aktive Professorinnen- und Schülerinnengewinnung mit Maßnahmen des Aktive Recruiting sowie mit Empowerment- und Role Model-Projekten.

„Mit dem Ziel 5 „Gender Equality" (der UN-Nachhaltigkeitsziele) sollen Unternehmen, Verwaltungen und Bildungseinrichtungen sowie alle Bereiche der Gesellschaft darin unterstützt werden, die uneingeschränkte und wirksame Beteiligung der Frauen zu fördern und gleiche Führungschancen für Frauen auf allen Entscheidungsebenen zu ermöglichen."[24]

Für die Hochschulen bedeutet dies, dass neben der Erhöhung des Anteils von Frauen in Führungspositionen und von Professorinnen[25] sowie von Studentinnen in den MINT-und Studenten in den CARE-Studiengängen die curriculare und interdisziplinäre Verortung des Wissens aus der Geschlechter- und Diversitätsforschung einen Perspektivwechsel einleiten und Innovationspotenziale freisetzen wird, so wie dies bei der Entwicklung des ersten weiblichen Crashtest-Dummy[26] bereits geschehen ist.

Die Umsetzung der Qualitätsziele ist ein großer Schritt für alle Hochschulbereiche. Sie leiten einen Bewusstseinswandel und in Folge dessen einen Kulturwandel ein. Dieser Police-Mix Ansatz fokussiert nicht mehr nur die quantitativen Zielzahlen der Gleichstellung, sondern auch die unsichtbaren Faktoren von Sexismus und geschlechterbezogener Voreingenommenheit in der Lehre. Die Reflexion von Geschlechterstereotypen und Gender Bias sollen nach dem Beschluss der Qualitätssicherungskommission künftig in das Handbuch Lehre[27] aufgenommen werden. Ergänzungsfragen der Prüfungsevaluation sollen lauten:

- Sofern die Aufgabenstellung Personenbezug aufweist: „Ist Ihnen in der Aufgabenstellung hinsichtlich der Darstellung von Personen und deren Geschlechterrollen etwas aufgefallen? Wenn ja, bitte führen Sie kurz aus."
- „Ist Ihnen in der Formulierung der Aufgabe ein Gender Bias aufgefallen? Hinweise und Lehrbeispiele werden zur Erläuterung beigefügt."

Solche oder ähnliche Fragen könnten für die Soziale Arbeit beispielsweise in die Fallarbeit und Dokumentation übertragen werden.

---

[24] Die Bundesregierung: Die UN- Nachhaltigkeitsziele https://www.bundesregierung.de/breg-de/themen/nachhaltigkeitspolitik/die-un-nachhaltigkeitsziele-1553514 [Zugegriffen: 26. Februar 2023].

[25] 2022 waren 21,2 % der Professuren an der DHBW von Frauen besetzt.

[26] Vgl. https://www.deutschlandfunknova.de/beitrag/crashtest-dummies-der-erste-echte-weibliche-dummy-kommt-aus-schweden [Zugegriffen: 24. Februar 2023].

[27] https://www.zhl.dhbw.de/hochschuldidaktik/das-onlineangebot/publikationen/handbuch-lehre/ [Zugegriffen: 17. Februar 2023].

Die Querschnittsverortung des Wissens aus der Geschlechter-, Care- und Intersektionalitätsforschung in den Curriculumswerkstätten aller Disziplinen ist die Aufgabe der kommenden Jahre. Eine weitere Herausforderung werden Diskurse zu Geschlechterdiversität (LSBTQIA+), Sexismus, Rassismus und Antisemitismus in der Lehre sowie die Wirkmächtigkeit von Bias insgesamt sein. Die Freiheit sich selbst zu sein schließt alle Vielfaltsdimensionen ein.

Eine wichtige gleichstellungspolitische Aufgabe ist die Beteiligung der Studierenden in der Gleichstellungskommission und der Gleichstellungsarbeit in ihrer Breite und Vielfalt. Die studentischen Gleichstellungs- und Antidiskriminierungsbeauftragten sind Multiplikator_innen und Interessensvertretungen zugleich. Die Entwicklung gemeinsamer Projekte wie das Verbundprojekt „ARRêt – Stopp Diskriminierung!" ist ein Beispiel für eine gelingende Zusammenarbeit zwischen Studierenden und Professor_innen.

4.3 Die Interdependenz von Nachhaltigkeit und Gleichstellung

Meist wird der Nachhaltigkeitsbegriff mit ökologischem Wirtschaften und grüner Ökologie verbunden. Weniger diskutiert werden deren Voraussetzungen: die Anerkennung von Care als Sorgearbeit für das Leben, eine gerechtere Ressourcenverteilung, Bildung, Ermächtigung und Teilhabe, die Verwirklichung der Menschenrechte sowie der Rechte aller Lebewesen. Das hier skizzierte ganzheitliche Verständnis ist an die Nachhaltigkeitsstrategie der Vereinten Nationen anschlussfähig. Das Ziel Geschlechtergerechtigkeit (Goal 5) und die Reduzierung von Ungleichheit (Goal 10) ist in den 15 weiteren UN-Sustainable Development Goals (SDG) aufgehoben. Sie sind in gegenseitiger Bedingtheit miteinander verbunden.

Goal 10 „Reduced Inequality" adressiert die Diversität der Menschen in ihrer Gesamtheit. Bis 2030 soll unter anderem folgendes Ziel umgesetzt werden: „Empower and promote the social, economic and political inclusion of all, irrespective of age, sex, disability, race, ethnicity, origin, religion or economic or other status."[28] Hier sind die Vielfaltsdimensionen angesprochen. Unabhängig von seinen*ihren Möglichkeiten oder Beschränkungen soll jeder Mensch sozial, ökonomisch und politisch gleichberechtigt dazu gehören und Teil des Ganzen sein.

---

[28] https://www.un.org/sustainabledevelopment/inequality/ [Zugegriffen: 26. Februar 2023].

Obgleich mit Goal 10 alle Menschen in ihrer Vielfalt und potenziellen Benachteiligung angesprochen sind, wird die Geschlechtergerechtigkeit nicht unter den Begriffen „Reduzierung von Ungleichheit" oder „sozialer Gerechtigkeit" subsumiert. Goal 5 ist eine eigene Kategorie mit spezifischen Zielen. Warum ist das so gewollt?

Der Gender-Gerechtigkeitsansatz berücksichtigt, dass Frauen und Mädchen aufgrund der weltweit vorherrschenden patriarchalen Geschlechterordnung und deren Ökonomisierung häufig mehrfach diskriminiert werden – also nicht nur wegen ihres Geschlechts, sondern zusätzlich aufgrund ihrer ethnischen Zugehörigkeit, Hautfarbe, Religion, sexuellen Orientierung, Behinderung, ihres Alters oder sozioökonomischen Status. All diese Faktoren müssen in den Blick genommen werden, wenn ein gesellschaftlicher Wandel angestoßen und gefördert werden soll.

Das Bundesministerium für wirtschaftliche Zusammenarbeit und Entwicklung zeigt an konkreten Beispielen und Zahlen auf, dass die sozialen Folgen des Klimawandels nicht geschlechtsneutral sind und kommt zum Ergebnis: Frauen sind stärker betroffen als Männer. Gleichzeitig werden ihre Potenziale für Veränderungsprozesse kaum beachtet. In vielen Fällen nehmen Frauen in der Entwicklungszusammenarbeit sowie im Klima- und Artenschutz bereits Führungsrollen ein, doch bleibt ihr spezifisches Wissen in der Bewahrung von Ressourcen und in der Erfindung von Überlebensstrategien vielfach ungenutzt.

„Eine Analyse der Entwürfe der nationalen Klimabeiträge hat ergeben, dass nur in 40 Prozent der Dokumente die Rolle der Frauen überhaupt erwähnt wird. Vor allem die Staaten mit den höchsten Emissionswerten haben den Gender-Ansatz noch nicht ausreichend in ihre Minderungs- und Anpassungsziele integriert, beziehungsweise messen diesem Thema keine Bedeutung bei. Auch in den internationalen Klimaverhandlungen sind Frauen noch deutlich unterrepräsentiert. Auf der Weltklimakonferenz 2019 (COP 25) lag der Frauenanteil in den Gremien bei durchschnittlich 33 Prozent und damit sogar unter dem Niveau der Verhandlungen 2018."[29].

Mit der Anerkennung des Wissens aus ihren Bildungskarrieren und ihren Bewältigungsstrategien, können sich Frauen und Mädchen aus Rollenzuschreibungen lösen und ihre Stärken voll entfalten. Ihr Empowerment ist nicht nur eine Frage der Gerechtigkeit bei der Verteilung von Ressourcen. Ihre Resilienz und Innovationspotenziale sind zur Bewältigung der Menschheitskrisen überlebenswichtig. Dies sind gute Gründe für die gleichberechtigte Beteiligung der Hälfte der Weltbevölkerung an der ökonomischen und politischen Entscheidungsmacht.

---

[29] https://www.bmz.de/de/themen/frauenrechte-und-gender/gender-und-klima [Zugegriffen: 26. Februar 2023].

Fazit

Der Beitrag macht deutlich, dass der Sorgearbeit für uns als Individuen und als Menschheit eine Schlüsselstellung zukommt. Dennoch ist die Feminisierung der Care-Arbeit seit Jahrhunderten ein Synonym für die Abwertung des weiblichen Geschlechts. Die Vorherrschaft des Mannes und die doppelte Vergesellschaftung der Frauen machen ihre ökonomische Ausbeutung möglich. Die Ausgrenzung der Sorgearbeit aus der Wertschöpfungskette und die ökonomische Schlechterstellung ist an die kapitalistische Logik der Gewinnmaximierung geknüpft.

Zwar ist die grund- und menschenrechtliche Gleichstellung von Männern und Frauen garantiert, doch bleibt die alltägliche Wirklichkeit am Arbeitsplatz und in den Familien von der patriarchalen Geschlechterordnung und der heterosexuellen Norm geprägt. Die andauernde Ungleichheit der Frauen und Mädchen verewigt, mit Bourdieu gesprochen, die soziale und ökonomische Ungleichheit aller. Wenn wir davon ausgehen, dass das Geschlecht für die Entstehung und Reproduktion gesellschaftlicher Ordnung konstitutiv ist, muss die Überwindung der patriarchalen Ordnung das übergeordnete Ziel einer inklusiven und demokratischen Gesellschaft sein. Für die feministische Utopie der Gleichstellung aller Menschen und von einem sozialökologisch gerechten Wirtschaften, das die Care-Arbeit genauso wertschätzt wie die Produktion von Gütern, gibt es noch keine mehrheitsfähige Politik.

Mit der Anerkennung ihrer lebenserhaltenden Funktion wird Care-Arbeit unter dem Druck des Klimawandels in die Mitte der Gesellschaft, der Politik, Ökonomie und Ökologie rücken. Frauen und ihr Wissen werden mehr nachgefragt werden. Dies wird die Macht- und Abhängigkeitsverhältnisse innerhalb der Geschlechterordnung in eine Pendelbewegung bringen und das Verständnis füreinander und die Bedürfnisse aller Lebewesen fördern. Die Hochschulen können dazu beitragen, indem sie ihre Lehrinhalte für einen inklusiven Nachhaltigkeitsbegriff öffnen und interdisziplinäre Studiengänge einrichten. Die Soziale Arbeit kann als Handlungswissenschaft und als Care-Profession sowohl auf der subjektorientierten als auch strukturellen und systemischen Ebene für diesen Transformationsprozess einen wichtigen Beitrag leisten.

Literatur

Arendt, H. (2002). *Vita activa oder vom tätigen Leben* (S. 17f). München: Piper Verlag.

de Beauvoir, S. (1949). *Das andere Geschlecht*. Hamburg: Rowohlt Verlag.

Becker-Schmidt, R. (2008). Doppelte Vergesellschaftung von Frauen: Divergenzen und Brückenschläge zwischen Privat- und Erwerbsleben. In R. Becker. & B. Kortendiek (Hrsg.), *Handbuch Frauen- und Geschlechterforschung* (S. 65–74). Wiesbaden: Springer Verlag.

Blank, B. (2012). *Die Interdependenz von Ressourcenförderung und Empowerment: Der Ressourcenbegriff der AdressatInnen*. Opladen, Toronto, New York: Budrich Academic Press

Blank, B. (2015). Kunst als Medium zur Selbstermächtigung und Teilhabe. In L. Halbhuber-Gassner & B. Kappenberg (Hrsg.), *Mit Kunst Brücken bauen* (S. 101–120). Freiburg im Breisgau: Lambertus.

Blank, B. (2018). Empowerment. Ein Leitkonzept der Sozialen Arbeit in der Migrationsgesellschaft? In: B. Blank, S. Gögercin, K. E. Sauer, B. Schramkowski (Hrsg.), *Soziale Arbeit in der Migrationsgesellschaft.* (S. 327–340). Wiesbaden: Springer VS.

Blank, B. (2021). Das Recht auf Schutz vor Gewalt gegen Frauen – ein intersektionaler Konzeptansatz. In *wohnungslos 12/2021*, 141–146.

Bourdieu, P. (1997). *Die männliche Herrschaft*. Berlin: Suhrkamp TB Verlag.

Bourdieu, P. (2005). *Die männliche Herrschaft* (S. 7 und S. 43). Frankfurt am Main: Suhrkamp TB Verlag.

Brückner, M. (2010). Entwicklungen der Care-Debatte – Wurzeln und Begrifflichkeiten. In U. Apitzsch, U. & M. Schmidbaur (Hrsg.), *Care und Migration. Die Ent-Sorgung menschlicher Reproduktionsarbeit entlang von Geschlechter- und Armutsgrenzen* (S. 43–58). Opladen: Verlag Barbara Budrich.

Brückner, M. (2013). Professionalisierung und Geschlecht im Berufsfeld Soziale Arbeit. *Die Hochschule: Journal für wissenschaft und bildung 1/2013*, 107–117.

Buber, M. (1999). *Ich und Du*. Gütersloh: Gütersloher Verlagshaus.

Bundeszentrale für politische Bildung: Care Arbeit. https://www.bpb.de/themen/familie/care-arbeit. Zugegriffen: 25. Februar 2023.

Butler, J. (1991). *Das Unbehagen der Geschlechter*. Berlin: Suhrkamp.

Duale Hochschule Baden-Württemberg (2021). Struktur- und Entwicklungsplan 2021–25. https://www.dhbw.de/fileadmin/user_upload/Dokumente/Broschueren_Handbuch_Betriebe/DHBW_Struktur-undEntwicklungsplan_2021-2025.pdf. Zugegriffen: 29. September 2022.

Ferrant, G., Pesando, M. L., Nowacke, K. (2014). Unpaid Care Work: The missing link in the analysis of gender gaps in labour outcomes. OECD Development Center. https://www.oecd.org/dev/development-gender/Unpaid_care_work.pdf. Zugegriffen: 29. September 2022.

Fraser, N. (2013). Neoliberalismus und Feminismus: Eine gefährliche Liaison. *Blätter für deutsche und internationale Politik, 12/2013*, 29–31.

Fraser, N. (2017). Who cares? Die Ausbeutung der Sorgearbeit im Kapitalismus. *Blätter für deutsche und internationale Politik, 4/2017*, 105–114.

Frodermann, C. (2015). Wer arbeitet wie viel? Entscheidungen über den Erwerbsumfang im Partnerschaftskontext. *Zeitschrift für Familienforschung, 27. Jahrg., 2015, Heft 1*, 78–104.

Galbraight, K. (1976). *Wirtschaft für Staat und Gesellschaft*. München: Droemer Knaur.

Geist, C. (2007). One Germany, Two worlds of housework? Examining single and partnered women in the decade after unification. (SOEP Papers No. 15). Berlin: DIW.

Gildemeister, R. (2004). Doing Gender. Soziale Praktiken der Geschlechterunterscheidung. In R. Becker, (Hrsg.): *Handbuch Frauen- und Geschlechterforschung. Theorie, Methoden, Empirie* (S. 132–140). Wiesbaden: VS Verlag für Sozialwissenschaften).

de Gouges, O. (1791). Déclaration des droits de la Femme et de la Citoyenne. Erklärung der Rechte der Frau und Bürgerin. http://olympe-de-gouges.info/frauenrechte. Zugegriffen: 29. September 2022.

Hans-Böckler-Stiftung (2021). „Gleichstellung in der Krise" https://www.boeckler.de/data/impuls_2021_04_S4-5.pdf. Zugegriffen: 29. September 2022.

Helliwell, J., Layard, R., Sachs, J. (2017). World Happiness Report. http://worldhappiness. report/#happiness2017. Zugegriffen: 20. April 2021.

Hofmeister, S. et al. (Hrsg.) (2012). *Geschlechterverhältnisse und Nachhaltigkeit: Die Kategorie Geschlecht in den Nachhaltigkeitswissenschaften*. Opladen: Budrich.

Huf, S. (2020). „Die gläserne Decke sichtbar machen!" Egalitäre Verteilung der Haus- uns Familienarbeit als Voraussetzung für egalitäre Karrierechancen. *Der Betriebswirt 61. Jahrgang, Heft 4*, 205–216.

Institut für angewandte Wirtschaftsforschung (2006). Das Konzept der Verwirklichungschancen (Amartya Sen) – Empirische Operationalisierung im Rahmen der Armuts- und Reichtumsmessung. Machbarkeitsstudie. http://www.iaw.edu/tl_files/dokumente/iaw_machba rkeitsstudie_2006.pdf. Zugegriffen: 29. September 2022.

Kahneman, D., Sobony, O., Sustain, C. (2021). *Noise: Was unsere Entscheidungen verzerrt – und wie wir sie verbessern können*. München: Siedler Verlag.

Kant, I. (2000). Anthropologie in pragmatischer Hinsicht. In R. Brandt (Hrsg.), Philosophische Bibliothek, Band 4. Hamburg: Felix Meiner Verlag, AA. VII, S. 229; AB. X S. 233. Auszug: http://www.ciando.com/img/books/extract/3787324054_lp.pdf. Zugegriffen: 29.09.2023.

Lenze, A., Funcke, A., Menne, S. (2021). Factsheet Alleinerziehende in Deutschland. https:// www.bertelsmann-stiftung.de/fileadmin/files/Projekte/Familie_und_Bildung/Factsheet_ WB_Alleinerziehende_in_Deutschland_2021.pdf. Zugegriffen: 19. Februar 2023.

Linthwaite, I. (1991) (Hrsg.). *Ain't I A Woman! A book of Women's Poetry from around the World.*, Gramercy: Slight Moisture Damage edition.

Lutz, H. (2007). Sprich (nicht) darüber – Fürsorgearbeit von Migrantinnen in deutschen Privathaushalten. *WSI-Mitteilungen 60 (10)*, 554–560.

Lutz, H. & Palenga-Möllenbeck, E. (2014). Das Care-Chain-Konzept auf dem Prüfstand. https://www.boell.de/de/2014/03/03/das-care-chain-konzept-auf-dem-pruefstand. Zugegriffen: 25. Februar 2023.

Lynch, K., Walsh, J. (2009). Love, Care and Solidarity: What Is and Is Not Commodifiable. In K. Lynch, J. Baker, M. Lyons (Hrsg.), *Affective Equality. Love, Care and Injustice* (S. 35–53). Basingstoke: Palgrave Macmillan.

Marx, K. (1890). *Das Kapital* (S. 589–591). https://oll.libertyfund.org/page/marx-k1-1890 [Zugegriffen: 13.12.2023]

Notz, G. (2010). Arbeit: Hausarbeit, Ehrenamt, Erwerbsarbeit. In: R. Becker & B. Budrich (Hrsg.): *Handbuch Frauen- und Geschlechterforschung. Theorie, Methoden, Empirie* (S. 480–488). 3., erw. und durchges. Aufl. Wiesbaden: VS Verlag.

Nussbaum, M. (1998). *Gerechtigkeit oder das gute Leben.* Frankfurt: Suhrkamp.

Obrecht, W. (2009). *Was braucht der Mensch? Grundlagen der biopsychosoziokulturellen Theoriemenschlicher Bedürfnisse und ihre Bedeutung für eine erklärende Theorie sozialer Probleme.* Luxemburg: Ligue Médico-Sociale.

Obrecht, W. (2013). Die Struktur professionellen Wissens: Ein integrativer Beitrag zur Theorie der Professionalisierung. In: S. Busse, G. Ehlert, S. Müller-Hermann (Hrsg.), *Professionalität in der Sozialen Arbeit: Standpunkte, Kontroversen, Perspektiven* (S. 49–75). 3. Aufl. Wiesbaden: Verlag für Sozialwissenschaften.

OECD (2016). Dare to Share. – Deutschlands Weg zur Partnerschaftlichkeit in Familie und Beruf. Paris: OECD Publishing.

Oxfam Deutschland (2021). Das Ungleichheitsvirus. https://www.oxfam.de/system/files/doc uments/oxfam_factsheet_ungleichheitsvirus_062021.pdf. Zugegriffen: 19. Februar 2023.

Pfister, G. (1991). Zur Geschichte des Diskurses über den weiblichen Körper (1880–1933). In B. Platzkill, H. Scheffel, G. Sobiech (Hrsg.), *Bewegungs(t)räume: Frauen, Körper, Sport* (S. 15–30). München: Frauenoffensive.

Rulffes, E. (2021). *Die Erfindung der Hausfrau – Geschichte einer Entwertung.* New York: Harper Collins.

Sachße, Ch. (2001). *Mütterlichkeit als Beruf.* Wiesbaden: Springer Verlag.

Sachverständigenkommission zum Zweiten Gleichstellungsbericht der Bundesregierung (2017). Erwerbs- und Sorgearbeit gemeinsam neu gestalten. Gutachten für den Zweiten Gleichstellungsbericht der Bundesregierung. www.gleichstellungsbericht.de/gutach ten2gleichstellungsbericht.pdf. Zugegriffen: 29. September 2022.

Sagebiel, J. (2009). Der professionelle Umgang mit Armut nach der Handlungstheorie von SilviaStaub Bernasconi. In K. Maier, K. (Hrsg.), *Armut als Thema Sozialer Arbeit* (S. 111–130). Freiburg im Breisgau: FEL Verlag.

Sen, A. (1993). Capabiltiy and Well-Being. In A. Sen, M. Nussbaum (Hrsg.): *The Quality of Life* (S. 30–53). Oxford.

Staub-Bernasconi, S. (1994). Soziale Probleme – soziale Berufe – soziale Praxis. In M. Heiner, M. Meinhold, H. von Spiegel, S. Staub-Bernasconi: *Methodisches Handeln in der Sozialen Arbeit* (S. 11–101). Freiburg im Breisgau: Lambertus.

Staub-Bernasconi (2007). *Soziale Arbeit als Handlungswissenschaft.* 1. Aufl. Bern, Stuttgart, Wien: Hauptverlag.

Staub-Bernasconi, S. (2018). *Soziale Arbeit als Handlungswissenschaft-Soziale Arbeit auf dem Weg zu kritischer Professionalität.* 2. Aufl. Opladen/Toronto: Verlag Barbara Budrich.

Theweleit, K. (1979). Männerphantasien. 2. Männerkörper. Zur Psychoanalyse des weißen Terrors. Frankfurt a. M.: Verlag Roter Stern.

Thiersch, H. (2016). *Lebensweltorientierte Arbeit – revisited.* Weinheim: Beltz Juventa.

West, C. & Zimmerman, D. H. (1987). Doing Gender. In: *Gender & Society 1 (2),* 125–151.

Winker, G. (2015). *Care Revolution. Schritte in eine solidarische Gesellschaft.* Bielefeld: transcript.

Wirtschafts- und Sozialwissenschaftliches Institut der Hans-Böckler-Stiftung (2022). Durchschnittliche Rentenhöhe von Frauen und Männern 2021. https://www.wsi.de/data/wsi_ gdp_ek-pensiongap_02.pdf. Zugegriffen: 19. Februar 2023.

Zucco A. & Lott Y. (2021). Stand der Gleichstellung. Ein Jahr mit Corona. Hans Böckler Stiftung WSI-Report 64, März 2021. https://www.boeckler.de/pdf/p_wsi_report_64_2021.pdf. Zugegriffen: 19. Februar 2023.

Beate Blank, Dr. rer. soc., Dipl.-Päd., Sozialarbeiterin (FH). Professorin em. für Soziale Arbeit und zentrale Gleichstellungsbeauftragte an der Dualen Hochschule Baden-Württemberg. Weiterhin Lehrtätigkeit im Bachelor und Master zu Gender-, Care- & Empowerment-Studies; Handlungstheorien und Konzepte Sozialer Arbeit in der Migrationsgesellschaft; Menschenrechte und Internationale Soziale Arbeit. Nationale und internationale Forschungsprojekte zu Intersektionalität sozialer Ungleichheit sowie zu Konstruktion und Dekonstruktion von Macht, Machtlosigkeit und Ermächtigung. Website: https://www.beateblank.de

Die Bedeutung des Geschlechts männlicher Fachkräfte in der frühkindlichen Erziehung

Stephan Sälinger

Zusammenfassung

In diesem Beitrag bildet das Konzept der hegemonialen Männlichkeit nach Raewyn Connell die theoretische Basis für ein Verständnis von Männlichkeit im Zusammenhang mit gesellschaftlicher Hierarchie und Machtstruktur. Für einen Bezug zur Praxis werden die Ergebnisse meiner Bachelorarbeit: „Zuschreibung von Männlichkeit in Care-Berufen. Eine qualitative Studie von Erziehern in der frühkindlichen Erziehung" beispielhaft vorgestellt und im Kontext weiterer Studien des Themenbereichs diskutiert. Es wird der Frage nachgegangen, wie Zuschreibungen von Männlichkeit im Arbeitsalltag von Erziehern wirksam werden.

Keywords

Hegemoniale Männlichkeit • Connell • Kita • Erzieher • Qualitative Forschung

1   Einleitung

Wir leben in einer Zeit, in der die Lebensmodelle der Menschen vielfältiger werden und das klassische Familienmodell mit dem Vater als Alleinernährer an Relevanz verliert. So waren im Jahr 2020 in 67 % der Paarfamilien mit jüngeren Kindern beide Elternteile erwerbstätig (vgl. Statistisches Bundesamt 2022). Immer mehr Kinder verbringen bereits in ihren frühen Jahren einen

S. Sälinger (✉)
Duale Hochschule Baden-Württemberg, Villingen-Schwenningen, Deutschland
E-Mail: stephan.saelinger@gmx.net

größeren Teil ihrer Tageszeit in Kindergärten und Kitas (vgl. Statistisches Bundesamt 2021, S. 89–90). Dies macht deutlich, dass die Kindertagesstätten zu einem wichtigen Ort geworden sind, in denen Kinder neben ihrem Elternhaus Erziehung und die Vermittlung von Werten erfahren. Immer noch ist es so, dass der größte Teil dieser Arbeit von weiblichen Fachkräften übernommen wird, was auch zu der Forderung nach mehr Männern in Kindertagesstätten führt. Dabei sind hierzu in der gesellschaftspolitischen Debatte und wissenschaftlichen Diskursen unterschiedliche Begründungsstränge zu finden. Ein Aspekt, der dabei Beachtung findet, betrifft die Ebene geschlechterbezogener Gleichberechtigung. Noch immer hat der Beruf der Erzieherinnen und Erzieher mit Vorurteilen zu kämpfen und gilt oftmals als Frauenberuf. Im Hinblick auf in Kitas arbeitende Erzieher ist es interessant genauer hinzuschauen, was diese dazu bewogen hat den Beruf zu ergreifen und inwiefern diese sich in ihrem Berufsalltag durch geschlechtsbezogene Zuschreibungen betroffen fühlen. Nicht zuletzt erhält diese Fragestellung auch darüber ihre Relevanz, dass durch männliche Erzieher die Chance besteht, den Kindern ein diverseres Männerbild vorzuleben. Bevor wir uns dieser Frage in der Praxis nähern können, braucht es einen theoretischen Zugang zum Thema Männlichkeit, der in diesem Beitrag über das Konzept der hegemonialen Männlichkeit von Raewyn Connell hergestellt werden soll.

Wissensbaustein: Antonio Gramscis Hegemonieverständnis
Der Begriff der Hegemonie ist ein zentraler Bestandteil in Connells Konzept hegemonialer Männlichkeit, weshalb es wichtig ist, ihr Verständnis von Hegemonie genauer zu betrachten. Connell orientiert sich an den Arbeiten von Antonio Gramsci (vgl. Connell 2015, S. 113), einem 1891 in Sardinien geborenen Journalisten, Schriftsteller und marxistischen Philosophen. Gramsci war in sozialistischen Arbeiterbewegungen und der kommunistischen Partei Italiens aktiv. In seinen Werken und in seinem Engagement versuchte Gramsci gegen Armut und Unterdrückung zu kämpfen, welche er auch selbst in seinem Leben erfuhr. Er gewann zwar 1924 ein Abgeordnetenmandat für die Kommunistische Partei Italiens, wurde aber trotz der damit verbundenen Immunität zwei Jahre danach von den Faschisten Mussolinis für den größten Teil seines restlichen Lebens inhaftiert. Während seiner Zeit in Haft schrieb er die sogenannten Gefängnishefte, in denen er unter anderem sein Konzept von Hegemonie als Bestandteil von Herrschaft beschreibt (vgl. Langemeyer 2009, S. 72).

Unter Hegemonie versteht Gramsci ein gesellschaftliches Macht- und Herrschaftssystem, welches nicht statisch und unveränderbar ist, sondern ein Produkt historischer Entwicklungen darstellt. Als solches stellt es nur eine von vielen Möglichkeiten dar und ist eingebettet in einen historischen Rahmen aus Bedingungen, die dazu geführt haben, dass eben dieses System sich durchsetzen und damit hegemonial werden konnte. Das bedeutet aber auch, dass ein Wandel möglich ist, wenn sich die gesellschaftlichen Bedingungen entsprechend ändern. Ein zentraler Punkt ist hierbei, dass sich Hegemonie durch eine große Autorität auszeichnet in dem Sinne, dass das System von der Mehrheit der Beherrschten anerkannt, mitgetragen oder zumindest geduldet wird. Dies bedeutet, dass die Androhung oder auch der Einsatz physischer Gewalt zwar eine Möglichkeit der Machtsicherung darstellt, aber nicht zwingend erforderlich ist und das System auch ohne diese stabil bleiben kann (vgl. Buschmeyer 2013, S. 93; Walter 2000, S. 101).

Gramsci nimmt bei seinen Überlegungen die italienische Gesellschaft seiner Zeit in den Blick, in der basierend auf einem kapitalistischen Wirtschaftssystem unter anderem die Arbeiterklasse von der gesellschaftlichen Klasse des Bürgertums beherrscht wird. Dessen Herrschaft unterteilt er in zwei gesellschaftliche Ebenen: Während die politische Gesellschaft über staatliche Instrumente Zwang ausüben kann, ist für die kulturelle Hegemonie vor allem die Zivilgesellschaft von Bedeutung. Diese umfasst als elastisches Element verschiedene kulturelle Hegemonieapparate zu denen er beispielsweise die Kirche, das Schulsystem, Wirtschaftsverbände, Gewerkschaften und Medien zählt. Das Bürgertum erreicht unter anderem durch die Trennung von Denkarbeit wie z. B. Planung und Organisation von der körperlichen, ausführenden Arbeit seine Vormachtstellung gegenüber der durch sie ausgebeuteten Arbeiterklasse. Doch um ein gewisses Maß an Zustimmung von dieser zu erreichen, muss das Bürgertum auch Kompromisse aushandeln und Zugeständnisse machen, etwa in Verhandlungen mit den Gewerkschaften. Der Kern des kapitalistischen Interesses, die Führung über die wirtschaftliche Aktivität, wird dabei aber nicht angetastet (vgl. Demirovic 2013, S. 141–144). Mit diesem Verständnis von Hegemonie als Grundlage können wir uns nun dem Konzept hegemonialer Männlichkeit annähern.

2   Theoretische Betrachtungen von Männlichkeit auf der Grundlage des Konzeptes der ‚Hegemonialen Männlichkeit' nach Raewyn Connell

Vor einer genaueren Beschäftigung mit der hegemonialen Männlichkeit stellt sich die Frage, welches Verständnis von Männlichkeit Connells Konzept zugrunde liegt. In ihrem Buch ‚Der gemachte Mann' gibt Connell folgende Definition: *„„Männlichkeit" ist – soweit man diesen Begriff in Kürze überhaupt definieren kann – eine Position im Geschlechterverhältnis; die Praktiken, durch die Männer und Frauen diese Position einnehmen, und die Auswirkungen dieser Praktiken auf die körperliche Erfahrung, auf Persönlichkeit und Kultur"* (Connell 2015, S. 124).

Männlichkeit und Weiblichkeit sind für Connell in sich relationale Konzepte, was bedeutet, dass diese nicht alleine für sich selbst existieren, sondern erst durch ihre gegenseitige Wechselwirkung zueinander entstehen beziehungsweise ihre Bedeutung erhalten (vgl. Connell 2015, S. 93). Diese Wechselwirkungen betrachtet Connell nun über drei verschiedene Beziehungsebenen, die sie in Machtbeziehungen, Produktionsbeziehungen und emotionale Bindungsstrukturen unterteilt (vgl. Abb. 1):

1. *Machtbeziehungen* sind durch Dominanz und Unterordnung gekennzeichnete Wechselwirkungen zwischen den verschiedenen Ausformungen des sozialen Geschlechtes. Für Connell ist dabei nicht nur die Unterscheidungslinie in

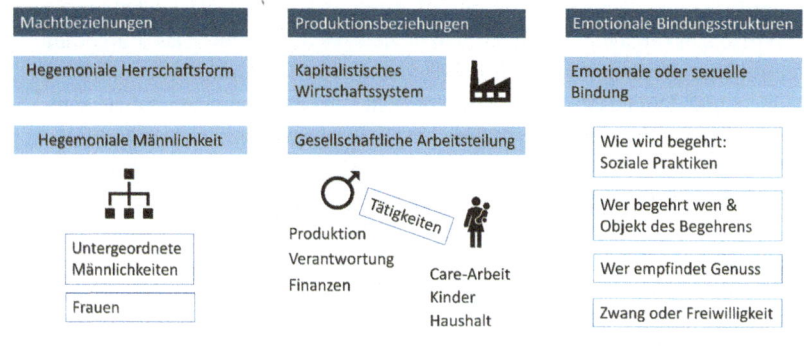

Abb. 1 Die drei Beziehungsebenen sozialen Geschlechts in Connells (2015) Konzept hegemonialer Männlichkeit. (Eigene Darstellung)

Männlich und Weiblich gemeint, sondern auch die Unterteilung in verschiedene Ausformungen von Männlichkeit, welche ebenfalls in einer Machtbeziehung zueinander stehen. Allerdings wird nach Connell in unseren westlichen Gesellschaften die wichtigste Ebene der Macht immer noch durch patriarchale Strukturen gebildet. Diese bewirken die allgemeingültige Unterordnung der Frauen und des Weiblichen unter die Männer beziehungsweise das Männliche, trotz all der Fortschritte, die feministische Bewegungen in den vergangenen Jahren erreicht haben (vgl. Buschmeyer 2013, S. 91; Connell 2015, S. 127; Walter 2000, S. 100).

2. *Produktionsbeziehungen* sind in westlichen Gesellschaften durch kapitalistische Wirtschaftssysteme geprägt, in denen eine gesellschaftliche Arbeitsteilung auf der Grundlage des sozialen Geschlechts vorherrscht. Über die Unterscheidung in männliche und weibliche Berufe und damit verknüpfte männliche und weibliche Tätigkeiten bildet sich in der Arbeitswelt eine Hierarchie zwischen den verschiedenen Ausformungen sozialen Geschlechts heraus. Dabei werden die dem Männlichen zugeordneten Arbeitsbereiche höher bewertet, was sich unter anderem in gesellschaftlichem Prestige und höherer finanzieller Entlohnung zeigt (Buschmeyer 2013, S. 91; Connell 2015, S. 127; Walter 2000, S. 100).

3. Emotionale Bindungsstrukturen beinhalten die emotionalen und sexuellen Bindungen und das sexuelle Begehren der verschiedenen Akteure als Teil des sozialen Geschlechtes. Connell baut dabei auf dem durch Sigmund Freud geprägten Begriff der Kathexis bzw. der Objektbindung auf und versteht sexuelles Begehren als eine Art emotionale Energie, welche an ein Objekt geheftet wird, sowohl in heterosexuellen als auch in homosexuellen Kontexten. Diese Objektbindung wird nach Connell durch soziale Praktiken geformt, welche zusammen mit den Macht- und Produktionsbeziehungen die Geschlechterordnung ausbilden. Sie können dahingehend hinterfragt werden, wer das Objekt des Begehrens ist, wer dabei Genuss empfindet oder auch, inwiefern sie von Zwang oder Freiwilligkeit geprägt sind (vgl. Buschmeyer 2013, S. 91; Connell 2015, S. 128; Walter 2000, S. 100).

In Connells Konzept wird das Hegemonieverständnis Gramscis nun auf diese machtvollen Wechselwirkungen zwischen den Ausformungen des sozialen Geschlechts angewendet. Es gibt demnach eine Form von Männlichkeit, die in ihrem jeweiligen sozialen und gesellschaftlichen Kontext eine hegemoniale Vormachtstellung einnimmt und kulturell gegenüber anderen Formen von Männlichkeit hervorgehoben wird. Analog zu Gramscis Hegemoniebegriff sichert sich deren Macht über kulturelle Autorität. Für Connell wird diejenige

Männlichkeit hegemonial, welche zu einem bestimmten Zeitpunkt in einer bestimmten Gesellschaft das Patriarchat, also das System der Dominanz des Männlichen gegenüber dem Weiblichen am besten legitimieren kann. Die hegemoniale Männlichkeit stellt dabei ein Idealbild dar, gebildet aus einer Anordnung geschlechtsbezogener Praktiken mit normativer Funktion, weshalb die mächtigen Männer im Einzelnen nicht zwingend das Bild der hegemonialen Männlichkeit verkörpern müssen (vgl. Buschmeyer 2013, S. 93; Connell 2015, S. 130–131; Walter 2000, S. 101). Während in Connells Konzept das weibliche Geschlecht als eine einheitliche und grundsätzlich dem männlichen untergeordnete Kategorie verbleibt, werden vier verschiedene Ausformungen von Männlichkeit unterschieden. Neben der bereits erwähnten hegemonialen Männlichkeit, welche die Spitze der Geschlechterhierarchie darstellt, werden von Connell drei weitere Formen von Männlichkeit definiert, welche jeweils in einem Machtverhältnis zur hegemonialen Männlichkeit stehen (vgl. Abb. 2).

Die *komplizenhafte Männlichkeit* zeichnet sich dadurch aus, dass die hierunter gefassten Männer zwar das Ideal, welches die hegemoniale Männlichkeitsform vorgibt, zu erreichen versuchen, ihnen dies aber nicht oder zumindest nicht vollständig gelingt. Dennoch wird von ihnen das hinter dem hegemonialen Ideal liegende Herrschaftssystem unterstützt und akzeptiert, obwohl sie eine niedrigere Position in der gesellschaftlichen Geschlechterhierarchie einnehmen. Dies erklärt sich aufgrund von Privilegien und eigenen Vorteilen, die diese allein schon dadurch erlangen, dass ihr eigenes Geschlecht immer noch höher gewertet wird

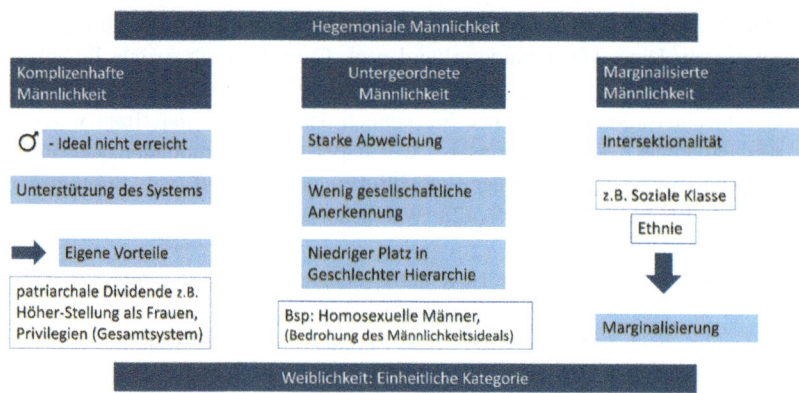

Abb. 2 Die verschiedenen Formen von Männlichkeit in Connells (2015) Konzept hegemonialer Männlichkeit. (Eigene Darstellung)

als das weibliche. Sie profitieren also von der allgemeinen Dominanz der Männer gegenüber den Frauen und das ohne alle Risiken zu tragen, welche ein Vertreter der hegemonialen Männlichkeit zu tragen hätte. Connell nennt diese Teilhabe die patriarchale Dividende (vgl. Buschmeyer 2013, S. 94; Connell 2015, S. 133; Walter 2000, S. 101).

Im Falle der *untergeordneten Männlichkeit* ist dies anders. Connell fasst darunter all jene Formen von Männlichkeit, welche stark vom Ideal der hegemonialen Männlichkeit abweichen und damit verbunden eine niedrige Position in der Geschlechterhierarchie zugewiesen bekommen sowie auch wenig gesellschaftliche Anerkennung erhalten. Dies bedeutet nicht, dass Akteure der untergeordneten Männlichkeit nicht auch das hegemoniale Männlichkeitsideal für erstrebenswert halten können, dies ändert jedoch nichts an ihrer niedrigen gesellschaftlichen Positionierung. Connell legt in ihrem Konzept einen starken Fokus auf die Situation homosexueller Männer, welche eine Bedrohung für das hegemoniale Männlichkeitsideal darstellen und durch verschiedene soziale Praktiken unterdrückt werden. Diese reichen von politischem und kulturellem Ausschluss bis hin zu staatlicher oder alltäglicher körperlicher Gewalt (vgl. Buschmeyer 2013, S. 93–94; Connell 2015, S. 131–132; Walter 2000, S. 101).

Mit der *marginalisierten Männlichkeit* werden nun auch weitere soziale Kategorien und deren Wechselwirkung mit dem sozialen Geschlecht in den Blick genommen, während die vorhergehenden Männlichkeitsformen durch Wechselwirkungen innerhalb des sozialen Geschlechtes charakterisiert sind. Marginalisierung findet durch die Wechselwirkung zwischen sozialem Geschlecht und weiteren Kategorien sozialer Abgrenzung wie beispielsweise soziale Klasse oder auch Ethnie statt (vgl. Buschmeyer 2013, S. 95; Connell 2015, S. 133–134; Walter 2000, S. 101–102). Exemplarisch nennt Connell die symbolische Bedeutung schwarzer Männlichkeit für die Konstruktion des sozialen Geschlechts Weißer: *„So werden beispielsweise schwarze Sportstars zu Musterbeispielen männlicher Härte, während die Phantasiegestalt des schwarzen Vergewaltigers in der Geschlechterpolitik unter Weißen eine bedeutende Rolle spielt, die von den rechten Politikern in den USA nur zu gerne instrumentalisiert wird. Andererseits hält die hegemoniale Männlichkeit unter Weißen die institutionelle und physische Unterdrückung aufrecht, welche den Rahmen für die Konstruktion einer schwarzen Männlichkeit bilden"* (Connell 2015, S. 134).

2.1   Stereotype Männlichkeitsbilder

Aus dem Konzept der hegemonialen Männlichkeit lassen sich keine allgeme-
ingültigen Eigenschaften ableiten, welche den hegemonialen Idealtypus charakterisieren würden. Stattdessen muss eine konkrete Gesellschaft oder Gruppe
zu einem konkreten Zeitpunkt analysiert werden, um festzustellen welche kulturellen Praktiken der hegemonialen Männlichkeit zugeordnet werden können.
Wenn wir auf die letzten Jahrzehnte unserer westlichen, kapitalistisch geprägten
Gesellschaft blicken, kann man das bei uns vorherrschende Männerbild in
aller Kürze etwa wie folgt charakterisieren: Der idealtypische Mann ist weiß,
körperlich und geistig stark, durchsetzungsfähig und dabei kompetent und leis-
tungsorientiert. Er zeigt sich unverletzlich und strebt in Beruf und Privatem nach
Kontrolle und Dominanz, weshalb er auch als der Ernährer und Beschützer seiner
Familie gilt. Deren Unterhalt sichert er über einen guten Job in einem Normalarbeitsverhältnis. Um die Erziehung und Pflege der Kinder und das Führen des
Haushaltes muss sich stattdessen seine Frau kümmern, schließlich fällt dies in
die natürliche Kompetenz des Weiblichen (vgl. Majdanski 2012, S. 1–11).

Auch wenn diese Charakterisierung sich in unserer Gesellschaft immer noch
wirksam zeigt, sind gerade die Kernbereiche dieser hegemonialen Männlichkeit-
skonstruktion, die Erwerbsarbeit und die Rolle als Familienernährer und -
oberhaupt in den letzten Jahren von einem Wandel erfasst worden. Ratio-
nalisierungsprozesse und arbeitsmarktpolitische Reformen tragen zu einem
Bedeutungsverlust von Normalarbeitsverhältnissen bei, an deren Stelle prekäre
Arbeitsformen wie z. B. Teilzeitmodelle, befristete Beschäftigung oder Leihar-
beit treten, während sich in den transnational tätigen gesellschaftlichen Eliten ein
neues, hegemoniales Männlichkeitsideal einer ‚Managermännlichkeit' zu bilden
scheint. Zusätzlich deutet sich eine Verschiebung des Arbeitskräftebedarfs an,
mit einem steigenden Bedarf an Arbeitskräften im eher mit Weiblichkeit assozi-
iertem Feld der Dienstleistungsberufe und einem sinkenden Arbeitskräftebedarf
im industriellen Sektor. Es ist denkbar, dass sich der Ausbau von Kinder-
Betreuungsangeboten und der durch den demografischen Wandel bedingte
Anstieg pflegebedürftiger Menschen auf diese Entwicklung ebenfalls auswirken
wird. Im Bereich der Familie ist es zwar immer noch so, dass spätestens mit der
Geburt des ersten Kindes der größere Anteil am Familieneinkommen vom Vater
beigesteuert wird, gleichzeitig steigt aber die Zahl der Familien, in denen das
Einkommen paritätisch oder im umgekehrten Verhältnis erwirtschaftet wird und
auch der gesellschaftliche Anspruch an die Vaterrolle verändert sich, weg vom
reinen Ernährer, hin zur Erwartung einer aktiven Beteiligung in der Erziehung
und Hausarbeit. Diese Entwicklung mit einer in Teilen immer noch wirksamen

industriegesellschaftlich geprägten hegemonialen Männlichkeit einerseits und den beschriebenen Veränderungsprozessen andererseits, führt schließlich zu einem Spannungsfeld zwischen Anspruch und Wirklichkeit, in dem sich Männer heute verorten müssen (vgl. Meuser und Scholz 2012, S. 27–37).

2.2 Entstehung von Männlichkeit als soziale Kategorie

Die Charakterisierung des hegemonialen Männlichkeitsbildes beantwortet aber noch nicht die Frage danach, über welche Praktiken im Alltag der Akteur*innen in unserer Gesellschaft Männlichkeit hergestellt wird. Auf der Grundlage des Konzeptes des ‚Doing Gender' lassen sich verschiedene Praktiken identifizieren. Drei davon sollen im Folgenden genauer betrachtet werden: Die Abgrenzung zum Weiblichen, Wettbewerb innerhalb der Geschlechterhierarchie und Gewalt als Teil von Männlichkeit.

In unserer Gesellschaft wird das soziale Geschlecht in Bezug auf eine angenommene Zweigeschlechtlichkeit definiert, weshalb Männlichkeit über eine Abgrenzung zu Weiblichkeit hergestellt werden kann. Männlich ist das, was nicht weiblich ist und umgekehrt. Diese zwanghafte Trennung ist für eine Stabilität des System der Zweigeschlechtlichkeit von hoher Bedeutung (Buschmeyer 2013, S. 103–104; Majdanski 2012, S. 7). Diese Abgrenzung findet über alle Lebensbereiche hinweg statt und führt beispielsweise zur Trennung in Männer- und Frauenmode. Die mit Männlichkeit assoziierten Tätigkeiten und Eigenschaften gelten in der Regel als höherwertig wie sich zum Beispiel am gesellschaftlich hohen Status des Fußballs als Männersport zeigt (vgl. Böcker-Giannini 2016, S. 345–346). Besonders tiefgreifend ist die Abgrenzung in der Arbeitswelt, in der eine Auftrennung in männliche und weibliche Domänen stattfindet.

Männlichkeit konstituiert sich aber nicht nur durch Abgrenzung zum Weiblichen, sondern auch in einem von Macht und Dominanz geprägten hierarchischen Verhältnis. Das Streben nach Macht und Dominanz ist hierbei mit dem Ideal der hegemonialen Männlichkeit assoziiert und äußert sich einerseits in der Dominanz gegenüber dem Weiblichen, andererseits aber auch über Wettbewerb innerhalb der männlichen Geschlechterhierarchie. Dieser Wettbewerb beinhaltet das gegenseitige Messen der Fähigkeiten und Eigenschaften und findet über verschiedene Praktiken statt, die beispielsweise sowohl gewaltvolle Auseinandersetzungen als auch Hierarchiekämpfe um Führungspositionen bedeuten können. Auch über die eigene Körperlichkeit wird dieser Wettbewerb geführt und potenzielle Schäden in Kauf genommen. Als Beispiele kann man risikobehaftetes Handeln wie den

Konsum gesundheitsschädlicher Substanzen wie etwa beim Rauchen und Alkohol trinken oder auch riskantes Autofahren anführen (vgl. Buschmeyer 2013, S. 110–111).

Darüber hinaus kann Gewalt als Teil hegemonialer Männlichkeit begriffen werden, was Gewalterfahrungen zu einem normalen Bestandteil männlicher Lebenswelt werden lässt und sich beispielsweise auch durch raues Spiel unter Heranwachsenden zeigt. Die Macht zu verletzen, gilt als männlich während Verletzlichkeit mit Weiblichkeit assoziiert wird. Hieraus ergibt sich, dass Männer ihre Männlichkeit zwar als Täter definieren können, jedoch als Opfer davon bedroht sind eben jene zu verlieren. Eine erlebte Gewalterfahrung wird entsprechend zu etwas umgedeutet, das wieder als männlich gelten kann, wie beispielsweise die Stärke gehabt zu haben dies durchzustehen. In der gesellschaftlichen Wahrnehmung sind Männer daher eher als Täter denn als Opfer gesehen, was sich entsprechend auch in der Forschung fortsetzt, in der die männliche Opferforschung eher einen Randbereich darstellt (vgl. Buschmeyer 2013, S. 111–113; Walter 2000, S. 105).

Männlichkeit in der frühkindlichen Erziehung
Aus den soeben besprochenen Praktiken zur Herstellung von Männlichkeit lässt sich ableiten, welche geschlechtsbezogenen Zuschreibungen in Bezug auf Eigenschaften und Tätigkeiten im Bereich von Kita und Kindergarten zu erwarten wären:
Mit Männlichkeit verknüpft:

- Das Streben nach Führungs- und Leitungspositionen
- hausmeisterliche, technische oder auch administrative Aufgaben
- Spezielle Betreuungsangebote wie wildes Spielen, Klettern, Raufen, Handwerken und das Anbieten wettbewerbsorientierte Spiele
- Das Betreuen wilder oder als schwierig angesehener Jungen
- Verdachtsmoment des potenziellen sexuellen Missbrauchs

Mit Weiblichkeit verknüpft:

- Hauswirtschaftliche Tätigkeiten wie Wäsche machen oder die Küche putzen
- Anbieten weiblicher Betreuungsaufgaben wie Basteln, Nähen, Backen, Kochen

- Pflegerische Tätigkeiten wie Windeln zu wechseln
- Zeigen von Fürsorge und Empathie wie z. B. Trösten und Körperkontakt

(vgl. Böcker-Giannini 2016, S. 346; Buschmeyer 2013, S. 105–113)

Es ist zu erwarten, dass diese verschiedenen geschlechtsbezogenen Zuschreibungen sich als bewusste oder unbewusste Tätigkeitsübernahme im praktischen Alltag der Fachkräfte finden lassen. Zur Illustration möchte ich an dieser Stelle aus eigener beruflicher Erfahrung zwei Szenen aus einem möglichen Kita-Alltag schildern:

Der Alltag in einer Kita ist oft unterteilt in Zeiten des Freispiels und geleitete Angebote zu einem bestimmten Thema. Zu diesen gehören z. B. Kochangebote in der Kitaküche, freie Bastelangebote in den Gruppenräumen oder auch das Arbeiten an eigenen Werkstücken wie z. B. Holzautos, Schiffen oder Ähnlichem in der Holzwerkstatt. Aber auch Waldausflüge, an denen es auch Feuer und Stockbrot sowie Versteckspiele im Unterholz geben darf, gehören dazu. Nun ergibt es sich schnell, dass eben das Werkstattangebot und auch das Stockbrotgrillen im Wald durch einen Erzieher geleitet werden, während das Kochangebot z. B. die Hauswirtschafterin übernimmt und eine Erzieherin in den Gruppenräumen bunte Bilder bastelt.

Ein weiteres Beispiel stellt der Umgang mit Problemen technischer Art dar. Das kann z. B. der PC sein, an dem das Mikrofon für die Online-Besprechung nicht funktioniert oder auch das Fenster, das durch ein Missgeschick ‚ausgehängt‘ wurde, sodass es gleichzeitig in Kipp- und Offen-Stellung ist. Nach kurzem Versuch durch eine Erzieherin das Problem selbst zu beheben, wird in diesem Beispiel dann ein männlicher Kollege geholt, der sich das dann mal anschauen soll, bevor man den (männlich besetzten) Hausmeisterdienst kontaktiert.

3   Von der Theorie zur Praxis: Eine qualitative Studie zu geschlechtsbezogenen Zuschreibungen im beruflichen Alltag männlicher Fachkräfte

Im Rahmen meiner Bachelorarbeit führte ich eine qualitative Studie durch mit der Frage: *Welche Zuschreibungen, Erwartungen und Vorurteile erleben und erfahren Erzieher aufgrund ihres Geschlechts durch ihre Berufswahl und Berufsausübung von Arbeitskolleginnen, betreuten Kindern und deren Eltern, aber auch Freund:innen und Familie?*

Ziel war es zu betrachten, inwiefern Erzieher während ihrer Berufswahl und im Berufsalltag von geschlechtsbezogenen Zuschreibungen und Erwartungen betroffen sind – sowohl in Bezug auf den Familien- und Freundeskreis als auch durch die verschiedenen Akteure im Berufsalltag. Zur Untersuchung dieser Fragestellung wurde ein qualitativer Forschungsansatz gewählt.

3.1   Stichprobe

Da in meiner Arbeit die subjektive Erfahrungswelt männlicher Erzieher von besonderem Interesse war, wurden für die Stichprobe nur männliche Erzieher mit beruflicher Erfahrung in Kindergärten oder Kindertagesstätten gesucht. Zudem sollten diese über unterschiedlich lange Berufserfahrung verfügen, um eine gewisse Durchmischung mit unterschiedlichen Perspektiven in der Gruppe der Befragten zu erreichen. Schließlich konnten drei Erzieher gefunden werden, die diesen Kriterien entsprachen und sich für die Interviews zur Verfügung stellten.

3.2   Datenerhebung

Zur Erhebung der Daten wurden leitfadengestützte Interviews durchgeführt und in elektronischer Form im mp3 Format aufgezeichnet. Der Leitfaden strukturierte das Interview in drei thematische Teile, mit der Frage nach den Beweggründen zur Ergreifung des Erzieherberufes als Einstieg, einem Fokus auf erlebte geschlechtsbezogene Zuschreibungen im familiären und beruflichen Umfeld als Hauptteil und einem offenen Raum für Ungesagtes zum Abschluss des Interviews. Dabei wurden in den Interviews zuerst offene Fragen gestellt, welche dann im Verlauf und bei Bedarf spezifiziert wurden. Zur Vorbereitung der Analyse erfolgte eine wörtliche Transkription aller Interviews mithilfe des Programms f4transkript auf der Grundlage zuvor festgelegter Transkriptionsregeln sowie nachfolgend eine Anonymisierung des Materials.

3.3 Analyse

Die Analyse der fertiggestellten Transkripte erfolgte auf Grundlage der von Udo Kuckartz beschriebenen *„inhaltlich strukturierenden qualitativen Inhaltsanalyse"* (Kuckartz 2018, 97 ff.). Diese beinhaltete ein mehrstufiges Verfahren zur Erarbeitung eines Kategoriensystems, in welchem zunächst deduktiv, anhand der Fragestellung des Interview-Leitfadens, Hauptkategorien abgeleitet wurden. Nach einer ersten Codierung der Transkripte mit den erarbeiteten Hauptkategorien folgte in einem zweiten Durchlauf dann die Entwicklung von Subkategorien aus den Antworten heraus, mit welchen noch einmal das gesamte Material codiert wurde.

4 Ergebnisse

Im Folgenden möchte Ich zusammenfassend die wichtigsten Ergebnisse meiner Forschungsarbeit darstellen und dabei den Schwerpunkt auf gefundene geschlechtsbezogene Zuschreibungen legen. Beginnen möchte ich jedoch mit dem beruflichen Werdegang der Befragten, da sich dieser bei männlichen Erziehern oft weit weniger geradlinig darstellt als bei ihren Kolleginnen (vgl. Rohrmann 2006, S. 15).

4.1 Wege in den Erzieherberuf

Bei der Betrachtung der beruflichen Lebenswege der Befragten stellt sich heraus, dass in allen drei Fällen zunächst das Berufsziel oder der ausgeübte Beruf außerhalb des sozialen Bereichs lag. Einer der Befragten strebte während seiner Schulzeit danach, Polizist zu werden, sah sich dann aber gezwungen eine andere berufliche Perspektive zu entwickeln, weil ihm die Leistungsanforderungen für den Beruf des Polizisten zu hoch erschienen. Die anderen beiden Befragten erreichten dagegen einen berufsqualifizierenden Abschluss über eine handwerkliche Ausbildung bzw. ein Studium in Grafikdesign und arbeiteten dann auch zeitweilig in diesen Berufen. Es zeigt sich also, dass alle drei Befragten zunächst Berufe oder Berufswünsche verfolgten, welche man als eher stereotypisch männlich zuordnen könnte und dass sie erst über Umwege in den Erzieherberuf fanden.

4.2   Zuschreibungen im sozialen Umfeld

Thematisch passend schließt sich der Blick auf die Reaktionen des sozialen
Umfeldes zur neuen Berufsentscheidung der Befragten an. Immerhin zwei der
Befragten hatten hier teilweise negative Erfahrungen gemacht und von Skepsis
beziehungsweise Vorbehalten durch die Familie berichtet, sowie in einem Fall
auch zusätzlich im Freundeskreis Vorbehalte wahrgenommen. Als wichtigster
Punkt für die erfahrenen Vorbehalte stellte sich in den Antworten heraus, dass
in der Familie der Beruf des Erziehers nicht als männlich wahrgenommen und
das Berufsprofil unterschätzt wurde, wie folgender Ausschnitt beispielhaft illustriert: *„die dachten ja, ja ich muss jetzt hier Windeln wechseln und mit Kindern
n bisschen spielen"*. Bei einem der Befragten kamen noch zusätzlich finanzielle
Bedenken hinzu, im Sinne der Frage, ob mit dem Beruf des Erziehers überhaupt eine Familie ernährt werden könne. Im Gegensatz dazu erzählte der dritte
Befragte von einer großen Unterstützung, die er gleich zu Beginn seiner beruflichen Umorientierung von Familie und Freundeskreis erhalten hatte. Bei den
anderen Beiden war es so, dass am Ende die Skepsis und Vorbehalte der Familie,
unter anderem durch ein besseres Kennenlernen der beruflichen Inhalte, mit der
Zeit verschwanden.

4.3   Zuschreibungen in der Pflege

Nachdem im sozialen Umfeld Zuschreibungen vor allem in der Anfangsphase
des Berufseinstiegs relevant zu sein scheinen, wenden wir uns nun der Situation
im beruflichen Umfeld der Befragten zu. Eine besondere Situation stellte dabei
die Pflege der Kinder dar, wie sie etwa in Form von Windeln wechseln und
der Begleitung von Toilettengängen üblicher Bestandteil professioneller Arbeit in
der Kita ist. In den vergangenen Jahren war das Thema des Missbrauchs von
Kindern in der katholischen Kirche aber auch anderen Institutionen und Vereinen
immer wieder medial und im öffentlichen Diskurs präsent, weshalb ich von einer
Sensibilisierung der beteiligten Akteure im Umfeld von Kita und Kindergarten
ausging und in den Interviews diesbezüglich explizit nach erlebten Vorbehalten
fragte. Es zeigte sich aber, dass keiner der Befragten selbst Zuschreibungen oder
Bedenken ihm gegenüber erlebte, weder durch Fachkräfte noch durch die Eltern
der anvertrauten Kinder. Einer der Befragten äußerte zwar, zu Beginn seiner
Erzieherlaufbahn selbst Bedenken gehabt zu haben auf Vorbehalte zu stoßen, dies
bestätigte sich für ihn jedoch nicht. In einem Fall allerdings wurde vom Befragten
davon berichtet, einen *„Kumpel"* zu kennen, der hier in einer anderen Einrichtung

folgende Erfahrung gemacht hätte: *„Bei ihm in der Einrichtung ist es halt so, dass [...] die Eltern sogar unterschrieben haben, dass er die Kinder nich wickeln darf. Ja. Des find ich schon extrem. Ja. Er hat halt so ne gewisse, ich mein du weißt ja was, was unter Männern gesagt wird. Der hat halt so ne gewisse Ausstrahlung wo halt nicht wirklich vertrauenswürdig (.) is"*. Davon abgesehen hatte aber auch dieser Befragte davon erzählt, selbst nur positive Erfahrungen gemacht zu haben.

4.4 Zuschreibungen durch Eltern und Kinder

Wenngleich alle drei Befragten zunächst äußerten, dass ihr Geschlecht in der Interaktion mit Eltern und Kindern keine Rolle spiele, lassen sich bei genauerer Betrachtung doch einzelne Aspekte ausmachen, in denen ihr Geschlecht einen gewissen Einfluss zu haben scheint. So berichteten zwei der Befragten davon, sich sehr beliebt gefühlt zu haben aufgrund ihres Geschlechts im Sinne von: *„Oh des isch ja toll, dass endlich mal n Mann da isch"*. Einer der Befragten erzählte außerdem, er hätte das Gefühl, dass ihm eine höhere Kompetenz zugeschrieben werde, weil er ein Mann ist. Er führt aus: *„also zwischendurch war so n n bissle so in der Richtung, weil du n Mann bisch bisch du kompetenter. Musch mehr wissen"*. Ähnlich berichtet ein anderer der Befragten von seiner Wahrnehmung, nach der ihm seine Stimme einen Vorteil im Sinne einer höheren Autorität verleihen würde, gerade in der Interaktion mit den Kindern: *„ich glaub des einzige was man als Vorteil also was ich jetzt wahrgenommen hab is einfach die Stimme [...] wenn du halt irgendwas/Morgenkreis oder bestimmte Ansagen machst dann hat man schon gemerkt, dass die Kinder dann eher auf dich hören"*. Der dritte der Befragten berichtete schließlich von allgemeinen Vorurteilen mancher Eltern und vor allem mancher Väter in Bezug auf den Beruf der Erzieherinnen und Erzieher wonach *„viele halt denken, dass es 'n sehr einfacher Job is. Und so 'n bisschen auf die Kinder aufpassen und 'n bisschen mit denen spielen"* wie er erzählt.

4.5 Zuschreibungen durch Fachkolleg*innen

Wenn man nun die Interaktionsebene zwischen den befragten Erziehern und ihren Fachkolleginnen in Augenschein nimmt, erzählen hier zwei der drei Befragten, von keinen Vorbehalten oder Zuschreibungen in der alltäglichen Arbeit betroffen zu sein. Trotzdem können bei zwei Befragten einzelne geschlechtsbezogene Zuschreibungen festgestellt werden. Vor allem bei der Aufgabenverteilung zeigt sich ein tendenzieller Einfluss des Geschlechtes. So gaben zwei der Befragten an, eher mit handwerklichen und Kraft erfordernden Aufgaben betraut zu werden. Hier wird beispielsweise das Durchführen von Angeboten in der Werkstatt, wilde Spiele oder das Tragen schwerer Dinge genannt. Einer der Befragten sagt dazu: *„also des Einzige was ich jetzt wahrgenommen hab [...] dass wenn es um gewisse KRAFT geht. Also keine Ahnung. Wenn du halt irgendwie was schnitzen musst, wo halt Kraft äh gebraucht wird. Dann hat man mich schon dann eher angesprochen Ja. Oder halt auch ob ich [...] bestimmte Sachen tragen kann"* Einer der Befragten erzählte zudem, Zuschreibungen im Bereich der hauswirtschaftlichen Tätigkeiten erlebt zu haben. Er berichtet hierzu beispielsweise zur Küche: *„Also s'gibt so Zuschreibungen[...] ich arbeit zum Beispiel unten in der Küche und dann kommt [Name Kollegin], oder so, und sagt ‚komm lass mich mal ich mach des schneller‘ oder so"*. Er betonte aber auch, einen Wandel zu erkennen und gerade im Bezug zur Werkstatt zu erleben, dass dort mehr und mehr Fachkolleginnen ihr Interesse zeigen würden. Lediglich bei einem der Befragten ließen sich tatsächlich keinerlei Hinweise auf geschlechtsbezogene Zuschreibungen in seinen Antworten erkennen.

4.6   Auseinandersetzung mit Männlichkeit

Ein weiterer interessanter Aspekt ist die Frage danach, inwiefern sich die Befragten selbst schon einmal mit dem Thema Männlichkeit und der Bedeutung von Geschlecht auseinandergesetzt haben, da es durchaus denkbar erscheint, dass dies einen Einfluss auf wahrgenommene Zuschreibungen haben könnte. Hier zeigte sich, dass nur einer der Befragten sich schon mit diesem Thema auseinandergesetzt hatte. Dabei beschäftigte ihn vor allem die Frage *„Was ist Männlichkeit, und wie geht Männlichkeit"* verbunden mit einem Fokus auf den Zusammenhang zwischen Gewalt und Männlichkeit und der Entstehung männlicher Aggression. Er erklärt dazu: *„80 % der Gefängnisse sind mit Männern voll äh (.) Jugendarrest sind 60 % äh männliche Jugendliche und so weiter. Also so eifach [...] die Frag/ Wie wie gehn Männer um und dann auch die Frage wie kommt es dass Männer so gewalttätig sind"* Es verwundert nicht, dass dieser Befragte sich auch mit den vorhandenen geschlechtsbezogenen Rollenbildern in der Kita auseinandersetzte. In seinen Aussagen ergibt sich der Eindruck, dass Männer im Kindergarten vor allem in starken und handelnden Rollen dargestellt würden und selten emotional oder schwach. Er sagt dazu: *„n' Mann der weint, den gibts in nem Kindergarten nicht. Ja"* und bemängelt, dass er eine relativ geringe Vielfalt von Männerbildern in Kinderbüchern erleben würde und diese vor allem in Form von *„Männer als Polizisten, als Feuerwehrmänner oder als Kämpfer"* erlebbar seien. Gleichzeitig betont er jedoch, dass für ihn deutlich ein Wandel erkennbar sei und auch die Bücher diverser werden. So erzählt er: *„Es verändert sich. [...] Also des erleb ich schon. Es gibt viel mehr Männer die sich mehr einbringe in Familie zum Beispiel au"*. Für ihn blieb es nicht nur bei der Reflektion von Männlichkeit; er zog auch Konsequenzen daraus für das eigene Handeln in seinem Arbeitsfeld. Besonders wichtig erscheint ihm hier ein kreatives Ausleben von Aggression als Alternative zu Gewalt zu ermöglichen und auch seine weiche Seite als Mann zu zeigen. Hierzu führt er aus: *„Des war so eine Sache also au (.) den Kindern zu zeigen es gibt au die die weiche Seite bei uns Männern. Des würd ich durchaus als n Erziehungsziel sehen also auch bei den Jungs"*.

5   Diskussion

Im folgenden Abschnitt möchte ich nun meine Ergebnisse interpretieren und in den Kontext weiterer Forschung und Studien stellen. Besonders hervorheben möchte ich die Studie: *„Männliche Fachkräfte in Kindertagesstätten"* von Cremers et al. (2015), die Studie *„Zwischen Vorbild und Verdacht"* von Anna Buschmeyer (2013) sowie die Dissertation *„Symbolische Väter, junge Wilde und professionelle Pädagogen. Diskursive Konstruktionen männlicher Geschlechtsidentität in Kindertageseinrichtungen"* von Wiebke Tennhoff (2018), welche alle drei qualitativ und zum Teil auch quantitativ in diesem Themengebiet forschten. Sie werden auch in den einzelnen Unterpunkten zum Vergleich mit meinen Ergebnissen herangezogen.

5.1   Akzeptanz und Skepsis im sozialen Umfeld

In zwei von drei Fällen konnte ich in meinen Interviews zumindest teilweise Vorbehalte durch Familie und Freundeskreis feststellen, dies vor allem während Berufswahl und -einstieg. Anders stellt sich das in der Studie von Cremers et al. (2015) dar, in welcher mehrheitlich positive Reaktionen im sozialen Umfeld festgestellt wurden. Dies muss nicht unbedingt einen Widerspruch bedeuten: Einerseits erscheint es plausibel, dass die in meinen Interviews beobachtete Häufung erlebter Vorbehalte in Familie und Freundeskreis ein zufälliger Effekt ist, begründet in der geringen Stichprobengröße, welche keine repräsentativen Aussagen erlaubt. Andererseits stand einer der Befragten zum Zeitpunkt der Befragung kurz vor seinem Renteneintritt, weshalb die in seinem Fall erlebten Vorbehalte auch in ihrem zeitlichen und gesellschaftlichen Kontext betrachtet werden müssen, und

nicht mehr auf heutige Generationen von Berufseinsteigern übertragen werden
können. Allerdings fand Tennhoff (2018, S. 142) in ihrer qualitativen Studie
ebenfalls neben positiven auch negative Reaktionen vor allem von den Vätern
der befragten Erzieher. Nach Rohrmann (2006, S. 20) zählen ablehnende Reaktionen des Familien- und Freundeskreis durchaus zu den Schwierigkeiten mit
denen sich ein Erzieher arrangieren muss. Interessant sind jedoch die Gründe
der erlebten Vorbehalte. Die von mir befragten Erzieher erzählten unter anderem,
dass der Beruf in der Familie als Frauenberuf angesehen und in seiner Komplexität unterschätzt wurde. Von einem weiteren durch mich befragten Erzieher
wurde dieses Vorurteil ebenfalls in seinem Arbeitsfeld durch einen Teil der
Eltern erlebt. In den Studien von Cremers et al. (2015, S. 67) und Tennhoff
(2018, S. 142) lässt sich dieses allgemeine Vorurteil auch wiederfinden. Für die
befragten Erzieher und Erzieherinnen zeigt sich die mangelnde Wertschätzung
ihres Berufes in dem negativen Berufsbild außerhalb des eigenen Berufsfeldes
wonach diese *„häufig noch als Kaffee trinkende Basteltanten und -onkel angesehen"* würden (Cremers et al. 2015, S. 67). Betrachtet man dies im Kontext des
Konzeptes der hegemonialen Männlichkeit, äußert sich hier eine mit entsprechender gesellschaftlicher Abwertung verbundene Zuschreibung von Weiblichkeit
gleich mehrfach: Zum einen wird der Beruf der Erzieherin beziehungsweise
des Erziehers im Allgemeinen mit Weiblichkeit verknüpft und hierdurch in der
hegemonialen männlichen Geschlechterhierarchie abgewertet. Zum anderen werden in dem benannten Klischee auch einzelne Eigenschaften und Fähigkeiten
aufgezählt welche ebenfalls mit Weiblichkeit verbunden werden können und hier
offensichtlich in abwertender Weise genannt werden.

5.2   Akzeptanz in der Pflege

Die Pflege von Kindern in Kindertagesstätten mit den dazugehörigen Tätigkeiten,
etwa das Wechseln von Windeln oder die Begleitung von Toilettengängen, betreffen eine besonders intime Situation im Kita-Alltag. Ich ging davon aus, dass
gerade auch, aber nicht nur aufgrund der im Jahr 2010 bekannt gewordenen
Missbrauchsfälle in der katholischen Kirche und anderswo, eine Sensibilisierung
der Akteure im Umfeld frühkindlicher Erziehung anzunehmen sei. Für die von
mir befragten Erzieher wirkte sich das jedoch kaum auf den beruflichen Alltag aus und die Befragten berichteten weder von entsprechenden Vorbehalten
durch die Eltern noch durch ihre Fachkolleginnen. Dennoch war eine allgemeine Relevanz des Themas in den Antworten erkennbar, einerseits durch die
von einem Befragten geäußerten anfänglichen Bedenken möglicherweise solche

Vorbehalte zu erleben und andererseits in der berichteten Erfahrung, dass ein Ausbildungskollege eines der Befragten aufgrund entsprechender Bedenken ein Pflegeverbot erhielt. In der Studie von Cremers et al. (2015) zeigt sich die Relevanz eines allgemeinen Verdachtes bezüglich des Missbrauchsrisikos durch männliche Fachkräfte deutlicher: In deren quantitativen Befragung wurde der Frage *„Auch wenn man vielen Männern damit Unrecht tut, habe ich schon einmal an die Gefahr eines möglichen Missbrauchs durch männliche Erzieher gedacht"* von 15 % der Kitaleitungen und 18 % der Eltern voll und ganz zugestimmt. Nimmt man nun noch diejenigen hinzu, die der Aussage eher zugestimmt haben erhöhen sich diese Anteile sogar auf 40 % der Eltern und 43 % der Kitaleitungen (Cremers et al. 2015, S. 62). Andererseits stimmten dort in einer weiteren Frage 86 % der Eltern ganz oder teilweise zu, dass sie ihr *„Kind in der Kita bedenkenlos einem männlichen Erzieher anvertrauen"* (Cremers et al. 2015, S. 61). Von den Autoren wird daraus abgeleitet, dass die Eltern ihre Zustimmung zu männlichen Erziehern nicht unreflektiert, sondern unter Beachtung der Missbrauchsthematik sozusagen trotzdem geben. Dabei würden die Erzieher zumindest gedanklich immer wieder in Verbindung zur Missbrauchsthematik gebracht, was sich teilweise auch auf die berufliche Praxis auswirkt, wie etwa in deren demonstrativen Zurückhaltung bei der Arbeit mit Mädchen zum Schutz vor Verdachtsmomenten (vgl. Cremers et al. 2015, S. 62–63). Weitere Studien bestärken die allgemeine Relevanz dieses Themas für männliche Fachkräfte: So thematisieren in der Studie von Tennhoff alle befragten Betreuer diskriminierende Erfahrungen vor allem in Bezug zu Pflege und Körperkontakt, wobei fünf Betreuer von konkreten Situationen berichteten in denen sich Eltern *„besorgt darüber zeigten, dass sie ihre Kinder wickelten"* (Tennhoff 2018, S. 143) In der qualitativen Studie von Buschmeyer (2013, S. 272) wurde bei einem Teil der Befragten ebenfalls eine entsprechende Unsicherheit gefunden. In ihrer Arbeit wurden die befragten Erzieher anhand deren Geschlechterwissen (beispielsweise ob geschlechtsbezogene Unterschiede über biologische oder sozialisationsbedingte Faktoren erklärt wurden) und gezeigten Verhaltensweisen in der Tendenz eher einem komplizenhaften oder alternativen Männlichkeitstypus zugeordnet. Dabei stellte die Autorin fest, dass die von ihr dem komplizenhaften Männlichkeitstypus zugeordneten Erzieher in der alltäglichen Arbeit darauf achteten, nicht zu viel Intimität aufkommen zu lassen und sich nur in Ausnahmefällen bei der Pflege beteiligten. Internationale Studien bestätigen, dass die körperliche Nähe zu Kindern in ihrer Arbeit männlichen Fachkräften schnell einen Missbrauchsverdacht einbringen kann oder zumindest entsprechende Unsicherheiten bestehen. Eine potenzielle Strategie besteht deshalb in der bestmöglichen Reduktion von Körperkontakt (vgl. Rohrmann 2006, S. 19).

5.3   Geschlechtsbezogene Arbeitsteilung

Bei zwei der von mir befragten Erzieher konnten geschlechtsbezogene Zuschreibungen gefunden werden, welche auf eine zumindest tendenzielle geschlechtsbezogene Kompetenzzuweisung und Aufgabenverteilung hinweisen. Die dabei
genannten Aufgaben, wie etwa Körperkraft und handwerkliches Geschick
erforderndes Werken und Schnitzen oder auch das ‚Wild Sein' mit den Jungen,
sind Tätigkeiten die stereotypisch mit hegemonialen Männlichkeitsvorstellungen
verknüpfte Bereiche darstellen. Wie den Aussagen zu entnehmen ist, werden
diese zwar aus eigener Initiative selbst ausgeführt, jedoch teilweise auch von
den Fachkolleginnen zugeschrieben. In Bezug auf ihre eigene Männlichkeit stellt
dies für Erzieher eine Möglichkeit dar sich in einem ansonsten mit Weiblichkeit verknüpftem Berufsfeld als männlich im Sinne einer hegemonialen
Männlichkeitsvorstellung abzugrenzen und die Berufswahl zu legitimieren (vgl.
Buschmeyer 2013, S. 107–108). Im Fall eines Erziehers konnte nicht nur eine
Kompetenzzuschreibung hinsichtlich männlicher Tätigkeiten gefunden werden,
sondern er erzählte auch, dass ihm hauswirtschaftliche Aufgaben durch seine
Arbeitskolleginnen weniger zugetraut würden. Diese stellen dabei im Konzept
der hegemonialen Männlichkeit einen mit Weiblichkeit verknüpften Bereich dar.
Der Befragte betonte, trotz einer gewissen Unlust, solche Tätigkeiten bewusst
zu übernehmen um „*gleich unter gleichen zu sein*". Es ist interessant, dass hier
eine bewusste Übernahme weiblich konnotierter Tätigkeiten praktiziert wird und
sich der Befragte gegen entsprechende Zuschreibungen durch Fachkolleginnen
stellt. Im Vergleich mit weiteren Studien des Forschungsfeldes lässt sich die
Beobachtung einer geschlechtsbezogenen Aufgabenverteilung in Kitas bestätigen,
wobei ohne männliche Kollegen solche Aufgaben durch weibliche Fachkräfte
übernommen werden (vgl. Rohrmann 2006, S. 13). In der Studie von Cremers et al. wurde beispielsweise festgestellt, dass sich eine geschlechtstypische
Aufgabenverteilung grundsätzlich in Kitas finden lässt, oft unbewusst in gegen-
seitigem Einvernehmen. So hob die Mehrheit der Befragten hervor, „*dass Männer
im Vergleich zu ihren Kolleginnen häufiger und lieber mit den Kindern toben,
raufen oder rangeln*" (Cremers et al. 2015, S. 43). Ebenso zeigte sich, dass
sich Männer in geschlechtsgemischten Teams tendenziell häufiger mit wilden
und lauten Jungen beschäftigen als ihre weiblichen Kolleginnen (vgl. Cremers
et al. 2015, S. 44). Vergleichbar wurde in der Studie von Buschmeyer (2013,
S. 266–267) gefunden, dass von Erziehern beispielsweise die Übernahme handw-
erklicher und technischer Tätigkeiten erwartet wird. Die Autorin schlussfolgert,
dass Erzieher oft als männliche Identifikationsfiguren für die Kinder gelten

und dabei das Männlichkeitsverständnis der verschiedenen Akteure durch hegemoniale Männlichkeitsvorstellungen geprägt ist. Sie schreibt: „*Von Erziehern
wird also weniger verlangt, den Kindern ein Vorbild für ‚alternative‘ Formen
von Männlichkeit zu sein, als vielmehr Männlichkeit in einem hegemonialen
Sinne vorzuleben*" (Buschmeyer 2013, S. 267). Ähnliche geschlechtsbezogene
Erwartungen an männliche Pädagogen lassen sich auch bei den durch Tennhoff
(2018, S. 165) befragten Schweizer Kitaleitungen (n = 20) ausmachen und in
weiteren internationalen Studien konnte gezeigt werden, dass männliche Erzieher
von Eltern und Kolleginnen in eher „*traditionelle männliche Rollen gedrängt
werden*" (vgl. Rohrmann et al. 2010, S. 7).

   In den Aussagen eines der von mir befragten Erzieher konnten keine Hinweise auf eine geschlechtsbezogene Arbeitsteilung gefunden werden, vielmehr
wurde die Arbeitsverteilung nach den Stärken und Schwächen der Fachkräfte
betont. Doch auch wenn dies in den Aussagen nicht vordergründig erkennbar ist,
können sich darin dennoch implizite Zuschreibungen befinden. Nach Cremers
et al. (2015, S. 44) liegt ein Grund für eine geschlechtsbezogene Arbeitsteilung in Kindergärten auch in der Ausrichtung der Angebote der Erzieher und
Erzieherinnen anhand deren Stärken und Schwächen. Persönliche Interessen sind
beispielsweise im Falle von Sportangeboten wie Fußball häufig immer noch durch
entsprechende Geschlechtsstereotype geprägt.

5.4   Auseinandersetzung mit Männlichkeit

Die Kita stellt eine Institution dar, in der den betreuten Kindern unter anderem
Werte vermittelt und Umgangsweisen des zwischenmenschlichen Zusammenlebens vorgelebt werden. Gerade unter dem Aspekt einer geschlechtersensiblen
Arbeit bietet dies die Möglichkeit, den Kindern vielfältige Geschlechterbilder
vorzuleben und so eine alternative Erfahrungswelt zum familiären Raum zu
bieten und klassische Stereotype aufzubrechen. Dies erfordert aber Fachkräfte,
welche sich mit den gesellschaftlichen und den eigenen geschlechtsbezogenen
Rollenvorstellungen auseinandersetzen. Bei den von mir befragten Erziehern war
nur in einem Fall eine intensivere Beschäftigung mit der eigenen Männlichkeit
und Männlichkeitsbildern erkennbar, mit einem thematischen Schwerpunkt in der
Frage nach männlicher Aggression und einem guten Umgang mit dieser. Die
eigene Auseinandersetzung des Befragten mit dem Thema Männlichkeit könnte erklären, warum von ihm Zuschreibungen von Männlichkeit im Kita-Alltag
stärker wahrgenommen wurden als in den anderen beiden Fällen und von ihm

kritisch die in Büchern und Spielen vorherrschenden Männlichkeitsbilder angesprochen wurden. Er betonte als einziger der Befragten, genauso einfühlsam
zu sein wie seine Kolleginnen und bewusst weiblich konnotierte Tätigkeiten zu
übernehmen (wenn auch mit einer gewissen Unlust) sowie die weiche Seite der
Männer zu zeigen. Die Einstellung des Befragten lässt sich in Teilen mit einem
von Buschmeyer (2013, S. 265) konzipierten Typus der alternativen Männlichkeit
vergleichen, welcher sich durch eine bewusste Abgrenzung vom hegemonialen
Männlichkeitsideal kennzeichnet. Andererseits werden von dem Befragten auch
mit Männlichkeit verbundene Aufgaben ausgeführt wie ‚Wild-Sein' mit den Jungs
und die Durchführung von Angeboten in der Werkstatt, wodurch wiederum ein
Beitrag zu einer geschlechterbezogenen Arbeitsteilung geleistet wird.

Fazit

In diesem Kapitel wurde auf der Grundlage des Konzeptes der hegemonialen Männlichkeit untersucht, wie geschlechtsbezogene Zuschreibungen im
Berufsalltag männlicher Kita-Fachkräfte wirksam werden. Es zeigte sich,
dass mit einem steigenden Anteil von männlichen Erziehern in diesem
Berufsfeld nicht unbedingt ein Aufbrechen geschlechtsbezogener Stereotype einhergehen muss, sondern auch eine Etablierung geschlechtsbezogener Arbeitsteilung geschehen kann. Im Sinne einer geschlechtersensiblen
Pädagogik erscheint es also geboten, sowohl während der Ausbildung als
auch im Berufsleben immer wieder Momente der Reflexion und Schulung zu bieten. Doch auch die Organisationskultur der Kitas als Institution
hat hier einen wichtigen, die Arbeit der Fachkräfte strukturierenden Einfluss und muss entsprechend mitbedacht werden (vgl. Nentwich und Vogt
2021a).

Fragen zur Reflexion

1. Eignet sich das Konzept der hegemonialen Männlichkeit Ihrer Ansicht nach, um
   in Ihrem Nahfeld hierarchische Strukturen von Geschlecht zu untersuchen? Was
   wären die Grenzen des Konzeptes?
2. Wenn Sie an ihr eigenes Berufsfeld bzw. Ihre eigene Praxis denken, welche
   impliziten geschlechtsbezogenen Zuschreibungen können Sie dort identifizieren
   und wie äußern sie sich?

3. Angenommen Sie würden in ihrem praktischen Arbeitsfeld den Einfluss geschlechtsbezogener Zuschreibungen untersuchen wollen, wie würden Sie ihre Forschung aufbauen?

Literatur

Böcker-Giannini, N. (2016). Das gespielte Geschlecht – Frauenberuf „Frühpädagogische Fachkraft". In K. Fischer, G. Hölter, W. Beudels, C. Jasmund, A. Krus & S. Kuhlenkamp (Hrsg.), *Bewegung in der frühen Kindheit* (S. 341–353). Wiesbaden: Springer Fachmedien.

Buschmeyer, A. (2013). *Zwischen Vorbild und Verdacht. Wie Männer im Erzieherberuf Männlichkeit konstruieren* (Geschlecht und Gesellschaft, Bd. 52). Wiesbaden: Springer VS.

Connell, R. (2015). *Der gemachte Mann.* Wiesbaden: Springer Fachmedien.

Cremers, M., Krabel, J. & Calmbach, M. (2015). *Männliche Fachkräfte in Kindertagesstätten. Eine Studie zur Situation von Männern in Kindertagesstätten und in der Ausbildung zum Erzieher* (5. Aufl.) (Bundesministerium für Familie, Senioren, Frauen und Jugend, Hrsg.). Heidelberg, Berlin: Katholischen Hochschule für Sozialwesen Berlin und Sinus Sociovision GmbH, Heidelberg/Berlin. https://www.bmfsfj.de/bmfsfj/service/publikati onen/maennliche-fachkraefte-in-kindertagesstaetten/80936. Zugegriffen: 24. Juli 2022.

Demirovic, A. (2013). Löwe und Fuchs – Antonio Gramscis Beitrag zu einer kritischen Theorie bürgerlicher Herrschaft. In P. Imbusch (Hrsg.), *Macht und Herrschaft. Sozialwissenschaftliche Theorien und Konzeptionen* (2. Aufl., S. 137–150). Wiesbaden: Springer VS.

Kuckartz, U. (2018). *Qualitative Inhaltsanalyse. Methoden, Praxis, Computerunterstützung* (Grundlagentexte Methoden, 4. Auflage). Weinheim: Beltz Juventa.

Langemeyer, I. (2009). Antonio Gramsci: Hegemonie, Politik des Kulturellen, geschichtlicher Block. In A. Hepp, F. Krotz & T. Thomas (Hrsg.), *Schlüsselwerke der Cultural Studies* (S. 72–82). Wiesbaden: VS Verlag für Sozialwissenschaften.

Majdanski, N. (2012). *Männer »doing« Gender!* (Bd. 9). Herbolzheim: Centaurus Verlag & Media.

Meuser, M. & Scholz, S. (2012). Herausgeforderte Männlichkeit. Männlichkeitskonstruktionen im Wandel von Erwerbsarbeit und Familie. In M. S. Baader, J. Bilstein & T. Tholen (Hrsg.), *Erziehung, Bildung und Geschlecht. Männlichkeiten im Fokus der Gender-Studies* (S. 23–40). Wiesbaden: VS Verlag für Sozialwissenschaften.

Nentwich, J. C. & Vogt, F. (2021a). (Un)doing gender empirisch: Konzeptionelle, methodische und praktische Schlussfolgerungen. In J. C. Nentwich & F. Vogt (Hrsg.), *(Un)doing Gender empirisch* (S. 223–236). Wiesbaden: Springer Fachmedien.

Rohrmann, T. (2006). *Männer in Kindertageseinrichtungen und Grundschulen. Bestandsaufnahme und Perspektiven.* Beitrag präsentiert an der Fachtagung Mehr Männer in die pädagogische Arbeit! : Wechselspiel – Institut für Pädagogik und Psychologie. https://wechselspiel-online.de/literatur/Texte_TR/Rohrmann%20M%E4nner%20in%20Kitas%20BVZ.pdf. Zugegriffen: 3. Juli 2022.

Rohrmann, T., Cremers, M. & Krabel, J. (2010). Männer in Kitas – welche Bedeutung hat das Geschlecht pädagogischer Fachkräfte? *ARCHIV für Wissenschaft und Praxis der sozialen Arbeit* (02), 1–12. https://www.uibk.ac.at/psyko/forschung/elementar/downloads/rohrmann-archiv-2-2010.pdf. Zugegriffen: 3. Juli 2022.

Statistisches Bundesamt. (2021). *Statistiken der Kinder- und Jugendhilfe. Kinder und tätige Personen in Tageseinrichtungen und in öffentlich geförderter Kindertagespflege am 01.03.2021.* https://www.destatis.de/DE/Themen/Gesellschaft-Umwelt/Soziales/Kindertagesbetreuung/Publikationen/Downloads-Kindertagesbetreuung/tageseinrichtungen-kindertagespflege-5225402217004.html. Zugegriffen: 1. August 2022.

Statistisches Bundesamt. (2022). *In 67% der Familien mit jüngeren Kindern sind beide Elternteile erwerbstätig.* https://www.destatis.de/DE/Presse/Pressemitteilungen/2022/01/PD22_N003_122.html. Zugegriffen: 1. August 2022.

Tennhoff, W. (2018). *Symbolische Väter, junge Wilde und professionelle Pädagogen. Diskursive Konstruktionen männlicher Geschlechtsidentität in Kindertageseinrichtungen.* Dissertation, Universität St. Gallen. St. Gallen. https://www.e-helvetica.nb.admin.ch/directAccess?&callnumber=bel-1094524. Zugegriffen: 23. Juli 2022.

Walter, W. (2000). Gender, Geschlecht und Männerforschung. In C. von Braun & I. Stephan (Hrsg.), *Gender-Studien. Eine Einführung* (S. 97–115). Stuttgart: Metzler.

Weiterführende Literatur

Bastian, P. (2018). Forschung in der Sozialen Arbeit. In G. Graßhoff, A. Renker & W. Schröer (Hrsg.), *Soziale Arbeit. Eine elementare Einführung* (Lehrbuch, S. 651–660). Wiesbaden: Springer VS.

Nentwich, J. C. & Vogt, F. (2021b). (Un)doing gender empirisch erforschen. In J. C. Nentwich & F. Vogt (Hrsg.), *(Un)doing Gender empirisch* (S. 7–50). Wiesbaden: Springer Fachmedien.

Ohrem, S. (2011). Überwindung von Gender Bias in der Kindertagesstätte – Auflösung tradierter Geschlechtsrollenzuweisungen im Vorschulalter. In U. Klammer & M. Motz (Hrsg.), *Neue Wege – Gleiche Chancen. Expertisen zum Ersten Gleichstellungsbericht der Bundesregierung* (1. Auflage, S. 45–87). Wiesbaden: VS Verlag für Sozialwissenschaften.

Stephan Sälinger, Sozialarbeiter und Biologe (B.A. in Sozialer Arbeit mit dem Schwerpunkt Bildung und Beruf sowie M.Sc. in Ecology). Lehrtätigkeit im Rahmen der Ringvorlesung Gender & Diversity an der DHBW Villingen-Schwenningen. Arbeitet derzeit als Sozialarbeiter/Sozialpädagoge im Rahmen der Schulkindbetreuung an einem SBBZ-L mit Kindern der Grundstufe sowie in einer Kindertagesstätte mit Kindern im Kindergartenalter.

Zwischen männlicher Herrschaft und dem Scheitern am Ideal der Dominanz. Pierre Bourdieus „Die männliche Herrschaft" als theoretischer Rahmen für die sozialarbeiterische Praxis der Männerberatung

Florian Schumacher und Jonas Muth

Zusammenfassung

Das Ziel des Beitrags besteht darin, Probleme von Männern im Hinblick auf die soziale Bedeutung von Männlichkeit zu betrachten. Die grundlegende These besagt, dass in den sozial verankerten Ideen und Verkörperungen von männlicher Dominanz bereits deren Kehrseite von Schwäche und Versagen zu finden ist. Hierzu werden die sozialarbeiterische Konzeption und die Praxis einer Männerberatungsstelle sowie Beispiele aus der Beratungspraxis vor dem Hintergrund der theoretischen Ausführungen zur sozialen Bedeutung von Männlichkeit in Bourdieus Werk „Die Männliche Herrschaft" beleuchtet.

Keywords

Männerberatung • Männlichkeit • Männlicher Habitus • Die männliche Herrschaft • Bourdieu

F. Schumacher (✉)
Katholische Hochschule Freiburg, Freiburg, Deutschland
E-Mail: florian.schumacher@kh-freiburg.de

J. Muth
Caritasverband für den Landkreis Emmendingen e.V, Emmendingen, Deutschland
E-Mail: jonas.muth@caritas-emmendingen.de

1   Einleitung

Die Frage nach Männlichkeit und damit nach spezifisch männlichen Problemen
ist in der Sozialen Arbeit noch immer eine Nebenbaustelle. Während einerseits
männliche Dominanz durch die MeToo-Bewegung völlig zurecht gesellschaftlich
herausgefordert wird und eine spezifische Version von Männlichkeit unter dem
Schlagwort „toxische Männlichkeit" am öffentlichen Pranger steht, erscheinen
auf der anderen Seite Schwächen und Scheitern von Männern nach wie vor
als tabuisiert. So ist beispielsweise die Diagnose eines Burnout-Syndroms
gesellschaftlich wohl vor allem deshalb akzeptabler, weil damit die Symptome einer Depression in einen Zusammenhang mit einer enormen Leistung
gebracht werden und damit nicht direkt als männliches Versagen eingestuft werden müssen, wie exemplarisch bereits die Überschrift eines Artikels im Spiegel
nahelegt: „Wer noch keinen Burn-out hatte, der hat nicht richtig gebrannt"
(Hoffmann 2022; vgl. hierzu auch den Beitrag von Staiger/Krumm in diesem
Band).

Soziale Arbeit bearbeitet soziale Probleme. Als soziale Probleme werden soziale Ausschlüsse, gesellschaftliche Marginalisierung und soziale Rand-
ständigkeit wahrgenommen. Obgleich etwa die allermeisten wohnungslosen
Menschen (vgl. Busch-Geertsema et al. 2019, S. 112) oder Insassen von Gefäng-
nissen (vgl. Statistisches Bundesamt 2022, S. 10–11) männlich sind, sind Männer
an sich als spezifische Zielgruppe Sozialer Arbeit dennoch erst einmal schwierig
zu konstruieren. So gibt es also männliche Klienten der Sozialen Arbeit, jedoch
sind diese Klienten deshalb Klienten, weil sie von gesellschaftlichen Ausschlüssen betroffen sind und dementsprechend Hilfsbedürftigkeit besteht. Was
dabei nicht oder nur nebenbei thematisiert wird, ist aber derjenige Anteil
schwieriger Lebenslagen, welcher mit Männlichkeit zu tun hat (vgl. Scherr 2012,
S. 559).

Als im Geschlechterverhältnis dominante Gruppe erscheinen Männer erst einmal nicht als gesellschaftliche Gruppe, die selbst Probleme hat, sondern als
Gruppe, die auch aufgrund ihrer Überlegenheit (anderen) Probleme bereitet. So ist
die Ausübung körperlicher und sexueller Gewalt vor allem männlich konnotiert,
ebenso sind auch Gender Pay Gap und Gender Care Gap nach wie vor soziale
Realität. Sehr offensichtlich profitieren Männer gesellschaftlich insgesamt von
einem noch immer vorhandenen Bild „hegemonialer Männlichkeit" und das selbst
dann, wenn sie in ihrem privaten Leben persönlich gar nicht als „Unterdrücker"
in Erscheinung treten. Connell spricht daher von einer „patriarchalen Dividende"
(vgl. Connell 2015, S. 133 u. 136), welche Männlichkeit gesellschaftlich verteilt

auf unterschiedliche Bereiche mit sich bringt (vgl. hierzu auch den Beitrag von Sälinger in diesem Band).

Das Ziel dieses Beitrags besteht darin, die soziale Bedeutung von Männlichkeit im Hinblick auf Probleme von Männern selbst zu beleuchten. Dabei geht es mitnichten darum, öffentlichen Diskursen über toxische Männlichkeiten zu widersprechen, sondern darum, den Scheinwerfer zu drehen und eben jenes toxische Element dahingehend zu betrachten, dass auch Männer selbst Opfer der sozial dominanten Konstruktionen von Männlichkeit sein können. Empirisch deutlich wird das beispielsweise in der Gewaltstatistik, in der Männer nicht nur häufiger Täter, sondern auch häufiger Opfer von starker körperlicher Gewalt sind (vgl. dazu etwa die diffenzierte Studie von Döge 2013, S. 35–40) oder noch viel plastischer an weiteren zentralen Themen der Männerberatung, wie eben Depressionen, Burnout und Suizidgedanken.

Hierzu werden wir in einem ersten theoretischen Teil der Arbeit männliche Sozialisation und die gesellschaftliche Bedeutung von Männlichkeit anhand von Bourdieus Konzeptionen der „symbolischen Gewalt" (Abschn. 2.1) und des Habitus (Abschn. 2.2) genauer beleuchten, welche im Hinblick auf Geschlecht insbesondere in seinem Spätwerk „Die männliche Herrschaft" (Bourdieu 2005) angewendet werden. Davon ausgehend folgt eine Betrachtung von Bourdieus Ausführungen zu männlicher Schwäche (Abschn. 2.3) sowie die Ableitung von Anstößen für die Praxis der Männerberatung (Abschn. 2.4).

Ausgehend von diesem theoretischen Hintergrund beleuchten wir in einem zweiten praxisanalytischen Teil männliche Sozialisation, männliches Doing Gender und männliche Lebensentwürfe aus unserer praktischen Beratungsperspektive der Männerberatungsstelle für gewaltbereite Jungen und Männer des Caritasverbandes für den Landkreis Emmendingen e. V. (vgl. dazu auch Böhnisch 2015, 2020). Dabei geben wir zunächst einen Überblick über die Konzeption unserer Beratungsarbeit im Hinblick auf männliche Identität und davon ausgehend männliche Problembewältigung (Abschn. 3.1). Im Anschluss beleuchten wir unser methodisches Vorgehen bei der Beratung von Klienten (Abschn. 3.2) und veranschaulichen dieses anschließend anhand von Fallbeispielen aus unserer Beratungspraxis (Abschn. 3.3).

2   Bourdieus Konzeption der männlichen Herrschaft

Pierre Bourdieu entwickelte seine theoretischen Begriffe im Rahmen seiner Studien zu Algerien und im Anschluss daran weiter in Frankreich – zunächst in den Analysen der sozialen Verhältnisse in seiner ländlichen Heimat Béarn und schließlich in den Analysen der gesamten französischen Klassengesellschaft (vgl. Bourdieu 2002, S. 41–75). Obwohl Geschlecht immer wieder eine zentrale Rolle in seinen gesellschaftlichen Analysen einnimmt – so etwa, wenn er in seinen Studien den Niedergang der bäuerlichen Welt aufgrund der zunehmenden Bedeutung der Sekundarbildung anhand der Ehelosigkeit von Bauern veranschaulicht (vgl. Bourdieu 2008; zudem zusammenfassend Heim et al. 2009, S. 258–261) – widmet er sich dieser Thematik erst sehr spät in einer systematischen Weise, nämlich mit der Veröffentlichung von „Die männliche Herrschaft" (2005) wenige Jahre vor seinem Tod.

Dementsprechend war zu diesem Zeitpunkt sein theoretisches Instrumentarium bereits vollständig entwickelt und vor allem an verschiedenen klassentheoretischen Untersuchungen erprobt worden. Um Bourdieus Ausführungen zu Geschlecht und insbesondere zur sozialen Bedeutung von Männlichkeit nachvollziehen zu können, werden im Folgenden die beiden in dieser Hinsicht zentralen theoretischen Begriffe – nämlich „symbolische Gewalt" bzw. „symbolische Herrschaft" und „Habitus" – zusammenfassend dargestellt.

2.1 Die gesellschaftliche Ebene von geschlechtlicher Gewalt

Mit dem Konzept der symbolischen Gewalt gelingt es Bourdieu grundsätzlich zu erklären, wie schwer erträgliche soziale Existenzbedingungen von gesellschaftlich beherrschten Akteur*innen nicht nur als selbstverständlich hingenommen werden, sondern sogar als natürlich akzeptiert werden.

Wissensbaustein: Symbolische Gewalt
Symbolische Gewalt basiert nicht auf physischer Unterwerfung und körperlichem Zwang, sondern „auf der symbolisch-sinnhaften Ebene des Selbstverständlichen und Alltäglichen" (Moebius und Wetterer 2011, S. 1). Es geht dabei vor allem um die Ebene der Kultur, das bedeutet um allgemeine Sinnbezüge und Weltanschauungen, die als selbstverständliche gesellschaftliche Weisen zu Denken und zu Handeln daherkommen, weil ein kulturell gemeinsam vorhandenes Deutungs- und Bewertungssystem vorhanden ist. Dementsprechend sieht Bourdieu in symbolischer Gewalt eine „für ihre Opfer unmerkliche, unsichtbare Gewalt" (Bourdieu 2005, S. 8). Des Weiteren handelt es sich um eine sanfte Form von Gewalt

(vgl. Bourdieu 2005, S. 8), die auf Bejahung und Zustimmung durch die Beherrschten basiert.

Auf der Ebene des Geschlechterverhältnisses veranschaulicht diesen Aspekt auch Connell in analoger Weise anhand des Konzeptes der hegemonialen Männlichkeit, welche „Macht und Herrschaft nicht primär als in Gewaltanwendung und -androhung" kennt, sondern im Rahmen eines „kulturell vermittelten (impliziten) Einverständnisses" (Connell 2015, S. 10). Connell schließt an den Hegemoniebegriff von Antonio Gramsci an, demzufolge eine stabile Herrschaft über gemeinsame Werte und Deutungsmuster funktioniert. Physische Gewalt bleibe dennoch als Mittel der Durchsetzung als „ultima ratio" potentiell verfügbar, jedoch ist der Gebrauch von physischem Zwang und Gewalt „ein Indikator dafür, dass ein Herrschaftssystem Legitimationsprobleme hat" (Connell 2015, S. 11).

Mit der symbolischen Gewalt weist Bourdieu aber vor allem auch „auf die Eigenbeiträge hin, die die Beherrschten zu ihrer Beherrschung leisten" (Schmidt 2009, S. 232). Indem Selbstverständlichkeiten der sozialen Welt eben nicht hinterfragt und damit herausgefordert werden, kann die gesellschaftliche Ordnung kontinuierlich als richtig und natürlich erscheinen.

2.2 Der Habitus als gesellschaftliche Konstruktion des männlichen Körpers

Während symbolische Gewalt auf der Ebene von Diskursen und kollektiven Vorstellungen von Legitimität und Illegitimität oder auch Angemessenheit und Unangemessenheit angesiedelt ist, beschreibt Bourdieus mit einem zweiten zentralen Begriff, nämlich dem Habitus, die Schnittstelle zum Körper.

Wissensbaustein: Habitus
Mit dem Habitus dringt die soziale Welt sozusagen in den Körper ein, er ist in Bourdieus Worten „das Körper gewordene Soziale" (Bourdieu 1996, S. 161). Diese Inkorporation sozialer Praktiken erfolgt über Sozialisation, wobei Bourdieu den Begriff der ‚Habitusformierung' bevorzugt (Bourdieu 1987, S. 122). Er geht generell davon aus, dass die relevanten kulturellen Praktiken sozial angeeignet und nicht natürlich-biologisch gegeben sind. Individuelle Präferenzen und Vorstellungen sind somit – auch

im Hinblick auf geschlechtliche Identitäten – für ihn das Resultat von familiärer und schulischer Erziehung. Dem Habitus liegen also grundlegende
und einverleibte Erfahrungen der Lebensbedingungen im Kindheitsalter
zugrunde. Dementsprechend bezeichnet Bourdieu den Habitus eines Menschen als diejenigen „Wahrnehmungs-, Denk- und Handlungsschemata"
(Bourdieu 1987, S. 101), in denen sämtliche inkorporierten früheren
sozialen Erfahrungen zum Ausdruck kommen.

Der geschlechtliche Habitus und insbesondere der männliche Habitus sind bei
Bourdieu elementar mit seiner Konzeption der männlichen Herrschaft verbunden. Diese soziale Dimension von Männlichkeit und gesellschaftlicher Dominanz
basiert auf einem männlichen Doing Gender, welches Bourdieu detailliert zu
beschreiben versucht. Ausgehend von seinen frühen ethnographischen Feld-
forschungen über die kabylische Gesellschaft in Algerien analysiert Bourdieu,
um symbolische Gewalt und männlichen Habitus zu erfassen, eine Reihe von
Elementarkategorien, welche die soziale Welt – und damit auch die soziale
Differenzierung zwischen dem Männlichen und dem Weiblichen – als „System
homologer Gegensätze" organisieren (Bourdieu 2005, S. 18). Die soziale Bedeutung der Unterschiede zwischen den beiden Geschlechtern ergibt sich Bourdieu
zufolge also daraus, dass diese über eine größere „Gesamtheit von Gegensätzen"
organisiert sind (Bourdieu 2005, S. 17). Über Gegensatzpaare wie „hoch/tief,
oben/unten, vorne/hinten, rechts/links, gerade/krumm (und hinterlistig), trocken/
feucht, hart/weich, scharf/fade, hell/dunkel, draußen (öffentlich)/drinnen (privat)
usf." ist also letztendlich über die soziale Bedeutung von Geschlecht ein ganzer
sozialer Kosmos aufgespannt (Bourdieu 2005, S. 18).

Diese Einteilungen der sozialen Welt in praktische Schemata sind Bourdieu
zufolge in die Körper der Menschen eingeschrieben und bilden so auch zwischen
den Geschlechtern zwei antagonistische Klassen von Habitus, welche sich konkret
etwa in Unterschieden bezüglich Gang, Körperhaltung, Gestik oder auch den
geschmacklichen Präferenzen zeigen: „wie einer spricht, tanzt, lacht, liest, was er
liest, was er mag, […] All das ist eng miteinander verknüpft" (Bourdieu 1989,
S. 25).

Die Systematik aus Präferenzen sowie Anziehung und Abstoßung funktioniert nun nicht allein bei sozialen Kontakten und einzelnen Vorlieben, sondern
strukturiert das gesamte Handeln und Denken von Menschen, jedoch auf eine
unbewusste und kaum spürbare Art und Weise. Neben der Klassenherkunft lässt
sich so auch über die soziale Ebene von Geschlechtsidentität sagen, dass diese

„hinein bis in die Tiefen des Habitus, bis hinein in das Innerste des Geschmacks und des Ekels, der Sympathien und Antipathien, der Phantasmen und Phobien" wirkt (Bourdieu 1982, S. 137). In sozialen Verhältnissen zwischen Geschlechtern kommen die geschlechtlichen Habitus so beispielsweise auch „in Form von Leidenschaften oder Gefühlen (Liebe, Bewunderung, Respekt) oder körperlichen Emotionen (Scham, Erniedrigung, Schüchternheit, Beklemmung, Ängstlichkeit, aber auch Zorn oder ohnmächtige Wut)" zum Ausdruck (Bourdieu 2005, S. 72).

Exemplarisch zeigt Bourdieu dies an der Tatsache, dass Frauen noch immer mehrheitlich Männer als Partner präferieren, die älter und größer als sie selbst sind. Dies erklärt er damit, dass in der symbolischen Ordnung Frauen in der beherrschten Position sind und demnach ihre eigene soziale Position vom Mann abhängt. Demnach ist entscheidend, dass der Mann nach außen die herrschende Position repräsentiert, wofür es notwendig ist, dass er die Partnerin körperlich „überragt": „Alter und Größe (als Indiz für Reife und Gewähr von Sicherheit) sind für diese Überlegenheit die verläßlichsten Anzeichen." (Bourdieu 2005, S. 68) Wäre nun die Frau ihrem Mann an Körpergröße überlegen, so würde sie dieser sozialen Logik zufolge, ihre eigene soziale Position schwächen, indem Sie die Position ihres Partners schwächt. Aus diesem Beispiel lässt sich auf die soziale Bedeutung von Männlichkeit schließen.

2.3 Die Dialektik von männlicher Schwäche und Stärke

Männlichkeit stellt für Bourdieu ein zentrales Element der gesellschaftlichen Machtstrukturen dar: „Die soziale Ordnung funktioniert wie eine gigantische symbolische Maschine zur Ratifizierung der männlichen Herrschaft, auf der sie gründet." (Bourdieu 2005, S. 21) Die soziale Bedeutungen von Männlichkeit und Weiblichkeit ziehen sich dementsprechend durch den gesamten gesellschaftlichen Raum und kommen etwa in der Arbeitsteilung, Versammlungsorten, Freizeitgestaltung oder kulturellen Präferenzen zum Ausdruck. Symbolische Gewalt und geschlechtliche Habitusausprägungen sorgen also letztendlich dafür, dass die geschlechtliche Einteilung der sozialen Welt „in der ‚Natur der Dinge' zu liegen" scheint; sie ist eingebettet in das „was normal, natürlich und darum unvermeidlich ist" (Bourdieu, 2005, S. 19). Dem Mann wird also gesellschaftlich qua seines biologischen Geschlechts eine Position der Dominanz zugewiesen bzw. er wird in diese Position hineinsozialisiert. Der männliche Habitus erscheint in Bourdieus Argumentation also als eine Verkörperung von Dominanz, Macht und Stärke.

Damit wohnt dem männlichen Habitus – dem weiblichen Habitus in seiner konkreten Ausprägung diametral entgegengesetzt – jedoch eben auch ein sozialer Zwang inne, der den Mann sozusagen zum Herrschen verdammt. So schreibt Bourdieu: „Wenn die Frauen, die einer Sozialisationsarbeit unterworfen sind, welche auf Herabsetzung und Verneinung zielt, eine Lehre negativer Tugenden wie Selbstverleugnung, Resignation und Schweigen durchmachen, sind die Männer gleichfalls Gefangene und auf versteckte Weise Opfer der herrschenden Vorstellung." (Bourdieu 2005, S. 90).

Damit erscheint männliche Stärke bereits bei Bourdieu durchaus als ambivalent. Denn aus der sozialen Verknüpfung von Männlichkeit und Dominanz erwächst gleichzeitig auch die größte Schwäche von Männlichkeit. Durch die Einprägung der symbolischen Gewalt in den männlichen Körper (vgl. Bourdieu 2005, S. 71) stellt männliche Sozialisation auch „ein Ideal, oder besser gesagt, ein System von Ansprüchen dar, das in mehr als einem Fall unerreichbar bleiben muß" (Bourdieu 2005, S. 92). Insofern betrachtet Bourdieu Männer ebenso wie Frauen als Opfer von herrschenden gesellschaftlichen Vorstellungen, die in einem Sozialisationsprozess als Habitus eingeprägt werden: Männer werden über den Habitus erst zu Männern geformt bzw. formen sich selbst zu Männern. Insofern ist Männlichkeit, so Bourdieu „vor allem eine Bürde" (Bourdieu 2005, S. 93): „Das männliche Privileg ist auch eine Falle und findet seine Kehrseite in der permanenten, bisweilen ins Absurde getriebenen Spannung und Anspannung, in der die Pflicht, seine Männlichkeit unter allen Umständen zu bestätigen, jeden Mann hält" (Bourdieu 2005, S. 92). Das Ideal der Männlichkeit besteht demnach eben auch in Verpflichtungen zur Aktion, zum Gestalten, Führen und Kontrollieren. Der „wahrhafte Mann", so Bourdieu, ist „derjenige, der sich gehalten fühlt, alle Möglichkeiten, die sich ihm bieten, auszuschöpfen, um seine Ehre dadurch zu mehren, dass er Ruhm und Auszeichnungen im öffentlichen Bereich sucht" (Bourdieu 2005, S. 93). Möglichkeiten zum Scheitern, passives Abwarten, Zögern, offener Umgang mit Ängsten etc. schließt das Prinzip der männlichen Herrschaft komplett aus (vgl. Doppe und Holtermann 2021). So ist Männlichkeit immer auch ein Ideal, „dessen Schattenseite in den Befürchtungen und Ängsten [liegt], die die Weiblichkeit hervorruft" (Bourdieu 2005, S. 93). Folglich liegt im „unmöglichen Ideal der Männlichkeit das Prinzip einer außerordentlichen Verletzlichkeit" (Bourdieu 2005, S. 93).

2.4 Bourdieus Konzeption als Anstoß für die Beratung von Männern

Die Ziele einer Sozialen Arbeit mit Männern können teilweise auch aus Bourdieus theoretischen Ausführungen entwickelt werden. Denn, was Bourdieu mit seinen Begriffen zu erfassen versucht, ist männliches Doing Gender. Die Perspektive nämlich, dass Geschlecht und Geschlechtszugehörigkeit eben nicht als natürliche Eigenschaften von Menschen betrachtet werden sollen, sondern die sozialen Prozesse – und in Bezug auf eine einzelne Person biographischen Prozesse – in den Blick genommen werden müssen, in denen Geschlecht als sozial folgenreiche Unterscheidung produziert und reproduziert wird (vgl. Gildemeister 2008, S. 167). Was Bourdieu also mit seinen Analysen zu Geschlecht intendiert, ist, von der Idee wegzukommen, „daß die Herrschaftsstrukturen ahistorisch seien" (Bourdieu 2005, S. 65). Vielmehr versucht er nachzuweisen, „daß sie das Produkt einer unablässigen (also geschichtlichen) Reproduktionsarbeit sind, an der einzelne Akteure (darunter die Männer mit den Waffen der physischen und symbolischen Gewalt) und Institutionen, die Familien, die Kirche, die Schule, der Staat beteiligt sind" (Bourdieu 2005, S. 65). Die Analysen zu den beiden Begriffen, *symbolische Gewalt* und *Habitus* in „Die männliche Herrschaft" können demnach eben jenen Rahmen liefern, innerhalb dessen jeder einzelne seine eigene soziale Herstellung und Selbstidentifikation als Mann rekonstruieren und reflektieren kann – und dies sowohl im Hinblick auf die eigene privilegierte soziale Position als auch im Hinblick auf Scheitern und persönliche Schwächen. Wenn Bourdieu schreibt, dass „die Individuen eher vom Habitus besessen sind, als dass sie ihn besitzen" und er darauf hinweist, dass soziale Akteure den Habitus „nur so weit besitzen, wie er in ihnen als Organisationsprinzip ihrer Handlungen wirkt" (Bourdieu 1976, S. 209), dann ist das immer auch eine Aufforderung zur kritischen Selbstreflexion.

3 Männerberatung und Beratungspraxis

Dass Männlichkeit eine Bürde sein kann, zeigt sich häufig konkret am Scheitern auf unterschiedlichen Ebenen. Dabei betrachten wir die gesellschaftlich männlich konnotierten Rollen des Versorgers, Erzeugers und Beschützers, in welchen sich das Ideal des starken Mannes manifestiert. Entsprechend zieht ein Versagen in diesen Bereichen häufig eine Implosion von Identität und Selbstwert nach sich, aus welcher in der Folge wiederum aus Gefühlen von Macht- und Hilflosigkeit psychische Problematiken wie etwa Depressionen und Burnout oder Gewalthandeln entstehen können.

3.1 Die Praxis der Männerberatung

In der Beratungsstelle für gewaltbereite Jungen und Männer des Caritasverbandes für den Landkreis Emmendingen beraten wir Jungen und Männer ab 14 Jahren, die Angst davor haben gewalttätig zu werden oder bereits gewalttätig geworden sind. Die Spanne der Beratungsanlässe reicht dabei vom Anschreien der eigenen Kinder bis hin zu sexuellem Missbrauch oder schweren Körperverletzungen. Analog zu Bourdieus theoretischem Entwurf eines männlichen Habitus, eint die Klienten mehr oder weniger das fortlaufende Scheitern am Ideal des starken und dominanten Mannes. Am Ideal der Dominanz scheitern auch viele Männer, die nie gewalttätig werden, denn es gibt grundsätzlich zwei Wege mit verdrängten Gefühlen umzugehen. Der Ausbruch nach außen oder die Implosion im Inneren. Beides kann fatale Folgen haben. Nicht selten erleben wir beide Phänomene in der Beratung an einem Mann. Immer wieder kommt in unseren Beratungen ein folgenschwerer Kreislauf von persönlichem Versagen, Scheitern und Sprachlosigkeit zum Ausdruck, der auf fehlenden Zugängen zu den eigenen Gefühlen basiert.

Jungen und Männer benötigen selbstverständlich in manchen Lebenslagen Hilfe. Diese in Anspruch zu nehmen, bedeutet jedoch bereits ein Eingeständnis von Schwäche und damit die Akzeptanz bzw. Integration einer vermeintlich unmännlichen Eigenschaft. Dadurch, dass Hilfe nicht in Anspruch genommen oder sogar aktiv verweigert wird, wird ein Scheitern und damit die Fortschreibung und Verstärkung des Schwächegefühls wahrscheinlicher. Hier zeigt sich in gewisser Weise die anhand von Bourdieu veranschaulichte Dialektik von männlicher Schwäche und Stärke in zugespitzter Weise. Denn durch das Festhalten am Ideal der Dominanz und Stärke erleben Männer Schwäche ungleich dramatischer als Frauen, weil das Eingeständnis dieser häufig als kompletter Zusammenbruch der ansozialisierten männlichen Identität betrachtet werden muss. Situationen, in denen sie nicht weiterwissen und sich hilflos erleben, führen also deshalb zu einem besonders hohen Leidensdruck, weil Männer sich weder der Situation noch dem gesellschaftlichen Anspruch an ihre Rolle als Mann gewachsen fühlen. Mit einem Verbleiben in dieser Situation steigt sprichwörtlich der „Druck im Kessel". In den meisten Beratungsfällen äußert sich dies an einem enormen Ausmaß an Wut, welche dadurch hervorgerufen und in der Folge häufig

auch gezeigt wird, um einerseits in Gewaltakten „Dampf ablassen" zu können und andererseits, um damit dem gesellschaftlichen Rollenbild des starken
Mannes wieder und weiter entsprechen zu können. Die Situation bzw. das dahin-
terliegende Problem selbst wird mit Gewalt nie oder nur in den allerseltensten
Fällen mittel- bis langfristig gelöst, weil Gewalt auf verschiedenen Ebenen Konsequenzen nach sich zieht und auch dadurch das Rad des Scheiterns immer
weiterdreht.

Die Gründe für dieses Scheitern werden aus Selbstschutz (bewahren der eigenen Identität) häufig im Außen gesucht. Darauf wird einerseits eben mit Wut
oder andererseits (häufig auch zusätzlich) mit innerlichem Rückzug begegnet
(vgl. Stuve 2017, S. 554). Beides führt oftmals zu weiteren Konflikten und dem
Scheitern sozialer Beziehungen. Dies wiederum hat zur Folge, dass sich viele
Jungen und Männer, die in unsere Beratung kommen, in vielen Lebenskontex-
ten unverstanden fühlen und dadurch zunehmend als hilflos erleben. Sie erleben
folgendes Dilemma: Schwäche zeigen und Veränderungen im Inneren anstoßen
gefährdet oft das Selbstbild des starken Mannes. Wer aber immerfort versucht
Stärke und Dominanz auszuüben, gefährdet die eigene Unversehrtheit ebenso
wie fremdes Leben, zudem riskiert er damit seine Handlungsfähigkeit und seine
sozialen Beziehungen.

Da das Erleben von Hilflosigkeit nach unserem Verständnis die Hauptursache
für Gewalt gegen andere und sich selbst darstellt – als eine Abwehr von Ohnmacht (vgl. Lempert und Oelemann 2000, S. 59) – wird deutlich, wie notwendig
es ist, durch zielgruppenorientierte Hilfsangebote behutsam den Zugang zum
Gefühlsleben zu erschließen und zu ermöglichen. Der darauffolgende nächste
Schritt besteht dann darin, durch wirksame Kommunikationsformen der eigenen
Gefühlswelten das Erleben von Selbstwirksamkeit wahrscheinlicher zu machen.
Dementsprechend ist die Arbeit an und mit Gefühlen wesentlicher Bestandteil
der Beratung. Männer tun sich oft schwer damit, ihre Gefühle zu erkennen,
zu benennen und darüber mit anderen zu sprechen. Nicht nur die vermeintlich
„schwachen" Gefühle wie Trauer, Schmerz und Einsamkeit werden ausgeklammert, sondern häufig fast alle Gefühle. Das hat zum einen etwas damit zu tun,
dass Gefühle zu zeigen allgemein als Schwäche ausgelegt wird. Zum anderen
zeigt sich in der Beratungspraxis, dass Gefühle sich nicht bzw. nur sehr schwer
partiell ausklammern lassen. Dem entsprechend sind die meisten Klienten in der
Beratung erstmal kaum fähig, über Gefühle zu reflektieren geschweige denn, sie
aktiv anzusprechen.

Worüber jedoch selbst bei den erfahrensten „Gefühlsverweigerern" noch
gesprochen werden kann, ist das Gefühl von Wut. Wut suggeriert Aktivität,
Aggressivität und Stärke. Sie ist in den allermeisten Fällen nach außen (auf

die Ex-Partnerin, den Arbeitgeber, die Politik etc.) gerichtet und erscheint damit als sehr männlich konnotiertes Gefühl. Wie wir jedoch im folgenden Kapitel anhand einiger Beispiele aus der Beratungspraxis veranschaulichen werden, stellt Wut eine sekundäre Emotion dar, welche eine primäre Emotion verdeckt und sozusagen auf diese „draufgesetzt" wird. Es zeigt sich häufig, dass Trauer, Angst, Einsamkeit, Scham und manchmal sogar Liebe die Auslöser im Hintergrund sind, wenn nach außen Wut verbalisiert und gezeigt wird.

Nicht alle Klienten können sich auf Grund des beschriebenen, jahrelang eingeübten Umgangs mit Gefühlen und der gesellschaftlich konnotierten Rolle des starken Mannes in der Beratung darauf einlassen, über ihre Gefühle zu sprechen. Es gelingt jedoch den meisten, sich und ihre Gefühle im Laufe der Beratung zunehmend differenzierter wahrzunehmen und zu kommunizieren. Diesen Klienten fällt es in der Folge leichter, die Verantwortung für das eigene Handeln und die ausgeübte Gewalt anzuerkennen. Dadurch werden zukünftige Gewalttaten und psychische Problematiken zwar nicht ausgeschlossen, aber weniger wahrscheinlich.

Wer sich selbst aktiv und nicht als Opfer widriger Umstände erlebt, wird seltener aus Ohnmacht und Hilflosigkeit heraus zum Täter. Aktiv sein bedeutet hier nicht sportlich aktiv zu werden oder in blinden Aktionismus zu verfallen, was besonders von Männern in Krisen häufig missverstanden wird. Es bedeutet vielmehr, sich der Verantwortung für sein Handeln bewusst zu werden, sich den eigenen Gefühlen zu stellen und diese nach außen zu kommunizieren. Wer seine Gefühle kennt und lernt darüber zu sprechen, der wird auch die Gefühle und Grenzen anderer Menschen besser wahrnehmen und achten können.

Wenn es im Laufe der Beratung gelingt soziale Rollenmuster sowie die eigene sozialisierte Geschlechtsidentität zu reflektieren und in der Folge auch als Mann Gefühle zuzulassen, die als vermeintlich schwach und somit unmännlich konnotiert sind, kommt der Klient der Auflösung des oben beschriebenen Dilemmas einen großen Schritt näher.

3.2   Methodisches Vorgehen in der Beratungspraxis

Bei der Analyse der bestehenden Kommunikationsmuster sowie bei der Herausarbeitung von möglichen Entwicklungsschritten greifen wir in der Praxis auf ein etwas abgewandeltes Konzept von Friedemann Schulz von Thun (1981) zurück (vgl. Abb. 1). In der Beratung konnten wir feststellen, dass es ein hohes Frustrations- und Konfliktpotenzial sowohl beim Empfänger aus auch beim Sender birgt, wenn zu wenig über die eigenen Bedürfnisse gesprochen und

Abb. 1 Entwicklungsschritte in der Beratungspraxis mit Männern

stattdessen Apelle und Beziehungsaussagen getätigt werden. Davon ausgehend basiert unsere Beratung auf drei zentralen Aspekten, die in den Beratungssitzungen schrittweise beleuchtet und verfolgt werden: einen Zugang zum Bereich der Selbstwahrnehmung schaffen, davon ausgehend eigene Bedürfnisse zu ergründen und in der Folge reflektieren, was der Befriedigung dieser Bedürfnisse im Wege steht.

Erstens: Die Fokussierung auf den Bereich der Selbstwahrnehmung in den ersten Beratungssitzungen zielt auf einen Zugang zur eigenen Gefühlswelt. Dabei werden die Wirkungen und Auswirkungen des eigenen Verhaltens nach innen und nach außen thematisiert. Hierfür müssen wir uns Zeit nehmen und zuerst bewusst unsere Körperempfindungen beachten und ernst nehmen. Bereits daran scheitern viele Männer, wenn sie zum Beispiel nicht auf die Frage antworten können, wie es Ihnen gerade psychisch und körperlich geht. Hier arbeiten wir mit den Männern häufig erst einmal daran, das Gefühlsvokabular zu erweitern. Einigen fällt es schwer, außer gut oder nicht gut überhaupt wirkliche Gefühle zu benennen. Der fehlende Zugang zum eigenen Inneren kommt etwa auch darin zum Ausdruck, dass viele Männer gar nicht oder erst viel zu spät einen Arzt aufsuchen, obwohl ihr Körper bereits seit längerem (psychosomatische) Warnsignale aussendet.

Zweitens: In einem nächsten Schritt ist es nötig, auch die Bedürfnisse zu reflektieren, die außerhalb einer rein körperlichen Ebene (Hunger, Schmerzen, Geschlechtstrieb etc.) zu verorten sind. Exemplarisch können hier etwa die Bedürfnisse nach engen Freundschaften, nach mehr Nähe in der Partnerschaft oder danach selbst ein fürsorglicher und liebevoller Partner oder Vater zu sein, genannt werden. Liegen diese Bedürfnisse offen, ist es möglich über sie zu reflektieren.

Drittens: Daran schließt sich die Frage an, was dieser Befriedigung der Bedürfnisse im Wege steht. Hier fallen von den Klienten häufig Äußerungen wie „Ich rede eigentlich nie über meine Gefühle" oder „Ich rede allgemein wenig".

An diesem Punkt kann es hilfreich sein, in der eigenen Biografie nach Erklärungsmöglichkeiten zu suchen sowie parallel dazu gesellschaftlich prägende geschlechtliche Rollenmuster zu hinterfragen, um beim Klienten eigene Positionierungen anzustoßen. Erst im Anschluss ergibt es Sinn, über Wege der Kommunikation nach außen zu sprechen.

Unsere Beratung ist letztendlich darauf ausgelegt, die gelingende Kommunikation eigener Gefühle, Bedürfnisse und Grenzen nach außen zu unterstützen. Für eine gelingende Kommunikation ist es wichtig, dass wir gut im Kontakt mit unseren Gegenübern sind. Kontakt wie wir ihn verstehen, findet an den Grenzen statt. Sind wir zu weit auseinander ist ein Kontakt nicht möglich, überschreiten wir die Grenzen, beispielsweise durch Gewalt oder Beleidigungen, kommt dies einem Kontaktabbruch gleich. An unsere Grenze kommen wir, wenn wir unsere Gefühle mitteilen. Dementsprechend wird ein Gespräch über Fußball oder Autos nur selten zu wirklicher Nähe führen (auch wenn da viele Männer widersprechen werden). Grenze bedeutet an dieser Stelle nicht eine unüberwindbare und blickdichte Mauer, sondern vielmehr unseren Rahmen, der uns definiert und schützt. Eben dieser Rahmen, in welchem wir uns bewusst auf andere zu bewegen, um unsere Bereitschaft zur Kommunikation deutlich zu machen, soll in der Beratung letztendlich thematisiert und neu ausgerichtet werden: Es geht es darum, auf sinnvolle Weise Kontaktangebote zu unterbreiten, die von unseren Mitmenschen angenommen werden können. Gelingen diese ersten Kontaktangebote, bedeutet das zunächst einmal, dass eine dauerhafte gelingende Kommunikation und im Anschluss tragfähige soziale Beziehungen wahrscheinlicher werden.

3.3   Beispiele aus der Beratungspraxis

In unsere Beratung kommen Jungen und Männer jeden Alters und aus allen gesellschaftlichen Schichten. Das Klischee des von Kopf bis Fuß tätowierten Hooligans oder des seine Ehefrau verprügelnden Alkoholikers im Feinripp-Unterhemd erfüllt sich nur selten. In den drei Jahren seit Bestehen des Beratungsangebots haben wir über 100 Jungen und Männer beraten. Exemplarisch haben wir uns hier für vier Fälle aus der Praxis entschieden, anhand derer wir darstellen, welche Auswirkungen ein Scheitern am Ideal der Dominanz haben kann und wie wir versuchen, dem beraterisch entgegenzuwirken. In der Regel spricht man, wenn man öffentlich über seine Arbeit spricht, lieber über Fälle, die einen für alle Seiten zufriedenstellenden Abschluss gefunden haben. Wir haben uns, um dem Titel unseres Beitrags gerecht zu werden, dazu entschieden eher solche Fälle vorzustellen, bei denen das Scheitern im Vordergrund stand und steht. Die Namen haben wir geändert, es handelt sich aber um reale Fälle.

Fallbeispiel Marcel: Dominanz um jeden Preis

Der 20-jährige junge Mann fand über eine Kollegin aus dem Sozialdienst der Caritas zunächst freiwillig zu unserer Beratung, wurde später jedoch über Weisungen von Gerichten zu weiteren Beratungsterminen verpflichtet. Insgesamt nahm er 18 Termine bei uns wahr. Zuvor absolvierte er bereits ein Anti-Gewalt-Training an anderer Stelle. Er schilderte, wie bereits seine Jugend von Konflikten geprägt war. Die Schule musste er aufgrund von Mobbingerfahrungen und Konflikten mit den Lehrkräften mehrfach wechseln und machte seinen Abschluss schließlich in einer Schule für Erziehungshilfe. Die Versuche einen höheren Schulabschluss zu erlangen scheiterten. Im Anschluss hatte er immer wieder wechselnde Aushilfstätigkeiten, jedoch keine Arbeitsstelle für länger als sechs Wochen. Zwischendurch war er immer wieder längere Zeit arbeitslos.

Über Konflikte im Elternhaus berichtete er seit dem ersten Termin immer wieder. Den Kontakt zu seiner Mutter hatte er zum Zeitpunkt der Beratungen komplett abgebrochen. Drogen waren ebenfalls häufig Thema in den Sitzungen, da diese für ihn die Rolle von „Gefühlsverdrängern" einnahmen.

Er war regelmäßig in Schlägereien verwickelt. Zuletzt wurde er wegen schwerer Körperverletzung und versuchter Erpressung verurteilt. Noch in der (vorerst) vorletzten Beratungsstunde berichtete er davon, wie er einen anderen Mann zusammenschlagen „musste", weil dieser seine Freundin beleidigt und ihn bedroht hatte.

Grund für seine zahlreichen und massiv eskalierenden Konflikte waren ein geringer Selbstwert gepaart mit einem Ideal von Dominanz und Stärke. Er fühlte sich schnell von anderen Menschen herabgesetzt und versuchte, dieses empfundene Ungleichgewicht mit Gewalt ausgleichen. Schwäche zu zeigen und nachzugeben kam für ihn nur in Ausnahmefällen infrage. Er berichtete immerhin davon, dass es ihm bei seiner Freundin manchmal gelänge.

Wir berichten hier über seinen Fall, weil er in der letzten Beratungsstunde einen Satz sagte, der im Gedächtnis geblieben ist. Bezüglich eines Konflikts mit einem anderen Mann äußerte er: „Ich bin ein

Mann, glaubst du ich entschuldige mich?" Diese rhetorische Frage beinhaltet das Statement: Echte Männer entschuldigen sich nicht. Anstöße diese Einstellung und sein eigenes auf Dominanz ausgerichtetes Männerbild kritisch zu hinterfragen, konnte er kaum annehmen, obwohl auch er sah, wie ihn sein eigenes Verhalten in Schwierigkeiten gebracht und wie sehr er unter den Folgen zu leiden hatte (bei weiteren Verurteilungen drohte ihm eine Gefängnisstrafe).

Im Kontext von Bourdieus Konzept des männlichen Habitus erscheint Marcel als Paradebeispiel für die Durchschlagskraft einer männlichen Sozialisation. Denn für Marcel war es nach eigenem Empfinden jedes Mal eine freie Entscheidung, ob er jemanden schlägt oder nicht: „Ich habe nicht das Gefühl, es tun zu müssen, um jemandem etwas zu beweisen. Ich will es so!" Somit war er ein tragisches Beispiel dafür, wie gesellschaftliche Rollenerwartungen in den Habitus integriert sind und zum eigenen „freien" Willen werden bzw. als solcher erscheinen. Wenn ihm das Verfolgen des Ideals männlicher Dominanz in letzter Konsequenz sogar wichtiger als seine Freiheit war, dann zeigt das exemplarisch, dass Männer wie bei Bourdieu zitiert eben auch Gefangene vorherrschender Vorstellungen von Männlichkeit sind und damit auf der anderen Seite wiederum selbst zu Opfern werden können. Wenn sich Marcel dazu entscheidet, eher ins Gefängnis zu gehen als sein Verhalten anzupassen, dann zeigt das einen Menschen, der – wie Bourdieu es formuliert – mehr vom männlichen Habitus besessen ist, als dass er ihn besitzt.

Fallbeispiel Ozan: Gewalt als Ausdruck von Kommunikationsunfähigkeit
Der 19 Jahre alte Ozan war Lehrling zum Kfz-Mechatroniker im zweiten Lehrjahr. Er war zwei Mal bei uns in der Beratung (einmal aufgrund gerichtlicher Weisung, einmal aufgrund eines anhängigen Verfahrens). Seinen Vater beschrieb er als gewalttätig und dominant. Als Grundschüler kam er eines Tages mit blutiger Nase und weinend nach Hause. Vom Vater wurde er daraufhin geschlagen und bekam den Auftrag mit, sich das nächste Mal besser zu behaupten. Die Ehe der Eltern war zerrüttet. Er bekam als Kind wenig Zuneigung. Die weiterführende Schule musste er aufgrund zahlreicher Konflikte verlassen. Im Anschluss hegte er Rachegedanken gegen die Direktorin. Insgesamt hatte er mit häufigen Alpträumen und Rachegedanken zu kämpfen; er litt zudem unter Verfolgungswahn. Laut

eigener Schilderung wurde er vor ein paar Jahren von 4 Männern entführt, zusammengeschlagen und mit dem Tod bedroht, wenn er seine damalige Freundin nicht verlassen und nie mehr kontaktieren würde. Inwieweit seine psychischen Beeinträchtigungen mit diesem Ereignis zusammenhängen, konnten wir in der Beratung nicht klären.

Gewalthandlungen und eine ausgeprägte Gefühlsverschlossenheit zogen sich seinen Schilderungen zufolge jedoch durch sein ganzes Leben. So erzählte Ozan von zahlreichen Schlägereien, in die er immer wieder verwickelt wurde: „Selbst meine Freunde sagen, ich ziehe so etwas an, wie Scheiße die Fliegen. Ich will einfach nur in Ruhe etwas trinken und dann kommt jemand zu mir und fängt Stress an." So war er auch an Messerstechereien beteiligt. Einmal habe ihn nur sein Freund davon abhalten können, einem anderen Mann ein Messer in den Oberschenkel zu rammen. Erschreckend waren auch seine letzten Schilderungen. Er erzählte, wie er einen Mann, der sich mit seiner Freundin getroffen hat, zuhause aufgesucht und mit einem (Gummi-) Hammer sowie Schlägen und Tritten auf den gesamten Körper malträtiert hat. Er ließ erst von ihm ab, als ein Krankenwagen eintraf, den die Nachbarn zwischenzeitlich alarmiert hatten.

Seine Freundin, die ihn begleiten musste, schlug er in dieser Situation ebenfalls. Dass er gegenüber ihr gewalttätig wurde, tat ihm in Nachhinein leid, was auch der Grund war, weshalb er unsere Beratung aufsuchte. Er äußerte jedoch explizit, dass er für das andere Opfer kein Mitleid empfinde. Zudem bemerkte er, dass er überhaupt kaum Gefühle für andere Menschen empfand. Als Erklärung für die außergewöhnliche Brutalität des letzten Angriffs konnten wir in der Beratung gemeinsam das Motiv Angst erarbeiten. Er hatte Angst davor, dass das Opfer sich später rächen könnte. Also fühlte er sich genötigt, ihm einen „richtigen Denkzettel" zu verpassen. Es kam die Frage auf, warum er die Sache nicht überhaupt ganz hätte lassen können. Seine Antwort darauf bestand darin, dass er den anderen Mann telefonisch zur Rede gestellt und ihm den weiteren Kontakt zur Freundin verboten hatte. Dieser hätte ihn daraufhin beleidigt und bedroht. Er „musste" also seinen Mann stehen.

Obwohl seine Gewaltschilderungen noch wesentlich dramatischer als die von Marcel waren, zeigte er sich in der Beratung sehr reflektiert, offen und dankbar. Bereits während der ersten Beratungssequenz war er dazu bereit, mit dem Berater zu einem seiner Opfer zu fahren und ihm zu sagen, dass ihm sein Verhalten leidtue. Danach äußerte er: „Ein komisches Gefühl. Ich habe mich vorher noch nie freiwillig bei jemandem entschuldigt."

Nichtsdestotrotz ist er im Anschluss erneut zum Täter geworden. Dennoch war die Beratung unseres Erachtens keinesfalls wirkungslos. Nach der letzten Sitzung sagte er abschließend: „Ich habe in den letzten zwei Stunden hier mehr über mich erzählt als in den letzten zwei Jahren davor." Ozan entdeckte und entwickelte innerhalb der Beratung neue Perspektiven auf sich und sein Umfeld. Dadurch konnte er im Anschluss Strategien entwickeln, wie er seine Bedürfnisse erkennen und verbalisieren kann („reden hilft!"). So fasste er nach der letzten Beratung den Entschluss, einen Bekannten, den er nicht leiden konnte und selbst nicht wusste warum, auf seine Antipathie anzusprechen. Damit entwickelte er für sich eine konkrete neue Handlungsoption Konflikte kommunikativ zu bearbeiten.

Das Ideal von Dominanz und Stärke zeigt sich auch in diesem Fall. Deutlich wird ebenfalls, wie das Scheitern konkret aussehen kann: Schulwechsel, gesundheitliche Beeinträchtigungen, Gefühlsverschlossenheit, gescheiterte Beziehungen und drohender Freiheitsentzug sind nur die eindrücklichsten Merkmale. Ähnlich wie Marcel im ersten Fall wählte auch Ozan Gewalt als Mittel, um Schwäche und Hilflosigkeit abzuwehren und das Heft des Handelns in der Hand zu behalten. Er geriet dadurch in einen fatalen Kreislauf aus massiver Abwehr von Schwäche, die neue Schwäche entstehen ließ.

Damit verweist das Beispiel von Ozan auf die Zwanghaftigkeit des männlichen Ideals der Aktion und des Gestaltens. Der Mann muss sich aus der Angst vor männlichem Identitätsverlust in jeder Situation beweisen und für seine Männlichkeit einstehen. Angst zu haben, abzuwarten, zu zögern oder einem Konflikt aus dem Weg zu gehen, erscheinen als nicht gangbar, weil diese Vorgehensweisen als weiblich konnotierte Handlungsoptionen erscheinen und damit für den männlichen Habitus als identitätsbedrohend eingestuft werden.

Fallbeispiel Markus: männliches Scheitern im Machen und Kontrollieren
Markus war ein 38-jähriger Elektriker und arbeitete in der Instandhaltung in einem Industrieunternehmen. Er ist Vater von zwei Kindern (1 und 4 Jahre alt). Markus beschrieb sich selbst als einsam und gab an außerhalb der Familie kaum Kontakte zu haben. Im Umgang mit den Kindern sei er manchmal überfordert und auch bereits gewalttätig geworden. Die Familie

kaufte ein Haus, das kernsaniert werden musste. In der Zeit der Bauarbeiten begann die Frau von Markus ein Verhältnis mit einem Freund der Familie, der für den Umbau hauptverantwortlich war. Dies wurde von Markus als tiefe Kränkung empfunden. Seine Frau trennte sich von ihm. Zunächst versuchten sie die Kinder im gemeinsamen Haushalt weiter zu betreuen. Dies scheiterte aber unter anderem an der heftigen Eifersucht von Markus. Ein Streit eskalierte derart, dass Markus seine Frau am Hals packte und schubste. Polizei und Jugendamt wurden daraufhin eingeschaltet, die Frau zog mit den Kindern aus. Markus versuchte weiterhin alles, um sie und die Kinder an sich zu binden. Er kontrollierte ihr Handy und ihre Mails, kam unangemeldet zu ihrer Wohnung und rief ständig bei ihr an. Indem er sie derart zwanghaft bedrängte, vergrößerte er die emotionale Distanz und verhinderte jede Annäherung. Mit den übergriffigen Kontrollversuchen über seine Frau versuchte er letztendlich Dominanz zu demonstrieren und aktiv die Oberhand über seine Familie zu behalten.

Wie wir in der Beratung gemeinsam herausarbeiten konnten, fühlte er sich jedoch traurig, verletzt, einsam und hilflos. In einem ersten Schritt gelang es ihm zwar im Rahmen der Beratung über seine Gefühle zu reflektieren und zu sprechen, jedoch schaffte er diesen Schritt in der Kommunikation mit seiner Frau nicht. Markus hatte im Laufe seines Lebens nicht gelernt, über sich und seine Gefühle zu sprechen, was letztendlich dazu führte, dass er sich von seiner Frau entfremdete und zudem kaum (tiefergehende) Kontakte nach außen aufbauen konnte. Die Beratung endete nach 10 Beratungsstunden, Markus zog allein in das noch immer nicht fertig renovierte Haus.

Markus war gefangen in der herrschenden Vorstellung von sich als dominantem Mann, der für ihn in den Rollen des Machers (Familienvaters, Ernährers und Hausbauers) bestand – und dies selbst dann noch, als die Familie bereits zerbrochen und das Haus für ihn allein kaum finanzierbar war. Mit Bourdieu betrachtet zeigt sich darin auf eine andere Weise als bei Ozan die männliche Verpflichtung zur Aktion. Männliche Sozialisation und männlicher Habitus basieren auf den Prinzipien des Gestaltens, Führens und Kontrollierens, was einen Zugang zu den eigenen Gefühlen und Bedürfnissen überlagern und verdrängen kann. Demnach nahm er das Scheitern an männlichen Idealen und Rollen als existenzbedrohend wahr, doch gerade ein Festhalten an diesen machte in seinem Fall ein Scheitern bei der Bedürfniserfüllung viel wahrscheinlicher. Durch die Beratung gelang es ihm teilweise, Zugang zu seinen Gefühlen zu finden sowie sein Verhalten und seine Ideale zu hinterfragen; darüber hinaus alternative Handlungsoptionen zu finden, war ihm (noch) nicht möglich.

Fallbeispiel Tom: psychosomatische Beschwerden als Ausdruck von Gefühlsverschlossenheit

Tom war 24 Jahre alt und kam als Freigänger aus dem Gefängnis zu uns in die Beratung. Seit seinem fünfzehnten Lebensjahr saß er mit einer Unterbrechung von 9 Monaten im Gefängnis. Unter anderem verletzte er jemanden lebensbedrohlich mit einem Messer. Er berichtete davon, dass sein Vater sehr gewalttätig und kriminell war. Seine beiden Brüder waren ebenfalls bereits im Gefängnis.

Viele seiner Entscheidungen hingen mit seiner Vorstellung von männlicher Stärke und Dominanz zusammen. So berichtete er in der Beratung von einem Drogendeal aus dem Freigang heraus, den er tätigen „musste", um sich und seiner Freundin ein Wochenende in Basel und sich selbst den Frisörbesuch zu ermöglichen. Das Risiko einer erneuten Verurteilung nahm er dabei in Kauf.

Auch der Messerstich in den Bauch seines Opfers war letzten Endes für ihn die „logische Konsequenz für jemanden, der ihn an seiner Haustür bedrohte". Im Haus zu bleiben oder die Polizei zu rufen waren für ihn keine relevanten Handlungsoptionen. Er empfand kein Mitgefühl für das Opfer, welches sich aufgrund der Tat in psychiatrische Behandlung begeben musste und Schwierigkeiten damit hatte, ein angstfreies Leben zu führen.

In der Denkweise Toms existierten keine Freunde, sondern ausschließlich potenzielle Mittäter einerseits und Verräter andererseits. Zwar gab er an, ein Leben in Freiheit verbringen zu wollen, war aber nicht dazu bereit, dafür sein Selbstbild und sein Verhalten nach außen zu hinterfragen. Eine (kleine) Veränderungsmotivation leitete er zumindest aus den Gesprächen mit seiner Mutter und seiner Freundin ab, die mit ihm Beziehungen außerhalb des Gefängnisses führen wollten und die er nicht enttäuschen wollte.

Tom litt zudem unter massiven psychosomatischen Beschwerden, die in unserer Interpretation als ein Scheitern am unerreichbaren Ideal männlicher Dominanz betrachtet werden könnten. Seine Beschreibungen von Herzrasen, welches ihm nachts den Schlaf raubt und von wiederkehrenden regelrechten Panikattacken zeugen von jener bereits zitierten permanenten Spannung und Anspannung, die Bourdieu als Kehrseite des männlichen Habitus beschreibt. Wenn Männer Probleme haben, für die sie keine Lösung finden, und damit letztendlich zu Handlungsunfähigkeit und Passivität gezwungen sind, lagern sie diese Probleme teilweise in die Körperlichkeit aus, anstatt sich den eigentlichen Ursachen zu stellen. Das ist dann zwar schmerzhaft, erscheint aber für die männliche Identität als weniger bedrohlich.

Das Beispiel von Tom wies viele Gemeinsamkeiten mit den anderen beschriebenen Klienten auf. So hatte er einen männlichen Habitus sowie ein Bild von sich als Mann internalisiert, dem zufolge er in jeder Lebenssituation aktiv, agierend und durchsetzungsfähig sein musste. Die Möglichkeit von Passivität oder gar ein Eingeständnis von Schwäche wurden mit dieser Unbedingtheit von Handlungsfähigkeit häufig mit dem Mittel der Gewalt überdeckt und damit beiseitegeschoben, was letztendlich jedoch langfristig zu massiven sozialen Einschränkungen nicht nur im Hinblick auf Freiheitsentzug, sondern auch in Bezug auf seine sozialen Beziehungen führte. Analog zu den anderen Beispielen war Tom emotional verschlossen, jedoch drangen seine ständige Anspannung und sein anhaltender Stress auf einer körperlichen Ebene als psychosomatische Schmerzsymptome doch nach außen.

Fazit
Wie anhand der vier Beratungsbeispiele ausgeführt, kann Männerberatung dabei unterstützen, dass Männer das eigene So-Geworden-Sein als Mann und die eigene geschlechtliche Identität erkennen und hinterfragen lernen, um jenseits vergeschlechtlichter Normvorstellungen eigene erweiterte und alternative Handlungsmöglichkeiten zu generieren – und das insbesondere dann, wenn mit eben dieser männlichen Identität persönliche Krisen und Sackgassen verbunden sind. Essentiell dafür ist eine gewisse Offenheit bei den männlichen Klienten, sich den eigenen Gefühlen zu stellen und eigene Handlungsmuster zu hinterfragen, welche nicht in allen Fällen vorhanden ist. Bei einem Großteil der Klienten führt unser auf den drei Aspekten der Selbstwahrnehmung, Bedürfnisergründung und Bedürfnisbefriedigung basierendes Beratungskonzept zu Selbstreflexionsprozessen und

in der Folge häufig auch zu alternativen Handlungsoptionen für alltägliche Lebenssituationen.

Im Hintergrund unserer praktischen Arbeit kann dabei Bourdieus Konzeption einer „männlichen Herrschaft" auf der Basis von „symbolischer Gewalt" und „männlichem Habitus" eine hilfreiche theoretische Grundlage bilden, denn Bourdieu verweist in seiner Analyse von männlicher Dominanz in der Gesellschaft eben auch auf die Verdrängung von Zweifeln und Prozessen des Scheiterns.

Unsere Beratungsarbeit ist darauf ausgerichtet, dass männliche Identität und männlicher Habitus herausgefordert und reflektiert werden können, sodass Männlichkeit nicht nur zwischen den Polen von Dominanz und Stärke einerseits sowie erdrückender Bürde und mentaler Anspannung andererseits hin und her pendeln muss. Dass dieses Ziel erreicht werden kann, erlebten wir in zahlreichen Beratungsfällen. Wie schwer es ist, einmal manifestierte habitualisierte Einstellungen zu ändern und welche fatalen Folgen diese für die Männer in unserer Beratung und deren Opfer haben, konnten wir anhand einiger der beschriebenen Beispiele aufzeigen. Analog zu unserer Beratung können daher gesamtgesellschaftliche Reflexionsprozesse über Männlichkeit und Dominanz, wie sie beispielsweise auch durch die MeToo-Bewegung angestoßen und erzwungen werden, Chancen für ein Umdenken auch auf der individuellen Ebene ermöglichen.

Reflexionsfragen

1. Wie können die Zusammenhänge zwischen männlichem Habitus, Patriarchat und Gewalthandlungen erklärt werden?
2. Wie können Männer Gefühle zum Ausdruck bringen, ihre Bedürfnisse benennen und diese auch befriedigen?
3. Wie lassen sich Passivität, Zweifeln und Scheitern in männliche Selbstbilder integrieren?
4. Wie kann die binäre geschlechtliche Machtstruktur der sozialen Welt zum Wohle aller überwunden werden?

Literatur

Böhnisch, L. (2015). *Pädagogik und Männlichkeit. Eine Einführung*. Weinheim, Basel: Beltz Juventa.

Böhnisch, L. (2020). Männer und Männlichkeit in der Sozialen Arbeit. In P. Hammerschmidt, J. Sagebiel, G. Stecklina (Hrsg.), *Männer und Männlichkeiten in der Sozialen Arbeit* (S. 44–55). Weinheim, Basel: Beltz Juventa.

Bourdieu, P. (1976). *Entwurf einer Theorie der Praxis auf der ethnologischen Grundlage der kabylischen Gesellschaft*. Frankfurt am Main: Suhrkamp.

Bourdieu. (1982). *Die feinen Unterschiede. Kritik der gesellschaftlichen Urteilskraft*. Frankfurt am Main: Suhrkamp.

Bourdieu, P. (1987). *Sozialer Sinn. Kritik der theoretischen Vernunft*. Erste Aufl. Frankfurt am Main: Suhrkamp.

Bourdieu, P. (1989). *Satz und Gegensatz. Über die Verantwortung des Intellektuellen*. Berlin: Wagenbach.

Bourdieu, P. (1996). Die Ziele der reflexiven Soziologie. In P. Bourdieu und L. Wacquant (Hrsg.), *Reflexive Anthropologie* (S. 95–249). Frankfurt am Main: Suhrkamp.

Bourdieu, P. (2002). *Ein soziologischer Selbstversuch*. Deutsche Erstausgabe. Frankfurt am Main: Suhrkamp.

Bourdieu, P. (2005). *Die männliche Herrschaft*. Frankfurt am Main: Suhrkamp.

Bourdieu, P. (2008). *Junggesellenball. Studien zum Niedergang der bäuerlichen Gesellschaft*. Konstanz: UVK-Verl.-Ges (Édition discours, 34).

Busch-Geertsema, V., Henke, J., Steffen, A,, Reichenbach, M.-T., Ruhstrat, E.-U., Schöpke, S., Krugel, N. (2019). *Entstehung, Verlauf und Struktur von Wohnungslosigkeit und Strategien zu ihrer Vermeidung und Behebung: Endbericht*. Forschungsbericht. Hg. v. Gesellschaft für innovative Sozialforschung und Sozialplanung e. V. Bundesministerium für Arbeit und Soziales. Bremen. https://www.ssoar.info/ssoar/handle/document/64339. Zugegriffen: 31. Januar 2023.

Connell, R. (2015). *Der gemachte Mann. Konstruktion und Krise von Männlichkeiten*. 4. durchgesehene und erweiterte Aufl. Wiesbaden: Springer VS.

Döge, P. (2013). *Männer – die ewigen Gewalttäter? Gewalt von und gegen Männer in Deutschland*. 2., korrigierte Aufl. Wiesbaden: Springer VS.

Doppe, B. & Holtermann, D. (Hrsg.) (2021). *Vom Scheitern, Zweifeln und Ändern. Kritische Reflexionen von Männlichkeiten*. Münster: Unrast.

Gildemeister, R. (2008). Soziale Konstruktion von Geschlecht: „Doing gender". In S. M. Wilz (Hrsg.), *Geschlechterdifferenzen — Geschlechterdifferenzierungen. Ein Überblick über gesellschaftliche Entwicklungen und theoretische Positionen* (S. 167–198). Wiesbaden: Springer VS.

Heim, C., Lenger, A., Schumacher, F. (2009). Bildungssoziologie. In G. Fröhlich & B. Rehbein (Hrsg.), *Bourdieu-Handbuch. Leben – Werk – Wirkung* (S. 254–263). Stuttgart, Weimar: Metzler.

Hoffmann, M. (2022). »Wer noch keinen Burn-out hatte, der hat nicht richtig gebrannt«. https://www.spiegel.de/karriere/arbeitssucht-wer-noch-kein-burn-out-hatte-der-hat-nicht-richtig-gebrannt-a-bfc9d9e5-ac6b-4996-8923-a9cb51ad87ac. Zugegriffen: 14. Juli 2022.

Lempert, J. & Oelemann, B. (2000). *Endlich selbstbewusst und stark. Gewaltpädagogik nach dem Hamburger Modell – ein Lernbrief*. Hamburg: OLE.

Moebius, S. & Wetterer, A. (2011). Symbolische Gewalt. *Österreichische Zeitschrift für Soziologie 36 (4)*, 1–10. https://doi.org/10.1007/s11614-011-0006-2.

Scherr, A. (2012). Männer als Adressatengruppe und Berufstätige in der Sozialen Arbeit. In W. Thole (Hrsg.), *Grundriss Soziale Arbeit. Ein einführendes Handbuch* (S. 559–568). 4. Aufl. Wiesbaden: VS.

Schmidt, R. (2009). Symbolische Gewalt (violence symbolique). In: G. Fröhlich und B. Rehbein (Hrsg.), *Bourdieu-Handbuch. Leben – Werk – Wirkung* (S. 231–234). Stuttgart, Weimar: Metzler.

Schulz von Thun, F. (1981). *Störungen und Klärungen. Allgemeine Psychologie der Kommunikation*. Reinbek: Rowohlt.

Statistisches Bundesamt (2022). Rechtspflege Strafvollzug – Demographische und kriminologische Merkmale der Strafgefangenen zum Stichtag 31.3. Fachserie 10 Reihe 4.1. Wiesbaden. https://www.destatis.de/DE/Themen/Staat/Justiz-Rechtspflege/_inhalt.html. Zugegriffen: 31. Januar 2023.

Stuve, O. (2017). Männer. In: D. Kreft und I. Mielenz (Hrsg.), *Wörterbuch Soziale Arbeit. Aufgaben, Praxisfelder, Begriffe und Methoden der Sozialarbeit und Sozialpädagogik* (S. 552–555). 8. vollständig überarbeitete und aktualisierte Aufl. Weinheim: Beltz.

Weiterführende Literatur

Knuf, A. (2013). *Ruhe ihr Quälgeister. Wie wir den Kampf gegen unsere Gefühle beenden können*. München: Arkana.

Süffke, B. (2010). *Männerseelen. Ein psychologischer Reiseführer*. München: Wilhelm Goldmann.

Von Heesen, B. (2022). *Was Männer kosten: Der hohe Preis des Patriachats*. München: Heyne.

Florian Schumacher, Dr. phil., M.A. Soziologie und Germanistik, Master in Soziale Arbeit. Professor für Sozialwissenschaftliche Theorien und Ansätze der Sozialen Arbeit an der Katholischen Hochschule Freiburg. Forschungsinteressen sind Soziale Arbeit mit Geflüchteten, Soziale Ungleichheit und Globalisierung sowie die Soziologie Pierre Bourdieus.

Jonas Muth, Dipl. Päd., Systemischer Berater (DGSF) sowie Jungen-, Männer- und Gewaltberater (Lempert). Beratung für gewaltbereite Jungen und Männer beim Caritasverband für den Landkreis Emmendingen e. V. (50 %) und Beratung für junge Menschen mit Migrationsgeschichte – Jugendmigrationsdienst (50 %).

Subjektorientierte Positionierungen in gesellschaftlichen Diskursen & Identitätskonstruktionen

Depression und Männlichkeit – theoretische Ansätze, empirische Befunde und Erfordernisse sozialpsychiatrischer Versorgung

Tobias Staiger und Silvia Krumm

Zusammenfassung

Epidemiologische Befunde deuten auf Geschlechtsunterschiede in der Prävalenz depressiver Erkrankungen hin, wobei Frauen etwa doppelt so häufig wie Männer erkranken. Gleichzeitig stehen die geringeren Depressionsprävalenzen in Widerspruch zu der deutlich höheren Suizidrate der Männer. Dieses Geschlechter-Paradox wird u. a. mit der Existenz einer „männlichen Depression" erklärt. Der Beitrag widmet sich diesem Phänomen, indem empirische Befunde und theoretische Erklärungsansätze zum Zusammenhang von Depression, Männlichkeit und Bewältigungshandeln vorgestellt und Erfordernisse für die sozialpsychiatrische Praxis und Forschung diskutiert werden.

Keywords

Depression • Männlichkeit • Sozialpsychiatrische Versorgung

T. Staiger (✉)
Duale Hochschule Baden-Württemberg, Villingen-Schwenningen, Deutschland
E-Mail: tobias.staiger@dhbw.de

S. Krumm
Universität Ulm, Günzburg, Deutschland
E-Mail: silvia.krumm@uni-ulm.de

1   Einleitung

Nicht zuletzt im Zuge der durch die Corona-Pandemie entstandenen psychosozialen Belastungen konstatiert die Weltgesundheitsorganisation (WHO)
eine Zunahme seelischer Erkrankungen (WHO 2022). Ebenso verweist die
Gesundheitsberichterstattung des Bundes seit einigen Jahren auf einen Anstieg
psychisch bedingter Erkrankungen in Deutschland, wobei ein direkter Zusammenhang zwischen pandemischer Lage und depressiver Symptomatik unklar bleibt
(Damerow et al. 2020). In der Ursachenforschung wird auf ein komplexes bio-
psycho-soziales Erklärungsmodell zurückgegriffen, das neben genetischen und
stresshormonbedingten Aspekten auf psychosoziale Phänomene, wie etwa trau-
matische Erlebnisse, rekurriert (Schweiger et al. 2018). Überdies werden eine
zunehmende (Selbst-)Wahrnehmung psychischer Belastungen und eine damit einhergehende höhere Inanspruchnahme von Behandlungsangeboten angenommen
(Jacobi et al. 2014). Dabei werden anhand der Datenlage Geschlechtsunterschiede
in der Prävalenz (Krankheitshäufigkeit) psychischer Erkrankungen deutlich,
wobei unipolare depressive Störungen bei Frauen etwa doppelt so häufig wie bei
Männern diagnostiziert werden (Wittchen 2010). Gleichwohl wird die geringere
Depressionsprävalenz in Widerspruch zu den deutlich höheren Suizidraten bei
Männern (Statistisches Bundesamt 2022) diskutiert, sodass in vielen Fällen eine
unbehandelte Depression vermutet wird (Möller-Leimkühler 2009). Dieses als
Geschlechter-Paradox diskutierte Phänomen wird mit der Existenz einer sogenannten „männlichen Depression"[1] erklärt, die sich aufgrund spezifischer Symptome
nicht mit herkömmlichen diagnostischen Instrumenten und Kriterien erfassen
lässt. In diesem Kontext wird der Einfluss traditioneller Männlichkeitsnormen auf
den Umgang mit und der Bewältigung von depressiver Erkrankung bei Männern
diskutiert (ebd.).
   Der folgende Beitrag widmet sich diesem Phänomen, indem empirische
Befunde und theoretische Erklärungsansätze zum Zusammenhang von Depression, Männlichkeit und Bewältigungshandeln vorgestellt werden. Abschn. 2 fasst

---

[1] Die Anführungszeichen sollen an dieser Stelle und im Verlauf verdeutlichen, dass
entsprechend der sozialen Konstruktion von Geschlecht (vgl. auch den Beitrag
Schramkowski in diesem Band) sowie Vielfalt von Männlichkeitsentwürfen keine biologische Besonderheit depressiver Erkrankung angenommen werden kann. Darüber hinaus
steht das Konzept der „männlichen Depression" erst in den Anfängen einer empirischen
Überprüfung (Möller-Leimkühler und Mühleck 2020).

zunächst epidemiologische Befunde und Ursachen geschlechtsspezifischer Prävalenz depressiver Erkrankungen zusammen. Abschn. 3 stellt anschließend theoretische Konzepte zur Klärung der Bedeutung von Männlichkeit für die Entstehung und Bewältigung einer depressiven Erkrankung vor, ehe Abschn. 4 aktuelle Studienergebnisse skizziert sowie Fallbeispiele von Männern mit depressiver Erkrankung dokumentiert. Zum Ende werden Überlegungen zu Erfordernissen an eine geschlechtsreflexive sozialpsychiatrische Forschung und Praxis formuliert.

2   Epidemiologie depressiver Erkrankungen – zur Relevanz von Geschlechtsunterschieden

Die Gesundheitsberichterstattung des Bundes stellt mit ihren durch das Robert Koch-Institut (RKI) erhobenen Daten eine solide Basis zur Einschätzung der Prävalenz psychischer Erkrankungen in Deutschland bereit. Generell wird seit einigen Jahren ein Anstieg psychischer Erkrankungen in der Allgemeinbevölkerung konstatiert, die mit einem 50 %igen Lebenszeitrisiko[2] zu den häufigsten Erkrankungen zählen. Neben Angststörungen und Störungen durch Substanzgebrauch zählt die unipolare Depression zu den häufigsten Diagnosen (Jacobi et al. 2014). Aktuell liegt das Risiko, im Laufe eines Lebens an einer Depression zu erkranken, national wie international bei 16–20 %; d. h. etwa jede sechste Person ist im Laufe ihres Lebens betroffen, wobei ein näherer Blick auf die Datenlage deutliche Geschlechtsunterschiede zeigt. Nachfolgend werden zentrale geschlechtsspezifische[3] Befunde vorgestellt und die in der Literatur diskutierten Ursachen der Unterschiede skizziert.

Wissensbaustein: Depression
Die Konnotation *Depression* stammt von dem lateinischen Wort „deprimere" ab, das als „niederdrücken" übersetzt werden kann (Hell 2013). Dieser begriffliche Ursprung spiegelt sich ebenso im Kern des Krankheitsbildes wider: Die Hauptsymptome der zu den affektiven – also gefühlsbetonten – Erkrankungen zählenden Depression bestehen aus (1) gedrückter,

---

[2] Das Lebenszeitrisiko bezeichnet die Wahrscheinlichkeit, im Laufe einer Lebensspanne an einer bestimmten Krankheit zu erkranken.

[3] Bewusst wird in diesem Zusammenhang von geschlechts*spezifischen* Befunden gesprochen, da Geschlecht in den vorliegenden Studien binär (männlich-weiblich) erhoben wurde.

depressiver Stimmung, (2) Freudlosigkeit und (3) Antriebsmangel (Linden und Hautzinger 2015). Je nachdem wie viele dieser Symptome auf eine Person zutreffen, wird eine leichte, mittelgradige oder schwere depressive Episode diagnostiziert. Bei ersteren beiden bestehen zumindest zwei, bei letzterer alle drei der genannten Hauptsymptome. Zusätzlich können Nebensymptome auftreten, wie z. B. ein verringertes Selbstwertgefühl, Selbstvorwürfe und Schuldgefühle, suizidale Gedanken und/oder Handlungen, geringes Aufmerksamkeits-/Konzentrationsvermögen, prospektiver Pessimismus, Störungen des Schlafs und der Appetitlosigkeit (Dilling und Freyberger 2019). Eine depressive Episode wird anhand der in der internationalen statistischen Klassifikation der Krankheiten und verwandten Gesundheitsproblemen (ICD-10) festgelegten Kriterien diagnostiziert, wenn sie länger als zwei Wochen andauert.

2.1 Geschlechtsunterschiede in der Verbreitung depressiver Erkrankungen

Empirische Befunde verweisen auf Unterschiede in der generellen subjektiven Einschätzung psychischer Gesundheit von Frauen und Männern. Daten des RKI zufolge fühlen sich Frauen zu 14 % psychisch beeinträchtigt, während Männer lediglich zu 7 % eine Beeinträchtigung angeben (RKI 2012). Anzunehmen ist demzufolge, dass Männer ihre subjektive Gesundheit im Vergleich zu Frauen positiver einschätzen. Daten zu tatsächlich diagnostizierten psychischen Erkrankungen bekräftigen zunächst diesen Befund: Epidemiologische Studien der letzten Jahre zeigen, dass die statistisch erfasste Prävalenz der Depression bei Frauen im Vergleich zu Männern weitaus höher ausfällt. Während im Alter von 45 bis 64 Jahren die berichteten Depressionsdiagnosen bei beiden Geschlechtern am häufigsten auftreten, weisen Frauen bezogen auf die gesamte Lebenszeit wie auch nach Altersgruppen differenziert etwa doppelt so hohe Prävalenzen auf. So liegt die Lebenszeitprävalenz einer diagnostizierten Depression von Frauen bei 15,4 %, während das statistische Risiko für Männer, im Laufe ihres Lebens an einer Depression zu erkranken, bei 7,8 % liegt (Busch et al. 2013). Ähnliche

Befunde erbrachte auch die GEDA-Studie aus den Jahren 2014/2015[4], wonach 9,7 % der Frauen und 6,3 % der Männer in den letzten 12 Monaten angeben, die Diagnose einer Depression erhalten zu haben (RKI 2017). Ein differenzierter Blick auf die Daten innerhalb der Geschlechtergruppen deutet neben regionalen insbesondere auf statusbezogene Unterschiede. So wird bei Frauen und Männern mit niedrigem Bildungsstatus häufiger eine Depression diagnostiziert als bei Personen in höheren Bildungsgruppen. Mit steigendem Bildungsstatus sinkt die Häufigkeit einer selbstberichteten diagnostizierten Depression etwa um die Hälfte (untere Bildungsgruppe 10,5 % vs. obere Bildungsgruppe 5,6 %). Bei Frauen fällt der Bildungsgradient bis zum Alter von 64 Jahren jedoch stärker und statistisch bedeutsamer aus als bei Männern. Entsprechend sind bei Frauen die Depressionsprävalenzen in der unteren Bildungsgruppe etwa doppelt so hoch wie in der oberen (12,2 % vs. 6,5 %). Demgegenüber zeigt sich bei Männern ein geringerer Bildungsgradient (7,5 % vs. 5,1 %) (ebd.).

2.2   Ursachen der Geschlechtsunterschiede depressiver Erkrankungen

Obschon die Relevanz depressiver Erkrankungen bei Männern vermehrt im Mittelpunkt medialer Diskurse steht (z. B. Focus online vom 04.05.2019: „Männer sind anders depressiv als Frauen..."), wird die Depression oftmals weiterhin als „Frauenkrankheit" deklariert (Brogan und Loberg 2018). Dabei deuten die in Theorie und Empirie diskutierten Ursachen der Geschlechtsunterschiede depressiver Erkrankungen auf ein differenziertes Bild hin. Als Begründung der in den vorangestellten Studienergebnissen belegten Überpräsenz von Frauen wird ein bio-psycho-soziales Erklärungsmodell (Engel 1976) zugrunde gelegt, auf dessen Basis multifaktorielle Ursachen benannt werden. Zur Erklärung der Geschlechtsunterschiede werden biologische Determinanten, psychosoziale Faktoren und rollenspezifische Einflüsse sowie diagnosebezogene Verzerrungen diskutiert. Bezogen auf *biologische Determinanten* wird angenommen, dass neurobiologische und hormonelle Faktoren die genannten Geschlechtsunterschiede begründen. Diskutiert wird, dass Östrogene über die Rezeptoren im Zentralnervensystem Auswirkungen auf die Stimmungslage sowie auf mentale und kognitive Funktionen haben (Birkäuser 2010). Hormonelle Umstellungen in der Menstruation,

---

[4] Für die aktuelle Studie GEDA 2022 erfolgte die Datenerhebung während der Erstellung dieses Beitrags. Aktuelle Informationen auf www.geda-studie.de/deutsch/home.html. Zugegriffen: 15. Dezember 2022.

nach der Geburt oder in den Wechseljahren und eine damit zusammenhängende Veränderung des Östrogenspiegels können das Risiko einer Depression erhöhen. Östrogen steigert die Konzentration des „Glücks-Hormons" Serotonin und kann in Folge eines Mangels Auswirkungen auf die Psyche haben, wenngleich die Aussagekraft vieler Studien hinterfragt wird (Merbach und Brähler 2016).

Darüber hinaus werden *psychosoziale Faktoren* benannt, die aus divergierenden Lebens- und Arbeitswirklichkeiten von Frauen und Männern hervorgehen, die teils durch spezifische Belastungen gekennzeichnet sind. Obwohl sich ein Wandel beruflicher und familiärer Rollenbilder abzeichnet, sind Frauen und Männer weiterhin in unterschiedlichem Maße in Erwerbs-, Familien- und Hausarbeiten eingebunden, sodass von einer Persistenz – im Sinne eines Bestehenbleibens – klassischer Aufgabenverteilungen ausgegangen werden kann (Staiger, 2020). Dies kennzeichnet sich u. a. dadurch, dass Frauen vermehrt von Doppel- und Mehrfachbelastungen betroffen sind, die sich negativ auf die Gesundheit auswirken können (*Double-Burden*-Hypothese). Vorliegende Studien zeigen, dass sowohl Frauen als auch Männer mehr Krankheitstage aufgrund einer mehrfachen Verpflichtung von beruflichen und familiären Aufgaben aufweisen, jedoch dies für Frauen in höherem Maße zutrifft (Nilsen et al. 2017).

Literaturübersichten zum Umgang mit depressiven Erkrankungen deuten zudem auf g*eschlechterrollenspezifische Einflüsse,* indem sich Männer oftmals an einem traditionellen Rollenbild orientieren, das die Wahrnehmung von psychischen Belastungen erschwert. Sie beschreiben die Ursache einer depressiven Erkrankung häufig als Verausgabung unter belastenden Arbeitsbedingungen, vermeiden eine Offenlegung psychischer Probleme und bewerten die Nutzung gesundheitlicher Angebote als unvereinbar mit ihrem männlichen Selbstbild (Krumm et al. 2017). Sieverding und Kendel (2012) gehen daher von Unterschieden in den subjektiven Vorstellungen von Behandlungsbedürftigkeit aus, die die Inanspruchnahme von Angeboten beeinflussen. Frauen nehmen demnach eher Symptome wahr, sehen sie als behandlungsbedürftig an und suchen aus präventiven Gründen medizinische Hilfe auf (ebd.). Dies verweist auf zugrunde liegende Geschlechterrollenbilder, die ein angemessenes Gesundheits- oder Krankheitshandeln nahelegen. Die Wahrnehmung von Belastungen und die Sorge um Gesundheit gelten demnach als unmännlich (siehe vertiefend Abschn. 3).

Diese geschlechterrollenspezifischen Einflüsse führen schließlich zu methodischen und *diagnosebezogenen Verzerrungen* (Artefakt-Hypothese), die die Geschlechtsunterschiede depressiver Erkrankung möglicherweise zu erklären vermögen. So nimmt Busfield (2012) an, dass Frauen und Männer eine unterschiedliche Bereitschaft aufweisen, Belastungen zu thematisieren und über Krankheit, Gesundheit und Befinden zu sprechen (health-reporting-behavior), sodass eine hohe Dunkelziffer depressiver Erkrankungen bei Männern vermutet wird.

3 Male Depression – theoretische Erklärungsansätze zum Zusammenhang von Männlichkeit und depressiver Erkrankung

Vor dem Hintergrund der Annahme einer hohen Dunkelziffer von depressiven Erkrankungen bei Männern wird die Existenz einer sogenannten „männlichen Depression" diskutiert, die sich aufgrund spezifischer Symptome nicht mit herkömmlichen diagnostischen Instrumenten und Kriterien erfassen lässt. Nachfolgend wird dieses Phänomen auf Grundlage der in der Literatur diskutierten theoretischen Ansätze näher erläutert.

3.1 Das Konzept „männliche Depression"

Neben den aufgezeigten biologischen, psychosozialen und geschlechterrollen-spezifischen Faktoren, die den geschlechtsspezifischen Prävalenzen zugrunde liegen könnten, wird die These einer Unterdiagnostizierung depressiver Erkrankungen bei Männern vertreten. Hintergrund ist hierbei das seit vielen Jahren diskutierte Geschlechter-Paradox der Depression (Rutz 2010). Dieses begründet sich dadurch, dass die dargestellte geringere Depressionsprävalenz in Widerspruch zu der deutlich höheren Suizidrate bei Männern steht. Aktuelle Todesursachenstatistiken des Statistischen Bundesamtes (2022) deuten auf starke Geschlechtsunterschiede in den tatsächlich umgesetzten Suiziden (ICD-10 X60-X84: Sterbefälle durch vorsätzliche Selbstbeschädigung). Im Jahr 2020 wurden in Deutschland insgesamt 9206 Suizide erfasst – dreimal mehr Männer als Frauen (6944 Männer und 2226 Frauen) (ebd.). Bis zu einem Alter von 29 Jahren ist der Suizid zudem die zweithäufigste Todesursache nach Unfällen in dieser Altersgruppe. Im höheren Alter liegen Suizidrisiko und Suizidrate erheblich höher, wobei dies besonders auf Männer zutrifft (RKI 2015).[5] Unter der Annahme,

---

[5] Anzumerken ist allerdings, dass Frauen bei den Suizidversuchen, die nicht zum Tode führen, in der Statistik überwiegen. *Eine* Erklärung ist, dass Männer häufiger auf sogenannte „harte" Suizidmethoden zurückgreifen (Statistisches Bundesamt 2022).

dass eine Depression das Suizidrisiko erhöht[6], scheint ein Teil der depressiven Erkrankungen bei Männern nicht diagnostiziert zu werden. Diese Erkenntnis ist keineswegs neu, führte sie doch bereits in den 80er Jahren im Rahmen der Gotland-Studie zu der Annahme einer „männlichen Depression", die sich in ihrer Symptomatik von herkömmlichen Kriterien unterscheidet (Rutz 2010). Vorausgegangen war ein auf Basis hoher Suizidraten auf der schwedischen Insel Gotland entwickeltes Suizid-Interventionsprogramm, mit dem Effekt einer Senkung der Suizidraten bei Frauen, bei unverändert hoher Anzahl männlicher Suizide. In der näheren Analyse wurde auf Grundlage von Befragungen der betroffenen Familien, Behörden und sozialen Diensten ein typisches Verhaltensmuster von Hilflosigkeit, Aggressivität und Unvermögen, um Hilfe zu bitten, identifiziert, das später in der Gotland Male Depression Scale (GMDS) eine „typisch atypische männliche Depressivität" (ebd., S. 49) abbilden sollte. In den vergangenen Jahren wurden auf Basis dieser und weiterer Studien eine Reihe nach außen gerichteter, klinischer und verhaltensbezogener Merkmale identifiziert, die das Bild der „männlichen Depression" charakterisieren sollen (Abb. 1).

Wolfersdorf und Laux (2022) zufolge kennzeichnet sich das klinische Bild der „männlichen Depression" vor allem durch eine Kombination der klassischen depressiven Kernsymptomatik mit zusätzlicher Gereiztheit, Irritabilität, Aggressivität, Ärgerattacken und antisozialem Verhalten. Diese Symptome – so die Annahme – überdecken die anhand konventioneller Depressionsinventare (z. B. Allgemeine Depressionsskala, General Health Questionnaire, PHQ-9) erfassten internalisierenden Symptome wie Niedergeschlagenheit, Erschöpfung und Resignation (Zülke et al. 2018). In Folge dessen werden „männliche Depressionen" oft übersehen oder nicht erkannt und entsprechend seltener als solche behandelt (Rutz 2010). Die Gründe seien oftmals eine Verschleierung der internalisierenden Symptome durch Alkoholmissbrauch bzw. Suchtverhalten, Drogenkonsum, mangelhafte Impulskontrolle und impulsive Aggressivität. Zudem basierten die Kriterien einer depressiven Erkrankung, wie sie in verschiedensten diagnostischen Instrumenten enthalten sind, meist auf selbst berichteten Symptomen, die jedoch von Männern seltener benannt würden (ebd.).

Darüber hinaus werden spezifische (Risiko)Verhaltensweisen im Kontext traditioneller Männlichkeitsnormen benannt, die mit diesem Konzept eng verknüpft werden. So wird davon ausgegangen, dass gesundheitsriskante Verhaltensweisen – als Ausdruck von Männlichkeit – den Umgang mit und die

---

[6] Das Suizidrisiko ist bei Depression etwa 30-mal höher als in der Allgemeinbevölkerung (Harris und Barraclough 1997). Wobei Brieger et al. (2022) darauf verweisen, dass ebenso viele Suizide von Menschen begangen werden, die an keiner psychischen Erkrankung leiden.

Symptome
Gereiztheit/Aggressivität/Feindseligkeit/Ärgerattacken
Antisoziales Verhalten
Vermehrt Somatisierungstendenz
Ärztliche Behandlungsansätze eher symptombezogen: Schlafstörungen, Kreuzschmerzen, Stress usw.
Klinischer Eindruck einer weniger stimmungsbezogenen (Verzweiflung, Hoffnungslosigkeit) Symptomatik
Bewältigungsverhalten
Selbstbehandlung(sversuche) durch Sport (exzessiv), Alkohol, Drogen
Mehr Neigung zu sozialem Rückzug
Hilfesuche und Inanspruchnahme
Geringe Veränderungsbereitschaft (Psychotherapie)
Unzureichende Inanspruchnahme von Hilfsangeboten
Bei leichten oder mittelgradig depressiven Syndromen wird seltener ärztliche Unterstützung aufgesucht
Bei stationärer Aufnahme meist schwerer (auch wahnhafter) depressiver Verlauf

Abb. 1 Klinische Merkmale einer „männlichen Depression" (in Anlehnung an Meshkat et al. 2010; Möller-Leimkühler 2009; Wolfersdorf und Laux 2022)

Bewältigung von Depression prägen. Die Relevanz klassischer Männlichkeitsnormen für die Gesundheit wurde bereits von Goldberg (1979) hervorgehoben, der folgende sieben „männliche Imperative" formuliert hat, die bis heute als Einflussgrößen männlichen Gesundheitsverhaltens rezipiert werden:

1. „je weniger Schlaf ich benötige,
2. je mehr Schmerzen ich ertragen kann,
3. je mehr Alkohol ich vertrage,
4. je weniger ich mich darum kümmere, was ich esse,
5. je weniger ich jemanden um Hilfe bitte und von jemandem abhängig bin,
6. je mehr ich meine Gefühle kontrolliere und unterdrücke,
7. je weniger ich auf meinen Körper achte,

desto männlicher bin ich".

Orientiert an diesen Männlichkeitsimperativen wird die Annahme formuliert, dass Männer in ihrem (psychischen) Gesundheitsverhalten im Vergleich zu

Frauen dazu neigen, Krankheitssymptome häufiger zu verleugnen, Hilfe zu spät
bzw. nicht in Anspruch zu nehmen sowie insbesondere im Zusammenhang mit
psychischen Belastungen riskante Formen der Selbsttherapie (z. B. erhöhter Alkoholkonsum) zu praktizieren (Wolfersdorf und Laux 2022). Zwar wird davon
ausgegangen, dass traditionelle Männlichkeitsnormen an Bedeutung verlieren,
jedoch nach wie vor männliches Gesundheitshandeln prägen können. So werden
bereits im Laufe der frühkindlichen Sozialisation Unterdrückung, Kontrolle und
emotionale Hemmung erlernt und nehmen mit zunehmendem Alter ebenfalls zu
(Möller-Leimkühler 2009). In Folge dessen werden spätere Körpersignale auch
im Rahmen von Erkrankungen eher bagatellisiert und ausgeblendet.

3.2 Hegemoniale Männlichkeit im Kontext depressiver Erkrankung

Vor dem Hintergrund der im vorangestellten Abschnitt dargestellten traditionellen
Männlichkeitsnormen wird diskutiert, inwiefern das durch die australische Sozi-
ologin Raewyn Connell eingeführte Konzept der hegemonialen Männlichkeit
(Connell 2006) (vgl. auch den Beitrag Sälinger in diesem Band) Einfluss auf den
Umgang mit depressiver Erkrankung ausübt. Das Konzept setzt – resultierend aus
sozialen, materiellen und politischen Ungleichheiten – eine soziale Dominanz der
Männer gegenüber Frauen voraus, die es mit Blick auf rechtfertigungsbedürftige
Privilegien zu verteidigen gilt (Dinges 2020). Die Theorie setzt an der Frage
an, wie und warum Männer ihre gesellschaftliche Position gegenüber Frauen
und anderen als „schwächer" wahrgenommenen Männern behaupten können.
Um der ihnen zugeteilten Machtposition und Rolle in der Gesellschaft gerecht
zu werden, erfolgt eine Orientierung an männlichen Geschlechternormen, bestehend aus Status und Dominanz, Konkurrenzorientierung und Autonomiestreben,
Erfolg und Risikobereitschaft. Diese orientieren sich an geringer internalisieren-
der emotionaler Kontrolle und hohen Anteilen externalisierenden Konfliktverar-
beitungsstrategien („Angriff oder Flucht") (Böhnisch 2018).
   Die Einführung des Konzepts hegemonialer Männlichkeit in die Männerge-
sundheitsforschung erfolgte vor allem durch Will Courtenay, der den Einfluss
von Männlichkeitskonstruktionen auf das Wohlbefinden untersuchte (Courtenay
2000). Der Theorie entsprechend richten Männer ihr Gesundheitsverhalten am
Ideal einer männlichen Hegemonie aus, indem sie eine Abgrenzung von vermeintlich weiblichen Verhaltensweisen vornehmen. Schwäche, Verletzlichkeit
oder Schmerzen werden demzufolge geleugnet und emotionale sowie körperliche
Kontrolle, Unabhängigkeit, Stärke, Robustheit und Härte demonstriert (ebd.).

Daran orientierend werden Krankheitserfahrungen als Ausdruck von Schwäche verstanden und bergen das Risiko, in der männlichen Hierarchie abzusteigen. Die Wahrnehmung von Belastungen und die Sorge um Gesundheit gelten demzufolge als unmännlich und werden mit Schwäche assoziiert, sodass eine Inanspruchnahme von sozialen und gesundheitlichen Hilfeangeboten vermieden wird (ebd.). Connell (2006) weist jedoch darauf hin, dass das Ideal einer hegemonialen Männlichkeit als Ausdruck von Macht, Prestige und Überlegenheit nur für eine Minderheit von Männern tatsächlich umsetzbar sei. Vielmehr müsse sich die Mehrheit mit vergleichsweise niedrigen sozialen Positionen arrangieren. Gleichzeitig gelte das Konzept als „handlungsleitende Ideologie, an der sich Männer selbst messen und von anderen gemessen werden" (Möller-Leimkühler 2010, S. 11 f.). Empirische Befunde zu Depression, Männlichkeit und Gesundheits- bzw. Bewältigungshandeln lassen zumindest vermuten, dass sich viele Männer nach wie vor an klassischen Männlichkeitsidealen orientieren. Hingegen weisen neuere Studien auf die Vielfalt an Männlichkeitsentwürfen im Kontext der Bewältigung depressiver Erkrankungen hin. Insofern finden sich bei Männern auch Abgrenzungen von sowie neue Formen von Männlichkeitsidealen, die im Folgenden exemplarisch dargestellt werden.

4 Empirische Befunde zu Depression, Männlichkeit(en) und Bewältigung

In Abgrenzung zu der traditionell (hegemonialen) männlichen Perspektive auf Krankheitsbewältigung und Hilfesuche deuten empirische Befunde auf ein mehrdimensionales Verständnis männlichen Gesundheitshandelns hin, sodass das Bild *eines typisch männlichen* Umgangs mit einer Depression zu kurz greift (Krumm et al. 2018). Von dieser Annahme ausgehend sollen nachfolgend die im Rahmen des DFG-Forschungsprojekts „Männlichkeitskonstruktionen und psychosoziales Gesundheitshandeln von Männern mit depressiven Erkrankungen" (MenDe-Studie) erarbeiteten Befunde zu Depression, Männlichkeit(en) und Bewältigung zusammengefasst und anhand von zwei Fallbeispielen diskutiert werden.

4.1   Das „MenDe"-Projekt – Design und Methodik einer biographischen Interviewstudie

Im Rahmen der MenDe-Studie wurden Umgangsweisen und Hilfebedarfe von Männern mit depressiver Erkrankung empirisch erfasst, um eine Grundlage für die Entwicklung geschlechtergerechter psychiatrisch-psychotherapeutischer Versorgungsstrukturen zu erarbeiten. Mit der Analyse der Vielfältigkeit von Männlichkeitsentwürfen leistet die Studie einen Beitrag zu einem differenzierten Bild der „männlichen Depression"[7]. Die Studie basierte auf einem Mixed-Methods-Design. In einem ersten Schritt erfolgte im Rahmen einer quantitativen Querschnittbefragung von depressiv erkrankten Männern (n = 265) eine latente Klassenanalyse im Hinblick auf Männlichkeits- und Berufsorientierung. Dabei wurden folgende drei Klassen von Männern mit depressiver Erkrankung hinsichtlich ihrer Männlichkeits- und Berufsorientierung identifiziert (Kilian et al. 2020): Eine Klasse zeichnete sich durch eine ausgeprägte Männlichkeitsorientierung sowie einer hohen Berufsorientierung bei nur geringen Ressourcen zum Umgang mit arbeitsbezogenen Belastungen aus. Gleichzeitig zeigte sich in dieser Klasse eine eingeschränkte psychische Gesundheit, stärkere Stigmatendenzen sowie eine verzögerte Inanspruchnahme von Hilfeangeboten (Klasse II). Diese Klasse lässt sich am ehesten als Ausdruck einer traditionellen (hegemonialen) Männlichkeitsorientierung verstehen. Eine weitere Klasse zeichnete sich im Vergleich dazu durch geringe Männlichkeitsorientierung und die geringste berufliche Verausgabungsbereitschaft sowie auch durch geringe Ressourcen zum Umgang mit arbeitsbezogenen Belastungen aus. Die Werte für psychische Gesundheit sowie die Stigmatendenzen lagen im Mittelfeld (Klasse I). Schließlich wurde eine Klasse identifiziert, die sich ebenfalls durch eine vergleichsweise geringere Männlichkeitsorientierung sowie eine mittlere berufliche Orientierung bei ausgeprägten Ressourcen auszeichnete. Diese Klasse wies die geringste psychische Belastung sowie auch die geringste Stigmawahrnehmung auf (Klasse III).

In einem weiteren Schritt wurden mit jeweils vier Vertretern der identifizierten Klassen biografisch-narrative Interviews durchgeführt (n = 12). Ziel war es dabei, die Krankheitstheorien, den Umgang mit der Depression sowie den Eintritt in das professionelle Versorgungssystem aus der subjektiven Sicht zu verstehen (Staiger 2020). Die Analyse der Interviews erfolgte mithilfe hermeneutisch rekonstruktiver Verfahren: Zunächst wurde das gesamte Interviewtranskript anhand

---

[7] Für eine Übersicht bisheriger Publikationen siehe Projekt MenDe: www.uniklinik-ulm.de/psychiatrie-und-psychotherapie-ii/arbeitsgruppe-qualitative-sozialforschung.html#a70115. Zugegriffen: 15. Dezember 2022.

von thematischen und lebenszeitlichen Einschnitten in Bezug auf die depressive Erkrankung segmentiert und eine Kurzbiografie erstellt. Anschließend erfolgte eine feinstrukturelle Analyse der Einstiegspassagen sowie weiterer Passagen, die den Krankheits- und Bewältigungsprozess abbildeten. Im Folgenden werden ausgewählte Teile der Kurzbiographien zweier befragter Männer anhand von Fallbeispielen vorgestellt. Diese weisen sowohl Gemeinsamkeiten mit Merkmalen einer „männlichen Depression" auf (Fallbeispiel 1), bilden jedoch ebenso alternative Umgangsweisen ab (Fallbeispiel 2)[8].

4.2 Befunde zu traditioneller Männlichkeit und Gesundheitshandeln

„Immer ein bisschen mehr geben als die anderen, bloß nicht zeigen, dass man in Anführungsstrichen ‚krank' ist". (Herr M.)

Das Fallbeispiel 1 stammt aus Klasse II der quantitativen Erhebung und entspricht damit einer hohen Orientierung an traditioneller Männlichkeit, hoher beruflicher Wertigkeit und geringen Ressourcen. Das einleitende exemplarische Zitat aus dem Interview deutet bereits auf eine hohe Leistungsorientierung hin, in deren Rahmen ein offener Umgang mit psychischer Erkrankung kategorisch zurückgewiesen wird. Vielmehr wird anhand des Fallbeispiels deutlich, dass trotz starker Beeinträchtigung durch die depressive Erkrankung eine Aufrechterhaltung der Arbeits- und Leistungsfähigkeit in den Mittelpunkt aller Bemühungen gestellt wird. Im Umgang mit der depressiven Erkrankung werden Symptome verheimlicht und professionelle Hilfen zurückgewiesen. Zwar erfolgt einerseits eine kritische Reflexion der Bagatellisierung depressiver Erkrankung, gleichwohl dient die pharmakologische Behandlung der Wiederherstellung und Aufrechterhaltung der Arbeitskraft. Insofern erfolgt eine starke Orientierung an berufsbezogenen Lebensentwürfen. Erst die krisenhafte Darstellung des Krankheitsverlaufs, der aufgrund einer besonderen Schwere und Dramatik einer Behandlung bedarf, legitimiert die Inanspruchnahme von Hilfen. Jedoch reduziert sich diese auf den psychiatrisch-psychotherapeutischen Kontext, während sich die Befragten infolge des beruflichen Scheiterns sozial zurückziehen. Der im Zuge der depressiven Erkrankung erlebte berufliche Abstieg wird im direkten Umfeld aus Scham verschwiegen. Dabei reduziert sich die Unterstützung durch das enge soziale Umfeld auf die Partnerin, welcher – vor dem Hintergrund des krisenhaften Verlaufs der

---

[8] Die folgenden Ausführungen basieren insbesondere auf Ergebnissen, die dem narrativ-biographischen Teil der Studie zugrunde liegen (Staiger et al. 2020).

Erkrankung – eine existenzielle Schutzfunktion zukommt. Allerdings wird die Beziehung als konflikthaft wahrgenommen, sodass den Befragten Verlustängste begleiten.

> **Fallbeispiel 1 zum krankheitsbiographischen Verlauf von Herrn M.**
> Herr M. begann unmittelbar nach der Schule eine Ausbildung bei einem Versicherungsunternehmen, das für ihn die „Leistungsgesellschaft" repräsentierte und positiv besetzt war, und begann eine Karriere als Makler. Diese wurde nach einem Unfall, in Folge dessen er sich eine schwere Hüftverletzung zuzog, abrupt beendet. Herr M. definierte sein Leben immer über die Arbeit und stieg nach der Versicherungtätigkeit in hoch dotierten Jobs in der freien Wirtschaft ein, ehe sein physischer und psychischer Gesundheitszustand zur Arbeitsunfähigkeit führte. Nach seinem Wiedereinstieg erfolgte ein beruflicher Aufstieg in Unternehmen des Vertriebs. Die hohe Leistungsorientierung in Kombination mit der Verheimlichung seiner psychischen Belastungen führte zu einem Zusammenbruch am Arbeitsplatz mit anschließendem Psychiatrieaufenthalt. Herr M. entließ sich selbst aus der Klinik, um wieder arbeiten zu können und versorgte sich, zur Wiederherstellung und Aufrechterhaltung der Leistungsfähigkeit, mit hohen Dosen Antidepressiva. Diese führten zu starkem Übergewicht und Potenzstörungen. Herr M. reflektiert sein Verhalten gegenüber der psychischen Erkrankung, indem er berichtet, dass er die Ursachen der Depression, des „Unwertseins", ignoriert habe und nach „mehr Leistung, mehr Anerkennungssuche, mehr Verdienst" strebte. Nach einem weiteren Zusammenbruch und durch die Betätigung der „Notbremse" durch seine Frau, die für ihn als „Fels in der Brandung" steht, wechselte er den Arzt und begann eine berufliche Reha. Der anschließende Firmenwechsel „mit Aussicht auf mehr Geld, mehr Erfolg" führte nicht zu einer Verbesserung seiner gesundheitlichen Situation. Durch den Misserfolg und die Insolvenz der Firma bekam er erneut einen Depressionsschub, der durch Angstzustände begleitet wurde. Aktuell ist sein Alltag geprägt durch Vergesslichkeit, Antriebslosigkeit, fehlendes Zeitmanagement und suizidale Gedanken. Sein Umfeld reagiert mit Unverständnis auf die ausbleibende Genesung trotz Behandlung. Er fühlt sich durch die Erkrankung und durch die Arbeitsunfähigkeit stigmatisiert und zieht sich sozial zurück. Einzig und allein seine Frau scheint ihm in der Bewältigung und im Umgang mit der Erkrankung eine Unterstützung zu sein. (MenDe-Studie)

Das Fallbeispiel 1 enthält Aspekte, die auf das Konzept der „männlichen Depression" verweisen. Es zeigt sich eine starke Orientierung an traditionellen Männlichkeitsidealen, die eine Offenlegung der Depression und eine damit einhergehende Inanspruchnahme psychiatrisch-psychotherapeutischer Versorgung erschwert. Die Relevanz eines sich an traditionellen Männlichkeitsidealen orientierenden Gesundheitsverhaltens wird durch zahlreiche empirische Befunde gestützt. Demzufolge können viele Männer das Äußern von Beschwerden sowohl in ihrem sozialen Umfeld als auch in der professionellen Versorgung nicht mit ihrem männlichen Rollenverständnis vereinbaren, da sie einen Statusverlust befürchten (Merbach und Brähler 2016). Ergebnisse aus Fokusgruppenanalysen zeigen, dass Männer schwerwiegende Symptome eher bagatellisieren, Schmerzen eher tolerieren und Verletzungen eher klaglos erdulden, um als männlich zu gelten (O'Brien et al. 2009). Infolge dessen bevorzugen die befragten Männer in einer Studie von Sierra Hernandez et al. (2014) diskrete Formen der Hilfesuche, da die Offenlegung psychischer Probleme und die Annahme von sozialer und professioneller Unterstützung mit der Sorge einhergehen, sozial ausgegrenzt zu werden.

Es ist vielfach belegt, dass die aus dem Fallbeispiel 1 hervorgehende hohe Berufs- und Leistungsorientierung mit Risiken für die psychische Gesundheit einhergeht. Vor dem Hintergrund einer hohen beruflichen Wertigkeit können sich psychische Belastungen insbesondere dann ergeben, wenn es zu einem Ungleichgewicht zwischen Leistung und Gegenleistung oder gar zu einem Verlust des Arbeitsplatzes kommt (Siegrist 2010). Trotz vielfacher struktureller Veränderungen des Arbeitsmarkts bildet die Erwerbsarbeit nach wie vor den zentralen Kern männlicher Identität (Meuser 2009). Courtenay (2011) geht entsprechend von einer hohen gesundheitlichen Relevanz berufsrollenbezogener Belastungen aus, und zwar insbesondere dann, wenn die an die männliche Rolle gerichteten Erwartungen nicht mehr erfüllt werden können.

4.3 Befunde zu alternativer Männlichkeit und Gesundheitshandeln

„Das so als die Chance zu sehen, die es eigentlich ist". (Herr R.)

Auch in Fallbeispiel 2 werden berufliche Stressoren als Kontrollverlust gegenüber den zu erfüllenden Aufgaben wahrgenommen. Ausgehend von diesen Belastungserfahrungen erfolgt jedoch eine kritische Reflexion der gesellschaftlichen Leistungsorientierung. Deutlich wird hier, dass ein konstruktiver Umgang mit der depressiven Erkrankung in den Vordergrund gestellt wird, indem die Erkrankung und deren Bewältigung als Möglichkeit eines von Autonomie und Selbstbestimmung geprägten Neuanfangs erscheint. Ebenso erfolgt keine generelle Abkehr gegenüber gesundheitlichen Versorgungsstrukturen. Vielmehr findet eine proaktive Nutzung und positive Besetzung des Hilfe-Systems statt.

Fallbeispiel 2 zum krankheitsbiographischen Verlauf von Herrn R.
Bereits früh im Interview führt Herr R. Gründe für die Entwicklung seiner Depression an. Als besonders wichtig erscheint ihm das „Bestreben, Pflichten zu erfüllen, die man so hat im Leben". Herr R. lag immer viel daran, „nach außen einen guten Eindruck zu machen" und hatte einen hohen Anspruch an sich selbst – beruflich wie außerberuflich. Im Interview hebt Herr R. seine erbrachten guten Leistungen in Schule und Berufsleben hervor. Jedoch litt er in der Ausbildung unter starkem Schwindel, der einen psychosomatischen Klinikaufenthalt nach sich zog. In diesem Zusammenhang berichtet er von Wahrnehmungsveränderungen durch psychischen Stress, der zu sozialem Rückzug und fehlender Leistungsfähigkeit am Arbeitsplatz führte („für mich war das damals schlimm, nicht das Gefühl zu haben, man ist im vollen Besitz seiner Kräfte"). Das Zusammenspiel von medikamentöser Behandlung, stationärem Aufenthalt und Tagesklinik bzw. ambulanter Psychotherapie beschreibt er als hilfreich und entwickelt positive/konstruktive Bewältigungsstrategien. Insgesamt zeigt sich hierbei ein starkes Bedürfnis nach Selbstbestimmung über das eigene Handeln bzw. den Genesungsprozess: „Ich muss mein Leben so gestalten, wie es für mich funktioniert und nicht so, wie man meint, man müsste es gestalten". In diesem Zusammenhang berichtet er von einem sensiblen Umgang mit wahrgenommenen Leistungsgrenzen in Kombination mit einem sicheren und unterstützenden Arbeitsumfeld. Für Herrn R. besonders hilfreich ist es, sich einen bewältigbaren Tagesablauf zu gestalten, Pausen zu gönnen und seine eigenen Bedürfnisse ernst zu nehmen („gelernt, mit dem umzugehen, dass man nicht alles leisten kann, sondern mal in sich reinzuhören und zu gucken, okay wann ist es zu viel und das auch richtig zu akzeptieren und einfach mal nichts tun"). Durch die selbstreflektierte Haltung, die Herr R. im Zuge seiner aktiven Krankheitsbewältigung eingenommen hat, versteht er seine Erkrankung auch als Chance und als „Weckruf, um Lösungen für Themen zu finden". (MenDe-Studie)

Während die bisherigen Ausführungen auf geschlechterrollenspezifisches Inanspruchnahmeverhalten bei depressiver Erkrankung verweisen, indem Männer das Äußern von Beschwerden sowohl in ihrem sozialen Umfeld als auch in der professionellen Versorgung nicht mit ihrem männlichen Rollenverständnis vereinbaren können, dokumentieren neueste Studien abweichende Umgangsweisen mit depressiven Erkrankungen, die einem traditionellen Männlichkeitsentwurf möglicherweise widersprechen (Krumm et al. 2017). So werden die normativen Erwartungen an Männlichkeit reflektiert und die Inanspruchnahme psychotherapeutisch-psychiatrischer Versorgung als Ausdruck von wiedergewonnener Stärke verstanden. Fallbeispiel 2 deutet damit auf eine positive Bewertung der Erfahrung im Rahmen der depressiven Erkrankung, indem diese als erkenntnisreicher Zugewinn und Chance zur Veränderung der gesundheitsschädlichen Lebens- und Arbeitsentwürfe dargestellt wird. Weitere empirische Studien bestätigen diesen Befund, indem Männer nach der Bewältigung einer Depression neue Perspektiven auf ihr Leben erlangen, das eigene Perfektionsstreben hinterfragen und einen sensiblen Umgang mit körperlichen und mentalen Bedürfnissen in den Vordergrund stellen (Skärsäter et al. 2003). Entgegen einem Verständnis, wonach die Annahme von Hilfen bei depressiver Erkrankung unvereinbar mit traditionellen Männlichkeitsvorstellungen sei, steht der Fall exemplarisch für eine positive Besetzung der Inanspruchnahme professioneller Versorgung sowie eine Berücksichtigung eigener Bedürfnisse in Abgrenzung zur beruflichen Rollen- und gesellschaftlichen Leistungsorientierung (Staiger 2020).

Fazit und Erfordernisse sozialpsychiatrischer Versorgung und Forschung
Die Ausführungen im Rahmen des Beitrags verweisen einerseits auf die Relevanz des Konzepts der „männlichen Depression" zur Erklärung des Geschlechter-Paradoxes der Depression. Die theoretischen Ansätze und empirischen Befunde deuten darauf hin, dass nach wie vor eine starke Orientierung an traditionellen Männlichkeitsidealen erfolgt, die sich negativ auf die Entstehung, den Verlauf und die Genesung einer depressiven Erkrankung auswirken kann. Die Verleugnung von Schwäche, Verletzlichkeit oder Schmerzen und die Demonstration von emotionaler sowie körperlicher Kontrolle, Unabhängigkeit und Robustheit senken die Wahrscheinlichkeit, psychosoziale Versorgungsangebote in Anspruch zu nehmen. Andererseits deuten neuere, insbesondere qualitative Studien auf Widersprüche mit Blick auf männliches (hegemoniales) Gesundheitshandeln hin. So finden sich bei anderen Männern vielfach auch Abgrenzungen

von traditionellen Männlichkeitsidealen, die mit einer positiven Ausle-
gung der depressiven Krankheitserfahrung einhergehen können, in der die
Erkrankung als erkenntnisreicher Zugewinn und Chance zur Veränderung
bisheriger maladaptiver Verhaltensweisen und Einstellungen verstanden
wird.

Was bedeutet dies für die Entwicklung geschlechtsspezifischer
sozialpsychiatrischer Angebote? Entsprechend der Befunde greift eine
Definition von Frauen und Männern als homogene Zielgruppen für die
gesundheitliche Versorgung möglicherweise zu kurz und trägt eher zu
einer Stereotypisierung von vermeintlich männlichen wie weiblichen Verhaltensweisen im Umgang mit einer Depression bei. Versorgungskonzepte
sollten vielmehr so ausgerichtet sein, dass sie sowohl Männer mit
traditionellem, aber auch Männer mit alternativem Rollenverständnis
ansprechen. Zu berücksichtigen ist auch, dass Männer mit depressiven
Erkrankungen im Rahmen ihrer teils langen Krankheitsgeschichte Formen der Diskriminierung wahrnehmen und sich in Folge dessen sozial
zurückziehen. Diesbezüglich sind Angebote zur Unterstützung erforderlich, die sich dem Stigma der Unmännlichkeit widmen. Denkbar sind von
Männern mit eigener Depressionserfahrung („peers") geleitete Männergrup-
pen, die den Umgang mit vermeintlichen Schwächen begleiten und einen
Austausch über Belastungen in vertrautem Rahmen ermöglichen. Damit
kann der Widerspruch zwischen männlichem Rollenbild und Gesund-
heitsfürsorge auf Basis eigener Krankheitserfahrungen reflektiert und die
Entscheidungen über deren Offenlegung begleitet werden. Letztlich sind
ebenso öffentliche Kampagnen zentral, um die (oftmals negativ konnotierte) Perspektive auf psychische Erkrankungen und Depression in der
Gesellschaft zu beeinflussen, und zwar unabhängig vom Geschlecht.

Darüber hinaus sind weitere Forschungsinvestitionen erforderlich, die
sich dem komplexen Konzept der „männlichen Depression" widmen.
Angesichts des beschriebenen Geschlechter-Paradox der Depression ist die
Entwicklung und Überprüfung diagnostischer Instrumente erforderlich, die
Symptome einer „männlichen Depression" abzubilden vermögen. Wegweisend sind hierbei die Arbeiten von Möller-Leimkühler und Mühleck
(2020), die sich der Konstruktion und Validierung eines gendersensitiven
Depressionsscreenings (GSDS) widmen, das der besseren Depressionsdiag-
nostik bei Männern dienen soll. Berücksichtigt werden dabei die Faktoren

Stresswahrnehmung, depressive Symptome, Aggressivität, emotionale Kontrolle, Risikoverhalten und Alkoholkonsum. Zum besseren Verständnis der Bedeutung von Geschlecht im Kontext psychischer Gesundheit sind perspektivisch routinemäßige Datenerhebungen erforderlich, die Gender systematisch einbeziehen. Wichtige Impulse gehen etwa aus dem Verbundprojekt AdvanceGender hervor, das Ansätze der Intersektionalität nutzt, um sie für eine geschlechtersensible Gesundheitsberichterstattung nutzbar zu machen (Pöge et al. 2019). Diese reproduzieren weder die Vorstellung einer biologischen Zweigeschlechtlichkeit, noch vernachlässigen sie andere sozioökonomische Einflüsse, wie Bildungs- und Migrationsstatus.

Fragen zur Reflexion/Vertiefung

- Welche Ursachen der Geschlechtsunterschiede bei depressiven Erkrankungen werden in der Literatur diskutiert?
- Welche Merkmale zeichnen eine „männliche Depression" aus? Sind Ihnen diese Umgangsweisen mit Gesundheit und Krankheit aus Ihrem persönlichen oder beruflichen Umfeld vertraut?
- Recherchieren Sie: Wodurch zeichnet sich ein Wandel der Geschlechterrollen aus?
- Welchen Einfluss könnte dieser auf den Umgang mit depressiver Erkrankung und Inanspruchnahme von psychotherapeutischen/(sozial)psychiatrischen Hilfen haben?

Literatur

Birkäuser, M. (2010). Depression und Östrogene. *Gynäkologische Endokrinologie 8*, 82–88.

Böhnisch, L. (2018). *Der modularisierte Mann. Eine Sozialtheorie der Männlichkeit.* Bielefeld: transcript.

Brieger, P., Menzel, S., & Hamann, J. (2022). Wird die Rolle von psychischen Erkrankungen beim Suizid überbewertet? *Bundesgesundheitsblatt, Gesundheitsforschung, Gesundheitsschutz 65*, 25–29.

Brogan, K., & Loberg, K. (Hrsg.). (2018). *Die Wahrheit über weibliche Depression. Warum sie nicht im Kopf entsteht und ohne Medikamente heilbar ist.* München: Goldmann.

Busch, M. A., Maske, U. E., Ryl, L., Schlack, R., & Hapke, U. (2013). Prävalenz von depressiver Symptomatik und diagnostizierter Depression bei Erwachsenen in Deutschland.

Ergebnisse der Studie zur Gesundheit Erwachsener in Deutschland (DEGS1). *Bundesgesundheitsblatt, Gesundheitsforschung, Gesundheitsschutz 56*, 733–739.

Busfield, J. (2012). Gender and mental health. In E. Kuhlmann (Hrsg.), *The Palgrave Handbook of Gender and Healthcare* (2. Aufl., S. 192–208). Basingstoke: Palgrave Macmillan.

Connell, R. (2006). *Der gemachte Mann. Konstruktion und Krise von Männlichkeiten* (3. Aufl.). Wiesbaden: VS.

Courtenay, W. H. (2000). Constructions of masculinity and their influence on men's well-being: a theory of gender and health. *Social Science & Medicine 50*, 1385–1401.

Courtenay, W. (2011). *Dying to be men. Psychosocial, environmental, and biobehavioral directions in promoting the health of men and boys.* New York: Brunner-Routledge.

Damerow, S., Rommel, A., Prütz, F., Beyer, A.-K., Hapke, U., Schienkiewitz, A., Starker, A., Richter, A., Baumert, J., Fuchs, J., Gaertner, B., Müters, S., Lemcke, J., & Allen, J. (2020). *Gesundheitliche Lage der Bevölkerung zu Beginn der COVID-19-Pandemie.* https://doi.org/10.25646/7171.2

Dilling, H., & Freyberger, H. J. (Hrsg.). (2019). *Taschenführer zur ICD-10-Klassifikation psychischer Störungen* (9. Auf.). Bern: Hogrefe.

Dinges, M. (2020). Körper und Gesundheit von Männern zwischen hegemonialer Männlichkeit und Selbstsorge. In A. Treiber & R. Wenrich (Hrsg.), *Körperkreativitäten* (S. 91–122). Bielefeld: transcript Verlag.

Engel, G. L. (1976). *Psychisches Verhalten in Gesundheit und Krankheit. Ein Lehrbuch für Ärzte, Psychologen und Studenten* (2. Aufl.). Bern, Stuttgart, Wien: Huber.

Goldberg, H. (1979). *Der verunsicherte Mann. Wege zu einer neuen Identität aus psychotherapeutischer Sicht.* Reinbek bei Hamburg: Rowohlt.

Harris, E. C. & Barraclough, B. (1997). Suicide as an outcome for mental disorders. A meta-analysis. *British Journal of Psychiatry 170*, 205–228.

Hell, D. (2013). *Depression als Störung des Gleichgewichts. Wie eine personenbezogene Depressionstherapie gelingen kann* (2. Aufl.). Stuttgart: Kohlhammer.

Jacobi, F., Höfler, M., Strehle, J., Mack, S., Gerschler, A., Scholl, L., Busch, M.A., Maske, U., Hapke, U., Gaebel, W., Maier, W., Wagner, M., Zielasek, J., & Wittchen, H.-U. (2014). Psychische Störungen in der Allgemeinbevölkerung. Studie zur Gesundheit Erwachsener in Deutschland und ihr Zusatzmodul Psychische Gesundheit (DEGS1-MH). *Der Nervenarzt 85*, 77–87.

Kilian, R., Müller-Stierlin, A., Söhner, F., Beschoner, P., Gündel, H., Staiger, T., Stiawa, M., Becker, T., Frasch, K., Panzirsch, M., Schmauß, M., & Krumm, S. (2020). Masculinity norms and occupational role orientations in men treated for depression. *PloS One 15*.

Krumm, S., Kilian, R., Beschoner, P., Becker, T., & Gündel, H. (2018). Wenn Mann sein zum Problem wird. Zur Verhältnis von Männlichkeitsorientierung und Depression. *sozialpsychiatrische informationen 48*, 23–26.

Krumm, S., Checchia, C., Koesters, M., Kilian, R., & Becker, T. (2017). Men's views on depression. A systematic review and metasynthesis of qualitative research. *Psychopathology 50*, 107–124.

Linden, M., & Hautzinger, M. (2015). *Verhaltenstherapiemanual.* Berlin, Heidelberg: Springer.

Merbach, M., & Brähler, E. (2016). Geschlechterunterschiede bei psychischen Störungen. In P. Kolip & K. Hurrelmann (Hrsg.), *Handbuch Geschlecht und Gesundheit. Männer und Frauen im Vergleich* (2. Aufl., S. 240–253). Bern: Hogrefe.

Meshkat, D., Kutzelnigg, A., & Kasper, S. (2010). Ärgerattacken bei Depressionen: Geschlechtsspezifische Aspekte. *Journal für Neurologie Neurochirurgie und Psychiatrie 11*, 22–25.

Meuser, M. (2009). Männlichkeiten in Bewegung – Zur Aktualität des Konzepts der hegemonialen Männlichkeit angesichts des Wandels von Erwerbsarbeit. In B. Aulenbacher (Hrsg.), *Erkenntnis und Methode. Geschlechterforschung in Zeiten des Umbruchs* (S. 249–265). Wiesbaden: VS.

Möller-Leimkühler, A. M. (2009). Männer, Depression und „männliche Depression". *Fortschritte der Neurologie-Psychiatrie 77*, 412–422.

Möller-Leimkühler, A. M. (2010). Depression bei Männern: Eine Einführung. *Journal für Neurologie Neurochirurgie und Psychiatrie 11*, 11–20.

Möller-Leimkühler, A. M., & Mühleck, J. (2020). Konstruktion und vorläufige Validierung eines gendersensitiven Depressionsscreenings (GSDS). *Psychiatrische Praxis 47*, 79–86.

Nilsen, W., Skipstein, A., Østby, K. A., & Mykletun, A. (2017). Examination of the double burden hypothesis – a systematic review of work-family conflict and sickness absence. *European journal of public health 27*, 465–471.

O'Brien, R., Hunt, K., & Hart, G. (2009). ‚The average Scottish man has a cigarette hanging out of his mouth, lying there with a portion of chips': prospects for change in Scottish men's constructions of masculinity and their health-related beliefs and behaviours. *Critical Public Health 19*, 363–381.

Pöge, K., Rommel, A., Mena, E., Holmberg, C., Saß, A.-C., & Bolte, G. (2019). Advance-Gender – Verbundprojekt für eine geschlechtersensible und intersektionale Forschung und Gesundheitsberichterstattung. *Bundesgesundheitsblatt, Gesundheitsforschung, Gesundheitsschutz 62*, 102–107.

RKI. (2012). *Daten und Fakten. Ergebnisse der Studie „Gesundheit in Deutschland aktuell 2010".* Berlin: RKI.

RKI. (2015). *Gesundheit in Deutschland. Gesundheitsberichterstattung des Bundes.* Berlin: RKI.

RKI. (2017). *12-Monats-Prävalenz der selbstberichteten ärztlich diagnostizierten Depression in Deutschland.* Berlin: RKI

Rutz, W. (2010). Depression und Suizidalität bei Männern in Europa: Ein Problem männlichen psychischen Leidens und männlicher Suizidalität. *Journal für Neurologie Neurochirurgie und Psychiatrie 11*, 46–52.

Schweiger, U., Sipos, V., Faßbinder, E., & Klein, J. P. (2018). Traumatisierung und Depression. *Fortschritte der Neurologie-Psychiatrie 86*, 654–666.

Siegrist, J. (2010). Gesundheitsrisiken aus der Arbeitswelt und gesundheitsrelevante Verhaltensweisen. Arbeit, Arbeitslosigkeit und Gesundheit. In D. Bardehle (Hrsg.), *Erster Deutscher Männergesundheitsbericht. Ein Pilotbericht* (S. 72–86). München: Zuckschwerdt.

Sierra Hernandez, C. A., Han, C., Oliffe, J. L., & Ogrodniczuk, J. S. (2014). Understanding help-seeking among depressed men. *Psychol Men Masc, 15*, 346–354.

Sieverding, M., & Kendel, F. (2012). Geschlechter(rollen)aspekte in der Arzt-Patient-Interaktion. *Bundesgesundheitsblatt, Gesundheitsforschung, Gesundheitsschutz 55*, 1118–1124.

Skärsäter, I., Dencker, K., Häggström, L., & Fridlund, B. (2003). A salutogenetic perspective on how men cope with major depression in daily life, with the help of professional and lay support. *International Journal of Nursing Studies 40*, 153–162.

Staiger, T. (2020). Arbeit(swelt) und Gesundheit. In O. Razum & P. Kolip (Hrsg.), *Handbuch Gesundheitswissenschaften* (7. Aufl., S. 569–584). Weinheim: Beltz.

Staiger, T., Stiawa, M., Mueller-Stierlin, A. S., Kilian, R., Beschoner, P., Gündel, H., Becker, T., Frasch, K., Panzirsch, M., Schmauß, M., & Krumm, S. (2020). Depression und Männlichkeit: Krankheitstheorien und Bewältigung – Eine biografisch-narrative Studie. *Psychiatrische Praxis 47*, 65–70.

Statistisches Bundesamt. (2022). *Todesursachenstatistik: vorsätzliche Selbstbeschädigung.* www.gbe-bund.de. Zugegriffen am 13.07.2022.

WHO (2022). *Mental Health and COVID-19: Early evidence of the pandemic's impact. Scientific brief.* https://apps.who.int/iris/rest/bitstreams/1412184/retrieve (Zugegriffen am 23.12.2022).

Wittchen, H.-U. (Hrsg.). (2010). *Depressive Erkrankungen.* Berlin: RKI. Verfügbar unter: www.gbe-bund.de. Zugegriffen am 23.12.2022.

Wolfersdorf, M., & Laux, G. (2022). *Depressionen. Ein Erfahrungsbuch zu Diagnostik, Verlauf, Therapie und Prävention.* Stuttgart: Kohlhammer.

Zülke, A. E., Kersting, A., Dietrich, S., Luck, T., Riedel-Heller, S. G., & Stengler, K. (2018). Screeninginstrumente zur Erfassung von männerspezifischen Symptomen der unipolaren Depression – Ein kritischer Überblick. *Psychiatrische Praxis 45*, 178–187.

Weiterführende Literatur

Krumm, S., Kilian, R., Beschoner, P., Becker, T., & Gündel, H. (2018). Wenn Mann sein zum Problem wird. Zum Verhältnis von Männlichkeitsorientierung und Depression. *sozialpsychiatrische informationen 48*, 23–26.

Tobias Staiger, Prof. Dr. PH, MSc in Public Health, Dipl.-Soz.Arb./Soz.Päd. (FH). Professor für Soziale Arbeit, psychologische und gesundheitswissenschaftliche Grundlagen und Leiter des Studiengangs „Soziale Arbeit – Psychische Gesundheit und Sucht" an der DHBW Villingen-Schwenningen, Fakultät Sozialwesen. Lehrtätigkeiten zu Sozialer Arbeit in der Sozial- und Gemeindepsychiatrie, Armut und Gesundheit, Gesundheitswissenschaften, Arbeitsbedingter Stress und betriebliches Gesundheitsmanagement. Forschungsinteressen sind Männlichkeit und Depression, Stigma bei psychischer Erkrankung, Arbeit, Arbeitslosigkeit und Gesundheit sowie qualitative Forschung in der Sozialpsychiatrie.

Silvia Krumm, Prof. Dr. phil. habil., Soziologin MA, Diplom Krankenschwester, leitet die Arbeitsgruppe Qualitative Sozialforschung an der Klinik für Psychiatrie und Psychotherapie II am Bezirkskrankenhaus Günzburg und forscht zu sozialpsychiatrischen Themenstellungen u. a. im Bereich von Geschlecht/Männlichkeit, Familie/Kinderwunsch/Schwangerschaft, Gewalt/Viktimisierung sowie Beruflicher bzw. Sozialer Teilhabe. Sie lehrt qualitative Methoden und wendet qualitativ-sinnverstehende Verfahren im Rahmen von qualitativen und Mixed-Methods- sowie partizipativen Studien an.

Diversity und Gesundheit. Der Einfluss lebensbedrohlicher Krankheiten auf die Lebensplanung junger Menschen

Kenth Joite, Michael Malina und Karin E. Sauer

Zusammenfassung

Dieses Kapitel beleuchtet, welchen Herausforderungen junge Menschen mit chronischen Erkrankungen bei ihrer Lebensplanung gegenüberstehen. Darüber diskutieren der ‚Palliativpatient' Kenth Joite und sein ehemaliger Therapeut und Sozialarbeiter Michael Malina im Interview mit Karin E. Sauer. Anhand der Biographie Joites, der eine chronische Herzerkrankung hat, werden alltägliche Erlebnisse von Inklusion und Exklusion im Rahmen sozialer Funktions- und Unterstützungssysteme geschildert. Einen Schwerpunkt bilden dabei seine subjektiven Handlungsstrategien angesichts existenzbedrohender Situationen und widriger Umstände. Welche Rolle die Soziale Arbeit in diesem Kontext einnimmt, bzw. einnehmen sollte, wird sowohl bezüglich alltagspraktischer Problemfelder als auch anhand von Spannungsfeldern gesellschaftlicher und wissenschaftlicher Diskurse thematisiert. Es zeigt sich, dass Aufklärungsarbeit, mediale (Re-)präsentationen und Positionierungen vonseiten Betroffener zentraler im sozialarbeitswissenschaftlichen Kanon platziert werden sollten.

K. Joite (✉)
Deizisau, Deutschland
E-Mail: info@kenthjoite.com

M. Malina
Villingen-Schwenningen, Deutschland
E-Mail: info@michael-malina.de

K. E. Sauer
DHBW Villingen-Schwenningen, Villingen-Schwenningen, Deutschland
E-Mail: karin.sauer@dhbw.de

© Der/die Autor(en), exklusiv lizenziert an Springer Fachmedien Wiesbaden GmbH, ein Teil von Springer Nature 2024
K. E. Sauer et al. (Hrsg.), *Studienbuch Gender und Diversity für die Soziale Arbeit*, https://doi.org/10.1007/978-3-658-42942-3_9

Keywords

Chronische Erkrankungen • Herzfehler • Behindertenfeindlichkeit •
Aufklärung • Empowerment

1   Einleitung

Das Interview mit Kenth Joite und Michael Malina fand am 6. Juni 2023 online
statt. Kenth Joite ist Erfahrungsexperte zum Thema chronische Herzerkrankun-
gen. Er ist Aktivist und Sprecher im Kontext von Empowerment chronisch
kranker Menschen. Einen besonderen Stellenwert hat für ihn der Ansatz von
Inklusion durch Sport, insbesondere Fußball. Dies setzt er im Rahmen von
Benefiz-Fußball-Turnieren zur Unterstützung von Herzpatient:innen um sowie als
Schiedsrichter für (inklusive) Fußballspiele. Michael Malina ist Diplom-Pädagoge
und (Sexual-)Therapeut und ebenfalls aktiver Fußballspieler, der sich bisweilen
an den von Joite ausgerichteten Benefiz-Spielen beteiligt. In einer Reha-Klinik
in Tannheim trafen sich Malina als Therapeut und Joite als ‚Palliativpatient‘, der
sich damals, im Alter von 21 Jahren, in einer existenziellen Krise befand: Ihm
war von Herzspezialist:innen mitgeteilt worden, dass eine in Aussicht gestellte,
lebensverlängernde Herztransplantation für ihn doch nicht infrage käme.

Durch die unterschiedlichen kontextuellen Orte im Rahmen eines professionellen Settings Sozialer Arbeit bringen die beiden Gesprächspartner im Interview intersektionale Dimensionen medizinischer, therapeutischer und sozialpädagogischer Theorien und Praktiken zusammen. Ziel dieses Interviews ist die
Weiterentwicklung Sozialer Arbeit anhand des Erfahrungswissens von Adres-
sat:innen, die ein Spektrum von Diversitätsmerkmalen aufweisen, welches verschiedene Formen von Diskriminierung und Ausgrenzungen zur Folge haben
kann. Dieses Spektrum bezieht sich einerseits auf schulmedizinische Diagnosen
und Prognosen, Gesundheitsstatistiken sowie therapeutische und pädagogische
Interventionsmöglichkeiten. Andererseits gehen aus den persönlichen Erfahrungen der Personengruppen, auf die sich Konstrukte der ‚Abweichung von (gesundheitlichen) Normalzuständen‘ beziehen, auch Wissensbestände hervor, die im
sozialarbeitswissenschaftlichen Diskurs bislang weniger dominant vertreten sind.
Dieses Wissen beinhaltet Kämpfe, Visionen und Projekte für eine Entwicklung
von Möglichkeiten der Solidarität diskriminierungserfahrener Personen. Kenth
Joite, Michael Malina und Karin E. Sauer, die mit den beiden das Gespräch
geführt hat, ist es ein Anliegen, diese Perspektiven mit (angehenden) sozialarbeitswissenschaftlichen Theoretiker:innen und Praktiker:innen zu teilen. Insofern

soll das Gespräch, das auf Kenth Joites biographischen Erfahrungen und Entscheidungen basiert, auch den Raum für Kontroversen und Debatten öffnen, die sonst kaum in Kontexten deutscher Hochschulen und Bildungseinrichtungen vertreten sind.

2   Interview mit Kenth Joite, Michael Malina und Karin E. Sauer

Karin E. Sauer (KES): Danke erstmal, dass ihr das Gespräch heute möglich machen konntet. – Kenth, du hast die Initiative ‚Halbes Herz – volles Leben‘ gegründet, mit der du dich für Menschen mit chronischen (Herz-)Erkrankungen einsetzt. Kannst du beschreiben, wie es dazu kam?

Kenth Joite (KJ): Ich habe einen schweren Herzfehler, einen Double Outlet Right Ventricle, quasi ein halbes Herz. Double Outlet Right Ventricle nennt man das nur, weil man dafür eigentlich keinen anderen Begriff hat. Ich habe nur einen Vorhof, eine Kammer, und hatte 1992 eine große OP. Die Ärzte haben mir damals gesagt, dass ich maximal – also direkt nach der Geburt quasi – dass ich maximal drei Monate bis ein Jahr alt werde. Jetzt bin ich 32. Und ich engagiere mich für andere herzkranke Kinder und Jugendliche. Und mache ganz viel für andere Betroffene mit chronischen Erkrankungen... Wobei ich gar nicht so richtig weiß, wie dieses Motto ‚Halbes Herz – volles Leben‘ entstanden ist...

Michael Malina (MM): Das war ein Motto für irgendeinen Zeitungsartikel. Ich weiß, es stammt eigentlich von dir, von niemand anderem.

KJ: Ich glaube das war für meine Homepage damals und dann noch für ein Zeitungsinterview. Weil mich da ein Redakteur gefragt hat, glaube ich, ist das so entstanden.

KES: In deinen ersten Lebensjahren schien es so, als wäre mit deiner Diagnose ein ‚volles Leben‘ unerreichbar. Was waren die Meinungen der Fachexpert:innen, die das diagnostiziert haben, und wie bist du, wie ist Deine Familie damit umgegangen? Wie war dein Alltag?

KJ: Man hat eigentlich nie wirklich viel über das Thema gesprochen. Eigentlich immer nur, wenn ich zur Kontrolle nach Hannover musste. Ansonsten war der Herzfehler eigentlich gar kein Thema. Die komplette Zeit bis zum Kindergarten, bis zur Grundschule, das war alles komplett normal. Also wie jeder andere gesunde Junge auch. Und auch in der Grundschule eigentlich. Also – klar ich war in einem Inklusionskindergarten; das gab es damals in den 90ern auch schon – und in einer Inklusionsgrundschule. Aber da gab es jetzt keine besonderen Bedürfnisse für mich. Im Kindergarten waren eben mehr Betreuer da als in einem normalen Kindergarten. Und in der Grundschule waren es dann einfach mehr Lehrer in den Pausen auf dem Hof. Aber mehr war das dann auch nicht. Und ansonsten war meine Kindheit wirklich komplett normal, wie bei jedem anderen Jungen auch, oder besser gesagt wie bei jedem anderen Kind. Bis auf die Tatsache, dass ich regelmäßig, also einmal im Halbjahr, nach Hannover zur Herzkontrolle musste.

KES: Und in Hannover ist eine Herzklinik – eine Spezialklinik oder?

KJ: Genau, die haben ein Zentrum für Kinderherzmedizin. Es ist allgemein ein ziemlich großes Herzzentrum in Hannover. Und dort bin ich auch 1992 operiert worden.

MM: Die Landschaft in Deutschland, wie früher Kinder versorgt worden sind, ist teilweise auch heute noch so. Wenn ich überlege, in Niedersachsen, Nordrhein-Westfalen, waren so Themen wie Inklusion oder auch Sonderkindergärten einzurichten, ganz was anderes als in Bayern, da wurde das viel später eingerichtet.

KJ: Das war ja bei uns ganz viel. Bei uns gab es ja Sonderschule, Förderschule… In der Orientierungsstufe wurde dann geschaut, kommst du auf eine Sonderschule, kommst du auf die Hauptschule, auf die Realschule oder aufs Gymnasium? Und ja, das war früher so.

KES: Okay… Du redest jetzt von verschiedenen sozialen Systemen, oder Funktionssystemen, die Dich begleitet haben, also Schule, medizinische Fachkräfte in Kliniken und Dein Alltag in der Familie… Also, du hast das so ausbalanciert und sprichst eigentlich von einer ‚normalen‘ Kindheit und Jugend, ja?

KJ: Genau. Das war auch das Richtige. Also was ich oft sehe, dass die Eltern sagen, ‚Nee, du hast einen Herzfehler – Du musst aufpassen, dass du dir nichts tust. Du musst aufpassen, dass du nicht übertreibst‘… Das hatte ich alles nicht, und das war auch der richtige Weg. Diese Einschränkungen… Ich konnte mir das quasi selber erarbeiten, wie fit ich bin. Ich konnte mir selber Grenzen setzen. Und das war genau das Richtige.

KES: Schön… hmm… Und was hat dich vielleicht doch entmutigt, oder was war herausfordernd, was war schwierig?

KJ: Also in den weiterführenden Schulen dann. Ich war ja auf einer Hauptschule bis zur achten Klasse. Und dann bin ich auf eine andere Schule gewechselt und habe da dann meinen Realschulabschluss gemacht, weil ich gemobbt wurde. Das waren drei türkische Mitschüler, die haben mich über den Hof geschubst, die haben mich gemobbt wegen meinem Äußeren, wegen der Behinderung. Man sieht es ja so ein bisschen, dass ich schiele, dass ich einen leicht krummen Rücken habe. Und ich war einfach der Schwächere, und das haben die natürlich ausgenutzt. Und dann kam es auch soweit, dass ich an Stellen angefasst wurde, an denen man das als Junge natürlich nicht möchte. Und das war so der absolute Tiefpunkt in der Schulzeit.

In der Orientierungsstufe gab es dann auch noch so eine Situation. Ich habe eine etwas korpulentere Mitschülerin bei mir in der Klasse gehabt. Und die ist einmal mit gestreckten Beinen bei mir in den Oberkörper reingesprungen. Und da musste dann auch der Rettungswagen kommen. Also es war ab der Orientierungsstufe schon relativ schwierig, als chronisch Kranker sich durchsetzen zu können.

Ja weil man sieht natürlich so ein bisschen die Behinderung – Ich glaube das Problem haben viele chronisch Kranke, die auf eine normale Schule gehen – Man ist der Schwächere; man kann sich nicht durchsetzen; und das wird dann natürlich ausgenutzt. Kinder können natürlich scheiße sein. Nicht nur bei kranken sondern auch bei gesunden Kindern.

KES: Hm – und dann hat dir aber niemand beistehen können, von den Lehrkräften? Das wäre ja eigentlich die Idee, dass sie das können und tun, wenn es zu solchen Vorfällen kommt.

KJ: Ja, also in der Orientierungsstufe war das noch relativ normal, dass die Lehrer da auch eingeschritten sind. Da gab es dann auch mal den erhobenen Zeigefinger. Und auf der ersten Hauptschule wo ich gewesen bin, da war es wirklich so, dass die Lehrer Angst hatten vor den Schülern. Einer der drei, der ist auch auf meine damalige Klassenlehrerin losgegangen. Hat die geschlagen; hat die geschubst. Also das war wirklich richtig krank. Der ist dann auch von der Schule geflogen. Sowas würde auf dem Gymnasium eher seltener passieren, dass ein Schüler auf eine Lehrerin losgeht. Da sieht man dann auch diese verschiedenen Gesellschaftsschichten.

MM: Du hast vorher gesagt, ‚man sieht die Behinderung an‘ – Herzfehler anzusehen ist ja immer so ein bisschen schwierig. Aber mal andersrum: Ich finde schon interessant, dass die Herzpatient:innen, die viel operiert worden sind, für sich als Kind ganz oft nicht verstanden haben, dass durch die OP-Narben der Körper eine andere Form annimmt, weil die nicht so schnell wachsen. Also wenn du vorne eine große Narbe hast, hast du hinten oft einen Buckel, und den sieht man, je älter du wirst, immer mehr. Aber was ich die Leute so noch nie gefragt habe: Wie ist das, wenn ihr ins Schwimmbad gegangen seid? Man sieht ja die Narben irgendwann. Da läufst du ja nicht im Ganzkörperanzug rum. Ist das auch so ein Part, wo du sagen würdest, das hat mich unterschieden von Mitschülern, oder war das für dich nie ein Part gewesen, mit Narben?

KJ: Mit Narben – Wenn ich darauf angesprochen wurde, dann habe ich denen das immer erzählt, was bei mir gewesen ist. Ich habe ja nicht nur die eine große Narbe, ich habe ja auch an der Seite so die ganzen Anschlüsse...

MM: ...Drainagen?

KJ: Ja genau. Die Narben die hast du natürlich auch noch, und die siehst du. Und ich war da früher schon ziemlich offen und habe dann eben erzählt, was da bei mir los gewesen ist. Also ich habe nie irgendwie versucht, den Herzfehler zu verstecken.

MM: Ist das hilfreich?

KJ: Es hilft auf jeden Fall im Umgang. Also man geht offener damit um. Die Leute wissen natürlich auch Bescheid. Die meisten respektieren das dann auch, dass man Einschränkungen hat. Es kann aber dann auch Nachteile haben, wie in dem Fall bei mir an der Schule, wo ich dann gemobbt wurde. Es hat positive und negative Aspekte. Aber die positiven überwiegen bei mir eigentlich.

KES: Mhm – und, dann würde ich da anschließen mit dem, was du besonders ermutigend erlebt hast in deinem Umfeld...

KJ: Das waren Freunde, die einen so akzeptiert haben, wie man ist. In meinem Freundeskreis wussten wirklich alle, dass ich einen Herzfehler habe. Dass ich auch mal Pause brauche. In meiner Grundschule hatte ich auch Mitschüler, die selber ‚behindert‘ waren, sag ich mal, oder eingeschränkt. Mit denen habe ich dann viel unternommen. Und das war eigentlich ganz cool. Wir sind da auch total locker damit umgegangen. Wir haben Scheiße gebaut ohne Ende. Beim Bauern in die Heuballen gesprungen... in den Heuballen rumgekokelt... Also wirklich wie stinknormale Kinder. Wir haben in einer Sackgassenstraße gewohnt, die ein bisschen abschüssig war. Da haben wir mit Kreide Rennstrecken draufgemalt. Ich bin da aufgewachsen wie ein ganz normales Kind. Das hat mir auch großen Rückhalt gegeben, dass ich da Freunde hatte, die eigentlich alles mit mir gemacht haben.

KES: Mhm. Cool. Aber irgendwann war eine Situation in deinem Leben, da habt ihr, Micha und Kenth, euch kennengelernt. Micha, du warst Sozialarbeiter in einer Reha-Klinik, und Kenth, warum bist du dahin gekommen, was waren die Umstände?

KJ: Bei mir ist die Situation mit dem Herzen irgendwann nach der Schule ein bisschen schlechter geworden. Ich habe meinen Realschulabschluss gemacht. Und bin dann in die Ausbildung zum Zoll gegangen. Also ich habe eine Ausbildung zum Fachangestellten Bürokommunikation beim Zoll gemacht. Man hat halt in den drei Jahren schon gemerkt, dass es mir von Jahr zu Jahr immer schlechter ging. Es konnte aber keiner wirklich sagen, woran es lag. Und 2010 kamen dann die Ärzte auf mich zu bei der Kontrolle in Hannover, und sagten, dass ich ein neues Herz brauche. Und das war dann natürlich für mich schon mal der erste Zusammenbruch. Dann kam ja dann auch Micha ins Spiel, das erste Mal. Da bin ich schön in so ein Depri-Loch gefallen, habe aber nie irgendwas nach außen dringen lassen, sage ich mal. Und ich glaube Micha, 2010 war das auch noch gar nicht so Thema. Das hat 2011 erst so richtig angefangen.

MM: 2010 bist du das erste Mal in der Klinik aufgeschlagen, und 2011 haben wir uns das erste Mal getroffen.

KJ: Stimmt, ja, Anfang 2011 war ja dann das Gespräch, dass ich kein neues Herz bekomme. Und da bin ich dann nochmal nach Tannheim, weil ich ja für den Kopf so ein bisschen Hilfestellung bekommen sollte, dass ich das Ganze verarbeiten konnte. Und da bin ich das erste Mal bei dir gelandet.

MM: Genau, so klassisch angekündigt als ‚Palliativpatient'. Es klingt immer so ein bisschen schräg, aber was heißt palliativ? Das heißt ja nur, dass die Ärzte keine Idee haben, wie die Situation, die aktuell besteht, wieder besser wird. Was aber nicht heißen muss, dass die Situation sich verschlechtern muss. Also es kann echt sein – hat man regelmäßig – dass es hieß, man weiß nie, ob die noch morgen überleben, aber die sind noch zig Jahre älter geworden. Palliativ heißt nur, dass wenn was passiert, keine Möglichkeit besteht, eine Verschlechterung aufzufangen.

Und so wurde Kenth auch angekündigt, gemäß dem Motto ‚ist eigentlich austherapiert', eigentlich schon seit er Kind ist. Er tauchte bei uns auf, und es ging ein bisschen darum, wie könnte es weitergehen, weil klar war, dass die Ausbildung nicht abgeschlossen werden kann. Und wenn ich mich persönlich versuche in die Situation von einem Patient oder Patientin zu versetzen, man ist davor die Ausbildung abzuschließen, hat sich irgendwie durchgekämpft, und bekommt gesagt, es gibt die glorreiche Rettung, es gibt eine OP, danach geht wieder alles besser. Und dann kriegt man gesagt: ‚Du bist trotzdem palliativ; die OP funktioniert nicht; die Ausbildung wirst du nicht abschließen können'. – Was machst du jetzt mit deinem Leben? Was macht man dann? Man hat keine Jobaussichten und Rente ist ja auch nicht unbedingt so der Knaller, wenn man so mit 20 in Rente geht. Und Arbeit ist ja auch was, was ein Leben in einer gewissen Weise erfüllt. Jeder der arbeiten geht, hat irgendwie was zu tun, was Spaß macht, und er sagt, da gehe ich gern hin. Und auch wenn es nicht dein Lieblingsjob wäre, ist es etwas wo man sagen kann, da dreht sich ein Leben drum. Und alles was es dann gibt, und das ist eine typische Klinikerfahrung, das ist plötzlich weg. Also steht man da ohne Job, ohne Heilung, ohne Möglichkeit, dass man sagt ‚Jetzt geh ich auf Weltreise' – weil das soll man ja auch nicht machen, man ist ja krank... Und in der Situation habe ich Kenth kennengelernt.

KES: Und Kenth, was war dann deine Strategie um damit klarzukommen, einigermaßen?

KJ: Ich bin dann total in so einen Kaufrausch gefallen. Ich habe komplett über meinem Limit gelebt. Ich habe regelmäßig zig Paar Schuhe gekauft, das war so das Hauptthema. Bin viel teuer Essen gegangen. Und das waren so die nächsten zwei, drei Jahre, ne.

MM: Ja – also, ich weiß, dass in deiner ersten Reha bei mir deine Mutter schon angerufen hat, dass sie Rechnungen gefunden hat; ich soll dich mal darauf ansprechen. Vielleicht warst du ja auch bei einer Schuldnerberatung irgendwann mal. Und tatsächlich ist es, wenn ich über andere Patient:innen nach-denke, so ein klassisches Teil: Ein Patient mit Langzeit-Krebsdiagnose, 15 Jahre lang mit Lungenmetasthasen – es gibt so Long Term Survivors – hat klar gesagt, wenn es für ihn zu Ende geht, schnappt er sich die Kreditkarte und fährt nach Thailand und macht nochmal vier, fünf Wochen Urlaub dort. Wer will es ihm hinterher in Rechnung stellen? Und dann ist natürlich schon so eine Exit-Strategie zu sagen, dann hau ich nochmal alles drauf, was ich besitze. Wobei, man kann es tatsächlich nicht planen. Viele die mit dem Begriff ,palliativ' nichts anfangen können, denken, man stirbt gleich. Und das ist, was manche Patient:innen dann auch lernen müssen, dass nur weil man eine Diagnose bekommt, die nicht super aussieht, man gewisse Dinge im Leben auch verliert, das sofort auch Chaos oder Lebensunglück bedeuten muss. Das ist eine hohe Kunst, da wieder rauszufinden. Dass man sagt, naja, kann ja trotzdem Spaß machen.

KJ: Bei mir war ja das Ding, dass die Ärztin damals 2010 gesagt hat, dass ich ohne das neue Herz vielleicht noch zwei Jahre zu leben habe. Und das war ja dieser ausschlaggebende Punkt, dass ich mich quasi so fallenlassen habe. Ja weil ich gedacht habe, die hat das gesagt, das wird schon stimmen. Also hau ich jetzt nochmal ordentlich auf die Kacke... Ich habe einen Kredit bei der Bank gekriegt, wie auch immer, keine Ahnung. Und bin dann irgendwann zu Mercedes und habe gesagt, ich will das Auto für vier Wochen haben und bin dann mit einer dicken neuen A-Klasse nach Tannheim gefahren. Mir war eigentlich in dem Moment alles scheißegal.

MM: So was zu bringen, ,du lebst nur noch zwei Jahre', das würde ich zum Beispiel als Sozialarbeiter nie irgendjemand sagen, auch wenn irgendwelche ärztlichen Prognosen das nahelegen würden. Weil es einfach einen Druck erzeugt beim Mensch. Das ist genau da passiert: Es wurde so ein Druck aufgebaut, und aus dem heraus – weil es dann doch nicht passiert ist – hat er sich hintendran keine Perspektive bewahrt. Wenn Kenth die Wahl gehabt hätte ,wahrscheinlich lebt man mit neuem Herz länger als mit altem', neigt man halt dummerweise auch dazu, zu sagen, dann macht jeder Mensch eine OP. Das ist schon meine Befürchtung, dass die Ärztin das schon so dargestellt hat, um ihn in gewisser Weise ‚zu seinem Glück zu drängen'. Und dann den zweiten Punkt – ‚was passiert jetzt doch nicht' – den vergisst man dann so. Und das ist was, was wir in der Sozialen Arbeit dummerweise auch oft haben. Dass wir versuchen Menschen zu ihrem Glück zu drängen. Und beide Seiten darstellt, was könnte passieren. Und vollkommen verdrängt, dass eigentlich die Entscheidung bei dem Mensch gegenüber liegt. Und da wirklich neutral zu bleiben, ist eine hohe Kunst. Und nicht so aus einem klassischen 80er Jahre Normalitätsprinzip heraus zu agieren – ‚Ja, es wäre doch schöner, und alle fänden es besser', und jemand in eine bestimmte Rolle reinzudrängen… Im Prinzip muss ja die Initiative immer von dem anderen ausgehen. Man kann immer nur Möglichkeiten aufzeigen. Und das finde ich das Wichtige daran. Chancen zu zeigen, Möglichkeiten zu geben, wie man aus einer verfahrenen Situation rauskommen kann. Wie man Spaß am Leben haben kann. Zum Thema ‚Halbes Herz – volles Leben', wie kann das Leben aussehen? Und am Ende war das Kenths Entscheidung, nicht meine. – Ich hoffe das war halbwegs verständlich und du würdest dem auch zustimmen Kenth?

KJ: (Lacht) Alles gut.

MM: Da kann ich den Ball zurückspielen, was du immer sagst: Man muss euch zuhören.

KJ: Ja. Nee, und Micha hat es ja dann auch geschafft mich da aus dem Scheiß rauszuholen. Er hat Alternativen aufgezeigt, was ich noch machen könnte. Und so bin ich ja dann auch in diese Spirale reingekommen, dass ich mich für andere mit chronischer Erkrankung oder mit Herzfehler einsetze. Das hat ja erst damit quasi begonnen.

MM: Ist ja auch hilfreich. Da haben wir damals darüber diskutiert, weil ich gesagt habe ‚Schreib drüber', und er: ‚für was?'. Weißt du, für mich ist das ein Scheiß, wenn ich zu einem jungen Herzpatient sage ‚Ey du, ist nicht schlimm; es gibt auch andere'. Dann bin ich einfach der Typ, der nicht seine Erkrankung hat. Aber wenn dich jemand mit der Erkrankung mit bald 33 ankuckt und sagt, ‚Ey, du bist erst fünf? Kein Stress! Zu deinem dreiunddreißigsten komm ich vorbei', macht das eine andere Wirkung. Und ich glaube, diese Lebenserfahrung, die in der Reha im Gruppenkonzept die Leute sich einfach gegenseitig mitgegeben haben – Da kommt eine neue Diagnose in die Gruppe rein, von der alle denken, du bist sterbenskrank. Und die Mitpatienten lachen und sagen, ‚Was hast du? Ah, ist ja harmlos'. Und das ist schon eine Erfahrung. Und das mit anderen zu teilen, und sagen zu können, ja was soll der Stress eigentlich? Das ist die Besonderheit, die man zum einen will, und zum zweiten kann es für die, die das bekommen, mega hilfreich sein. Kann – nicht unbedingt muss. Ich glaube Beispiele hättest du bestimmt mehr als eines, wo du einen jungen Herzi getroffen hast, der es cool fand, sich mit dir zu unterhalten.

KJ: Och, so einige.

KES: Ja, erzähl mal ein bisschen von deinen ersten Schritten, so in die ‚Empowerment-Richtung' – so würde ich das sagen, wenn ich einen Begriff dafür wählen müsste für das, was du jetzt aufgebaut hast.

KJ: Also angefangen hat es, dass ich zu Veranstaltungen von anderen Herzvereinen gegangen bin. Und es gab auch in Hannover einen Herzverein – Kleine Herzen Hannover, die waren bei uns an der Medizinischen Hochschule, die unterstützen die Kinderherzstation dort finanziell. Die haben jedes Jahr – vor Corona – ein Fußballturnier organisiert. Und ich bin ja seit 2004 Schiedsrichter. Und ich habe dann gesagt, es wäre doch eigentlich cool, wenn dann auch mal bei einem Turnier jemand mit einem Herzfehler pfeifen würde. Ja und ich bin dann irgendwann eingeladen worden. Das war total cool. Also ich bin dort richtig gut angenommen worden. Wurde dann auch gefragt, ob ich im nächsten Jahr wiederkommen möchte. Und so hat sich das dann entwickelt. Auch bei anderen Herzvereinen. Fontanherzen kam dann irgendwann dazu, die dann auch regelmäßig ein Hallenturnier organisiert haben, oder auch ein Turnier in München, wo Promis gegen verschiedene Mannschaften gespielt haben. Da ging das los mit diesen Promi-Events[1]. Und ich selber habe dann auch gedacht, Okay, jetzt musst du mal irgendwas machen, und habe dann angefangen Fußballturniere zu organisieren. Weil über den Fußball, da hast du ja wirklich alle Teile der Gesellschaft mit dabei, und so kannst du eben die meisten Leute erreichen. Und dann habe ich eben die ersten Fußballturniere organisiert, wo Micha ja dann auch dabei gewesen ist mit einer Mannschaft von der DHBW. Und die Turniere waren eigentlich immer gut besucht, und man konnte viel um Aufmerksamkeit werben für das Thema. Und das mache ich bis heute noch. Ich reise durch Deutschland auf verschiedene Veranstaltungen. Eine der größeren ist in Hamburg bei Kick mit Herz. Und mittlerweile halte ich eben auch Vorträge über mein Leben mit dem Herzfehler, über die ganze Zeit, die Geschichte und mein Engagement, und wie man eben mit dem Ganzen umgehen kann. Und das kommt eigentlich auch ganz gut an.

MM: Und was ist die Aufmerksamkeit, die es braucht?

KJ: Auf der einen Seite ist natürlich die Aufklärung, dass ich anderen Betroffenen zeigen möchte, dass wenn man einen Herzfehler hat, egal wie schwer der jetzt ist, dass man seine Grenzen quasi selber testen kann, testen soll, und nicht Mama

---

[1] (vgl. DFB-Stiftung Sepp Herberger 2023).

sagt, du darfst das nicht, also machst du das nicht. Sondern genau das Gegenteil. Mama sagt, und du machst es trotzdem. Weil nur so kannst du herausfinden, ob du diese Grenzen überhaupt erreichen kannst. Zum Beispiel bei der Gerald Asamoah Stiftung, da habe ich einen Vortrag gehalten über Sport mit Herzfehler. Der Gerald Asamoah ist ja selbst herzkrank und ist Profifußballer gewesen. Und ich habe dann dort erzählt über meine Erfahrungen mit dem Herzfehler und der Schiedsrichterei. Danach hat man eben auch diese Entwicklung gesehen, dass die Eltern nicht mehr so übervorsichtig sind. Wir waren damals in einem Zoo in Gelsenkirchen, und man hat gesehen, dass die Kinder nach dem Vortrag viel mehr machen durften. Weil die Eltern dann auch ein bisschen lockerer waren. Und das möchte ich eben mit diesen Vorträgen erreichen, dass man da einen komplett anderen Blick auf die Situation hat. Und mit der Aufmerksamkeit: Jedes hundertste Kind kommt mit einem Herzfehler auf die Welt. Aber man sieht uns ja die Herzfehler meistens nicht an. Und von uns weiß eben so gut wie keiner was. Und deshalb versuche ich da über social media und so wirklich viel Aufmerksamkeit zu erreichen[2]. Und deshalb habe ich auch die Fußballturniere organisiert, um einmal Aufmerksamkeit zu bekommen und dann gleichzeitig für diese Herzvereine noch Spenden zu generieren, damit man da auch in der Forschung eben weiterkommt.

KES: Cool. Du bist ein Inklusions-Messenger (lacht). Also du bist unterwegs in der Mission ,So soll Inklusion aussehen‘, nach dem was du erlebt hast, nach deinen Erfahrungen. Und du hast dabei die Idee, es können alle eine bestimmte Normalität in ihrem Leben haben, und dazu gehört auch Spaß und nicht nur Einschränkungen, wie du jetzt erzählt hast. Und Micha, du hast es geschildert, das ist ja nicht immer die Idee von professionellen Fachkräften, die dann vielleicht eher sagen würden ,Äh, mach mal halblang... das tut vielleicht nicht wirklich gut‘ (lacht)... Dazu hast du wahrscheinlich was zu sagen.

MM: Das sind ja verschiedene Personengruppen, die wir uns ankucken könnten, wenn du so willst: Berufsgruppen und Menschen die gepflegt werden oder gepflegt werden müssen oder die auch Beratung brauchen. Eins von den Highlights war, dass ich mich hier in einer Online-Veranstaltung mit Sozialarbeitsstudierenden unterhalten habe über Diskriminierung von Menschen mit einer chronischen Erkrankung. Und dann bin ich in die nächste Online-Veranstaltung, wo Menschen mit Behinderung genau das Gleiche diskutiert hatten. Und ich finde faszinierend, dass Raúl Krauthausen dann irgendwann mal in der Diskussion gesagt hat ,Schimpft nicht zu viel über die Sozialarbeiter, weil die helfen uns wenigstens‘. Eine Logik wo ich gedacht habe, das ist genau der Punkt. Die einen

---

[2] (vgl. Joite 2023).

versuchen den anderen zu helfen, aber hören vielleicht – wie Kenth manchmal sagt – auch nicht wirklich zu. Oder haben so ein ganz eigenes Bild von ‚was ist gut' im Kopf. Und sind manchmal ein bisschen weg von dem, was der andere eigentlich will. Und die anderen erleben sich quasi als benachteiligt und diskriminiert, weil sie es teilweise auch als übergriffig erleben und sehen vielleicht aber auch nicht den Willen und den Gedanken, der manchmal hintendran steht, eigentlich etwas Gutes tun zu wollen.

Und da in den Austausch zu kommen, finde ich einfach wichtig. Egal mit wem ich mich befasse. Ob ich mich als Sexualpädagoge mit jugendlichen Schwulen unterhalte oder einen Transgender-Jugendlichen in meiner Beratung habe, der mit seiner Lebenswelt zu mir kommt und sagt ‚Da passe ich nicht rein'. Wenn ich die Frage stellen muss, wie passt der in seine Welt eigentlich rein, ist es das, was ich damit meine. Es ist genau das gleiche, ob ich mit einem ‚verhaltensauffälligen' Jugendlichen unterwegs bin oder einem Autisten, und mir die Frage stellen muss, wie passt der in seine Lebenswelt rein? Da die richtige Passung zu finden heißt ja, ich muss mich auf die Lebenswelt meines Gegenübers einlassen. Und da die Möglichkeiten suchen, mit dem Menschen zusammen, den ich betreue, und da passend beraten. Weil oft liegt die Lösung eigentlich nicht bei uns, sondern bei dem Gegenüber. Es ist einfach eine hohe Herausforderung, sich auf die Lebenssituation von Menschen einzulassen, deren Situation ich zum einen nicht kenne und zum anderen ihre Lebenswelt auch nicht kenne. Da wäre es hilfreich, die Gruppen, die da miteinander diskutieren, aus zwei verschiedenen Punkten, einmal zusammenzuschmeißen, weil ich glaube, die verstehen sich viel besser, als wir uns das auf den ersten Blick denken.

Wenn man so denkt ‚Kenth macht nicht das, was ich von ihm will. Der verpasst alle Chancen. Der könnte so viel'. Und der möchte eigentlich gar nichts außer mal gechillt in Ruhe gelassen werden. Oder vielleicht sagt ‚hmm, also im Moment... Vielleicht kommst du in einem halben Jahr mal wieder'. Solche Diskussionen führt man auch als Vater mit seinen Kindern. Es sind halt zwei Personen, die zwei verschiedene Ziele haben. Das ist so das Eine, aber ich glaube da ist es relativ simpel eine Schnittmenge zu finden, die funktioniert, wo wir vielleicht als Sozialarbeiter mehr zuhören müssen und uns die Menschen, die wir betreuen, vielleicht mehr vertrauen müssten, in einer gewissen Art und Weise.

Was ganz Anderes sind die Leute, die gar nichts damit zu tun haben. Da läuft viel über die Diskriminierungsschiene, wenn sie nicht wissen, wo sie eigentlich gerade dabei sind ‚über die Stränge zu schlagen'. Bei Kenth ist zum Beispiel die Frage mit dem Behindertenausweis, bei der Parkplatzsuche. Da hast du den blauen Parkausweis und steigst aus dem Auto aus, ohne Rollstuhl. Also viele, die keinen Plan von Herzfehlern besitzen oder von Mukoviszidose oder von anderen chronischen Erkrankungen, die einen relativ hohen Eingriff in den Lebensalltag bedeuten, wissen gar nicht, was sie damit anfangen sollen. Wie du vorhin gesagt hast, Kenth, ‚Herzinfarkt' kennt jeder. Oder Leute die im Rollstuhl sitzen. Und dann kommt einer und hat einen blauen Ausweis und sieht gesund aus... ‚Wem hat er das geklaut, also welchem Rolli-Fahrer?'. – Ein klassisches Beispiel sind auch ganz lieb gemeinte Menschen, die einem beim Konzert den Gang auf die Behindertentribüne verweigern, ‚weil da gehören nur Rolli-Fahrer hin'. Als ob sich eine Gehbehinderung nicht manchmal auch anders zeigt, also nicht nur, wenn man nicht laufen kann. Man muss sich ja trotzdem irgendwie setzen. Bei dem einen Konzert wo ich war, war so die Frage, warum denn Stühle auf der Tribüne sind, wenn die nur für Rolli-Fahrer gedacht ist. Und der Kollege sagte, das wüsste er jetzt auch nicht. Aber das sind ja auch Diskussionen, die da entstehen. Und da finde ich Kenths Ansatz nicht verkehrt zu sagen, man muss rausgehen und den Leuten einfach sagen ‚Jeder Hundertste hat einen Herzfehler' – Es gibt viele Arten von Erkrankungen, die andere Bedürfnisse mit sich bringen. Und das ist glaube ich aber auch der Part, wo Diskriminierung zum Teil – aus meiner Sicht – unbeabsichtigt passiert, weil die Leute einfach keinen Plan haben von dem, was für andere Leute vielleicht wichtig oder notwendig sein könnte. Und da ist Aufklärung wichtig. Und dann gibt es natürlich auch welche, die bewusst sagen, dass man diese Leute zu nichts gebrauchen kann, weil die sind unproduktiv, die gehen mit zwanzig ja schon in Rente, zu was braucht man die? Das ist ja nochmal eine ganz andere Abteilung.

KES: Ja, da kommen wir ja auch drauf... Ja, das war der Anlass, zu dem du kürzlich zweimal interviewt worden bist, Kenth. Einmal auf Sport 1[3] und dann in der Landesschau[4], die über ein Kreisligaspiel berichtet haben, bei dem du Schiedsrichter warst. Ich war total geschockt. Das war eine wirklich offene Diskriminierung – also physische Gewalt, behindertenfeindlich gerahmt: Schon während des Spiels haben sie aus dem Publikum angefangen, dich auf die Behinderung hin zu beleidigen und deine Kompetenz als Schiedsrichter anzuzweifeln aufgrund dessen. Und danach haben dich die Spieler körperlich angegangen – Spieler! Richtig krass...

KJ: Spieler und ein Zuschauer.

KES: Auch noch? Okay... Also, das sind Diskriminierungen, die kannst du nicht von der Hand weisen. Das war wirklich bewusst und um jemanden zu schädigen, der eh schon als geschwächt ‚gelesen' werden kann. Und so eine

---

[3] (vgl. Mühlenhof 2023).

[4] (vgl. Landesschau Baden-Württemberg 2023).

Situation ist sicher sehr hart überhaupt zu ‚handlen'... Magst du dazu noch ein bisschen was sagen?

KJ: Ja, also es war eigentlich ein stinknormales Fußballspiel. Und irgendwann hat es dann angefangen, dass ich von draußen beleidigt wurde mit ‚der schielt doch', ‚der ist doch eh behindert'. Die haben natürlich gesehen, wenn ich in ihrer Nähe gewesen bin an der Seitenlinie, dann siehst du, dass ich schiele. Das mit dem Rücken sieht man. Und da sind die natürlich voll drauf eingestiegen. Und nach Abpfiff war es so, dass ein Spieler und ein Zuschauer so dermaßen unzufrieden waren – was aber eigentlich gar nicht nachvollziehbar war – dass der Spieler mir so getan hat, als wenn er Shake Hands macht, und meine Hand genommen hat und die so fest zugedrückt hat, dass ich dann Schmerzen in der Hand hatte. Also ich musste ja dann auch zum Arzt. Und der Zuschauer hat mir dann von hinten in den Rücken gestoßen. Und ich bin dann ein, zwei Meter nach vorne geflogen... Das erlebe ich aber nicht nur als Schiedsrichter mit Handicap. Das erleben auch gesunde Schiedsrichter. Und das hat in den letzten Jahren extrem zugenommen. Auch was Beleidigungen angeht... So Respektpersonen – die gibt es irgendwie nicht mehr auf dem Fußballplatz. Da hat sich halt eine ganze Menge geändert.

KES: Und da hast du aber gesagt, das lässt du so nicht auf dir sitzen, sozusagen.

KJ: Genau. Also ich habe gegen beide Strafanzeige gestellt. Das Verfahren beim Sportgericht läuft ja auch. Beim Sportgericht hat der Betroffene schon zugegeben, also die haben alle Vorwürfe eingeräumt. Und jetzt bin ich mal gespannt, wie es im Strafverfahren weitergeht.

KES: Mhm. Ja, das ist immer so ein Motto ‚Inklusion durch Sport'. Aber diese Grundlagen von dem, was erstmal gelten soll – für jede Sportart – Fairness, Respekt oder Fairplay und so... Das einfordern zu müssen, ist ja an sich ein ziemliches Armutszeugnis. Aber insofern wahrscheinlich sehr konsequent, dass du sagst, wenn davon nicht mehr ausgegangen werden kann, und sich das verschärft, dann muss man eben auch die rechtlichen Mittel in Anspruch nehmen, damit das wiederhergestellt werden kann, um überhaupt ein bisschen in Richtung Inklusion kommen zu können...

Du hast aber auch in dem Interview gesagt, du wirst jetzt nicht aufhören, Schiedsrichter zu sein, zumindest in bestimmten Spielen...

KJ: Ich werde bis auf Weiteres keine Herrenspiele mehr pfeifen. Einfach weil ich keine Lust mehr habe, jedes Wochenende beschimpft zu werden. Und werde mich jetzt erstmal auf Junioren-, Frauen- und Inklusionsfußball konzentrieren. Das heißt ich pfeife Spiele von Menschen mit körperlicher und geistiger Beeinträchtigung. Special Olympics ist ja so ein Begriff. Und da hast du einfach viel mehr Freude dran. Vor allem der Inklusions-Fußball, das ist ein grundehrlicher Fußball. Da wirst du nicht angefeindet. Da sind sie froh, wenn du einen Schiedsrichter hast. Und ich als Schiedsrichter, der selber eine Einschränkung hat, kann dann noch als Vorbild fungieren und kann den Spielern zeigen, dass es auch noch andere Möglichkeiten gibt.

KES: Mega. Ja – ungebrochen, dein Lebenswille und dein Aktionspotenzial, da echt was draus zu machen... Ja! Ich habe jetzt gar keine Fragen mehr aufgeschrieben... Fällt euch noch was ein?

MM: Ja, ich habe mal so ein Motto kreiert ‚Es geht ums lebenswerte Überleben'. Und das gilt ja eigentlich für jeden. Ob jemand chronisch erkrankt ist, Palliativpatient:in ist, oder einfach nur auf der Sparkasse arbeitet – also es geht nicht um die Sparkasse, aber du weißt was ich meine? Und die Fragestellung ist, wo macht man das möglich, und wo sind da auch Einschränkungen. Und mit dem Motto auch in der Szene aufzutauchen, dass man sich mit Eltern oder auch mit Betroffenen selbst unterhält. Da geht es ja drum, alles was man tut, auch wenn Kenth etwas tut, da will er ja nicht dabei sterben. Er spielt ja auch nicht beim Frauenfußball den Schiri, um dort mitten auf dem Feld wiederbelebt zu werden. Und trotzdem macht er das, was ihm Spaß macht. Und das ist das, wo ich Kenth immer so nachvollziehen kann, wenn er versucht, Eltern zu sagen: Lasst die Kinder irgendwie mal was tun. Es bringt ja nichts, wenn ich jedes Kind in eine Glasglocke reinpacke und ich neben dranstehe und kucke, dass auch ja nichts passiert, damit es vielleicht zwei Jahre älter wird. Aber Spaß machen tut es halt keinem. So Gluckeneltern gibt es oft, die sagen ‚Mein Kind hat einen Herzfehler, das kann nicht Fußball spielen' – Ja okay. Aber es will ja auch kein Profifußballer werden.

Man muss einen gewissen gesunden Rahmen finden. Also es gibt Dinge, die gehen gar nicht. Klar, mit Herzfehler auf dem Himalaya rumzuwandern und den Mount Everest besteigen, sollte man tunlichst unterlassen. Wäre schwierig; bei einer Sauerstoffsättigung von 80 % kommt man halt nur auf 4000 m, dann wird es dünn. Man hat halt Einschränkungen. Aber man muss generell kucken, wo ist der Weg, was ist ein Realitätsgrad und was geht da? Wo gibt es auch andere Wege und was macht mir überhaupt Spaß an dem Ganzen. Diese Logik des lebenswerten Überlebens finde ich wichtig. Das hilft nicht zwangsläufig vor Diskriminierung, aber das ist zumindest ein Ansatz für die, die Dinge ausrichten. Für Lehrer:innen, Sozialarbeitende... Jeder der irgendwie mit Menschen zu tun hat, sollte sich im Hinterkopf mal überlegen, wo schaffe ich es, dass das Leben meines Gegenübers in seinem Rahmen mehr Spaß macht als vorher. Im Kindergarten, in der Schule, in Behinderteneinrichtungen, in Kliniken.

KES: Vielen Dank Micha. Und vielen Dank Kenth! Euch beiden alles Gute –
Wir bleiben in Kontakt!

Fragen zur Reflexion

1. Wo gibt es Barrieren oder Behinderungen im Alltag, die es einem Teil der
   Bevölkerung erschweren, am sozialen Leben teilzuhaben?
2. Welche Ressourcen sehen Sie in Menschen, die Sie betreuen bzw. für die Sie
   verantwortlich sind?
3. Wann, wo und wie diskriminieren Sozialarbeiter:innen ihre Adressat:innen ggf.
   unbewusst oder in dem Glauben zu ‚helfen'?
4. Was sehen Sie nach dem Lesen des Interviews mit anderen Augen?

Literatur

DFB-Stiftung Sepp Herberger (2023). Halbes Herz, volle Leidenschaft: Warum Kenth Joite
die Schiedsrichterei liebt. 10. Juni 2023. https://www.dfb-stiftungen.de/news/halbes-
herz-volle-leidenschaft-warum-kenth-joite-die-schiedsrichterei-liebt. Zugegriffen: 11.
Juni 2023.
Joite, K. 2023. *Halbes Herz – volles Leben.* https://www.kenthjoite.com/. Zugegriffen: 11.
Juni 2023.
Landesschau Baden-Württemberg (2023). Schiedsrichter Kenth Joite wurde Opfer einer
wütenden Mannschaft. 31. Mai 2023. https://www.ardmediathek.de/video/landesschau-
baden-wuerttemberg/schiedsrichter-kenth-joite-wurde-opfer-einer-wuetenden-mannsc
haft/swr-bw/Y3JpZDovL3N3ci5kZS9hZXgvbzE4NjYwMzE. Zugegriffen: 11. Juni
2023.
Mühlenhof, S. (2023). Heftige Schiri-Attacke in Stuttgart! *Sport 1.* 16. Mai 2023. https://
www.sport1.de/news/fussball/2023/05/heftige-schiri-attacke-in-stuttgart-gut-moglich-
dass-einer-bald-auf-dem-feld-getotet-wird. Zugegriffen: 11. Juni 2023.

Weiterführende Literatur

Buchner, T. (2022). Ableism Verlernen? Reflexionen zu Bildung und Fähigkeit als Profes-
sionalisierungsangebot für Lehrer*innen im Kontext inklusiver Bildung. In Y. Akbaba, T.
Buchner, A. M. Heinemann, D. Pokitsch & N. Thoma (Hrsg.), *Pädagogische Profession-
alität und Migrationsdiskurse. Lehren und Lernen in Differenzverhältnissen* (S. 203–227).
Wiesbaden: Springer.
Hagen, C. von & Schwarz, H. P. (Hrsg.) (2009). *Psychische Entwicklung bei chronischer
Krankheit im Kindes- und Jugendalter.* Stuttgart: Kohlhammer.

Huster, E.-U., Schache, S., Wendler, M. (2022). *Körper(lichkeit) im Grenzbereich sozialer Ausgrenzung: Die Unsichtbaren sichtbar machen.* Wiesbaden: Springer.

Kenth Joite, Inkluencer und Aktivist für Menschen mit chronischen Erkrankungen, Speaker für inklusive Themen. Patient mit weltweit einmaligem, univentrikulärem Herzen („Halbes Herz").

Michael Malina, Dipl. Päd., Systemischer Therapeut (SG) und Meditator. Tätigkeit als freier Bildungsreferent zu den Themenbereichen systemisches Arbeiten, Neue Medien, Menschen mit geistiger Behinderung, sexualisierte Gewalt und Jungenarbeit.

Karin E. Sauer, Dr. rer. soc., Dipl.-Päd., Master in Diversity Education. Professorin für Sozialarbeitswissenschaft und Methoden der Sozialen Arbeit an der DHBW Villingen-Schwenningen, Fakultät für Soziale Arbeit. Lehrbeauftragte im Masterstudiengang Kulturelle Diversität in der musikalischen Bildung an der Universität Hildesheim. Lehrtätigkeit zu Prozessen der Inklusion und Exklusion in (Post-)Migrationsgesellschaften, Cultural Studies, Dis_ability Studies, Gender & Diversity in der Sozialen Arbeit, interkulturellen Perspektiven der Sozialen Arbeit (Deutschland – Ruanda), Erziehung – Bildung – Sozialisation. Forschungsinteressen sind Critical Whiteness, De-colonial Social Work, Erinnerungsarbeit, Globale Umweltbewegungen, Community Music, Musik (und andere kreative Künste) als Formen von Kommunikation und politischer Artikulation, Partizipative Aktionsforschung.

Zur Intersektionalität von Behinderung* und Geschlecht* aus subjektorientierter Sicht

Karin E. Sauer

Zusammenfassung

„Yes, We Fuck!" proklamierten Aktivist:innen mit Behinderung* im Kampf um sexuelle Selbstbestimmung (Centeno Ortiz und Morena, 2015). Dieses Kapitel beschäftigt sich mit Auseinandersetzungen von funktionell diversen Personen („mit körperlicher bzw. mentaler Behinderung*"), die sich für eine selbstbestimmte Sexualität einsetzen. Die Widerstände, auf die sie dabei treffen, werden anhand einer Analyse kultureller Deutungsmuster bezüglich menschlicher Körper aufgezeigt. Diese finden sich innerhalb gesellschaftlicher Machtverhältnisse wieder und sind u. a. für die Soziale Arbeit von entscheidender Bedeutung.

Keywords

Behinderung* • Disability Studies • Sexualität • Gender Studies • Crip & Queer Studies

1 Einleitung

Der menschliche Körper wird durch kulturelle Deutungsmuster innerhalb gesellschaftlicher Machtverhältnisse aufgeladen und hergestellt. Der normative Maßstab ist dabei seit Jahrhunderten der gesunde männliche Körper. Von ihm werden

K. E. Sauer (✉)
DHBW Villingen-Schwenningen, Villingen-Schwenningen, Deutschland
E-Mail: karin.sauer@dhbw.de

alle weiteren körperlichen Variationen nach einem hierarchischen Gefälle abgeleitet (vgl. Raab 2012, S. 8; Connell 1999[1]). Mithilfe der feministischen Disability Studies (vgl. z. B. Garland Thomson 2002) lässt sich eine intersektionale Analyse der Kategorien Behinderung und Geschlecht vornehmen. Diese bezieht sich auf

- strukturelle Bedingungen (rechtliche/institutionelle Kontexte)
- medizinische/sozialarbeitswissenschaftliche/aktivistische/… Diskurse
- subjektive Auseinandersetzungen von Menschen mit Behinderung* mit gesellschaftlichen Strukturen (z. B. Heimunterbringungen vs. Leben mit Assistenz), sozialen Praxen und Diskursen (z. B. sexualitätsbezogene ,Behinderungspolitiken' sozialer Einrichtungen vs. Datingportale, soziale Medien behinderter* Aktivist:innen).

Dabei zeigt sich, dass die wirklichen Probleme behinderter Menschen nicht in ihrer individuellen Beeinträchtigung bestehen, sondern in ausgrenzenden gesellschaftlichen Bedingungen, eingeschränktem Zugang zu gesellschaftlicher Teilhabe, sowie massiven Vorurteilen gegenüber Behinderung (vgl. Köbsell 2021).

Von dieser Ausgangsbasis wird der Themenkomplex ,Sexualität und Behinderung' im Kontext Sozialer Arbeit in den Blick genommen. Hierbei werden dominante professionsethische Theorien und etablierte Handlungspraxen hinterfragt, indem sie durch Positionierungen potentieller (behinderter*) Adressat:innen und Nutzer:innen Sozialer Arbeit kontrastiert werden. Dabei wird deutlich, dass die Lebens- und Alltagswelten von behinderten* Menschen von Ableismus und Sexismus, sowie weiteren Formen intersektionaler Diskriminierung durchdrungen sind. Diese wirken für die Betroffenen auf unterschiedlichen Ebenen als Faktoren von gesellschaftlicher Exklusion. Diese Zusammenhänge werden mithilfe von subjektorientierten Ansätzen analysiert, die *Othering* (Riegel 2016) und das *Trilemma der Inklusion* (Boger 2019) umfassen. Beide Analysemethoden versuchen alle einzubeziehen, die „sich anders fühlen, darauf bestehen, ganz normale Menschen zu sein, sich fragen, ob die Worte ,anders' und ,normal' für sie überhaupt Sinn ergeben, alles davon auf einmal – in einem manchmal kaum aushaltbaren Gewirr der Selbstbefragung, sowie für deren Pädagog_innen und andere, die dieses Gefühl verstehen wollen" (ebd.: Abstract).

---

[1] Siehe hierzu auch Sälinger in diesem Band.

Wissensbaustein Ableismus – Dis_ability – Sexualität
Ableismus bezieht sich auf Diskriminierungen, die sich an der Kategorie ‚Behinderung' festmachen. Entscheidend ist dabei die körperliche und mentale Leistungsfähigkeit, englisch: ‚able-bodiedness', die als dominante, gesellschaftlich akzeptierte Eigenschaft vorausgesetzt wird, um am ‚normalen' gesellschaftlichen und kulturellen Leben teilhaben zu können. Dazu gehört auch eine selbstbestimmte Gestaltung von sexuellen Beziehungen. Ein ‚normaler Körper' gilt als Voraussetzung für ein ‚normales' Sexualleben.

Im Gegensatz dazu werden körperliche und mentale Beeinträchtigungen der Leistungsfähigkeit, englisch: ‚dis_abilities', als tendenziell gesellschaftlich ‚nicht tolerabel' bzw. ‚nicht-normal' konstruiert. Dies manifestiert sich in behinderungsbezogenen Gesetzen, Institutionen, Fachdiskursen und Alltagspraxen, die mit sozialer Ausgrenzung einhergehen. Dadurch wird auch eine freie Gestaltung sexueller Aktivität limitiert, was eine existenzielle Beeinträchtigung der Lebensqualität darstellt. Die Dis_ability Studies widmen sich diesen Formen sozialer Exklusion aus Sicht von Erfahrungsexpert:innen. Aus dieser subjektorientierten Perspektive lassen sich alternative Verständnisse und Ansätze von ‚Inklusion' entwickeln, die auch eine Erweiterung von Qualitäten sexueller Aktivität beinhalten.

Um dem Anspruch der Subjektorientierung nachzukommen, bezieht sich dieser Text vorrangig auf Autor:innen aus den deutsch- und englischsprachigen Disability Studies unter Einbezug von Crip/Queer Studies[2]. Diese erweitern ein mehrheitsgesellschaftlich gängiges Verständnis von Inklusion und tendieren insgesamt zu einer Auflösung starrer Konzepte. Insbesondere stellen sie stereotype Vorstellungen von Behinderung* und Geschlecht* infrage, indem sie die Verletzbarkeit und Vergänglichkeit (Vulnerabilität) von Körpern und Körperlichkeit im Allgemeinen untersuchen. Ihr Blick richtet sich auf Leben an den spannungsgeladenen Kreuzungen marginalisierter Identitäten, wo Behinderung, Race, Geschlecht, Sexualität und Klasse zusammentreffen (vgl. Mitchell und Snyder 2015, S. 5)[3].

---

[2] Siehe hierzu auch Bauer in diesem Band.

[3] Um die Relativität dieser Kategorien zu kennzeichnen folgt ihnen in diesem Text an den Stellen ein Asterisk (*), wo es nicht um rechtliche oder anderweitige ‚stehende Begriffe' mit dem entsprechenden Terminus geht. Dies dient auch zur Betonung der Tatsache, dass die Unterschiede innerhalb der Mitglieder bestimmter, durch (Fremd- oder Selbst-)Zuschreibung

Fallbeispiel Angel Love Miles

Als heranwachsendes schwarzes, behindertes Mädchen habe ich meine Haarpflege und meine medizinische Behandlung als sehr ähnlich erlebt. Sowohl meine Haare als auch mein Körper wurden als etwas behandelt, das an sich falsch war und in Ordnung gebracht, diszipliniert und fast zur Unterwerfung gezwungen werden musste, egal wie weh es tat oder wie lang es dauerte. Ich brauchte Bein- und Rückenstützen, Physiotherapie und Operationen, weil ich aufrecht gehen sollte. Genauso brauchte ich das Glätteisen und die Dauerwelle. Meine Haare mussten glatt sein um mich erfolgreich in der Welt zu bewegen, genauso wie meine Beine gerade sein sollten.

Ich bemerkte, dass ich weniger geärgert und öfter als hübsch bezeichnet wurde, wenn ich meine Haare so hart disziplinierte wie meinen Körper.

In einer rassistischen, behinderten- und frauenfeindlichen Welt bekam ich dauernd gezeigt, dass ich nicht genug war, so wie ich war. Sogar schlimmer: Ich wusste, dass ich, auch wenn ich mich noch so anstrengen würde, nie als so gut wahrgenommen würde wie meine nicht behinderten, weißen, männlichen Gegenstücke (vgl. Miles 2022, S. 44 f.).

Das Fallbeispiel von PhD Angel Love Miles beleuchtet die Intersektionalität von Behinderung*, Geschlecht* und Race* aus subjektorientierter Perspektive: Die Merkmale, die sie in ihrer Person vereint, sind mit sozialen Bewertungen belegt, aufgrund derer sie auf besondere Weise behandelt wird. Durch die Überschneidung der Merkmale und der damit verbundenen (Negativ-)Zuschreibungen potenzieren sich ihre sozialen Erfahrungen von Mehrfach-Diskriminierung und Nicht-Zugehörigkeit.

Miles beschreibt, dass sie sich in ihrem Aufwachsen in verschiedensten Situationen als anders, als nicht normal gefühlt hat. Sie bringt ihr Erleben des Andersseins in Verbindung mit Erfahrungen des ge-andert Werdens, das von außen auf sie einwirkte. Analysiert man ihr biographisches Narrativ mittels des Konzepts des *Othering* (vgl. z. B. Riegel 2016) mit dem Fokus auf Behinderung*,

---

definierter, Personengruppen größer sein können als zwischen den als unterschiedlich markierten Gruppen. D. h. Personen die als Frauen* oder Männer* bezeichnet werden, haben – bis auf das Merkmal des Geschlechts* – oftmals mehr Gemeinsamkeiten als Unterschiede.

lassen sich *strukturelle, diskursive und subjektive Wirkebenen von Ver-Anderung* herausarbeiten, die ihre persönlichen Möglichkeiten sozialer Teilhabe limitieren[4]. Gesellschaftliche Übereinkünfte darüber, was nicht normal, i.S.v. ‚normabweichend' sei, materialisieren sich in ver-andernden Zuschreibungen, die beispielsweise in medizinischen und juristischen Referenzsystemen Verwendung finden, in Form von Diagnosemanualen (z. B. ICD Codes[5]) und Gesetzestexten (z. B. SGB IX[6]). Miles schreibt dazu: Nach wie vor ist der Irrglaube vertreten, dass das Leben von Menschen mit Behinderungen* von Natur aus unangenehm und weniger vorteilhaft ist als das Leben von Nichtbehinderten* (vgl. Miles 2022, S. 38). Daraus leitet sich die Legitimation be-sondernder Institutionen und (sozial-)rechtlicher Maßnahmen ab, die darauf ausgerichtet sind, Behinderungen etwa durch ‚Therapie' oder ‚Nachteilsausgleich' zu begegnen. Indem das Gesellschaftssystem spezielle Strukturen für Behinderte implementiert, bleiben deren Handlungs- und Mitgestaltungsmöglichkeiten weitgehend auf ‚exklusive' und gleichzeitig exkludierende soziale Arrangements begrenzt. Als behindert definierte Menschen werden somit hierarchisch nicht-behinderten (und in dieser Logik normalen) Menschen untergeordnet und stigmatisiert (vgl. hierzu Goffman 1994, 1996).

Wissensbaustein Totale Institution nach Goffman
Am Beispiel von geschlossenen Unterbringungen für Menschen mit (psychischen) Beeinträchtigungen stellte der Soziologe Erving Goffman bereits 1961 fest: Diese Anstalten sind „Treibhäuser, in denen unsere Gesellschaft versucht, den Charakter von Menschen zu verändern" (Goffman 1996,

---

[4] Die Außenwahrnehmung von Miles ist eine, die sie als ‚anders als normale* Mädchen' definiert: Ihre Haut ist nicht weiß, ihr Haar nicht glatt. Ihr Körper wird ‚anders als normale* Körper' wahrgenommen: Mit ihren Beinen kann sie nicht laufen; ihr Rücken ist nicht gerade. Das führt unter anderem dazu, dass die (scheinbar) normalen* Kinder nicht mit ihr spielen wollen, und sie nicht in einer Regelschule mit normalen* Kindern unterrichtet werden soll.

[5] Vgl. z. B. Codes Q00-Q99, Kapitel XVII Angeborene Fehlbildungen, Deformitäten und Chromosomenanomalien.
https://www.icd-code.de/icd/code/Q00-Q99.html. Zugegriffen: 2. Oktober 2022.

[6] Vgl. z. B. Sozialgesetzbuch Neuntes Buch – Rehabilitation und Teilhabe von Menschen mit Behinderungen Teil 1: Regelungen für Menschen mit Behinderungen und von Behinderung bedrohte Menschen, Teil 2: Besondere Leistungen zur selbstbestimmten Lebensführung für Menschen mit Behinderungen (Eingliederungshilferecht), Teil 3: Besondere Regelungen zur Teilhabe schwerbehinderter Menschen (Schwerbehindertenrecht). https://www.gesetze-im-internet.de/sgb_9_2018/BJNR323410016.html. Zugegriffen: 2. Oktober 2022.

S. 23). Mit dem Eintritt in eine totale Institution verliert das Individuum
einige seiner Rechte, insbesondere die Verantwortung für die Wahl seines
Rollenverhaltens, weil es von Anfang an zur Kooperation veranlasst wird,
da es ansonsten sanktioniert würde (vgl. ebd., S. 26 f.) „Die totale Institution ist insofern undurchlässig für Einflüsse der Außenwelt, als in ihr
kein ‚normales' Verhalten anerkannt wird: Alles was der Insasse von sich
aus tut, kann als Symptom seiner Abweichung gewertet werden" (Goffman
1996, S. 69). Neuere empirische Studien zu Lebenslagen institutionalisiert
lebender Menschen mit Behinderung* bestätigen dies weitgehend (Börner
und Trescher 2022; Trescher 2016).

Im Folgenden wird an Miles' Beispiel genauer auf die einzelnen Ebenen eingegangen, in denen sich das Merkmal Behinderung* als relevant für die individuelle
Lebensgestaltung erweist.

1.1   Strukturelle Bedingungen

Auf *struktureller Ebene* ist Behinderung* durch das medizinische und sozialrecht-
liche System geprägt, das einen Anspruch bzw. eine Verpflichtung zu ‚Rehabilitation' festlegt, die die körperliche Leistungsfähigkeit (wieder-)herstellen soll.
Medizintechnische und rehabilitationswissenschaftliche Fortschritte folgen hierbei dem Primat einer ökonomischen Verwertbarkeit menschlichen Lebens, das
dementsprechend zu perfektionieren sei. Dafür stehen ganze Wirtschaftszweige
zur Verfügung, die therapeutische und pädagogische Dienstleistungen anbieten.
Deren Legitimation beruht auf der Ver-Objektivierung des Körpers, der einem
Optimierungszwang unterworfen wird: Sie geht davon aus, dass Behinderungen*, welche durch medizinische Diagnosen (als Kennzeichen der Ver-Anderung)
ermittelt wurden, die Ursache sozialer Nachteile sind, die es durch rechtliche und institutionelle Maßnahmen auszugleichen gilt. Diese systemimmanenten
Ansichten über das Leben von Menschen mit Behinderungen* stehen in enger
Verbindung mit qua Rechts- und Gesundheitssystem angeordnetem körperlichen
Leiden durch Operationen und medizinische Hilfsmittel, sowie psychischem Leiden durch die Be-Sonderung der als behindert* markierten Individuen innerhalb
von Sonder-Systemen: Statt physische und psychische Diversität allgemein in
den gesellschaftlichen Funktionssystemen Erziehung, Bildung, Arbeit, Gesundheit, Kultur zu verankern, herrscht nach wie vor eine starke Tendenz vor,

Menschen mit Behinderungen* exklusiven Settings zuzuweisen, in denen kaum Kontaktmöglichkeiten mit Menschen ohne Behinderungen* bestehen, z. B. in der sonderpädagogischen Förderung, in Sonderschulen, Ausbildungs-, Arbeits- und Wohnstätten für Menschen mit Behinderung.

Miles, die in Schulen für Kinder mit Behinderungen aufgewachsen ist, sieht zwar einen Vorteil in der Erfahrung, mit Kindern zusammen zu sein wie sie selbst, die wussten wie es ist, von nicht-behinderten* Kindern ausgegrenzt zu werden (vgl. Miles 2022, S. 43). Als negative Kehrseite benennt sie jedoch, dass weder Lehrer:innen noch Angestellte der Schule ihren Mitschüler:innen erklärt haben, warum sie nicht zusammen mit nicht-behinderten* Kindern zur Schule gingen, weshalb viele von ihnen zu der gleichen Erklärung kamen, die ihnen bereits vom Spielplatz bekannt war: ‚Mit uns stimmte etwas nicht, und wir waren nicht gut genug, um unterrichtet zu werden oder mit anderen Kindern ohne Behinderungen* zu interagieren'. Dies führt zu einem Bedauern, nie zusammen in einer Klasse mit behinderten* und nichtbehinderten* Mitschüler:innen gewesen zu sein, um sie vom Gegenteil zu überzeugen. Miles kann sich vorstellen, dass sie unter solchen Bedingungen eventuell weniger von den Nachbarkindern gemobbt, gejagt und bespuckt worden wäre, weil sie anders* ist (vgl. ebd., S. 44).

Mit den hier von Miles formulierten Vor- und Nachteilen eines be-sondernden Umgangs mit Behinderung* sind zwei wichtige Diskurslinien benannt: 1. das medizinische und 2. das soziale Modell von Behinderung*. Meist werden sie aus einer historischen Entwicklung heraus als diametral gegenübergestellt erklärt.

1.2   Diskursive Bedeutungen

Medizinisches Modell

Aus Sicht der Critical Disability Studies wird das *medizinische Modell* für den Umgang mit Behinderung* häufig so dargestellt, dass der Mensch als Subjekt unter seine Diagnose der Behinderung unterworfen wird. Somit wird sein eigentlicher Status als ‚Subjekt seiner Selbst' degradiert zu einem Objekt, das behandlungs- bzw. betreuungsbedürftig ist[7]. Dies hat zur Folge, dass eigene Entscheidungen der Lebensplanung nur in begrenztem Maße selbstbestimmt getroffen werden können. Das Phänomen der Behinderung* greift somit über

---

[7] Exkurs zu den strukturellen Rahmenbedingungen: Rechtliche Betreuung ist geregelt im Bürgerlichen Gesetzbuch (https://www.gesetze-im-internet.de/bgb/. Zugegriffen: 4. Oktober 2022). Besonders stark in die Selbstbestimmung der Betreuten eingreifende Regelungen sind § 1906 bei freiheitsentziehender Unterbringung und bei freiheitsentziehenden Maßnahmen, § 1906a bei ärztlichen Zwangsmaßnahmen, § 1907 bei der Aufgabe der Mietwohnung (ebd.).

auf den ganzen Mensch; es legt ihn auf sein behindert-Sein fest und legitimiert seine Bezeichnung als ‚Behinderte:r'.

Soziales Modell

Dem medizinischen Modell setzte die Behindertenbewegung im Kontext der Bürgerrechtsbewegungen der 1960er Jahre in den USA den Diskurs des *sozialen Modells* entgegen: Die Aktivist:innen machten politisch und öffentlich darauf aufmerksam, dass sie in erster Linie nicht behindert *sind* sondern vor allem durch gesellschaftliche Bedingungen behindert *werden* (s. 1.1 und z. B. Newnham und Lebrecht 2020). Der Widerstand gegen derartige Diskriminierungen formierte sich auch in den deutschsprachigen Ländern. In den 1980er Jahren prangerte die ‚Krüppel-Bewegung' exkludierende, menschenunwürdige Behinderungs-Politiken und -Praxen an, insbesondere die Bedingungen in Heimen (vgl. z. B. Kremsner 2017). Gemäß ihrer Forderung nach Menschenrechten etablierte sich das Motto ‚people first', ‚Mensch zuerst', das politisch z. B. im Rahmen der Mitarbeit behinderter* Akteur:innen an der UN-Behindertenrechtskonvention Wirkung zeigte. Resonanz fand dieser Grundsatz auch in der Forschung, die im Rahmen der Critical Disability Studies versuchte, Expert:innenwissen von Forscher:innen mit Behinderungserfahrung in den Wissenschaftskanon einzubringen. Im Zentrum steht, Behinderung* nicht als Problem der darüber Diskriminierten zu verstehen, sondern als gesamtgesellschaftliches Phänomen, welches diese Diskriminierung ermöglicht und aufrechterhält. Es geht hierbei um eine bewusste De-Normalisierung mehrheitsgesellschaftlicher Diskurse zu Behinderung, die zumeist von nicht-behinderten* Positionen aus formuliert sind. In den Disability Studies stehen Wissenschaft, Disability Arts and Culture sowie politischer Aktivismus in engen Wechselbeziehungen.

Modell der Disability Studies

Aus der aktivistischen Szene der Behindertenbewegung kristallisierte sich eine Community aus, die als Radical Activist Scholars bezeichnet werden könnte. Laut dem Credo der Bewegung ‚Nichts über uns ohne uns!', widmen sie sich einer selbstbestimmten Darstellung von Lebenswelten behinderter* Menschen (vgl. Scharf da Silva 2022, S. 342). So schreibt Raúl Krauthausen, Journalist mit Behinderung* und Leiter des Projekts ‚Ableismus tötet': „Ich finde es unmöglich, dass bis heute kaum die Perspektive behinderter Menschen in der Berichterstattung über Gewalt in Behindertenheimen aufgegriffen wird. Ständig ist von

Einzelfällen die Rede, dabei hat Gewalt in Heimen Struktur, die abgeschafft werden muss" (https://ableismus.de/toetet/de. Zugegriffen: 9. Oktober 2022)[8].

Ebenso wie in den öffentlichen Diskursen sind auch in den Wissenschaften Perspektiven von Menschen mit Behinderungen* noch unzureichend vertreten. Theresia Degener, Behindertenrechtsaktivistin und Juristin, betont einerseits das breite Spektrum der Disability Studies, insbesondere in den ‚particular studies' zu verschiedenen Fokussierungen auf bestimmte Behinderungsformen, z. B. Deaf Studies, Mad Studies, Disability History, Critical Disability Studies, Cultural Disability Studies, Queer Disability Studies, Disability Studies in Education – andererseits resümiert sie: „Disability Studies im deutschsprachigen Raum haben einen subversiven Stand. Diese Denkschule ist im wissenschaftlichen Mainstream weder angekommen noch geschätzt" (Degener 2018, o. S., vgl. auch Pfahl und Powell 2014). Gegen diese Widerstände setzt sich unter anderen die Professorin für Disability Studies Anne Waldschmidt von der Universität zu Köln ein. In Forschung, Fachpublikationen und in eigens gegründeten Fachverbänden ist sie eine der Mitstreiter:innen für die Aufnahme von Disability Studies in den theoretischen Kanon von Universitäten (vgl. Waldschmidt 2018). Neben der von ihr initiierten Internationalen Forschungsstelle Disability Studies (IDIS) formierten sich weitere deutschsprachige akademische Netzwerke, um den wissenschaftlichen Diskurs durch Studien von behinderten* Menschen zu erweitern[9].

In diesem Kontext ist der Ansatz der *partizipativen Forschung* von großer Bedeutung. Als Beispiel kann das Projekt ‚Partizipative Lehre in einer inklusionssensiblen Hochschule – ParLink' der Universität Leipzig genannt werden,

---

[8] „Eine der wichtigen Säulen des Projekts #AbleismusTötet ist die Dokumentation von Gewaltfällen in vollstationären Wohneinrichtungen für behinderte Menschen, deren Analyse validiert und repräsentativ ist. Alle Gewalttaten wurden nach strengen journalistischen Kriterien einwandfrei recherchiert und präzise ausgewertet. Die Dokumentation zeigt erstmalig in Deutschland das große Ausmaß von niedrigschwelliger bis hin zu schwerer psychischer, körperlicher und sexualisierter Gewalt in Einrichtungen auf" (https://ableismus.de/toetet/de/gewaltfaelle. Zugegriffen: 9. Oktober 2022).

[9] Internationale Forschungsstelle Disability Studies (IDIS) https://idis.uni-koeln.de/, Arbeitsgemeinschaft Disability Studies (AGDS) https://disabilitystudies.de/, Zentrum für Disability Studies (BODYS)
https://bodys.evh-bochum.de/aktuelles.html, Zentrum für Disability Studies und Teilhabeforschung (ZeDiS)
https://www.zedis-ev-hochschule-hh.de/, Disability Studies Austria https://dista.uniability.org/glossar/disability-studies-2/. Zugegriffen: 10. Oktober 2022.

in dem Menschen mit Lernschwierigkeiten als Lehrende an Hochschulen arbeiten, um diese inklusiver zu gestalten[10]. Ko-Forscherin Isabell schreibt darüber in
einem Werkstattbericht in einfacher Sprache: „Ich bin keine Wissenschaftlerin.
Aber ich liebe es neues Wissen zu machen und zu finden. Ich kann vieles über
Inklusion und Exklusion zeigen. Inklusion heißt zusammen zu sein. Exklusion
ist Ablehnung. Ich kann darüber auf meine Art erzählen. Wie es bei mir ist oder
war. Dadurch kann es Wissen geben, das es ohne mich nicht gäbe"[11].

1.3   Subjektive Auseinandersetzungen mit behindernden Strukturen und Diskursen

Eine Schwierigkeit bei dem Bestreben um eine subjektorientiertere bzw. reprä-
sentativere Darstellung der gesellschaftlichen und sozialen Teilhabemöglichkeiten
von Menschen mit Behinderung* ist, zwischen Zuschreibungen von außen
(z. B. Vorurteilen und Projektionen) und inneren Wahrnehmungen zu unterscheiden, denn sowohl dominante als auch vulnerabilisierte Gruppen haben sich
unterschiedliche Sichtweisen auf das Phänomen Behinderung* angeeignet. Dem
Kulturwissenschaftler Stuart Hall zufolge entlarvt die Strategie, einem Stereo-
typ widersprechen zu wollen, dessen Verinnerlichung in den dominanten und in
den stereotypisierten Gruppen, indem die Umkehrung der zugeschriebenen Eigenschaften ihr Vorhandensein bestätigt (vgl. Scharf da Silva 2022, S. 341). „So
versuchen z. B. hörbehinderte Menschen den hörenden Menschen klarzumachen,
dass sie nicht dumm seien, wie es von ihnen angenommen wird und bestätigen
damit das Vorhandensein eines Vorurteils" (ebd.).
     Hier drängt sich als desillusioniertes Zwischenfazit ein Zitat der Mad Studies
Vertreterin Mai-Anh Boger auf: „Man kann es also gefühlt nur falsch machen"
(2016, o. S.). Dadurch wird jedoch deutlich, dass es einer individuellen Auseinandersetzung mit Diskursen und Praxen behinderungsbezogener Exklusion bedarf.
In Verbindung mit den subjektiv erlebten Möglichkeitsräumen der individuellen
Lebenswelten kann dies in unterschiedliche Vorstellungen von Inklusion münden. Das jeweilige Inklusions-Ideal kann wiederum durch verschiedene Strategien
angestrebt werden, um sich im *Trilemma der Inklusion* zu positionieren (Boger
2019). Hierzu wird an dieser Stelle Mai-Anh Bogers Theorie der *Subjekte der*

---

[10] ParLink wird gefördert durch das Bundesministerium für Bildung und Forschung
(BMBF), vgl. https://www.partizipative-lehre.de/parlink. Zugegriffen: 10. Oktober 2022.
[11] https://speicherwolke.uni-leipzig.de/index.php/s/gW9bf5GPqoNDRxc#pdfviewer. Zugegriffen: 10. Oktober 2022.

Inklusion skizziert (s. 2.) um davon ausgehend mit mehreren Fallbeispielen aus dem Spektrum von Disability Arts, Disability Culture, Disability Activism Varianten zu zeigen, wie ent-hindernde Handlungsspielräume erschlossen werden können (s. 3.).

2   Selbstverständnisse als (nicht-)behindert* im Trilemma der Inklusion

Nach Mai-Anh Boger verläuft der Positionierungsprozess von ‚geanderten‘ Personen – hier von als behindert* wahrgenommenen Personen – trilemmatisch[12]. In Bezug auf das „Begehren, nicht diskriminiert zu werden" markiert das „Trilemma der Inklusion" drei Einsatzpunkte inklusiver/anti-diskriminierender Bewegungen, die lauten:

- Inklusion/Anti-Diskriminierung ist Empowerment
- Inklusion/Anti-Diskriminierung ist Normalisierung
- Inklusion/Anti-Diskriminierung ist Dekonstruktion

(Boger 2019, S. 6).

Wird das Trilemma zwischen Empowerment, Normalisierung und Dekonstruktion als Dreieck visualisiert, lässt sich eine Verbindung von jeweils zwei der Eckpunkte herstellen, zwischen denen ein Spannungsfeld herrscht, welches unterschiedliche Positionierungen zulässt. Beispielsweise kann vom Standpunkt der *Dekonstruktion* die Aussage, ‚Ich bin nicht behindert‘, getroffen werden. In Verbindung mit dem Standpunkt der *Normalisierung* steht die Aussage, ‚Ich werde behindert‘. Beide Aussagen verlaufen auf derselben Achse zwischen der Dekonstruktion und der Normalisierung der essentialisierenden Kategorisierung als ‚behindert‘, die mit behindernden gesellschaftlichen Strukturen einhergeht. Aus diesen Verortungen ausgeschlossen bleibt der Standpunkt *Empowerment*, von dem inhaltlich konträre argumentative Stoßrichtungen ausgehen, wie: ‚Wir sind behindert – und das ist auch gut so!‘ oder: ‚Beeinträchtigte Menschen brauchen barrierefreie Zugänge zur Teilhabe an der Normalität‘. Der jeweils dritte Bezugspunkt steht im Widerspruch zu den beiden anderen Bezugspunkten im Trilemma (vgl. ebd. in Sauer 2021, S. 166) (Abb. 1).

---

[12] Die drei Lemmata versteht Boger (2019) als Knotenpunkte, an denen sich das Begehren, nicht diskriminiert zu werden, verdichtet (ebd., S. 6).

EN: Strategisch
essentialistische Andersheit.
‚Beeinträchtigte Menschen
haben ein Recht auf Teilhabe
an der Normalität und
brauchen dazu andere,
barrierefreie Zugänge.

Normalisierung

ND: Ent-essentialisierte,
dekategorisierende
Individualität.
‚Ich bin nicht behindert –
Ich werde beindert'

Empowerment

Dekonstruktion

DE: Widerständige, fundamentale
Andersheit.
‚Wir sind behindert und das ist auch
gut so! / Stolz, ein Krüppel zu sein'

Abb. 1 Beispiele für Selbstverständnisse als (nicht-)behindert* im Trilemma der Inklusion. (Eigene Darstellung nach Boger 2020, S. 41)

Vergegenwärtigt man sich, welche gesellschaftlichen Ebenen für Inklusion und Exklusion entscheidend sind, wird deutlich, wovon die Prozesse der Selbstpositionierung von Menschen mit ‚Behinderung' abhängen, wenn sie ihre subjektiven Möglichkeitsräume in potenziell behindernden Verhältnissen vermessen, in Besitz nehmen, ablehnen oder erweitern wollen. Die Fragen, die sich ihnen dabei stellen können, finden sich in Bogers Trilemma der Inklusion (2019, s. o.) wieder: ‚Bin ich behindert?', ‚Werde ich behindert?', ‚Habe ich eine Behinderung?', o. ä. In der nachfolgenden Abbildung sind sie andeutungsweise der Figur zugeordnet, die ‚marionettenhaft' zwischen den verschiedenen Ebenen gesellschaftlicher Macht- und Herrschaftsverhältnisse ‚pendelt', in denen Differenz u. a. auf der Basis von Ableismus hergestellt wird (Sauer 2021, S. 168) (Abb. 2).

Kommen zu ableistischer Diskriminierung (hetero-)sexistische, rassistische, klassistische oder andere Diskriminierungserfahrungen hinzu (vgl. Riegel 2016, S. 65), kann von *intersektionaler Diskriminierung* gesprochen werden (Crenshaw 1989). Fokussiert man das sich *Überkreuzen* und *Überlagern* von Diskriminierungserfahrungen aufgrund von Behinderung* mit Diskriminierungen bezüglich Geschlecht, Sexualität und Gender, zeigt sich, dass deren Repräsentationssysteme sich gegenseitig konstruieren, bedingen und widersprechen. Um dieses Geflecht von Differenzlinien in seiner Bedeutung für die Individuen analysieren zu können,

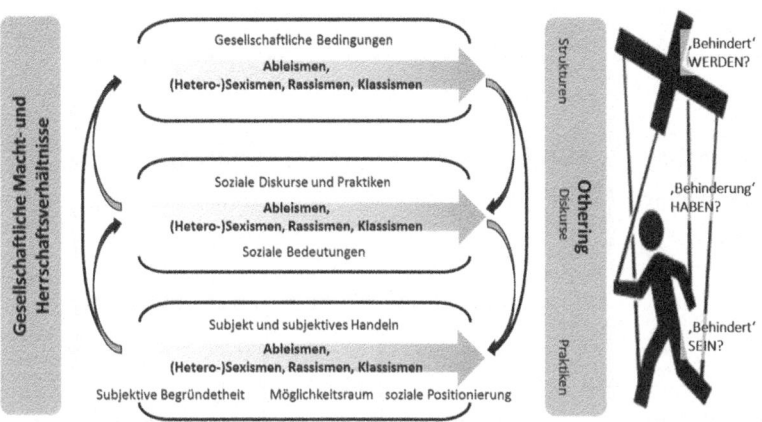

Abb. 2 Positionierung im Geflecht von Differenzlinien auf verschiedenen gesellschaftlichen Relevanzebenen. (Eigene Darstellung in Anlehnung an Sauer 2021, S. 168)

entwickelte Rosemarie Garland Thomson eine feministische Behinderungstheorie: „A feminist disability theory introduces the ability/disability system as a category of analysis into this diverse and diffuse enterprise. It aims to extend current notions of cultural diversity and to more fully integrate the academy and the larger world it helps shape" (Garland Thomson 2002, S. 3 f.).

In der Tradition von Garland Thomson stellt Swantje Köbsell (2021) die o. g. Repräsentationssysteme in Bezug auf Sexualität und Behinderung* am Beispiel von Geschlechtsrollenstereotypen dar. Danach wird menschliche Körper mittels kultureller Deutungsmuster innerhalb gesellschaftlicher Machtverhältnisse aufgeladen und hergestellt. Der normative Maßstab ist dabei seit Jahrhunderten der gesunde männliche Körper. Von ihm werden alle weiteren körperlichen Variationen nach einem hierarchischen Gefälle abgeleitet (vgl. Connell 1999). Innerhalb dessen kommt es zu einer Analogiebildung zwischen dem weiblichen Körper und dem behinderten Körper. Behinderte Frauen befinden sich an der Schnittstelle (*Intersection*, vgl. Crenshaw 1989) von geschlechts- und behinderungsbezogener Diskriminierung: als Negativfolie gegenüber androzentristischen Normen und als Gegenstück zu Weiblichkeitsnormen, d. h. gegenüber nicht-behinderten Frauen (vgl. Raab 2012, S. 8). Behinderte Frauen haben nach Köbsell einen „Nachteil hoch zwei plus x" (Köbsell 2021) (Abb. 3).

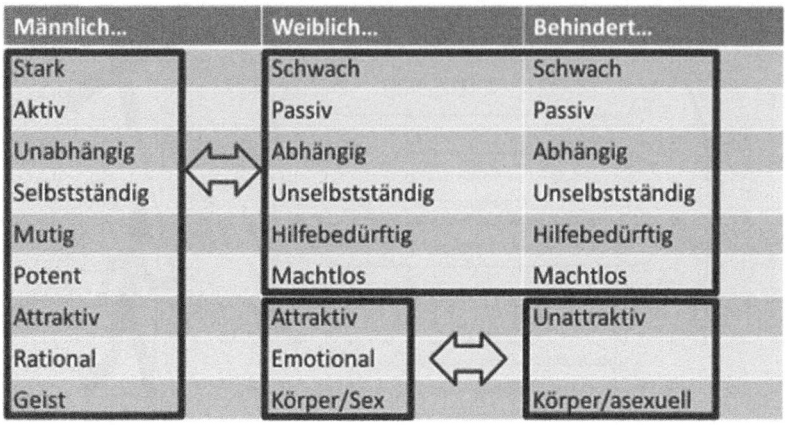

Abb. 3 Binär codierte Repräsentationssysteme von Geschlechtsrollenstereotypen. (Eigene Darstellung nach Köbsell 2021)

Stellt man einen Transfer von den Mehrfachdiskriminierungen behinderter* Menschen mit beliebiger sexueller Identität her (z. B. cis-, trans-, intersexuell) wird ersichtlich, auf welche Weisen sich Differenzmerkmale in binär codierten, polar angeordneten Kategorien auf die Möglichkeiten zur Teilhabe am kulturellen Leben auswirken können, insbesondere bezüglich der sexuellen Selbstbestimmung.

3   Empowerment, Normalisierung und Dekonstruktion von Behinderung* – Beispiele aus Disability Arts, Disability Culture, Disability Activism

Um behinderungs- und genderbezogener Diskriminierung nicht passiv ausgeliefert zu sein, finden Vertreter:innen aus Disability Activism, Disability Arts und Disability Culture Varianten, wie sie für sich und andere ent-hindernde Handlungsspielräume erschließen können. Im Folgenden werden einige Beispiele dargestellt und in Bezug gesetzt zu den von Mai-Anh Boger (2019) entwickelten Positionierungen im Trilemma der Inklusion: Normalisierung, Empowerment und Dekonstruktion (vgl. 2).

3.1   Empowerment

Die hörbeeinträchtigte Künstlerin und Ethnologin Inga Scharf da Silva schreibt: „Auch ich habe mein Leben lang versucht, die mir passiv auf den Leib geschriebenen vermeintlichen ‚Eigenschaften' durch eine innere Umwertung zu verarbeiten. In Ermangelung von für mich passenden Begrifflichkeiten für meine Art von ‚Behindert-werden' beziehe ich mich auf meine eigene Wortschöpfung der differenzierten Wahrnehmung der Sinne durch die ‚SchwerHörigkeit', die ich in der Reflexion zur verkörperten Differenz auch als zivilen Ungehorsam und Widerstand gegen Fremdbestimmungen von außen begreife. Darin schließe ich an den Begriff der Agency an, der als Ausdruck für die Transformation des sprachlosen und ohnmächtigen Subjekts steht, das zur eigenen Handlungsfähigkeit findet" (Scharf da Silva 2022, S. 470). In ihrer Dissertation *Trauma als Wissensarchiv* (ebd.) beschreibt sie den Prozess der Transformation als ein bewusstes Abgeben von Kontrolle über ein als geschlossen angesehenes Selbst, welches u. a. in Form von spirituellen Ritualen und religiösen Tranceerfahrungen aktiv induziert werden kann. Das dadurch hervorgerufene Erleben eines über die Grenzen des Körperlichen hinausweisenden Zustandes kann in der Rückkehr zum Alltag in ein erweitertes Selbst-Bewusstsein transformiert werden, welches körperliche und geistige Grenzen zu relativieren vermag (vgl. ebd., S. 394). Aus ihrer zunächst als Einschränkung erscheinenden Hör-Schädigung wird ein Bewusstseins- und Möglichkeitsräume erweiterndes ‚nicht-hörig-sein-Wollen'. Dieses Reklamieren der eigenen Definitionsmacht kann als Selbst-Ermächtigung in einem Empowerment-Prozess verstanden werden, der beispielhaft auch für andere diskriminierte Gruppen geführt werden kann, z. B. in der intersektionalen Verschränkung von Gender und Race.

Auch hierbei ermöglichen Methoden der Körperarbeit Zugänge zu somatisch gespeicherten Traumata, die durch sexistische, ableistische und rassistische Erfahrungen verursacht wurden. So verwendet beispielsweise Antirassismus-Trainer:in Pasquale Rotter ein Spektrum ganzheitlicher und kreativer Formen des Empowerments, u. a. Körper- und Stimmarbeit, Achtsamkeitsförderung, Schreiben und Performance, um erfahrbar zu machen, welchen Einfluss grenzverletzende, potenziell traumatisierende Ereignisse auf den Körper haben „und welche ganzkörperlichen, individuellen und kollektiven Transformationsmöglichkeiten uns allen in unseren unterschiedlichen gesellschaftlichen Positionen zur Verfügung stehen"[13]. Aus dieser Perspektive trägt Empowerment dazu bei, die eigene

---

[13] https://alice.ash-berlin.eu/menschen/pasquale-virginie-rotter/. Zugegriffen: 12. Oktober 2022.

Vulnerabilität wahrzunehmen, diese als Erfahrungswissen der vulnerabilisierten Gruppen anzuerkennen und aus deren Auflösung heilende Kräfte zu mobilisieren, die – unter günstigen Umständen – auch in der Mehrheitsgesellschaft Resonanz finden können (vgl. hierzu auch Menakem 2017).

In Bezug auf behinderte* Sexualitäten leisten insbesondere jugendliche Aktivist:innen mit Behinderungen* auf social media Beiträge, um für ihre Position zu sensibilisieren und auf diese Weise Empowerment zu ermöglichen. Auf Videokanälen wie ‚100percentme‘ sind unter anderen Leonard (mit ‚Glasknochenkrankheit‘) und Amelie (mit Querschnittslähmung) vertreten, um beispielsweise Dating Apps zu testen[14]. Auch das Format ‚Auf Klo‘ enthält peer-to-peer-Informationen; z. B. geben David und Lisa, beide mit Querschnittslähmung, ein Interview zu „Sex mit Behinderung: So haben wir es gelernt"[15]. Auch künstlerische Crip/Queer Produktionen tragen dazu bei, Aufmerksamkeit für den Variantenreichtum von behindertem* Begehren zu erreichen, und dadurch normende, normierende, normalisierende Vorstellungen bewusst infrage zu stellen oder aktiv herauszufordern, z. B. auf Festivals[16] oder Ausstellungen[17] (Abb. 4).

Die Intention der Personen, die aus der Perspektive des Empowerments agieren, kann einerseits ihre widerständige, fundamentale Andersheit betonen und auf eine Dekonstruktion gängiger Stereotypisierungen ausgerichtet sein. Andererseits kann Empowerment auch in Richtung Normalisierung orientiert sein, die strategisch-essenzialistisch die Andersheit beeinträchtigter Menschen betont, um

---

[14] Bewertet wurde, welche Dating-Apps gut sind, wenn man eine Behinderung hat, und ob Flirt-Apps extra für behinderte Menschen wirklich Sinn machen. https://www.zdf.de/funk/100percentme-12004/funk-dating-app-check---was-mit-behinderung-nutzen---100percentme-100.html 5.11.19. Zugegriffen: 12. Oktober 2022.

[15] https://youtu.be/IOyrGt8NeZg. Zugegriffen: 12. Oktober 2022.

[16] https://sophiensaele.com/de/festival/queering-the-crip-cripping-the-queer. Zugegriffen: 12. Oktober 2022.

[17] https://queer-crip.schwulesmuseum.de/en/index.html. Zugegriffen: 12. Oktober 2022. Die Einführung in die Ausstellung enthält folgendes Statement: „Die Geschichten von Behinderten und Queers verlaufen ähnlich, wenn auch nicht immer parallel. Queers und Behinderte finden sich manchmal mit der Fantasie des ‚idealen Körpers‘ ab. Queere/behinderte Künstler*innen stellen sich meistens dagegen. Die Ausstellung wird maßgeblich von queeren/behinderten Menschen kuratiert; die ausgestellten zeitgenössischen Künstler*innen bezeichnen sich größtenteils selbst als behindert und queer" (ebd.). Die Disability Studies Forscherin Carrie Sandahl, die den Titel der Ausstellung erfunden hat, betont: „Diejenigen, die beide Identitäten für sich beanspruchen, können ihre Verbindungen wohl am besten beleuchten und herausfinden, wo sich Queer und Crip überschneiden, voneinander abspalten und wieder zusammenlaufen" (ebd.).

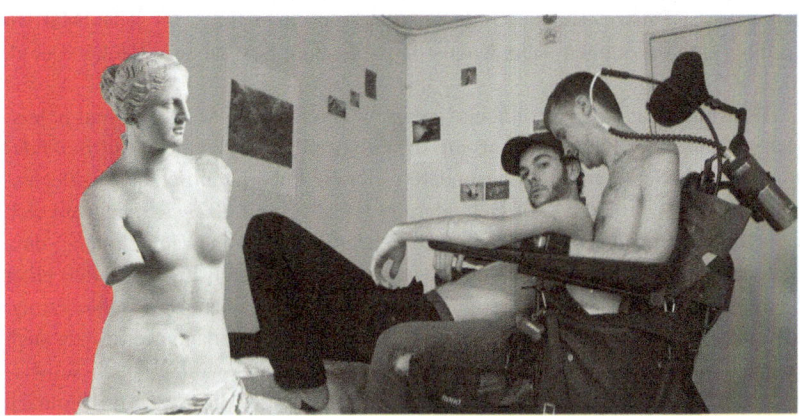

Abb. 4 „Venus de Milo (Aphrodite von Melos)," ca. 150-125 BC, Wikimedia Commons, CC-BY; „Self Portrait with Robert Andy Coombs in My Dorm Room"[18]

darauf zu dringen, barrierefreie Zugänge zur Teilhabe an der mehrheitsgesell-schaftlichen Normalität zu erhalten (vgl. Boger 2020, S. 41).

3.2 Normalisierung

Normalisierung beinhaltet das Streben von Menschen mit Behinderungen nach dem Recht, ihr Leben genauso zu leben wie Menschen ohne Behinderungen, um sich als würdig zu erweisen, akzeptiert und gleich behandelt zu werden. Normalisierung zielt auf die Befreiung behinderter* Menschen von den sozia-len Zwängen der Unterdrückung durch nicht behinderte* (d. h. Ableismus) (vgl. Mitchell und Snyder 2015, S. 5). Die verschiedenen Facetten des Wunschs nach Normalisierung von Behinderung* und behinderter* Sexualität illustriert der 2022 erschienene Film ‚Sexualität, Familienplanung, Selbstbestimmung – Frauen erzählen vom behindert werden' (Hohorst et al. 2022). Die von ihnen geschil-derten Erfahrungen belegen, dass (sexuelle) Selbstbestimmung von Menschen mit Behinderungen* mehrheitsgesellschaftlich (noch) nicht als ‚normal' gesehen wird. Hierfür steht die Aussage der Sexualberaterin für Menschen mit und ohne

---

[18] „Selbstporträt mit Robert Andy Coombs in meinem Student*innenwohnheim", Aus-schnitt, 2019, © Joey Solomon, Manhattan, New York. https://www.schwulesmuseum.de/wp-content/uploads/2022/07/new-version-crop-for-site.jpg. Zugegriffen: 16. Januar 2023.

Behinderung Patrizia Kubanek: „Ich hätte gerne einen Euro, für jedes Mal wo ich die Frage bekommen habe: Kannst Du überhaupt Sex haben?" (Hohorst et al. 2022, o. S.).

Als Anbieterin von persönlicher Assistenz sind ihr die sexistisch und ableistisch geführten Diskurse bekannt, mit denen vor allem Jugendliche mit Behinderung* konfrontiert werden, insbesondere wenn die Pubertät einsetzt. Geschlechtsrollenstereotype in Bezug auf Behinderung (vgl. Köbsell 2021, s. o.) finden sich nach Kubanek im Alltag von Heranwachsenden wieder. Die Wahrnehmung, dass die Behinderung* als dominierendes Merkmal alle weiteren Eigenschaften einer Person überstrahlt, bestätigt sie durch ihre Äußerung: „Wenn die Behinderung, die ein prägender Teil meines Körpers ist, die Böse ist, dann werde ich auch irgendwann meinen Körper nicht gut finden. Und dann wird es auch schwierig mich attraktiv für Andere zu zeigen" (Hohorst et al. 2022, o. S.). Demnach behält die Formel „Geschlecht: behindert, besonderes Merkmal: Frau" (Ewinkel und Hermes 1985) noch immer ihre Gültigkeit, auch wenn heute die ‚besonderen Merkmale' der Geschlechtsidentität weiter gefasst werden, und nicht-binäre Identitäten (inter, trans, queer, etc.) in die Gender-Diskurse Eingang gefunden haben.

Nach der Logik von Patrizia Kubanek sollte jedoch eine ‚Normalisierung' behinderter* Sexualität angestrebt werden: „Alle wissen wie gut wir uns nach gutem, erfülltem Sex fühlen und wie gut wir uns fühlen, wenn unser Körper auch begehrt wird. Sodass es für mich absolut wichtig ist, dass Sexualität für jeden Menschen so zugänglich ist, wie er es selber möchte" (Hohorst et al. 2022, o. S.). Dafür bietet sie Beratungen an, die sich einerseits an besonders vulnerabilisierte Individuen richten, wie Jugendliche und (Trans-)Frauen mit Behinderung* andererseits aber auch deren Lebensumfeld einbeziehen, das ihre Einschränkungen bezüglich sexueller und generell körperlicher Selbstbestimmung mit bedingt. Zur Zielgruppe der Beratungen gehören daher auch Eltern, die z. B. besorgt sind, ihre heranwachsenden Kinder könnten selbst (un-)gewollt Eltern werden. Ebenso wichtig ist die Beratung von (Fach-)Personal in Wohn- und Arbeitsstätten für Menschen mit Behinderungen*. Dabei nimmt sie vor allem die Strukturen im Heimkontext in den Blick, in denen sexuelle und andere physische Grenzverletzungen häufig vorkommen. Als typisches Beispiel schildert sie folgende Situation: „Ich [Pflegeperson, K.E.S.] komme einfach rein, bringe jemanden mit und decke die Decke auf und wasche dich einfach" (Hohorst et al. 2022, o. S.). In Beratungsgesprächen mit Einrichtungsleitungen weist sie deshalb darauf hin, auch Nicht-Fachkräfte gut genug auszubilden, „dass genau solche Persönlichkeitsrechte gewahrt werden. Auch von Menschen mit kognitiven Einschränkungen!" (ebd.).

Der dringende Bedarf an Schutz vor sexueller Gewalt wurde im Zusammenhang mit den seit Jahrzehnten anhaltenden, aber institutionell verdeckt gehaltenen Missbrauchsfällen in (kirchlichen) Wohn- und Lebensgemeinschaften öffentlichkeitswirksam debattiert. Die ‚Normalität‘ struktureller Gewalt in diesen Einrichtungen wurde dabei moralisch aufs Schärfste verurteilt. Verfahren gegen Täter:innen und Einrichtungsleitungen verliefen jedoch meist schleppend und allzu oft blieb unklar, welche strafrechtlichen, zivilrechtlichen oder disziplinarischen Folgen dies nach sich zog[19]. Auch sind Maßnahmen zur Gewaltprävention sowie zur Intervention bei Fällen von Gewalt in den betreffenden Einrichtungen oftmals unbekannt oder unvollständig (vgl. hierzu auch Rist und Sauer 2017; Sauer und Teubert 2018).

Ein Schritt in Richtung einer subjektorientierten Normalisierung, die das Leid der Gewaltopfer ernstnimmt und dessen Aufarbeitung ermöglicht, ist grenzachtenden Umgang auf allen institutionellen Ebenen zu implementieren. Dazu braucht es Gewaltschutzkonzepte und geeignete Meldesysteme bei (sexuellen) Grenzverletzungen, die allen offenstehen, sowohl Mitarbeitenden als auch Adressat:innen und Nutzer:innen der Einrichtungen (vgl. hierzu Teubert 2020). Dies ist ein Prozess, der einer bewussten Entscheidung der Einrichtungen bedarf, die von der Leitungsebene bis zu den ehrenamtlich Mitarbeitenden mitgetragen werden muss. Dazu gehört eine kontinuierliche Schulung des achtsamen Umgangs mit persönlichen körperlichen und psychologischen Grenzen[20].

Darüber hinaus ist die Auseinandersetzung mit körperlichen Bedürfnissen und Begrenzungen auch in nicht-institutionalisierten Lebenszusammenhängen für ein breiteres Verständnis von ‚Normalität‘ von Bedeutung. Der Ansatz der Normalisierung kann das Bewusstsein von behinderten* und nicht-behinderten* Menschen für ihre eigenen Bedürfnisse schärfen, sowohl in Bezug auf eine selbstbestimmte Lebensführung (z. B. was Partner:innenschaften oder Familienplanung angeht) als auch auf eine als selbstwirksam erlebte Sexualität. Somit können auch

---

[19] So ist bei einem Fall, der von #AbleismusTötet recherchiert wurde, lediglich offenkundig, dass der Täter eine Haftstrafe erhalten hat. Er hatte als Pfleger der Diakonie Himmelsthür in Niedersachsen sieben Jahre lang drei Frauen mit Behinderungen missbraucht (Oktober 2011 bis März 2018). Er filmte seine Taten. Die Partnerin des Pflegers entdeckte die Videos und meldete ihn. Er wurde zu 4 Jahren und 9 Monaten Haft verurteilt. Es war der zweite Fall in derselben Einrichtung (2013). Über die Opfer ist bekannt, dass sie neben Lernbehinderungen* starke Einschränkungen bezüglich Mobilität und sprachlicher Kommunikation hatten (vgl. https://ableismus.de/toetet/de/gewaltfaelle/11-10-00-01-09-01. Zugegriffen: 12. Oktober 2022).

[20] Siehe hierzu auch Teubert in diesem Band.

die Gestaltungsmöglichkeiten von (intimen) Beziehungen erweitert werden. Hierbei geht es explizit nicht nur darum, (sexuelles) Leid zu vermeiden, sondern auch darum, die Bedingungen für körperbezogenes Wohlbefinden bereitzustellen und dieses, wenn gewünscht, mit Lust und Freude teilen zu können. Einige Aktivist:innen mit Behinderungen stehen mit ihren Aussagen bewusst für eine Öffnung der Wahrnehmung von diversen sexuellen Normalitäten:

Kaleigh Trace, Sexualpädagogin, die eine Rückenmarksverletzung hat und in High Schools und Universitäten über Sex und Behinderungen* spricht, ist der Ansicht, dass die meisten Menschen nicht wissen, wie sie behinderte* Körper als begehrenswert ansehen können (vgl. Trace 2017). Den Aufklärungsbedarf sieht sie hierbei vor allem bei den Vertreter:innen der Mehrheitsgesellschaft. Das bestätigt Patrizia Kubanek: „Ich glaube, nichtbehinderte Menschen können von der behinderten Sexualität sehr viel mehr Einfallsreichtum lernen, Kreativität und auch ein bisschen was Spielerisches" (Hohorst et al. 2022, o. S.). Wenn eine entsprechende Offenheit gegenüber sexueller Diversität erreicht ist, kann dies zu einer Entspannung von sexuellen, romantischen oder auch familiären Beziehungen führen. Diese Erfahrung machte der Autor des Podcast ‚Disability After Dark' Andrew Gurza, als er seiner Mutter gegenüber zugab, dass er mit Sexarbeitern arbeite, um seine sexuellen Bedürfnisse als queerer behinderter Mann zu befriedigen. Zwar plagten ihn wie bei seinem ersten Outing Schuldgefühle und Scham. Zu seiner Erleichterung war ihre Reaktion aber: ‚Oh, ich finde das fantastisch' (vgl. Gurza 2019).

In diesem Sinne enthält Normalisierung auch den Wunsch, herrschende Konzepte von (geschlechtlicher bzw. sexueller) Normalität auszuweiten. Den Vertreter:innen dieses Anliegens ist wichtig, mit ihren Leben etwas Neues in die Welt zu bringen, das sonst vielleicht unerkannt bliebe (vgl. Mitchell und Snyder 2015, S. 6). Mit ihrem Streben nach der Anerkennung von Behinderung* als Angebot alternativer Lebenswertigkeiten öffnet sich an dieser Stelle eine Verbindung zu einem Verständnis von Inklusion, das in der kompletten De-Konstruktion von Behinderung* besteht.

3.3   Dekonstruktion

Tiam Grundstein ist langjährige*r Aktivist*in der emanzipatorischen Behindertenbewegung und Mitinitiator*in der „Queers on Wheels". In dem Text „Inkludiert mich doch am Arsch!" fordert Grundstein die Dekonstruktion von Behinderung* und wendet sich dabei kollektiv an nicht-behinderte* Menschen:

„Früher habt ihr Unmengen an Geldern dafür ausgegeben, uns wegzusperren, uns zu ‚besondern‘. Später seid ihr dann dazu übergegangen, uns zu ermorden. Dann wart ihr wieder gnädiger und habt schönere Anstalten gebaut für diejenigen von uns, die eurer immer ‚treffsichereren‘ Selektion (eugenische Indikation, PID, PND) entronnen sind. Egal von welcher Epoche wir reden, bis dato bestimmt ihr, wie unser Leben aussieht und ob es uns geben darf. Wir sind von euren Gnaden abhängig. Und davon hab ich einfach die Schnauze voll. Inkludiert mich doch am Arsch!" (vgl. Grundstein 2017, o. S.).

Grundstein räumt zwar ein, dass der Abbau baulicher und struktureller Barrieren dazu geführt hat, dass Menschen mit Behinderung* in der Öffentlichkeit sichtbarer geworden sind. Trotz der Zunahme an Begegnungsmöglichkeiten zwischen behinderten* und nicht behinderten* Personen bestehe aber nach wie vor ‚Angst vor Augenhöhe‘. Grundstein stellt daher die Frage: „Liebe nicht-behinderte Leute, wer liegt neben euch im Bett? Wen findet ihr begehrenswert, sexy, schön? Ist es die Person mit der krummen Wirbelsäule? Ist es die Person, die beim Orgasmus kaum mehr Luft bekommt und deshalb das Asthmaspray dazu braucht? Ich rede hier nicht von Fetischisierung bestimmter Behinderungen. Ich rede davon, einen behinderten Körper schön zu finden, wie er ist. Denn es geht mir um Körpernormen, nicht um Sympathien. Solange es die Körpernormen in unserer Gesellschaft gibt, dass behinderte, dicke, trans*, inter* Personen als ‚anders‘ angesehen werden, solange gibt es eine klare Hierarchie und keine echte Chance auf Gleichberechtigung" (ebd.).

Hier wird der Wunsch nach einer Auflösung aller (körperbezogenen) Kategorien und Normen deutlich. Dieser bezieht sich einerseits auf die Forderung nach einem Recht, nicht ver-andert zu werden (zum Beispiel aufgrund gen-defektologischer/eugenischer Diskurse). Andererseits steht damit die Verweigerung von ‚Normalisierung‘ in Verbindung (z. B. im Sinne einer Anpassung an gängige Schönheitsstandards). Grundlegend ist bei dieser Perspektive, dass Individualität ent-essenzialisiert verstanden wird – oder einfacher ausgedrückt: ‚Entweder alle sind normal oder niemand ist normal‘ (vgl. Boger 2020, S. 41).

Mit anderen Worten: Beeinträchtigung ist ein Produkt diskursiver Praktiken; wie Sex ist sie eher eine Wirkung als ein Ursprung, eher eine Aufführung als eine Essenz. In dieser poststrukturalistischen Sichtweise ist die Beeinträchtigung nicht mehr eine biologische Tatsache, sondern ein diskursives Produkt (vgl. Compes 2022, S. 6).

Um solche alternativen ‚Aufführungen‘ von Geschlecht und Behinderung geht es auch Künstler:innen und Aktivist:innen, die diese dekonstruktive Ausrichtung vertreten. Sie zeigt sich vor allem in deren Aktionen und Artikulationen, die gängige Vorstellungen von Sexualität und Behinderung* öffentlich ‚provozieren‘,

wie z. B. der zitierte Text und die von Grundstein mitveranstalteten Mad and Dis_
Ability Pride Parades, z. B. unter dem Motto ‚Behindert und Verrückt Feiern'.

Weitere Ausdrucksformen ‚widerständiger behinderter* Identitäten' lassen
sich heute in den sozialen Medien finden. Durch die fortgeschrittenen Möglichkeiten digitaler Selbstdarstellungen inszenieren sich vor allem junge Erwachsene
in sozialen Netzwerken in unterschiedlichen Formen der Auseinandersetzung mit
einer visuellen und ästhetisierten Gesellschaft. In fotografischen Selbstdarstellungen finden sich ‚Imaginationen des Körpers', die „nicht einfach Wiedergaben der
Realität sind, sondern eher Konstruktionen von Neuem, die ‚real Vorhandenes' in
einem ‚anderen Licht' präsentieren" (Schär 2022, o. S.). Die Begrenzungen, die
Jugendliche entlang von ‚Ordnungen der Differenz' in Bezug auf ihr Geschlecht
oder ihre Behinderung erfahren, vermitteln sich dabei über Körper-Normen, die
sie imaginativ ‚erfüllen', ausloten und überschreiten können, insbesondere die
‚Grenzen der Optimierung'. In ihrer Medienanalyse beschreibt Clarissa Schär
das Bild einer jungen Bloggerin im Rollstuhl, auf dem sie als Astronautin in
einem Spaceshuttle über dem Planet Erde zu sehen ist. Es enthält gleichzeitig
die Konstruktion eines behinderten Körpers (über das Artefakt Rollstuhl) und
die Konstruktion eines spezifisch weiblichen Körpers (jung, modisch, schön,
attraktiv, erotisiert). Der virtuelle Raum – hier: Instagram) dient als ‚hete-
rotopischer Raum', in dem intersektionale Begrenzungen mit der ‚Gestaltung
utopischer Körper' für sich und für andere bearbeitet und verändert werden
können. Die De-Konstruktion bzw. Re-Konstruktion von Körperlichkeiten erfolgt
im „Spannungsverhältnis von Subjektivierung (Ausgesetztheit) und Subjektivität
(Ermöglichung von Eigensinn)" (Schär 2022, o. S.).

Fazit
Es konnte gezeigt werden, dass Benennungen und Bewertungen bestimmter Ausprägungen leiblicher Diversität bezüglich Sex, Gender, Dis_Ability
historisch zurückzuverfolgen sind. Die dominanzkulturellen Diskurse, die
bis Mitte der 1950er Jahre im deutschsprachigen und angloamerikanischen
Raum eine Vormachtstellung hatten, wurden maßgeblich von Personen
ohne Behinderungen geführt, die bedingten, dass der menschliche Körper
v. a. nach wirtschaftlichen Kriterien bezüglich seiner Leistungsfähigkeit beurteilt wurde und dementsprechend funktionsfähig gehalten bzw.

gemacht werden sollte (‚Re-habilitation'). Dadurch konnten sich Institutionen und Gesetze strukturell manifestieren, die behinderte Menschen bezüglich ihrer Körperlichkeit ver-objektivierten, und zu einer zugleich exklusiven wie exkludierenden Sonderbehandlung *(Othering)* führten. Gegen diese sozialen Benachteiligungen richteten sich ab den 1960er Jahren Gegendiskurse, die von verschiedenen sozialen Bewegungen von Menschen mit Behinderungen* ausgingen und sich öffentlich gegen die dominanten ‚Behinderungspolitiken' richteten. Bis heute positionieren sie sich als *Subjekte der Inklusion* aus den unterschiedlich motivierten Perspektiven von Empowerment, Normalisierung und Dekonstruktion im *Trilemma der Inklusion.* Hierbei kommen auch ihre intersektionalen Mehrfachdiskriminierungen zum Tragen, die vor allem an der Schnittstelle Behinderung* und Sexualität – insbesondere Crip und Queer – Impulse für neue Grenz-Bearbeitungen setzen, die für die Soziale Arbeit von Bedeutung sind:

„Hegemoniale Grenzverläufe lassen sich über die marginalisierten Grenzbearbeitungspraktiken sichtbar machen. (...) Damit kann die Basis geschaffen werden, diese Verhältnisse nicht einfach als gegebene Grenzziehungen und -setzungen hinzunehmen – und damit Soziale Arbeit auf ihre Normalisierungsfunktion zu reduzieren, sondern auch eine Erweiterung, Verschiebung oder gar Überwindung von Differenzierungen zu versuchen, damit den Nutzer_innen wie NichtNutzer_innen sozialpädagogischer Angebote noch andere als die bereits bestehenden Handlungsoptionen zur Verfügung stehen – oder überhaupt erst zugänglich werden" (Kessl und Maurer 2010, o. S.).

Darüber hinaus erlaubt eine intersektionale, subjektorientierte Perspektive, gängige Verständnisse von kultureller Vielfalt herauszufordern und die Wissenschaft und die größere Welt, die sie mitgestaltet, zu erweitern (vgl. Garland Thomson 2002, S. 3 f.).

Fragen zur Reflexion

1. Reflektieren Sie Ihr Grundverständnis zu Behinderung* und Sexualität anhand der Materialien im Lernuniversum.
2. Reflektieren Sie die Aussage ‚Inklusion betrifft alle – normale* *und* andere* Menschen'.

2.1 Überlegen Sie Konsequenzen dieser Aussage in Bezug auf ‚Othering' von Menschen mit Behinderung*.

2.2 Überlegen Sie Konsequenzen dieser Aussage in Bezug auf ‚Othering' von Menschen mit anderen* sexuellen Identitäten bzw. anderem* sexuellem Begehren.

2.3 Überlegen Sie Konsequenzen dieser Aussage in Bezug auf intersektionales ‚Othering' von Menschen mit Behinderung* *und* anderen* sexuellen Identitäten bzw. anderem* sexuellem Begehren.

3. Reflektieren Sie, welche Privilegien Menschen ohne Behinderung* teilen könnten bzw. sollten um ein Power-Sharing mit Menschen mit Behinderung* zu ermöglichen.

Literatur

Börner, M., & Trescher, H. (2022). Leben im Heim als Entfremdungserfahrung. Autobiografische Selbstkonstruktionen von Menschen mit geistiger Behinderung im höheren Lebensalter. *Zeitschrift für Heilpädagogik 28*, 16–21.

Boger, M.-A. (2020). Mad Studies und/in/als Disability Studies. In Brehme, D. et al. (Hrsg.), *Disability Studies im deutschsprachigen Raum. Zwischen Emanzipation und Vereinnahmung* (S. 41–55). Weinheim: Beltz.

Boger, M.-A. (2019). *Subjekte der Inklusion: Die Theorie der trilemmatischen Inklusion zum Mitfühlen*. Münster: Edition Assemblage.

Boger, M.-A. (2016). *Zwischen Partikularisierung und Solidarisierung. Ringvorlesung „Behinderung ohne Behinderte! Perspektiven der Disability Studies"*. Hamburg: Zedis, 1.11.2016.

Centeno Ortiz, A., & de la Morena, R. (2015). *Yes, We Fuck!* Documentary. Spain.

Compes, N. (2022). Perspektiven auf die Gender Studies – aussichtsreich oder gescheitert? *Zeitschrift für Disability Studies ZDS 1*, 1–12.

Connell, R. W. (1999). *Der gemachte Mann. Konstruktion und Krise von Männlichkeiten.* Wiesbaden: Springer.

Crenshaw, K. (1989). Demarginalizing the Intersection of Race and Sex. Feminist Theory and Antiracist Politics. *University of Chicago Legal Forum 1*, 139–167.

Degener, T. (2018). „Quo Vadis – deutschsprachige Disability Studies?" Berlin: *Disability Studies Konferenz 2018*, 20.10.2018, https://youtu.be/gkwbkeOSKOY. Zugegriffen: 9. Oktober 2022.

Ewinkel, C., & Hermes, G. (Hrsg.). (1985). *Geschlecht: behindert. Besonderes Merkmal: Frau*. München: AG SPAK.

Garland Thomson, R. (2002). Integrating Disability, Transforming Feminist Theory. *NWSA JOURNAL 14, Feminist Formations*, 1–32.

Goffman, E. (1996) [1961]. *Asyle. Über die soziale Situation psychiatrischer Patienten und anderer Insassen*. Frankfurt a. M.: Suhrkamp.

Goffman, E. (1994) [1963]. *Stigma. Über Techniken der Bewältigung beschädigter Identität.* Frankfurt a. M.: Suhrkamp.
Grundstein, T. (2017). Inkludiert mich doch am Arsch! Ich kann das Wort Inklusion nicht mehr hören. *an.schläge 2017, an.sprüche 4*, o. S.
Gurza, A. (2019). Mom, I have been working with sex workers. *CBC Radio*, 1.2.2019. Zugegriffen: 12. Oktober 2022.
Hohorst, B., Voigt, A., & RSB Referat für Studierende mit Behinderung und chronischer Erkrankung (2022). *Sexualität, Familienplanung, Selbstbestimmung – Frauen erzählen vom behindert werden.* Audiodeskription: Joel Vogel. https://www.youtube.com/watch?v=F-37Gq85Z7U. Zugegriffen: 25. September 2022.
Kessl, F., & Maurer, S. (2010). *Praktiken der Differenzierung als Praktiken der Grenzbearbeitung. Überlegungen zur Bestimmung Sozialer Arbeit als Grenzbearbeiterin.* https://doi.org/10.1007/978-3-531-92233-1_10. Zugegriffen: 17. Oktober 2022
Köbsell, S. (2021). Behinderung & Geschlecht – Auswirkungen einer unvermeidlichen Intersektion im Leben behinderter Menschen. *Nachteil hoch zwei plus x – Intersektionalität im Kontext von Behinderung*, Bochumer Zentrum für Disability Studies (BODYS), 22.4.21.
Kremsner, G. (2017). *Vom Einschluss der Ausgeschlossenen zum Ausschluss der Eingeschlossenen. Biographische Erfahrungen von sogenannten Menschen mit Lernschwierigkeiten.* Bad Heilbrunn: Julius Klinkhardt.
Menakem, R. (2017). *My Grandmother's Hands. Racialized Trauma and the Pathway to Mending Our Hearts and Bodies.* Las Vegas NV: Central Recovery Press.
Miles, A. L. (2022). Demystifying the Overcoming Narrative: A Black Disabled Woman's Road to the Professoriate. *Including Disability 1*, 37–50.
Mitchell, D. T., & Snyder, S. L. (2015). *The biopolitics of disability. Neoliberalism, ablenationalism, and peripheral embodiment.* Ann Arbor: University of Michigan Press.
Newnham, N., & Lebrecht, J. (2020). *Crip Camp. A Disability Revolution.* Chicago: Higher Ground Productions.
Pfahl, L., & Powell, J.W. (2014). Subversive Status. Disability Studies in Germany, Austria, and Switzerland. *Growing Disability Studies 34*, o. S.
Raab, H. (2012). *Intersektionalität und Behinderung – Perspektiven der Disability Studies.* http://portal-intersektionalitaet.de/uploads/media/Raab.pdf. Zugegriffen: 18. Oktober 2022.
Riegel, C. (2016). *Bildung – Intersektionalität – Othering. Pädagogisches Handeln in widersprüchlichen Verhältnissen.* Bielefeld: transcript.
Rist, J., & Sauer, K. E. (2017). Beteiligungs- und Beschwerdemanagement für Jugendliche mit und ohne Behinderungen in stationären Wohnformen mit Betriebserlaubnis nach SGB VIII In S. Gögercin, & K. E. Sauer (Hrsg.), *Neue Anstöße für die Soziale Arbeit* (S. 207–230). Wiesbaden: Springer VS.
Sauer, K. E. (2021). Von der Behindertenpädagogik zu den Disability Studies – von dominanten Machtverhältnissen zu Powersharing? In A. Ullrich, & K. Sauer, *Pädagogik für die Soziale Arbeit* (S. 157–171). Baden-Baden: Nomos.
Sauer, K. E., & Teubert, A. (2018). Prävention von sexualisierter Gewalt gegenüber Menschen mit ,kognitiven Beeinträchtigungen'. *Interdisziplinäre Fachzeitschrift für Prävention und Intervention: Kindesmisshandlung und -vernachlässigung 21*, 46–58.

Schär, C. (2022). Imaginationen des Körpers. Fotografische Selbstdarstellungen Jugendlicher und junger Erwachsener in digitalen sozialen Netzwerken als Formen der Grenzbearbeitung. Universität Bremen: *28. DGfE-Kongress ENT I GRENZ I UNGEN*, 14. März 2022.

Scharf da Silva, I. (2022). *Trauma als Wissensarchiv. Postkoloniale Erinnerungspraxis in der Sakralen Globalisierung am Beispiel der zeitgenössischen Umbanda im deutschsprachigen Europa.* Marburg: Büchner-Verlag.

Teubert, A. (2020). Professionelle Netzwerkarbeit für ein „lebendiges" Schutzkonzept in einem vulnerablen Umfeld. In B. Eberhardt, & A. Naasner (Hrsg.), *Schutz vor sexualisierter Gewalt in Einrichtungen für Mädchen und Jungen mit Beeinträchtigungen* (S. 212–217). Düsseldorf: Deutsche Gesellschaft für Prävention und Intervention bei Kindesmisshandlung, Vernachlässigung und sexuellem Missbrauch.

Trace, K. (2017). ‚I have sex. Get over it'. Disability activists call for sex education. *CBC Radio*, 30.10.2017. Zugegriffen: 12. Oktober 2022.

Trescher, H. (2016). *Wohnräume als pädagogische Herausforderung. Lebenslagen institutionalisiert lebender Menschen mit Behinderung.* Wiesbaden: Springer VS.

Waldschmidt, A. (2018). Jenseits der Modelle: Theoretische Perspektiven der Disability Studies. Berlin: *Disability Studies Konferenz 2018*, 20.10.2018, https://youtu.be/NIf3cHI8mik. Zugegriffen: 9. Oktober 2022.

Weiterführende Literatur

Bruhn, L., Homann, J., Nauerth, M., Saerberg, S. (Hrsg.) (2023). Disability Studies und Soziale Arbeit. Weinheim: Beltz Juventa.

Martens, M. (2022). COOOLE WELT. Stell dir vor, alle haben das Down-Syndrom. Zeitschrift für Disability Studies 2, 1–8.

Piepzna-Samarasinha, L. L. (2020). Cripping Transformative Justice. In E. Dixon, & L. L. Piepzna-Samarasinha (Hrsg.), Beyond Survival. Strategies and Stories from the Transformative Justice Movement (S. 233–247). Chico, CA: AK Press.

Thom, K. C. (2020). What to Do When You've Been Abusive. In E. Dixon, & L. L. Piepzna-Samarasinha (Hrsg.), Beyond Survival. Strategies and Stories from the Transformative Justice Movement (S. 67–77). Chico, CA: AK Press.

Karin E. Sauer, Dr. rer. soc., Dipl.-Päd., Master in Diversity Education. Professorin für Sozialarbeitswissenschaft und Methoden der Sozialen Arbeit an der DHBW Villingen-Schwenningen, Fakultät für Soziale Arbeit. Lehrbeauftragte im Masterstudiengang Kulturelle Diversität in der musikalischen Bildung an der Universität Hildesheim. Lehrtätigkeit zu Prozessen der Inklusion und Exklusion in (Post-)Migrationsgesellschaften, Cultural Studies, Dis_ability Studies, Gender & Diversity in der Sozialen Arbeit, interkulturellen Perspektiven der Sozialen Arbeit (Deutschland – Ruanda), Erziehung – Bildung – Sozialisation. Forschungsinteressen sind Critical Whiteness, De-colonial Social Work, Erinnerungsarbeit, Globale Umweltbewegungen, Community Music, Musik (und andere kreative Künste) als Formen von Kommunikation und politischer Artikulation, Partizipative Aktionsforschung.

Queer-theoretische Perspektiven auf sexuelle und Geschlechter-Diversität: Eine kritische Auseinandersetzung mit Heteronormativität in der Sozialen Arbeit

Robin Bauer

Zusammenfassung

In diesem Kapitel wird sexuelle und Geschlechtervielfalt aus einer queer-theoretischen Perspektive betrachtet. Zunächst werden grundlegende Selbstdefinitionen von LSBTIQA-Personen und zentrale Konzepte der Queer-Theorie wie Heteronormativität dargestellt. Anschließend wird die Kritik der Queer-Theorie an Identitätskategorien wie Mann/Frau und homo/hetero erläutert. Schließlich wird skizziert, welche Bedeutung die queere Perspektive für die Soziale Arbeit besitzt.

Keywords

Queer-Theorie • Heteronormativität • Zweigeschlechtlichkeit • Diversität • Soziale Arbeit

1 Einleitung

Begriffe wie Diversity, Diversität oder Vielfalt sind heute in aller Munde. In der Regel wird über sexuelle und/oder Geschlechter-Vielfalt dabei mit einem Konzept ‚sexueller Minderheiten‘ nachgedacht. In diesem Beitrag setze ich dieser Logik eine durch die Queer-Theorie inspirierte Perspektive entgegen. Die Rede von sexuellen Minderheiten basiert auf der Annahme, dass es eine Mehrheit an

R. Bauer (✉)
DHBW Stuttgart, Stuttgart, Deutschland
E-Mail: robin.bauer@dhbw-stuttgart.de

Menschen gibt, die heterosexuell ist und dementsprechend eine Minderheit, die lesbisch, schwul oder bisexuell ist. Das klingt nach einer banalen empirischen Tatsache. Dahinter verbergen sich jedoch eine Reihe von Prämissen: um von Mehr- und Minderheiten sprechen zu können, muss man zählen können, wer hetero-, homo- oder bisexuell ist. Dafür wiederum muss man bestimmen können, wer zu welcher Kategorie gehört. Dazu wiederum muss man erstens die Kategorie genau definieren können und zweitens auch jeden einzelnen Menschen eindeutig definieren können, um ihn auch genau einer Kategorie zuordnen zu können. Damit die Zahlen verlässlich bleiben, müssen diese Zuordnungen unveränderlich sein. Schließlich wird davon ausgegangen, dass es grundsätzlich sinnvoll und legitim ist, Menschen anhand bestimmter Merkmale (wie Begehren, Fantasien, Partner_innenwahl o. ä.) in Kategorien aufzuteilen, und zwar unabhängig von Zeit und Ort. Man geht z. B. davon aus, dass es Schwule und Lesben schon in jeder historischen Epoche und in jeder Kultur weltweit gegeben hat und gibt (bei Heterosexuellen geht man so selbstverständlich davon aus, dass dies nicht einmal erwähnenswert scheint). Dem Konzept von sexuellen Minderheiten liegt also ein ganzes Gebäude an zusammenhängenden Vorstellungen über Sexualität (und Geschlecht) zugrunde. Jede einzelne kann kritisch analysiert werden, und genau das tut die Queer-Theorie.

2   LSBTIQ(Q)A(A)...

Die geläufigen Selbstbezeichnungen sexueller und geschlechtlicher Vielfalt verändern sich laufend, weil Identitätskonzepte sich in Community-Kontexten entwickeln.[1] In solchen Präsenz- oder virtuellen Räumen finden sich Menschen zusammen, die sich aufgrund ihres Begehrens, ihrer Praktiken oder ihrer Identitäten als nicht normkonform, als unsichtbar gemacht, als ausgeschlossen, als stigmatisiert, als diskriminiert usw. erfahren und können unter- und miteinander damit experimentieren, wie ein Leben jenseits der herrschenden Normen aussehen könnte. Widerständige Praxen und allgemein alternative Existenzweisen können dort kollektiv entworfen werden. So werden abwertende oder klinisch geprägte Fremdzuschreibungen beispielsweise durch eigene Begriffe ersetzt oder sich subversiv angeeignet. In jedem Fall können selbst gewählte individuelle und

---

[1] Auch Fremdbeschreibungen, die z. B. aus medizinischen oder rechtlichen Diskursen stammen, ändern sich mit sich weiter entwickelnden Diskursen, hier lege ich den Schwerpunkt jedoch auf Selbstbeschreibungen.

kollektive Identitäten der Emanzipation von der Norm und der Selbstermächtigung dienen. Der experimentelle und visionäre Charakter solcher Prozesse sorgt dafür, dass Selbstbeschreibungen und Identitäten nicht stillstehen, sondern sich immer weiter ausdifferenzieren und entwickeln.[2] Das lässt sich teilweise am aktuell häufig verwendeten Akronym LSBTIQ(Q)A(A) nachvollziehen, das immer länger geworden ist und von dem verschiedene Varianten bestehen.

L	lesbisch
S	schwul
B	bisexuell
T	trans*
I	intergeschlechtlich
Q	queer
Q	questioning
A	asexuell
A	allies (Verbündete)

L steht für ‚lesbisch‘ und S für ‚schwul‘. Beides sind Selbstbeschreibungen, im
Gegensatz zum eher klinischen bzw. sexualwissenschaftlichen Begriff der Homosexualität. Insbesondere ‚schwul‘ stellt eine Aneignung eines ehemals als Schimpfwort benutzten Begriffs dar (Woltersdorff 2012, S. 18). Die Bedeutung solcher Begriffe ist durchaus umkämpft, aber sie drücken in der Regel eine gleichgeschlechtliche sexuelle Orientierung aus. Der Begriff ‚bisexuell‘ hingegen wird von Menschen verwendet, die prinzipiell sowohl Männer als auch Frauen begehren. Der Begriff stellte also die Vorstellung, dass man nur ein Geschlecht begehren kann (Norm der Monosexualität, s. beispielsweise Ritter 2014; Schmidt 1998; Kap. 10) infrage und eröffnete neue Möglichkeiten. Diese sexuellen Orientierungen gehen implizit oder explizit (*bi* lat. ‚zwei‘) davon aus, dass es nur zwei Geschlechter gibt. ‚T‘ hingegen steht für trans* Identitäten als breitem Dachbegriff, also für Menschen, die sich nicht oder nicht vollständig mit ihrem bei der Geburt zugewiesenem Geschlecht identifizieren. ‚I‘ steht für intergeschlechtliche

---

[2] Für ein intersektional angelegtes Glossar mit aktuellen Begriffen im Bereich Inklusion und Diversität, das auch zahlreiche Beiträge zu Begriffen sexueller Vielfalt umfasst, s. https://www.inklumat.de/de/glossar.

Menschen, die einen Körper zwischen (lat: ,inter') den beiden Polen ,männlich' und ,weiblich' des biologischen Geschlechts besitzen. Diejenigen trans* oder inter* Körper/Identitäten, die nicht ins Zweigeschlechtermodell passen, führen vor Augen, dass Kategorien sexueller Orientierung, die sich auf nur zwei Geschlechter beziehen, zu kurz greifen. Daher wurde der Begriff ,pansexuell' (*pan* gr. für ,alles'), als alle Geschlechter – im Sinne von ,mehr als zwei' – begehrend, als Alternative zum Begriff ,bisexuell' geprägt. Sowohl ,bisexuelle' als ,pansexuelle' Personen betonen auch häufig, dass für sie nicht das Geschlecht des Gegenübers im Mittelpunkt steht, sondern der Mensch. Das erste 'Q' steht für ,queer', ein Begriff, der sich aus einer Kritik an den gängigen Kategorien wie hetero/homo/bi usw. entwickelt hat und eine alternative Form von Identität und Politik beschreiben soll (s. u.). Das zweite 'Q' steht für *,questioning'*, was ,auf der Suche' oder ,(noch) nicht festgelegt' bedeutet und somit das Prozesshafte an der Identitätsfindung verdeutlicht. Das erste ,A' steht für ,asexuell' als Selbstbeschreibung von Menschen, die kein oder nur ein sehr geringes sexuelles Verlangen verspüren (Carrigan 2016), im Gegensatz zu ,asexuell' als Fremdzuschreibung z. B. gegenüber Menschen mit Behinderungen oder alten Menschen, denen ein sexuelles Bedürfnis von außen abgesprochen wird (Shakespeare et al. 1996; Shildrick 2009; Kim 2011 plädiert für das Recht von Menschen mit Behinderungen auf selbstgewählte Asexualität). Das zweite ,A' steht für *,allies'* (,Verbündete'), also Menschen, die zwar selbst nicht schwul, lesbisch, bisexuell, queer, trans*, inter* oder asexuell sind, aber sich solidarisch erklären und gemeinsam für ihre Rechte einsetzen. Z. B. sind Partner_innen von trans* Personen oft solche Verbündete oder Mitstreiter_innen (Califia 1997, Kap. 6) oder auch Eltern von LSBTIQ(Q)A(A)-Personen, die sich organisieren.

Beachtenswert ist, dass sich in dem Akronym sexuelle und geschlechtliche Vielfalt vereint finden, obwohl heutzutage sexuelle und Geschlechtsidentitäten (zumindest im globalen Norden) als zwei getrennte Kategorien gelten[3] und sich die damit verbundenen Lebenslagen oder politische Anliegen auch durchaus unterscheiden: Sowohl Konflikte als auch Solidarität vereinen sich unter diesem

---

[3] Nicht nur in anderen Regionen und anderen Epochen, sondern auch in nicht-weißen Subkulturen gehen sexuelle und Geschlechtsidentitäten teilweise stärker ineinander über (Valentine 2006). Das ist insofern auch naheliegend, als historisch ein ,Abweichen' von der sexuellen Norm häufig auch mit nonkonformem Geschlechtsausdruck einhergeht, sowohl als Stereotyp/Fremdzuschreibung (z. B. historisch zeigt der Begriff ,warme Brüder' für Schwule, dass sie ,warm' sind, was eine vermeintlich weibliche Eigenschaft ist), als auch als Selbstausdruck der Identität, wie bei der Drag Queen-, Tunten- oder *Butch-Femme*-Kultur. So haben z. B. Balzer (2007) für die Tunte im deutschen Kontext und Rubin (2003) für die *Butch* im US-amerikanischen Kontext herausgearbeitet, wie sich diese Identitäten von vor allem homosexuellen zu trans* Identitäten verschoben.

Dach (Bauer 2009). So hat der heutige CSD, der *Christopher Street Day,* mittlerweile häufiger *Pride* genannt, seinen Ursprung in den *Stone Wall Riots.* Das *Stonewall Inn* war in den 1960er Jahren eine Kneipe in der New Yorker *Christopher Street,* die vor allem von unterprivilegierten *gays* besucht wurde, wie z. B. jungen Schwarzen und Latinx schwulen, lesbischen und trans* Personen, die sich häufig in prekären Lebenslagen befanden und sich teilweise mit Sexarbeit den Unterhalt verdienten. Bei einer Polizeirazzia, wie sie derzeit gegen *gay bars* üblich waren, leisteten sie am Abend des 28. Juni 1969 Widerstand, der in eine zweitägige Straßenschlacht gegen die Polizei mündete (D'Emilio 1983). Dies wird als Gründungsereignis der *gay liberation,* also der sogenannten Homo-Befreiungsbewegung betrachtet.[4] Die erste Phase dieser Bewegung zeichnete sich durch eine radikale Kritik an sexuellen und Geschlechternormen der Gesellschaft insgesamt aus. So gingen die Aktivist_innen u. a. davon aus, dass die ‚Zwangsheterosexualität' (Rich 1980) als gesellschaftliche Instanz Menschen heterosexuell machte, weshalb sie sich zum Ziel machten, den ‚Homo in jedem' zu befreien (Jagose 2001). Utopisches Ziel war also eine von sexuellen und Geschlechternormen befreite Gesellschaft, in der alle Menschen unabhängig von Geschlecht begehren und lieben könnten. *Gay* galt damals noch als Dachbegriff für alle möglichen Praxen und Identitäten: Lesben, Schwule, Bisexuelle, Drag Queens, Butches, Femmes, Transfrauen usw. Schon bald jedoch spaltete sich die Bewegung in Lesben, Schwule und trans* Personen aufgrund des Sexismus und der Transphobie innerhalb der Bewegung (Jagose 2001). Die vormals so genannten *Queens* gehörten nun entweder als *Drag Queens* zur Schwulenszene oder zur sich entwickelnden Transgender-Szene. Bis in die 1990er Jahre differenzierten sich die Communitys in den USA immer weiter aus. Vor allem der Aktivismus schwuler Verbände geriet zu einer Art Lobbypolitik, die die Gleichstellung mit der heterosexuellen Welt als Maßstab zum Ziel hatte, beispielhaft hierfür z. B. die Forderung der Öffnung der Ehe. Lesbisch-feministische Diskurse und Aktivismus hingegen blieben lange Zeit radikaler und kritisierten insbesondere patriarchale Strukturen (z. B. die Ehe als Institution, in der Frauen als Besitz von Männern gelten, s. Card 1996). Ebenso der trans* Aktivismus, der die Norm der Zweigeschlechtlichkeit allgemein attackierte (Stone 1991; Feinberg 1992; Stryker

---

[4] Den *Stonewall Riots* gingen allerdings schon diverse andere politische Bewegungen, die sich für Lesben und Schwule (und teilweise auch trans* Personen) einsetzten, voraus (D'Emilio 1983; für Deutschland Woltersdorff 2012). Außerdem rebellierten bereits 1966 in San Francisco Transfrauen in den *Compton Riots* gegen Diskriminierung insofern erfolgreich, als sie sich regional Rechte wie einen Ausweis mit dem selbstgewählten Namen und Geschlecht erkämpfen konnten (vgl. Stryker 2008: 63 ff.).

1994) und innerhalb der LGB-Communitys die Ausgrenzung von trans* Personen anprangerte (Stryker 1994).[5] So erklärt sich also, wie es, als diese Szenen sich wieder zunehmend zusammenfanden[6], zu dem Akronym kam, in dem die Diversität stärker sichtbar werden sollte als in dem ursprünglichen Begriff *gay*, der zunehmend allein mit schwulen Männern assoziiert wurde.

3   Queere Politik und Theorie

Die Queer-Theorie und Politik (für eine kompakte Übersicht s. Woltersdorff 2003; ausführlicher Jagose 2001) hatte ihre Wurzeln im HIV/AIDS-Aktivismus der 1990er Jahre in den USA. Mit queerer Politik ist hier ein erweiterter Politik-Begriff gemeint, der politisches Handeln nicht auf Institutionen wie Regierungen, Parlamente, Parteien oder anerkannte NGOs beschränkt, sondern Widerstand gegen heteronormative Zweigeschlechtlichkeit auch durch aktivistische Gruppen und ihre Aktionen, das Gestalten von selbstverwalteten Räumen, das sich Aneignen von öffentlichen/subkulturellen Räumen sowie das sich Einmischen in öffentliche/subkulturelle Diskurse und Generierung von alternativen Bildern und Wissensbeständen u. ä. einbezieht. Die in den USA höchst dramatisch verlaufende AIDS-Krise zeigte die Grenzen der damals etablierten schwulen Lobbypolitik auf, die unter anderem auf der Annahme einer gemeinsamen schwulen Diskriminierungserfahrung und Identität basierte (Gamson 1989; Jagose 2001). Die Übertragung des Virus machte nicht an den Grenzen von Identitäten Halt, sondern es kam auf sexuelle Praxen an: mit wem wurde wie Sex praktiziert?

---

[5] Die Geschichte der Bewegungen in Deutschland ist einerseits anders verlaufen, war andererseits aber auch durch die Entwicklungen in den USA beeinflusst. Da die queere Theorie und Politik aus den USA stammen, beschränke ich mich auf einen kurzen Abriss über die Entwicklung in den USA, um den Entstehungskontext queerer Theorie und Politik verständlich zu machen.

[6] Dies ist eine starke Vereinfachung. In den USA begann diese erneute Annäherung zwischen Lesben und Schwulen in der HIV/AIDS-Krise, aber nach wie vor sind die unter dem Akronym versammelten Communitys in vielerlei Hinsicht eher getrennt als geeint. Zudem gibt es weitere Konflikte innerhalb der Communitys, z. B. in Bezug auf Rassismus, Klassismus, Ableism usw. (s. exemplarisch zu Rassismus: Johnson und Henderson 2005; Kuntsman und Miyake 2008; zu Rassismus/Klassismus: Mananzala und Spade 2008; zu Klassismus: Gluckman und Reed 1997; Namaste 2000; Roßhart 2016; zu Lookism/Ableism: Atkins 1998; zu Ableism/Klassismus: Clare 1999; zu Ableism; Tremain 1996; Teichert 2014).

Übersicht
In der HIV-Prävention etablierte sich z. B. der Begriff ‚MSM‘ (‚Männer, die Sex mit Männern haben‘), weil sich herausstellte, dass es zahlreiche Männer gibt, die sich nicht als schwul oder bisexuell identifizieren (sondern z. B. als Familienväter), aber (häufig flüchtige, anonyme) sexuelle Kontakte mit anderen Männern pflegen. Diese Männer sind für die Präventionsarbeit schwieriger zu erreichen, weil sie nicht Teil der schwulen Community sind, über die solche Kampagnen in der Regel laufen. Dies ist ein Beispiel dafür, dass sich Identität und Praxis (vor allem in einer heteronormativen Gesellschaft) nicht immer entsprechen.

So kam also die Vorstellung von klar abgrenzbaren Identitäten zwischen schwulen und heterosexuellen Männern ins Wanken. Außerdem schienen breitere Allianzen, z. B. mit haitianischen Migrant_innen, die unabhängig von ihrer sexuellen Orientierung besonders von einer anti-HIV-Einwanderungspolitik der USA betroffen waren, zweckmäßig (Gamson 1989; Jagose 2001).

Zu beobachten war bei der Entwicklung der Queer-Theorie eine enge Verzahnung von Politik und Theorie: viele Queer-Theoretiker_innen waren zugleich Aktivist_innen. Der Begriff ‚queer‘ war ursprünglich ein Schimpfwort für alle möglichen Personen, die gegen Normen um Geschlecht und Sexualität verstoßen und lässt sich übersetzen mit ‚verquer‘, ‚pervers‘, ‚schräg‘ oder ‚schrill‘. Diese Aneignung eines Schimpfwortes als Selbstbezeichnung passte zur Tatsache, dass es sich beim queeren Aktivismus um eine neue Radikalisierung von schwul-lesbischer Politik handelte. Statt der Logik der Gleichstellung im Sinne einer Anpassung an die heteronormative Gesellschaft wurden die grundlegenden Hierarchien und Normen infrage gestellt (Jagose 2001).

Wissensbaustein: Poststrukturalismus und Queer-Theorie
Die Queer-Theorie ist stark vom sogenannten Poststrukturalismus beeinflusst. Gängig war lange Zeit in lesbisch-schwuler und Geschlechterforschung eine Herangehensweise, die Kategorien wie ‚Mann/Frau‘ oder ‚homo/heterosexuell‘ als gegeben voraussetzte und die Hierarchie zwischen Männern und Frauen bzw. Hetero- und Homosexuellen analysierte und kritisierte. Poststrukturalistische Theoretiker_innen wie der französische Philosoph Jacques Derrida hingegen gingen einen Schritt weiter und wiesen darauf hin, dass bereits das Denken in solchen Dichotomien, also

das Denken in Gegensatzpaaren wie ‚Mann/Frau‘, ‚homo/hetero‘, ‚Natur/ Kultur‘ *selbst* die Basis für gesellschaftliche Hierarchien und Ausgrenzungen darstellt (Derrida 1991). Die Strategie der *Dekonstruktion* nach Derrida stellt daher die Frage nach den Effekten des Denkens in Dichotomien: was steht zwischen den Zeilen? Was muss z. B. verworfen werden, um das Gegensatzpaar ‚Mann/Frau‘ als ‚natürlich‘ zu verstehen? Die Existenz solcher Kategorien und Unterscheidungen, auf denen beispielsweise das Minderheitenmodell sexueller Orientierung basiert, wird also nicht mehr als selbstverständlich oder gar naturgegeben betrachtet, sondern selbst zum Gegenstand wissenschaftlicher Untersuchung und kritischer Hinterfragung. Die Queer-Theorie legt ihren Schwerpunkt dabei auf die Kategorien Geschlecht und Sexualität und deren Verschränkung (Genschel 1996).

4 Geschlechtervielfalt und die Norm der Zweigeschlechtlichkeit

So geht die Queer-Theorie (im Anschluss an den Sozialkonstruktivismus, z. B. Garfinkel 2006; West/Zimmerman 1991) davon aus, dass Zweigeschlechtlichkeit in modernen Industriegesellschaften als Norm gilt: Es herrscht die Vorstellung, dass es zwei, und nur zwei, deutlich voneinander zu unterscheidende Geschlechter gibt: ‚Mann‘ und ‚Frau‘. Dies zeigte sich auf der strukturellen Ebene beispielsweise bis vor kurzem rechtlich beim Personenstand, der bis zur Einführung eines dritten Personenstands ‚divers‘ nur ‚männlich‘/‚weiblich‘ kannte. Auf der institutionellen Ebene zeigt sich die zweigeschlechtliche Norm beispielsweise bei der räumlichen Trennung nach Geschlecht bei öffentlichen Toiletten, Umkleidekabinen oder geschlechtergetrennten Einrichtungen der Sozialen Arbeit. Auch die deutsche Sprache erweist sich als extrem zweigeschlechtlich, es gibt offiziell nur die Pronomen ‚er‘/‚sie‘, die Ansprache als ‚Herr‘/‚Frau‘ usw. Alternativen wie gendersensible Sprache (Genderstern, Unterstrich) zu etablieren, trifft auf erheblichen gesellschaftlichen Widerstand. Auf der Ebene alltäglicher Interaktionen sortieren wir unser Gegenüber in Sekundenbruchteilen, quasi unbewusst, einer der beiden Kategorien ‚Mann‘ oder ‚Frau‘ zu. Für die persönliche Identität schließlich ist es bedeutsam, zu wissen, wer man ist, ‚Mann‘ oder ‚Frau‘, und diese Zuordnung liefert auch die Basis für die eigene sexuelle Identität: Die Kategorien homo- und heterosexuell gehen von zwei Geschlechtern aus: entweder man begehrt das eigene oder das sogenannte ‚andere‘ Geschlecht. Personen, die aus dem Raster ‚Mann/Frau' herausfallen, verunsichern diese Gewissheit der sexuellen und damit auch der geschlechtlichen Identität, was sich als häufiges Motiv für Gewaltverbrechen gegenüber Transfrauen erwiesen hat (Namaste 2000, insb. Kap. 6).

Aus queer-theoretischer Perspektive stellt diese Zweiteilung in Männer und Frauen keine natürliche Tatsache dar, sondern eine gesellschaftliche Praxis. Menschen legen biologische Kriterien fest, nach denen sie eine Mannigfaltigkeit von Körpern vermessen und in nur zwei Geschlechter einteilen. Die Geschlechtszuweisung erfolgt bei der Geburt, und Individuen, bei denen nach diesen Kriterien nicht eindeutig ist, welchem der beiden Geschlechter sie zuzuordnen sind, werden als ‚intersexuell' bezeichnet. In der modernen westlichen Medizin werden diese Körper nicht einfach als Ausdruck biologischer Vielfalt betrachtet, sondern als krankhafte Abweichungen (Reiter 1998). Daher lehnen intergeschlechtliche/ inter* Menschen den Begriff ‚Intersexualität' als medizinisch-pathologisierenden Begriff auch ab. Aufgrund der Pathologisierung von Inter* kann die These, es gebe biologisch nur Männer und Frauen, aufrechterhalten werden. Und das mithilfe von gewaltförmigen medizinischen Praxen, denn bis vor kurzem wurden die Körper intergeschlechtlicher Menschen ohne ihre Zustimmung mit chirurgischen Eingriffen dem männlichen oder weiblichen Geschlecht zwangsangepasst (Reiter 1998; Gregor 2015). Auch bis heute sind trotz einiger Veränderungen, die die Inter-Bewegung durchsetzen konnte, solche Operationen noch weit verbreitet (Hoenes et al. 2019). Nach jahrzehntelanger politischer Arbeit von Selbstvertretungsorganisationen intergeschlechtlicher Menschen und ihrer Verbündeten wurde erst 2021 ein Gesetz zum „Schutz von Kindern mit Varianten der Geschlechtsentwicklung" (§ 1631e BGB) vom Bundestag verabschiedet. Das Gesetz steht allerdings in der Kritik, u. a. weil es Kinder allenfalls halbherzig vor Operationen an den Genitalien schützt und weiterhin die Definitionsmacht bei der Medizin als Institution belässt (Intersexuelle Menschen e. V. 2020; Deutsches Institut für Menschenrechte 2021). Intergeschlechtliche Interessensverbände fordern daher weiterhin einen konsequenten Schutz aller Körper ein (Intersexuelle Menschen e. V. 2020).

Geschlechtliche Vielfalt bezieht sich also zum einen auf das körperliche Geschlecht, aber auch auf die Geschlechtsidentität, die man als die subjektiv erlebte, gefühlte Zugehörigkeit zu einem, keinem oder mehreren Geschlechtern gleichzeitig definieren kann. Davon zu unterscheiden ist der Geschlechtsausdruck, bei dem es um die Darstellung nach außen geht. Die gesellschaftliche Norm geht von einer geradlinigen Verbindung zwischen Geschlechtskörper, Identität und Ausdruck aus: Man erwartet, dass z. B. ein Individuum mit einem männlichen Körper eine dazu passende Identität als Mann entwickelt und diese entsprechend mit Hilfsmitteln wie Kleidung, Frisur, Stimme, Körperhaltung usw. auch so ausdrückt, dass man ihn als ‚maskulin' liest und wahrnimmt.

Wissensbaustein: Judith Butler und die Theorie der Performativität von Geschlecht

Die US-amerikanische Philosophin Judith Butler (1991) spricht in diesem Zusammenhang von der *Performativität* von Geschlecht. Im Gegensatz zu Alltagstheorien (eine Person hat/ist ein Geschlecht und drückt es dann aus) erklärt Butler, dass das alltägliche Darstellen (performen) der eigenen Geschlechtszugehörigkeit nach außen, für andere, erstens zwangförmig ist: das Individuum hat keine andere Wahl, als in alltäglichen Interaktionen ständig anderen zu signalisieren, welchem Geschlecht es zugehört. Zweitens orientiert es sich dabei in der Regel unbewusst an kulturellen Vorstellungen, was als ‚männlich' oder ‚weiblich' gilt. Das eigene Geschlecht muss also derart dargestellt werden, dass es für andere auch verständlich *(intelligibel)* wird, entziffert werden kann, und das auf den ersten Blick. Dieses ständige *Tun* von Geschlecht erzeugt dann erst unser Gefühl, ein bestimmtes Geschlecht auch zu *sein*, sorgt erst für ein Gefühl der Beständigkeit und Konsistenz dieser Geschlechtsidentität. Also nicht die Identität ist erst da und wird dann ausgedrückt, sondern umgekehrt: die zwangförmig sich ständig wiederholende Darstellung erzeugt erst die Identität. Der Herstellungsprozess bleibt jedoch in der Regel unsichtbar, sodass das Resultat ‚natürlich' erscheint (Butler 1991).

Jedoch läuft dieser Prozess offensichtlich nicht bei allen Menschen gleichermaßen bzw. normkonform ab, da es auch Individuen gibt, bei denen die Geschlechtsidentität nicht dem Geschlechtskörper entspricht, also sich z. B. bei einem männlich zugewiesenen Geschlechtskörper eine weibliche Geschlechtsidentität entwickelt. Die Präfixe ‚cis' und ‚trans' bezeichnen daher zwei grundlegende Möglichkeiten des Verhältnisses Körper – Identität: Die Entsprechung ‚männlicher Körper/männliche Identität', respektive ‚weiblich/weiblich', wird als ‚cis' bezeichnet (lat. für ‚diesseits'): die Geschlechtsidentität bleibt diesseits der Geschlechtergrenze. ‚Trans' (lat. für ‚über', ‚jenseits') hingegen bezeichnet ein Überschreiten der Geschlechtergrenze, also z. B. ‚männlicher' Körper bei der Geburt und ‚weibliche' Identität. Intergeschlechtlichkeit steht quer zur cis/trans-Unterscheidung, denn hier geht es bereits um einen Körper jenseits von männlich/weiblich. Inter* Personen identifizieren sich unterschiedlich: als Frauen/Männer, als inter* Frauen/inter* Männer, als inter* (dazwischen) oder sie lehnen

Geschlecht als Kategorie vollständig ab. Unabhängig von der Identität ist für die Inter-Bewegung das Hauptziel die Selbstbestimmung über den eigenen Körper, insbesondere ein OP-Stopp an Kindern im nicht-zustimmungsfähigen Alter. Unter dem Dachbegriff ,Trans*' versammelt sich eine Vielfalt verschiedener Existenzweisen. Vielfalt beginnt bereits im Ausdruck der Geschlechtsidentität, denn es gibt viele Arten von Maskulinität und Femininität, auf die cis, trans* und inter* Personen zugreifen können. Manche trans* Personen haben zudem den Wunsch bzw. das Bedürfnis nach körperlicher Angleichung an die Geschlechtsidentität durch hormonelle und chirurgische Behandlung. Diese trans* Variante wurde lange Zeit als ,Transsexualität' bezeichnet, ein Begriff, der von Teilen der trans* Community als medizinische Kategorie abgelehnt wird, während andere den Begriff weiterhin als Selbstbezeichnung verwenden, da die wörtliche Bedeutung als treffend empfunden wird: das Überschreiten von *Sex*, englisch für das ,biologische Geschlecht'. Der Zugang zu medizinischen Maßnahmen war im ICD-10 an die Diagnose ,Transsexualismus', eine Unterkategorie der sog. ,Störungen der Geschlechtsidentität' gebunden, die nicht selbstbestimmt erfolgen kann, sondern von Gutachter_innen bestätigt werden muss. Trans* Personen werden hier als psychisch gestört pathologisiert und fremdbestimmt. Die jahrzehntelange Kritik am System von trans* Aktivist_innen und ihren Verbündeten (Allex 2013) sowie auch einigen Gutachter*innen selbst hat mit der Einführung des ICD-11 erste Erfolge zu verzeichnen. Die neue Diagnose „Genderinkongruenz" ist einer neu geschaffenen Kategorie 17 „Zustände mit Bezug zur sexuellen Gesundheit" (https://www.bfarm.de/DE/Kodiersysteme/Kla ssifikationen/ICD/ICD-11/uebersetzung/_node.html) zugeordnet. Die Absicht hinter dieser Reform ist, medizinische Dienstleistungen im Rahmen einer Transition (Prozess einer trans* Person, vom bei der Geburt zugewiesenen Geschlecht zum gefühlten Geschlecht zu wechseln) nicht mehr an eine psycho-pathologisierende Diagnose zu knüpfen, jedoch die Finanzierung durch die Krankenversicherung zu gewährleisten. Welche Veränderungen dies in der Praxis bewirken kann, bleibt abzuwarten. Vom *informed consent*-Modell, das in einigen anderen Ländern erfolgreich angewandt wird (Radix und Eisfeld 2014), ist Deutschland noch weit entfernt. Informed consent, zu Deutsch ,informierte Einwilligung' würde bedeuten, dass trans* Personen analog zur Medizinethik allgemein selbst (und nicht Gutachter_innen) die Entscheidung treffen, ob und welche körperverändernden medizinischen Eingriffe sie in Anspruch nehmen wollen und zwar basiert auf einer umfangreichen Aufklärung über Möglichkeiten, Risiken und Grenzen dieser Maßnahmen (bzw. ggf. auch zu Alternativen). ,Transgender' ist ein Begriff, der von Virginia Prince erfunden wurde, zunächst in Abgrenzung zum Konzept der Transsexualität, das vom Wunsch nach körperlicher Angleichung ausgeht.

Da sie aber keinen Wunsch verspürte, ihren Geschlechtskörper (englisch: *sex*) zu verändern, sondern lediglich die weibliche Rolle (englisch: *gender*) leben wollte, sprach sie von Trans*gender*.[7] Manche Personen identifizieren sich jenseits der Mann/Frau-Dichotomie. Diese bezeichnen sich z. B. als genderqueer oder seit einigen Jahren als nicht-binär[8] (Barker 2016). Dabei darf nicht übersehen werden, dass es schon lange vor dem Begriff ‚nicht-binär‘ Personen gab, die ein Leben außerhalb der Mann/Frau-Dichotomie geführt haben wie *Butches, Queens,* Tunten und viele Transfrauen/Transmänner. Neu ist, dass diese nicht-binären Lebensweisen eine größere (und nicht rein abwertende) Sichtbarkeit in der breiten Öffentlichkeit erfahren.

5   Sexuelle Vielfalt und Heteronormativität

Neben der Norm der Zweigeschlechtlichkeit befasst sich die Queer-Theorie auch mit der Norm der Heterosexualität. Der US-amerikanische Soziologe Michael Warner (1993) prägte den Begriff der *Heteronormativität:* Heterosexualität als Norm durchzieht die gesamte Gesellschaft und strukturiert sie mit. Heteronormativität ist dabei eng verknüpft mit der Norm der Zweigeschlechtlichkeit und Geschlechternormen. Eine Frau ist in dieser Logik nur eine ‚richtige Frau‘, wenn sie Männer begehrt und umgekehrt.

Heterosexualität ist ein so selbstverständliches Grundmuster, dass diese Norm in der Regel gar nicht bewusst wahrgenommen wird. Wissenschaftler_innen suchen beispielsweise nur nach den Ursachen für Homosexualität, denn lediglich diese ist erklärungsbedürftig, niemand sucht nach dem ‚Hetero-Gen‘. Heteronormativität versteckt sich in vielen alltäglichen Interaktionen, wie der Frage der Oma an den Enkel, ob er denn schon eine Freundin habe. Auch das Coming-out, also das öffentliche Bekenntnis zur Homo- oder Bisexualität, ist ein Effekt der

---

[7] Später griff trans* Aktivist_in Leslie Feinberg den Begriff auf und gab ihm eine neue Bedeutung als politischen Dachbegriff mit der Vision, dass sich alle möglichen trans* Existenzweisen gemeinsam gegen die Norm der Zweigeschlechtlichkeit und für ihre Befreiung einsetzen sollten (Feinberg 1992). Im deutschsprachigen Raum wurde die Verwendung als Dachbegriff dann von trans* abgelöst.

[8] Die aktuelle Diskussion zum Begriff ‚nicht-binär‘ bezieht sich interessanterweise lediglich auf die Ebene der Identität. Unthematisiert bleibt die körperliche Ebene. Gerade viele ‚transsexuelle‘ Personen (und intergeschlechtliche Menschen ohnehin) leben tagtäglich und dauerhaft in einem nichtbinären Körper, unabhängig davon, ob sie sich als binär oder nicht-binär bezogen auf die Identität verorten.

Heteronormativität: Nur wenn man selbstverständlich davon ausgeht, dass Menschen heterosexuell sind, wird es überhaupt nötig, etwas anderes öffentlich zu erklären. Homophobie ist insofern lediglich eine extreme Form der weit verbreiteten Heteronormativität. Und die Ursache für Homophobie ist nicht etwa eine individuelle Persönlichkeitsstörung (wie ‚-phobie' nahelegt), sondern wird verursacht durch und mitgetragen von einer heteronormativen Gesellschaftsstruktur. Daher ist es auch sinnvoller, von Homosexuellenfeindlichkeit oder Homonegativität zu sprechen, da diese kein individuelles, sondern gesellschaftliches Problem darstellt (Herek 2004).

Das Konzept der Heteronormativität muss in Bezug auf die intersektionale Analyse von Wechselwirkungen mit anderen Machtverhältnissen erweitert werden (Haritaworn 2005a; 2005b). So geht ein einfach gestricktes Modell von Heteronormativität davon aus, dass alle heterosexuellen Menschen heterosexuelle Privilegien besitzen, wie die Anerkennung ihrer Beziehungen als ‚normal', moralisch wertvoll usw. Jedoch ist dies nicht immer der Fall. So zeigte Haritaworn (2007), dass thailändischen Frauen in Deutschland ihre Heterosexualität im öffentlichen Raum nicht dieselben Vorteile wie weißen deutschen Frauen (z. B. Anerkennung, rücksichtsvoller Umgang) beschert. Vielmehr werden sie als ‚gekaufte Braut' gelesen, die sich mit einer ‚Scheinehe' einen Aufenthaltsstatus ‚erschleichen' möchte, wenn sie zusammen mit einem weißen Mann gesehen werden. Hier sorgen also bestimmte rassistische Stereotypen dafür, dass Heterosexualität nicht per se als moralisch wertvoll gesehen wird.

Ein weiteres Beispiel ist der Umgang mit Menschen mit sog. geistigen Behinderungen, deren erzwungene Asexualisierung heteronormative Strukturen überlagert (Raab 2012). Heterosexualität zu leben, wurde und wird z. B. durch geschlechtergetrennte Einrichtungen erschwert. Gleichgeschlechtliche Praxen von Menschen mit Lernschwierigkeiten hingegen werden manchmal aufgrund der Heteronormativität übersehen oder als ‚behinderungsbedingtes Fehlverhalten' gedeutet.[9]

Sexuelle Vielfalt kann verschiedene Formen annehmen. In unserer Kultur wird sie vor allem am Geschlecht der Partner_innen festgemacht (homosexuell/heterosexuell/bisexuell usw.). Sexuelle Vielfalt hat jedoch viel mehr Dimensionen, u. a. Vorlieben für bestimmte sexuelle Praktiken (z. B. Rollen wie passiv/

---

[9] Insbesondere Menschen mit sog. geistigen Behinderungen sind bisher auch in queeren Communitys wie z. B. in der Welt des Drag kaum sichtbar. 2019 wurde die vermutlich weltweit erste Drag-Gruppe von Menschen mit Down-Syndrom gegründet: *Drag Syndrome*. *Drag Syndrome* zeigt, dass die Drag Kultur auch für Menschen mit kognitiven Einschränkungen Räume zum Ausleben ihrer Kreativität bieten kann. Im Lernuniversum wird diese Drag-Truppe kurz vorgestellt.

aktiv, BDSM), bestimmte Körpertypen (z. B. alt, dick, tätowiert, behaart) oder Beziehungsformen (z. B. monogam, offene Beziehung, Polyamorie, Single, aromantisch).[10] Die Queer-Theorie weist darauf hin, dass gerade Geschlecht als das Kriterium für die Kategorisierung von Sexualität zu wählen, zwar historisch gewachsen, aber relativ beliebig ist (s. Better und Simula 2015 für eine Kritik an diesem Konzept sexueller Orientierung). Der französische Historiker und Philosoph Michel Foucault untersuchte z. B., wann und wie es zur Etablierung von lesbischen und schwulen Identitäten kam:

> Man darf nicht vergessen, daß die psychologische, psychiatrische und medizinische Kategorie der Homosexualität sich an dem Tage konstituiert hat, wo man sie – und hier kann der berühmte Artikel Westphals von 1870 über die ‚konträre Sexualempfindung' die Geburtsstunde bezeichnen – weniger nach einem Typ von sexuellen Beziehungen als nach einer bestimmten Qualität sexuellen Empfindens, einer bestimmten Weise der innerlichen Verkehrung des Männlichen und des Weiblichen charakterisiert hat. Als eine der Gestalten der Sexualität ist die Homosexualität aufgetaucht, als sie von einer Praktik der Sodomie zu einer Art innerer Androgynie, einem Hermaphroditismus der Seele herabgedrückt worden ist. Der Sodomit war ein Gestraucheltar, der Homosexuelle ist eine Spezies. (Foucault 1983, S. 58)

Bis ins 19. Jahrhundert wurde also nach Foucault über das, was wir heute ‚Homosexualität' nennen, eher in Form von Akten nachgedacht (‚die Sodomie'), nicht jedoch als Identität oder fest verankerter Persönlichkeitsstruktur (‚der_die Homosexuelle'). In dem Zitat wird auch deutlich, wie sich Konzepte historisch verändern: männliche Homosexualität wurde von Westphal und anderen frühen Sexualwissenschaftlern zunächst mit dem Bild einer weiblichen Seele in einem männlichen Körper erklärt – ein Bild, das später mit ‚Transsexualität' verbunden wurde, als sexuelles Begehren und Geschlechtsidentität analytisch getrennt wurden. Foucault arbeitete also heraus, dass die Idee einer sexuellen *Identität* oder gar *Veranlagung* historisch eher eine neue Erfindung ist, und zwar eine folgenreiche.

---

[10] Alle Dimensionen sexueller Vielfalt können hier aus Platzgründen nicht dargestellt werden. Der Sammelband von Timmermanns und Böhm (2020) berücksichtigt eine Bandbreite sexueller Vielfalt.

6 Queer-Theorie als Identitätskritik und queere (Nicht-)Identitäten

Die Queer-Theorie hat kritisch die Effekte des sexuellen Minderheitenmodells und insbesondere das damit verbundene Identitätsdenken analysiert, wiederum in den Fußstapfen des Poststrukturalismus wie z. B. Derrida (1991), der das identifizierende Denken als grundsätzlich ausschließend kritisierte. Auf der Ebene des Individuums wird das Selbst immer in Abgrenzung zum Nicht-Selbst, zum Anderen, zum Fremden entworfen. Dieses ‚Andere' muss abgespalten werden. Als Beispiel kann hier die Identitätsbildung ‚Mann' dienen. Sie beinhaltet das Ablegen und häufig auch Ablehnen alles weiblich Konnotierten, mann muss sich abgrenzen vom Schreckensbild der ‚Schwuchtel', also des ‚effiminierten Mannes'. Nur so lässt sich eine kohärente, widerspruchsfreie Identität als ‚Mann' herstellen. Die Queer-Theorie kritisiert ein solches Verständnis von Identität und sucht nach anderen Formen der Existenz des Subjekts, bei denen das Selbstverständnis einer Person nicht unbedingt eindeutig, widerspruchsfrei und unveränderlich gedacht werden muss (Jagose 2001). Aus queerer Sicht kann z. B. die Logik der Coming-out-Erzählungen hinterfragt werden: muss ein lesbisches, schwules oder trans* Coming-out immer bedeuten, dass das vorherige Leben eine ‚Lüge' oder ‚nicht authentisch' war (Woltersdorff 2012)? Ist man nur ‚richtig trans*', wenn es keine Brüche in der Biographie gibt, wie es u. a. für Gutachten gefordert wird (Stone 1991)? Stattdessen wäre auch denkbar, dass Selbstverständnisse sich im Laufe des Lebens verändern können, dass Identitäten eher fließend sind (Bauer 2014; Diamond 2016).

Queere Theorie und Politik befassen sich auch mit der Frage kollektiver Identitäten. Sie formulieren den Anspruch, auch Ausschlüsse aus den eigenen Räumen und Bewegungen kritisch zu reflektieren.

Fallbeispiel Türpolitik bei Frauen- oder Männerräumen
Verdeutlichen lässt sich am Beispiel der Frage von Zugangskriterien zu bestimmten Räumen oder Zusammenschlüssen, insbesondere der Türpolitik bei Frauen- oder Männerräumen: Wer sollte beispielsweise Zugang zu Frauenräumen erhalten und warum? Mögliche Entscheidungskriterien wären etwa Geburtsgeschlecht, aktuell vorhandene Genitalien, Aussehen (wie eine ‚Frau'), Personenstand, ‚weibliche' Sozialisation, Erfahrung der Unterdrückung als Frau, gelebte Identität im Alltag, politische Solidarität,

Gewohnheitsrecht (Transmänner dürfen nach Transition in Frauenräumen bleiben) (Bauer 2014).

Auch subkulturelle Normen werden von der Queer-Theorie kritisiert.

Fallbeispiel Coming-out

Das Coming-out als normierte Erzählung ist ein Beispiel dafür, wie in der Queer-Theorie subkulturelle Normen (selbst-)kritisch in den Blick genommen werden. So beschreibt der Queer-Theoretiker Volker Woltersdorff anschaulich, wie ein schwules Coming-out vom Befreiungsschlag zum Identitätskorsett mutieren kann:

> Als ich mich zum ersten Mal bewusst in einen Mann verliebte und andern davon erzählte, wurde mir gesagt, dass ich jetzt ‚mein Coming-out hätte'. Das war ein für mich zunächst recht ungewohnter Begriff für etwas, das ich als sehr individuell und ungeordnet erlebte. [...] Sehr schnell wurde mir erzählt, was jetzt alles auf mich zukommen würde. Ich müsse jetzt in Diskos und an diese und jene Orte gehen. Es war an alles gedacht. Es gab Coming-out-Gruppen und Coming-out-Ratgeber, für mich und meine Eltern; es gab Coming-out-Romane und Coming-out-Filme. Mit der Begeisterung eines Konvertiten stürzte ich mich in diese neue Identität, zu der ich endlich einmal dazugehören können sollte. Nach einer ersten Anfangseuphorie kam dann der Katzenjammer. Sollte das alles sein? Die neuen Vorgaben gaben mir bald nicht mehr das Gefühl eines Freiraums, sondern ebenso das eines Korsetts. (Woltersdorff 2012, S. 7 f.)

In der autobiographischen Erzählung Woltersdorffs (s. Fallbeispiel Coming-out) zeigt sich der normative Effekt von kollektiver Identitätsfindung: das Individuum muss sich gewissermaßen den Erwartungen der Subkultur darüber, was Schwulsein bedeutet, anpassen; das ungeordnete Erleben wird geordnet, der Weg ist bereits vorgezeichnet. Die Emanzipation von gesellschaftlichen Normen geht nicht unbedingt mit mehr Freiheitsgraden oder Individualität einher, sondern die Zugehörigkeit zur Subkultur ist an das Verinnerlichen neuer Normen geknüpft.

Die Queer-Theorie kritisiert auch die sogenannte Identitätspolitik. Während die 1969 entstandene *Gay Liberation* noch zum Ziel gehabt hatte, die Gesellschaft zu revolutionieren, hatte sich die Schwulen- und Lesbenbewegung Anfang der 1990er zu einer Art Lobbypolitik entwickelt. Sie verfolgte eine Strategie der Identitätspolitik, die auf der Annahme einer geteilten Erfahrung von Unterdrückung als schwul/lesbisch basiert. Die queere Politik kritisiert die Ausschlüsse, die das produzieren kann: was ist z. B. mit bisexuellen Personen?

Die Annahme, alle würden Diskriminierung und Ausgrenzung als homosexuell auf die gleiche Art erfahren, verdeckt weiterhin bestehende Unterschiede. So stellt sich die Situation für weiße Schwule und Lesben anders dar als für nicht-weiße, für Queers mit Behinderung anders als für nicht-behinderte usw.

Queer forderte daher eine Politik, die bestehende Machtverhältnisse und Normen angreift und heteronormative Privilegien abschafft. Statt der Öffnung der Ehe für homosexuelle Paare z. B. forderten queere Aktivist_innen die Abschaffung der Ehe als Privilegierung von Paaren und plädierten für die Anerkennung von Wahlverwandtschaften.

Innerhalb der Queer-Theorie finden sich unterschiedliche Ebenen der Identitätskritik bzw. mehr oder weniger radikale Visionen. Eine Forderung geht so weit, Identitäten und Kategorien per se abzuschaffen. Schon Foucault plädierte dafür, sich von einer homosexuellen Identität zu verabschieden und stattdessen neue Formen von Genüssen und Lüsten des Körpers zu erfinden, die über den üblichen Fokus auf Genitalsex hinausgehen sollten (Foucault 1996).

Andere queere Stimmen weisen darauf hin, dass Identitäten gerade für sexuelle und geschlechtliche Minderheiten in einer hetero- und cisnormativen Gesellschaft von großer Bedeutung sein können und ermächtigend wirken können. Sie experimentieren mit neuen Identitätskonzepten wie z. B. der Verweigerung einer Geschlechtsidentität (Bauer 2014, ins. Kap. 8; Schirmer 2010). Butler (1991) plädierte dafür, die (politische) Kategorie Frau zwar beizubehalten, aber sie nicht endgültig zu definieren, auch die deutsche Queer-Theoretiker_in Engel (2001) argumentiert für eine solche Strategie der Veruneindeutigung von Geschlecht.[11]

Als Alternative zu starren Definitionen von Identitätskategorien verwendet die queere Theorie und Politik somit ‚queer' als *notwendig unbestimmten* Begriff. ‚Queer' als Selbstbezeichnung ist eine Alternative zu Begriffen wie ‚schwul' oder ‚lesbisch', die z. B. in eine Zweigeschlechterlogik eingebettet sind. Queer kann bedeuten, generell die Kategorisierung zu verweigern oder kann Verortungen jenseits herkömmlicher Kategorien umschreiben. So sagte z. B. ein Transmann in einem Forschungsprojekt mir, dass sowohl er als auch sein Partner sich weder als Mann noch als Frau sehen, und damit auch die Bezeichnungen hetero-, bi- und homosexuell unbrauchbar sind und sie sich deswegen als *queer* bezeichnen

---

[11] Auch die postkoloniale feministische Theoretikerin Spivak (1988) plädierte für einen strategischen Essentialismus, also dafür, Identitäten strategisch als politische Sprechpositionen einzusetzen, ohne an ihre Wahrhaftigkeit zu glauben.

(Bauer 2014, S. 56). Auf der kollektiven Ebene möchte die Queer-Theorie den Blick für Normierungsprozesse und Ausschlüsse auch innerhalb der eigenen Kontexte schärfen, wie vorhin am Beispiel einer einschnürenden Coming-out-Logik und der Frage der Türpolitik dargestellt. Wichtig ist, dass ich hier den Begriff ‚queer' in dieser ursprünglich kritischen Bedeutung der Queer-Theorie und Politik verwende (Woltersdorff 2003; Klapeer 2015), nicht im Sinne eines Dachbegriffs für LSBT o. ä., denn gerade im deutschen Diskurs wurde der Begriff durch diese Umdeutung schnell seiner kritischen Sprengkraft beraubt.

Wissensbaustein: Queer
Queer war ursprünglich gerade kein Sammelbegriff, sondern der Versuch einer grundlegenden Kritik an Identitätskategorien und dem sexuellen Minderheitenmodell.
Queer bewegt sich dabei immer in einem Spannungsfeld zwischen dem Wunsch, das Schubladendenken aufzubrechen und dabei gleichzeitig bestehende Machtverhältnisse, Diskriminierungen, Verletzungen, Normierungen usw. weiterhin benennen und kritisch analysieren zu können. Queere Identitätskritik darf eben nicht dahingehend missverstanden werden, dass Kategorien wie Geschlecht und Sexualität keine Rolle mehr spielen würden. Im Gegenteil, die Motivation hinter der queeren Kritik ist gerade, dass diese Kategorien eine enorme gesellschaftliche Wirkmächtigkeit besitzen. So ist beispielsweise Geschlecht nicht einfach frei wählbar, sondern die Definitionsmacht liegt bei mächtigen Institutionen wie Recht und Medizin. Gerade dafür möchte die Queer-Theorie sensibilisieren und dies ändern.

7   Queere Perspektiven für die Soziale Arbeit?

Die Praxisrelevanz der queeren Perspektive mit ihrer Kritik an der heteronormativen Zweigeschlechtlichkeit resultiert besonders aus den Folgen dieser gesellschaftlichen Strukturen und Normen, z. B. auf die Menschen, die aus diesen Normen herausfallen und tagtäglich mit ihnen konfrontiert sind. Gerade die institutionelle Verankerung von Zweigeschlechtlichkeit vom Bestellformular im Internet über die Anrede in der Email über öffentliche Toiletten bis hin zur pädagogischen Arbeit mit Mädchen- und Jungengruppen signalisiert inter* und trans* Menschen ständig, dass sie in der Vorstellung der Gesellschaft gar nicht existieren. Hier stellt sich aktuell die Frage, welche Konsequenzen die Einführung des dritten Personenstands für die Praxis der Sozialen Arbeit hat: Soll die Geschlechtertrennung in Einrichtungen wie der Wohnungslosenhilfe aufgehoben werden? Soll eine dritte Abteilung ‚divers‘[12] eingerichtet werden? Oder sollen Personen mit dem Eintrag ‚divers‘ Männern oder Frauen zugeordnet werden? Wenn ja, nach welchen Zuordnungskriterien? Sollte sich statt auf den Geschlechtseintrag nicht besser auf die Selbstdefinition bezogen werden?

Ein heteronormatives Klima wird häufig ganz unbeabsichtigt geschaffen, durch die Art und Weise, wie eine Einrichtung die Klient_innen anspricht, wie ‚Familie‘ definiert wird, was für Lebensweisen in Kinderbüchern berücksichtigt werden usw. Sexuelle und Geschlechtsidentitäten sind dabei nicht einfach Privatsache, sondern die Vielfalt der Menschen muss auch professionell immer mitgedacht werden, um soziale Ausgrenzung zu vermeiden und beispielsweise dafür zu sorgen, dass sich alle Menschen, so wie sie sind, im Kindergarten, in der Schule, in der Ausbildung, am Arbeitsplatz, in sozialen Einrichtungen usw. sicher fühlen können. Auch in der Praxis muss es hier bei einer Gratwanderung bleiben: Einerseits muss der Zwang sich überhaupt einer Kategorie zuordnen zu sollen, kritisch hinterfragt werden. Anderseits sind, solange die Gesellschaft trotz aller Veränderungen heteronormativ geprägt bleibt, teilweise zielgruppenspezifische Angebote nötig, wie Coming-out-Gruppen oder queere Jugendzentren. Dabei stellt sich die Frage, inwiefern diese am besten als Peer-to-Peer-Konzepte funktionieren, was sich in der Vergangenheit bewährt hat. Oder ob auch nicht-LSBTIQA-Sozialarbeiter_innen hier stärker tätig werden sollten und wenn ja, in welcher Rolle.

Fazit: Queer-Theorie für alle!

Die Erkenntnisse der Queer-Theorie sind nicht nur für LSBTIQA... relevant, denn heteronormative Zweigeschlechtlichkeit schränkt die Handlungsspielräume *aller* Menschen ein, wie das Beispiel des Mann-Werdens bereits zeigte: alle Jungen und Männer stehen unter dem Druck, ein bestimmtes Bild zu erfüllen, das ihnen erschwert, bestimmte Aspekte der Persönlichkeit zu entwickeln oder auszudrücken. Das Identitätskorsett kann alle Menschen einschnüren und die Idee, dass aus sexuellen oder geschlechtlichen Empfindungen eine feste Identität folgen muss, legt Menschen teilweise schon

---

[12] In diesem Zusammenhang ist zu betonen, dass der Geschlechtseintrag ‚divers‘ keine Selbstbezeichnung der inter* (oder trans*) Communitys darstellt, sondern eine fremdbestimmte Wortschöpfung des Gesetzgebers darstellt, sodass schon der Begriff an sich problematisch ist.

sehr früh fest. So hat sich gezeigt, dass mit Etablierung des Konzepts ‚Schwulsein' als fest angelegte sexuelle Orientierung gleichgeschlechtliche sexuelle Erlebnisse unter Jungen abgenommen haben (Schmidt 1998: 135 f.). Früher waren solche Experimente noch eher möglich, heute hängt gleich der Verdacht ‚schwul' in der Luft, ein Etikett, das immer noch vermieden werden muss angesichts des Mobbings, das bereits auf Schulhöfen stattfindet (Timmermanns et al. 2022). Die zudem sehr begrenzte Auswahl solcher Kategorien, die unsere Kultur zur Verfügung stellt, wird der tatsächlich gelebten Vielfalt *aller* (auch sogenannter heterosexueller und cis-Menschen) nicht gerecht. Statt auf Identitätspolitik zu setzen, steht queere Politik eher für eine Opposition zu Machtverhältnissen und herrschenden Normen, wie oben bereits am Beispiel Ehe erläutert. Anstelle eines Transsexuellengesetzes wäre z. B. aus queerer Sicht die Abschaffung des Personenstands sinnvoller, sowie die Möglichkeit für alle Menschen ungeachtet ihrer Identität, ihren Namen zu ändern, wenn sie dies wünschen. Mit anderen Worten kann hier statt der Gleichstellung, die manchmal zweifelhafte gesellschaftliche Privilegien weiteren Teilgruppen zugängig machen will, eine Anti-Diskriminierungspolitik, die an den Privilegien selbst ansetzt, neue Gestaltungs-Möglichkeiten für alle Menschen eröffnen und die Selbstbestimmung erhöhen. Eine solche Politik ermöglicht auch Allianzen über Identitäten hinweg, an der sich auch heterosexuelle und cis-Sozialarbeiter_innen aktiv beteiligen können.

Fragen zur Reflexion

1. Inwiefern basiert unsere Gesellschaft und Kultur auf der Vorstellung, dass es nur zwei Geschlechter gebe? An was für Beispielen wird das deutlich und was ist hier auch in Veränderung?
2. Welche Auswirkungen hat diese Norm der Zweigeschlechtlichkeit auf interge-schlechtliche Menschen?
3. Welche Auswirkungen hat diese Norm der Zweigeschlechtlichkeit auf trans* Personen?
4. Was macht eine heteronormative Gesellschaft aus? Was ist der Unterschied zwischen Heterosexualität und Heteronormativität?
5. Was ist mit dem Modell sexueller Minderheiten gemeint und was kritisiert die Queer-Theorie daran?

6. Inwiefern ist das Coming-out nicht nur ‚Befreiungsschlag'?
7. Inwiefern unterscheidet sich ‚queer' als Identitätskategorie von Begriffen wie lesbisch, schwul, bisexuell usw.?
8. Inwiefern ist die Soziale Arbeit auch in heteronormative Strukturen und Prozesse verwickelt? Was können Sozialarbeiter_innen dagegen tun?

Literatur

Allex, A. (Hrsg.) (2013). *Stop Trans*-Pathologisierung 2012. Berliner Beiträge zu einer internationalen Kampagne.* Ulm: AG SPAK, 2. Aufl.

Atkins, D. (Hrsg.) (1998). *Looking Queer. Body Image and Identity in Lesbian, Bisexual, Gay and Transgender Communities.* New York & London: Harrington Park Press.

Balzer, C. (2007). Gelebte Heteronormativitätskritik: Tunten in Berlin zwischen schwulen-politischem und transgenderpolitischem Selbstverständnis. *Liminalis 1*, 44–58.

Barker, J.M. (2016). Nonbinary Genders. In A. E. Goldberg (Hrsg.), *The SAGE encyclopedia of LGBTQ studies* (S. 817–820). Thousand Oaks: Sage. https://doi.org/10.4135/978148 3371283.n285.

Bauer, R. (2009). „Ihre Eltern dachten, dass sie ein Junge wäre." Transsexualität und Transgender in einer zweigeschlechtlichen Welt. *Queer Lectures* 7, Hamburg: Männerschwarmskript.

Bauer, R. (2014). *Queer BDSM Intimacies. Critical Consent and Pushing Boundaries.* Houndsmill: Palgrave.

Better, A., & Simula, B. (2015). How and for whom does gender matter? Rethinking the concept of sexual orientation. *Sexualities 18(5–6),* 665–680.

Butler, J. (1991). *Das Unbehagen der Geschlechter.* Frankfurt/Main: Suhrkamp.

Califia, P. (1997). *Sex Changes. The Politics of Transgenderism.* San Francisco: Cleis.

Card, C. (1996). Against Marriage and Motherhood. *Hypatia 11(3),* 1–23.

Carrigan, M. (2016). Asexuality. In A. E. Goldberg (Hrsg.), *The SAGE encyclopedia of LGBTQ studies* (S. 92–94). Thousand Oaks: Sage. https://doi.org/10.4135/978148337128 3.n36.

Clare, E. (1999). *Exile & Pride. Disability, Queerness, and Liberation.* Cambridge, MA: South End Press.

D'Emilio, J. (1983). *Sexual Politics, Sexual Communities: The Making of a Homosexual Minority in the United States 1940–1970.* Chicago: University of Chicago Press.

Derrida, J. (1991). Die différance. In P. Engelman (Hrsg.), *Postmoderne und Dekonstruktion* (S. 76–113). Stuttgart: Reclam.

Deutsches Institut für Menschenrechte (2021). *Stellungnahme zum Entwurf eines Gesetzes zum Schutz von Kindern mit Varianten der Geschlechtsentwicklung.* https://www.bundes tag.de/resource/blob/816910/9ef1eb47e5d5954c6164ee9dec3a3bb8/stellungnahme-kit tel_dim-data.pdf. Zugegriffen: 11. November 2021.

Diamond, L. (2016). Sexual fluidity. In A. Goldberg (Hrsg.), *The SAGE Encyclopedia of LGBTQ Studies* (S. 1053–1055). Thousand Oaks: Sage.

Engel, A. (2001). Die VerUneindeutigung der Geschlechter – eine queere Strategie zur Ver-änderung gesellschaftlicher Machtverhältnisse? In U. Heidel et al. (Hrsg.), *Jenseits der Geschlechtergrenzen. Sexualitäten, Identitäten und Körper in Perspektiven von Queer Studies* (S. 346–364). Hamburg: MännerschwarmSkript.

Feinberg, L. (1992). *Transgender Liberation. A Movement Whose Time Has Come.* New York City: World View Forum.

Foucault, M. (1983). *Der Wille zum Wissen. Sexualität und Wahrheit I.* Frankfurt/Main: Suhrkamp.

Foucault, M. (1996). *Foucault Live. Collected Interviews, 1961–1984.* Hrsg. v. S. Lotringer. New York: Semiotext(e).

Gamson, J. (1989). Silence, Death, and the Invisible Enemy: AIDS Activism and Social Movement „Newness". *Social Problems 38(4),* 351–367.

Garfinkel, H. (2006). Passing and the Managed Achievement of Sex Status in an „Intersexed" Person. In S. Stryker, & S. Whittle (Hrsg.), *The Transgender Studies Reader* (S. 58–93). New York/London: Routledge.

Genschel, C. (1996). Fear of a Queer Planet. Dimensionen lesbisch-schwuler Gesellschafts-kritik. *Das Argument 216,* 525–537.

Gluckman, A. & Reed, B. (Hrsg.) (1997). *Homo Economics. Capitalism, Community, and Lesbian and Gay Life.* New York/London: Routledge.

Gregor, J. A. (2015). *Constructing intersex. Intergeschlechtlichkeit als soziale Kategorie.* Bielefeld: transcript.

Haritaworn, J. (2005a): Queerer als wir? Rassismus. Transphobie. Queer Theory. In E. H. Yekani, & B. Michaelis, (Hrsg.), *Quer durch die Geisteswissenschaften. Perspektiven der Queer Theory* (S. 216–237). Berlin: Querverlag.

Haritaworn, J. (2005b): Am Anfang war Audre Lorde. Weißsein und Machtvermeidung in der queeren Ursprungsgeschichte. *femina politica – Zeitschrift für feministische Politik-wissenschaft 14(1),* 23–36.

Haritaworn, J. (2007). (No) Fucking Difference? Eine Kritik an ‚Heteronormativität' am Bei-spiel von Thailändischsein. In J. Hartmann et al. (Hrsg.), *Heteronormativität. Empirische Studien zu Geschlecht, Sexualität und Macht* (S. 269–289). Wiesbaden: VS Verlag.

Herek, G. M. (2004). Beyond ‚Homophobia': Thinking About Sexual Prejudice and Stigma in the Twenty-First-Century. *Sexuality Research and Social Policy 1(2),* 6–24.

Hoenes, J. et al. (2019). *Häufigkeit normangleichender Operationen „uneindeutiger" Geni-talien im Kindesalter. Follow Up-Studie.* Ruhr-Universität Bochum. https://omp.ub.rub. de/index.php/RUB/catalog/book/113. Zugegriffen: 9. August 2022.

Intersexuelle Menschen e. V. (2020). *Stellungnahme zum weiteren Gesetzgebungsver-fahren eines „Gesetzes zum Schutz von Kindern mit Varianten der Geschlechts-entwicklung".* https://im-ev.de/pdf/2020-12-02-Stellungnahme-zum-weiteren-Gesetzgeb ungsverfahren.pdf. Zugegriffen: 11. November 2021.

Jagose, A. (2001). *Queer Theory. Eine Einführung.* Berlin: Querverlag.

Johnson, E.P. & Henderson, M.G. (Hrsg.) (2005). *Black Queer Studies. A Critical Anthology.* Durham & London: Duke University Press.

Kim, E. (2011). Asexuality in disability narratives. *Sexualities 14(4),* 479–493. https://doi. org/10.1177/1363460711406463.

Kuntsman, A. & Miyake, E. (Hrsg.) (2008). *Out Of Place. Interrogating Silences in Queer-ness/Raciality.* York: Raw Nerve Books.

Klapeer, C. M. (2015). Vielfalt ist nicht genug! Heteronormativität als herrschafts- und machtkritisches Konzept zur Intervention in gesellschaftliche Ungleichheiten. In F. Schmidt, et al. (Hrsg.), *Selbstbestimmung und Anerkennung sexueller und geschlechtlicher Vielfalt* (S. 25–44). Wiesbaden: Springer.

Mananzala, R. & Spade, D. (2008). The Nonprofit Industrial Complex and Trans Resistance. *Sexuality Research & Social Policy 5(1)*, 53–71.

Namaste, V. K. (2000). *Invisible Lives. The Erasure of Transsexual and Transgender People.* Chicago & London: University of Chicago Press.

Raab, H. (2012). *Intersektionalität und Behinderung – Perspektiven der Disability Studies.* http://portal-intersektionalitaet.de/uploads/media/Raab.pdf. Zugegriffen: 10. August 2022.

Radix, A., & Eisfeld, J. (2014). Informierte Zustimmung in der Trans*-Gesundheitsversorgung. Erfahrungen eines US-amerikanischen Community Health Center. *Zeitschrift für Sexualforschung 27*, 31–43.

Reiter, M. (1998). Genitale Korrekturen an intersexuellen Menschen. „It's easier to make a hole than to build a pole." https://www.nadir.org/nadir/initiativ/kombo/k_34isar.htm, Zugegriffen: 9. August 2022.

Rich, A. (1980). Compulsory Heterosexuality and Lesbian Existence. *Signs 5(4)*, 631–660.

Ritter, K. (2014). „Dieses Gefühl, irgendwie so'n Zuhause gefunden zu haben." Biografische Konstruktionen von Bisexualität im Kontext monosexueller Ordnung. In Bundesstiftung Magnus Hirschfeld (Hrsg.), *Forschung im Queerformat. Aktuelle Beiträge der LSBTI*-, Queer- und Geschlechterforschung* (S. 199–214). Bielefeld: transkript.

Roßhart, J. (2016). *Klassenunterschiede im feministischen Bewegungsalltag. Antiklassistische Interventionen in der Frauen- und Lesbenbewegung der 80er und 90er Jahre in der BRD.* Berlin: w_orten & meer.

Rubin, H. (2003). *Self-Made Men. Identity and Embodiment among Transsexual Men.* Nashville: Vanderbilt University Press.

Schirmer, U. (2010). *Geschlecht anders gestalten. Drag Kinging, geschlechtliche Selbstverhältnisse und Wirklichkeiten.* Bielefeld: transcript.

Schmidt, G. (1998). *Sexuelle Verhältnisse. Über das Verschwinden der Sexualmoral.* Reinbeck: Rowohlt, vollständig überarbeitete und erweiterte Neuausgabe.

Shakespeare, T., Gillespie-Sells, K., & Davies, D. (1996). *The Sexual Politics of Disability.* London: Cassell.

Shildrick M. (2009). *Dangerous Discourses: Subjectivity, Sexuality and Disability.* Houndsmill: Palgrave.

Spivak, G. C. (1988). Subaltern Studies: Deconstructing Historiography. In R. Guha, & G.C. Spivak (Hrsg.), *Selected Subaltern Studies* (S. 3–32). New York: Oxford University Press.

Stone, S. (1991). The Empire Strikes Back. A Posttranssexual Manifesto. In J. Epstein, & K. Straub (Hrsg.), *Body Guards. The Cultural Politics of Gender Ambiguity* (S. 280–304). New York City: Routledge.

Stryker, S. (1994). My Words to Victor Frankenstein above the Village of Chamounix: Performing Transgender Rage. *GLQ 1(1):* 237–254.

Stryker, S. (2008). *Transgender History.* Seattle: Seal Press.

Teichert, G.C. (2014). Lesben und Schwule mit Behinderung – Wo können vielfältige Identitäten eine Heimat finden? Eine umfassende Idee von Barrierefreiheit aus der Perspektive der Intersektionalität. In: Bundesstiftung Magnus Hirschfeld (Hrsg.), *Forschung im*

Queerformat. Aktuelle Beiträge der LSBTI*-, Queer- und Geschlechterforschung (S. 185–197). Bielefeld: transcript.

Timmermanns, S., & Böhm, M. (Hrsg.) (2020). *Sexuelle und geschlechtliche Vielfalt. Interdisziplinäre Perspektiven aus Wissenschaft und Praxis.* Weinheim/Basel: Beltz Juventa.

Timmermanns, S. et al. (2022). *„Wie geht's euch?" Psychosoziale Gesundheit und Wohlbefinden von LSBTIQ*.* Weinheim: Beltz Juventa.

Tremain, S. (Hrsg.) (1996). *Pushing the Limits. Disabled dykes produce culture.* Toronto: Women's Press.

Valentine, D. (2006). „I went to bed with my own kind once": The Erasure of Desire in the Name of Identity. In S. Stryker, & S. Whittle (Hrsg.), *The Transgender Studies Reader* (S. 407–419). New York & London: Routledge.

Warner, M. (1993). Introduction. In Ders. (Hrsg.), *Fear of a Queer Planet* (S. vii–xxxi). Minneapolis & London: University of Minnesota Press.

West, C., & Zimmerman, D. (1991). Doing gender. In J. Lorber, & S. A. Farell (Hrsg.), *The Social Construction of Gender* (S. 13–37). Newbury Park et al.: Sage.

Woltersdorff, V. alias Lore Logorrhöe (2003). Queer Theory und Queer Politics. *UTOPIE kreativ 156*, 914–923.

Woltersdorff, V. (2012). Coming-out: Strategien schwuler Selbstbehauptung seit Stonewall. *Queer Lectures 5.* Hamburg: Männerschwarmkript.

Weiterführende Literatur

Barker, M. J., & Scheele, J. (2018). *Queer. Eine illustrierte Geschichte.* Münster: Unrast.

de Silva, A. (im Erscheinen). Gegenstand, Entwicklungen und Forschungsfelder der Trans Studies. In I. Gradinari, K. Meshkova, & S. Trinkaus (Hrsg.): *(Re-)Visionen. Ontologien, Methodologien und Theorien der Gender Studies.* Open Gender Platform, https://openge nderplatform.de/.

Robin Bauer, Dr. phil., Professor für Soziale Arbeit mit den Schwerpunkten Wissenschaftstheorie und Theorien der Diversität an der DHBW Stuttgart, Fakultät für Soziale Arbeit. Lehrtätigkeit zu Gesellschaftstheorie, Macht, Differenz und Intersektionalität, Geschlecht und Sexualität in der Sozialen Arbeit, Sexualpädagogik der Vielfalt, Queer Studies, Disability Studies, Mad Studies. Forschungsschwerpunkte sind Queer Theorie, Transgender Studies, Sexual Consent, sexuelle (Sub)kulturen aus intersektionaler Perspektive, BDSM Studies, Sexualität in der Sozialen Arbeit, Sexuelle Selbstbestimmung und Behinderung, Ableism, Sanism.

Das Subjekt in gesellschaftlichen Macht-Strukturen

Auswirkungen kolonial-rassistischer Wissensbestände im Kontext der Hilfen zur Erziehung

Isabelle Ihring

Zusammenfassung

In diesem Beitrag wird der Fokus auf kolonial-rassistischen Wissensbeständen im Kontext Sozialer Arbeit liegen. Am Beispiel der Hilfen zur Erziehung und da v. a. im Kontext von Kindeswohlgefährdung soll aufgezeigt werden, inwiefern sich diese und weitere diskriminierende Wissensbestände negativ auf nicht-weiß gelesene Menschen auswirken können. Abschließend wird die Frage gestellt, was es für eine diskriminierungssensiblere Soziale Arbeit braucht.

Keywords

Postkolonialismus • Dekoloniale Praktiken • Rassismus • Intersektionalität • Kindeswohlgefährdung • Inobhutnahmen

1 Einleitung

Gesellschaftliche Verhältnisse sind von ungleichen Macht- und Herrschaftsverhältnissen geprägt, die wiederum ungleiche Teilhabebedingungen zur Folge haben und Menschen(-gruppen) auf unterschiedliche, meist ineinander verwobene Weisen gesellschaftlich ein- bzw. ausschließen. Die Einordnungen von Menschen(-gruppen) in soziale Kategorien, wie beispielsweise Mann*/Frau*,

I. Ihring (✉)
Evangelische Hochschule Freiburg, Freiburg, Deutschland
E-Mail: isabelle.ihring@eh-freiburg.de

© Der/die Autor(en), exklusiv lizenziert an Springer Fachmedien Wiesbaden GmbH, ein Teil von Springer Nature 2024
K. E. Sauer et al. (Hrsg.), *Studienbuch Gender und Diversity für die Soziale Arbeit*, https://doi.org/10.1007/978-3-658-42942-3_12

Schwarz/*weiß*[1], bleiben nicht nur verhaftet in vermeintlichen Eindeutigkeiten und Binaritäten, sie sind zudem auch mit Bildern und Zuschreibungen verbunden, die nicht frei von Bewertung und Hierarchisierung sind. Einordnungspraxen sind eingebettet in kapitalistische Logiken, die grundsätzlich Prozessen von Hierarchisierung und Wettbewerbsregeln folgen, was zu diskriminierenden gesellschaftlichen Verhältnissen und zu gesellschaftlichen Ausschlüssen führt. Diskriminierende Verhältnisse wirken auf individueller, institutioneller und struktureller Ebene, weshalb die Analyse dieser gerade im Kontext Sozialer Arbeit, die den Auftrag hat an der Schnittstelle des Individuums und gesellschaftlichen Verhältnissen zu wirken, bedeutsam ist. Ein Wissen um die vielen miteinander verwobenen Differenzkategorien, die auf die Individuen je unterschiedlich wirken, ist im Umgang mit Adressat*innen daher wichtig.

In nachfolgendem Beitrag wird der Fokus auf Rassismus als Folge von Kolonialismus liegen. Es wird auf die Verbindung von ‚Rasse' mit der neuzeitlich geprägten Vorstellung von ‚Kind' und den damit verbundenen Zuschreibungen eingegangen werden, da diese zu einem kolonialen Narrativ geführt haben, das sich bis heute durchgesetzt hat und im Kontext von ehemals kolonisierten Subjekten wirkt. Mit der Kolonisierung geht die Produktion von ‚Wissen' zu ‚den Anderen' einher – ‚Wissen', das lange Zeit als ‚objektiv' und universal gültig präsentiert wurde. Bei der Generierung des ‚Wissens' als ‚neutral' werden ungleiche Macht- und Herrschaftsverhältnisse unsichtbar und Weißsein zur ‚neutralen' Position, die bei der Konstruktion ‚der Anderen' nicht reflektiert werden muss. Die Unsichtbarkeit von Weißsein hat bis heute Folgen, auf die in diesem Beitrag am Beispiel des Feldes der Hilfen zur Erziehung (HzE) und dem besonderen Fokus auf ‚Kindeswohlgefährdung' und Inobhutnahmeprozessen näher eingegangen werden soll. Angesichts kolonialer Verbrechen und den daraus erwachsenen kolonialen Kontinuitäten, die bis heute das Verhältnis zwischen vermeintlich ‚zivilisierter' Welt und ‚dem Rest' kennzeichnen, ist ein Erinnern und reflektieren der damit verbundenen Entmenschlichung ganzer Bevölkerungsgruppen von großer Bedeutung. Momentan handelt es sich jedoch eher um ein Erinnern, das „mit dezentem Widerwillen" hinnimmt, dass diese Ereignisse geschehen sind, doch ist es „kaltes Wissen, das den Blick nicht auf das Eigene richten möchte, auf unser Gewordensein, unsere Denkungsart" (Wiedemann 2022, S. 167). Der gesamte Beitrag reflektiert diskriminierende Strukturen aus einer

---

[1] In Anlehnung an die Kritische Weißseinsforschung wird Schwarz in diesem Beitrag großgeschrieben, womit auf den widerständischen und empowernden Aspekt des Begriffs verwiesen werden soll. Während *weiß* kursiv gesetzt wird, um den Konstruktionscharakter zu markieren und die Eingebundenheit der Kategorie in ungleiche Machtverhältnisse zu verdeutlichen.

machtkritischen Perspektive und stellt den Versuch dar einen Perspektivwechsel anzuregen und zu verdeutlichen, dass eine postkoloniale und intersektionale Analyse diskriminierender Gesellschaftsstrukturen im Kontext Sozialer Arbeit notwendig ist.

2   Postkoloniale Theorie und die Genese ‚der Anderen'

Wissensbaustein: Postkoloniale Theorien
Postkolonialismus ist eine theoretische Perspektive, die nicht einer bestimmten Fachrichtung zuzuordnen ist, stattdessen werden aus unterschiedlichen Disziplinen Kolonisierungsprozesse in all ihren Komplexitäten, Widersprüchlichkeiten, Brüchen und Auswirkungen bis heute beleuchtet. Postkolonialismus ist somit auch nicht auf die Zeit ‚nach' dem Kolonialismus zu reduzieren, „sondern muss als eine Widerstandsform gegen koloniale Herrschaft und ihre Konsequenzen betrachtet werden" (Castro Varela und Dhawan 2015, S. 16).

Kolonialismus als europäisches Großprojekt, das 1935 die Kontrolle von 85 % weltweiter Landflächen durch europäische Kolonialmächte mit sich brachte (während es im 19. Jahrhundert in Afrika 90 % waren) (vgl. Statista), „hat bis heute Folgen für die Machtstrukturen der Welt und das Leben und die Denkweisen der Menschen in verschiedenen Teilen der Welt" (Liebel 2017, S. 11). Der Ausdruck verweist somit sowohl auf die global ungleichen geopolitischen Machtstrukturen, die sich durch europäischen Kolonialismus seit dem 15. Jahrhundert etabliert haben und „auch als neokolonial bezeichnet werden können" (ebd.) als auch auf die Art und Weise des Denkens, des Wissens und den Auswirkungen dominanter eurozentrischer Narrative auf kolonisierende sowie kolonisierte Subjekte.

So wurde viele Jahrhunderte lang ‚Wissen' über Menschen(-gruppen) in kolonisierten Ländern generiert und von den Kolonialmächten als ‚objektives Wissen' präsentiert. Doch handelt es sich bei der ‚Erforschung' kolonisierter Subjekte nicht um eine wertfreie und ‚objektive' Generierung von Wissen. Wenn auch verschiedene Kolonisierungsprozesse in all ihren Verwobenheiten miteinander nur schwer zu fassen und zu beschreiben sind, so ist ihnen allen eines inhärent: die Konstruktion ‚der Anderen' „als unverrückbar different" (Castro Varela und Dhawan 2015, S. 22). Eine Idee, die zur Konstruktion eines überlegenen Europas und zur Entmenschlichung und Rechtfertigung der Gewalt und

Ausbeutung wichtig war und ist. Die Generierung von ‚Wissen' über Menschen hat somit eng mit der Person zu tun, die dieses ‚Wissen' hervorbringt, es ist abhängig vom gesellschaftlichen Kontext zum jeweiligen Zeitpunkt. Auch wenn Kolonialismus immer auch auf antikolonialen Widerstand getroffen ist, konnte sich die eurozentrische geprägte Vorstellung von ‚Wissen' als ‚objektiv' und universal gültig durchsetzen, obwohl allein die Geschichtsschreibung zeigt, dass es sich bei ‚Wissen' um ein „Produkt von machtvollen Entscheidungsprozessen" (Laclau 1999 zit.n. Shure 2021, S. 20) handelt. Im Zuge der Verwissenschaftlichung von ‚Wissen' durch Philosophen, Mediziner, Biologen, Ethnologen usw. wurde *weißes* ‚Wissen' auf eine vermeintlich ‚objektive' Basis gestellt und in Form von Rassentheorien und -lehre verbreitet (vgl. Piesche 2009). Damit wurde verschleiert, wer bestimmt, was ‚Wissen' ist und wer die Macht hat ‚die Anderen' zu beschreiben und mit Eigenschaften zu versehen. Während Weißsein unsichtbar bleibt, erfolgt ein Sprechen über ‚die Anderen', v. a. über deren vermeintlichen Defizite mit dem Ziel sie zu erziehen.

Auch das offizielle Ende des Kolonialismus, der Sklaverei und Apartheid hat nicht für ein gleichberechtigtes Verhältnis zwischen kolonisierten und kolonisierenden Ländern gesorgt (vgl. Afeworki Abay 2020). Die über Jahrhunderte gelegten kolonial-rassistischen Vorstellungen und Zuschreibungen an kolonisierte ‚Andere' sind bis heute sowohl in den Köpfen der Menschen als auch in gesellschaftlichen Strukturen verankert und werden auf unterschiedlichen Ebenen reproduziert oder zeigen sich in neuen Spielarten. Eine postkoloniale Betrachtung der zu Kolonialzeiten gelegten globalen Verhältnisse und der diskriminierenden Auswirkungen, die sich daraus für Menschen(-gruppen) ergeben, ist zur Reflexion heutiger Verhältnisse und heutigem ‚Wissen' zu ‚den Anderen' angesichts einer zunehmend transnational vernetzten Welt gerade auch im Kontext (internationaler) Sozialer Arbeit wichtig.

Wenn im Kontext von ‚Wissen' die Forderung laut wird, dieses zu dekolonisieren, wird in der Regel Bezug auf dekoloniale Ansätze genommen, die ihren Ursprung in Lateinamerika haben und sich besonders auf Praktiken der Dekolonisierung fokussieren. Auch diese Ansätze gehen davon aus, dass „der Kolonialismus als Entstehung einer „globalen Machtmatrix" zu begreifen ist, die heute noch wirksam ist" (Schirilla 2018, S. 110). Essenzieller Teil dieser Machtmatrix „ist die Dominanz europäisch geprägten Denkens im Sinne einer epistemischen Vorherrschaft" (ebd.), was sich beispielsweise in der bis heute bestehenden Vorstellung zeigt „the first world has knowledge, the third world has culture; Native Americans have wisdom, Anglo Americans have science" (Mignolo 2009a, S. 160). Mignolo folgend ist die Vorstellung des „neutral point of observation" (ebd.) angesichts der europäischen epistemischen Vorherrschaft und dem damit verbundenen Machtgefälle heute nicht mehr aufrechtzuerhalten. Stattdessen sind Fragen zu stellen wie „[w]ho and when, why and where is knowledge generated [...]?", mit dem Ziel vermeintlich ‚objektives Wissen' radikal infrage zu stellen. Im Folgenden soll diesen Fragen nachgegangen werden und der Blick auf Weißsein und der zu Kolonialzeiten entstandenen Vorstellung ‚der Anderen' als ‚zu erziehend' gelegt werden.

2.1   Zur Hierarchisierung von Menschlichkeit

Mit den damaligen Kolonisierungsprozessen eng verbunden war die Ermordung, Unterwerfung und Versklavung nicht-weißer Menschen – außerordentliche Gewalt, für die die Kolonialmächte eine Rechtfertigung brauchten (vgl. Arndt 2017). Die Konstruktion von menschlichen ‚Rassen' und die damit eng verbundene zunehmende Bedeutung von Hautfarben, diente *weißen* europäischen Kolonisatoren zur Konstruktion ‚der Anderen' und deren Abwertung. Das Sehen und Bewerten von Hautfarben wurde zunehmend bedeutsamer bei der ‚Bestimmung' menschlicher ‚Rassen', auch wenn dies von Anfang an eine sehr schwammige Einordnung war, da es unmöglich ist eine „Trennlinie zu ziehen und einen Farbteint zu benennen, der einen Menschen „gerade noch" bzw. „nicht mehr" *weiß* oder Schwarz sein lässt." (Arndt 2017, S. 33). Trotzdem hat sich diese Idee macht- und gewaltvoll durchgesetzt. Weißsein wurde in der Hierarchisierung von Hautfarben an oberste Stelle gesetzt und mit positiv konnotierten Zuschreibungen versehen, während kolonisierte Subjekte fortan zu ‚Barbaren', ‚Seelenlosen', ‚Primitiven', Menschen geringeren Wertes wurden, deren Leben zu nehmen somit auch weniger Bedeutung hatte. So haben sich *weiße* Menschen mittels „des Rassismus die Welt passförmig gemacht, um sie zu beherrschen. Rassismus ist daher white supremacy" (Arndt 2017, S. 34). Nicht-weiße Menschen wurden in der Hierarchie vermeintlicher ‚Rassen' zu Unterlegenen, während *weiße* zur ‚Herrenrasse' wurden und sich im Zuge der Kolonisierung daran gewöhnten, „im Anderen das Tier zu sehen und sich darin [übten] ihn als Tier zu behandeln" (Césaire 2021, S. 43). Auch die Spaltung und das einander gegenüberstellen von weiß – schwarz beschreibt Frantz Fanon als „unmittelbare Folge des kolonialistischen Abenteuers" (Fanon 2016, S. 15), das weder für die einen, noch für die anderen folgenlos blieb. So haben die einen jahrhundertelang gehört ‚weniger wert', die anderen ‚überlegen' zu sein, die einen müssen ‚zivilisiert' werden, die anderen sind es angeblich. Doch statt sich damit auseinanderzusetzen, welche Auswirkungen der Kolonialismus auf die Kolonisatoren hatte, wurde weiter der Blick auf die Kolonisierten gerichtet. So konnte auch das Narrativ „der nationalsozialistische Rassenstaat [sei] eine atypische Ausnahme, kein Ausdruck europäischer Tiefenstruktur" (El Tayeb 2016, S. 17), aufrecht erhalten bleiben. Eine „umfassende Analyse des globalen Systems […] wurde „vornehmlich von Postcolonial und Critical Race Studies geleistet, einschließlich Women of Color Feminismus" (ebd.).

2.2 Das Erziehungsnarrativ

Der Soziologe Manfred Liebel beschreibt unter Bezugnahme auf den Kulturwissenschaftler Bill Ashcroft, inwiefern sich ‚Rasse' und das neuzeitlich europäisch geprägte Kindheitskonzept im kolonialen Narrativ zu kolonisierten Subjekten verbunden haben und dadurch eine weitere Rechtfertigung kolonialer Unterdrückung gefunden wurde, die bis heute Bestand hat (vgl. Liebel 2017). So entwickelte sich in der Neuzeit die Vorstellung von ‚Kind' „als unvollkommenes und zu entwickelndes Vorstadium des Erwachsenseins" (ebd., 2017, S. 100); in einer Zeit, in der auch die Konstruktion menschlicher ‚Rassen' zunehmend mehr unter Bezugnahme auf Wissenschaften wie die Biologie erklärt wurde. So wurden Zuschreibungen an Kindheit auch zu Zuschreibungen an kolonisierte Subjekte und andersherum. Auf diese Weise übertrug sich die Vorstellung von „verschiedenen Entwicklungsstufen" (ebd.) von ‚Rassen' auch auf Kindheit und Kinder besaßen eine niedrigere Entwicklungsstufe als Erwachsene (vgl. Piesche 2009). In Anlehnung an John Lockes (1690) Vorstellung des Kindes als ‚tabula rasa' wurden auch kolonisierte Länder zu unbeschriebenen, leeren Blättern, geschichtslos und primitiv. Ashcroft folgend, war es „die gegenseitige Befruchtung zwischen Konzepten von Kindheit und Primitivismus, die diese Ausdrücke befähigt hat, zu wechselseitig wichtigen Konzepten im imperialen Diskurs zu werden" (Ashcroft 2001, S. 73 zit. n. Liebel 2017, S. 103). Den Kolonisatoren kam fortan die Verantwortung zu, diesen „leeren Raum" zu füllen, ein „Konzept, das große Bedeutung für das imperiale Unternehmen" (ebd.) hatte.

Gewalt und Unterdrückung wurden auf diese Weise mit dem ‚Erziehungsnarrativ' gerechtfertigt, das „mit dem Anspruch daherkam, die Kolonisierten von Tyrannei und geistiger Finsternis zu befreien" (ebd., 2022, S. 103). So kam, und kommt bis heute, *weißen* automatisch die Aufgabe zu ‚die Anderen' ‚zu erziehen' und ‚zu zivilisieren' – the white man's burden, wie Rudyard Kipling 1899 in seinem gleichnamigen Gedicht formuliert. Die ambivalente Rhetorik zum ‚Kind' „als zugleich anders und gleich, von Natur aus böse und potenziell gut", hielt auch „die widersprüchlichen Tendenzen imperialer Rhetorik im

Gleichgewicht" (Ashcroft 2001, S. 36 zit. n. Liebel 2017, S. 101). Ein paternal-
istischer wie autoritärer Umgang mit kolonisierten Subjekten wurde so möglich.
Hinzu kam, dass sich auf diese Weise der moralische Konflikt eines sich als
aufgeklärt präsentierenden Europas gelöst werden konnte, da von nun an das
gewaltvolle und unterdrückende Verhältnis zwischen den Menschen kolonisierter
Gebiete und deren Kolonisatoren zu einer „Eltern-Kind-Beziehung" (ebd.) wurde.
    Inwiefern wirken die beschriebenen Überlegenheits- bzw. Unterlegenheitskon-
struktionen bis heute und welche Auswirkungen können sich aus diesen für
Adressat*innen ergeben, die als ‚Andere' wahrgenommen werden? Auf diese
Frage wird nachfolgend am Beispiel von ‚Kindeswohl' bzw. ‚Kindeswohlgefährdung' eingegangen.

3   Hilfen zur Erziehung und die Orientierung am ‚Kindeswohl'

Bevor darauf eingegangen werden kann, inwiefern sich kolonial-rassistische Wissensbestände auf Menschen auswirken, die als nicht-weiß gelesen werden, soll in
einem ersten Schritt das Handlungsfeld der Hilfen zur Erziehung (HzE) in Kürze
beschrieben und ein kritischer Blick auf die Frage nach dem ‚Kindeswohl' als in
der Kinder- und Jugendhilfe handlungsleitend geworfen werden.

Wissensbaustein: Hilfen zur Erziehung und Kindeswohlgefährdung
Bei den HzE handelt es sich um ein spezifisches Handlungsfeld Sozialer
Arbeit, das dem großen Bereich der Kinder- und Jugendhilfe zuzuordnen ist. Unter HzE werden ambulante und stationäre Unterstützungsformen
gefasst, die im Sozialgesetzbuch (SGB) VIII von §§ 27–35 geregelt
sind. Ebenfalls im SGB VIII ist unter § 8a, der Schutzauftrag bei
Kindeswohlgefährdung verankert. Dieser sieht vor, dass das Jugendamt,
in seiner Funktion als staatliches Wächteramt, bei Bekanntwerdung von
„gewichtige[n] Anhaltspunkte[n]" für die Gefährdung des Wohls eines
Kindes oder Jugendlichen [...] das Gefährdungsrisiko im Zusammen-
wirken mehrerer Fachkräfte einzuschätzen [hat]" (SGB VIII, Kinder-
und Jugendhilfe, § 8a Schutzauftrag bei Kindeswohlgefährdung). Wenn
„die Erziehungsberechtigten nicht bereit oder in der Lage sind, bei der
Abschätzung des Gefährdungsrisikos mitzuwirken", ist das Familiengericht
zu informieren; bei dringender Gefahr jedoch „kann die Entscheidung des

Gerichts nicht abgewartet werden, so ist das Jugendamt verpflichtet, das
Kind oder den Jugendlichen in Obhut zu nehmen" (ebd.).

Die Übersetzung dieses Paragrafen in die Praxis ist nicht unproblematisch, da
die Orientierung am sogenannten ‚Kindeswohl', einem unbestimmten Rechtsbe-
griff, sehr vage bleibt. ‚Kindeswohl', ‚Kindeswohlgefährdung' oder ‚gewichtige
Anhaltspunkte' lassen viel Spielraum für Interpretationen und normativ geprägte
Auslegungen von ‚gelungenem Aufwachsen', ‚guter Erziehung' oder ‚intakten
Familienverhältnissen'. Es stellt sich hier die Frage, inwiefern dieser Begriff für
Sozialarbeiter*innen maßgeblich handlungsleitend sein kann, handelt es sich doch
um einen „rechtliche[n] und mitunter auch administrativen Begriff, der etwas
Anderes beschreibt als das ‚Wohl', das ‚Wohlergehen' oder wahlweise als das
gute und gelingende Leben von Kindern" (Ziegler 2020, S. 173). Vielmehr geht
es um das Verhältnis von Staat und Familie und die Frage, wie viel staatliche
Kontrolle sein darf und nach welchen Kriterien diese erfolgt.

In der Sozialen Arbeit gibt es eine kritische und kontroverse Auseinandersetzung mit diesen Fragen, die ich hier nur in Kürze anreißen möchte. Bei
den Begriffen ‚Kindeswohl bzw. -gefährdung' handelt es sich um Rechtsbe-
griffe über die am Ende nur Familiengerichte entscheiden können, die aber
dennoch handlungsleitend für Sozialarbeitende sind. In der praktischen Umsetzung kann dies mit sich bringen, dass primär auf Gefahrenabwehr gesetzt wird
anstatt auf Ressourcenorientierung (vgl. Ziegler 2020). Stattdessen könnte Prob-
lemverhalten auch als Lösungsverhalten angesehen werden, das als Ausgangsbasis dienen kann gemeinsam alternative Lösungsstrategien zu entwickeln (vgl.
Conen 2014). Angesichts eines erstarkenden neoliberalen Narratives, das suggeriert jede*r sei selbstverantwortlich für gesellschaftliches Vorankommen bzw.
Scheitern, besteht die Gefahr, Verhalten nicht länger im Kontext diskriminierender Gesellschaftsverhältnisse und damit verbundenen prekären Lebenslagen zu
sehen, sondern dieses zu individualisieren. Aus der Adressat*innenforschung
geht hervor, dass Menschen von ihren Erfahrungen mit der Erziehungshilfe
berichten, wie einschneidend, stigmatisierend und traumatisierend Inobhutnahmen sein können. Es wird deutlich, dass Adressat*innen die Interventionen
häufig als starke Einschränkung von Handlungsfähigkeit empfunden haben und
Entscheidungsprozesse wenig transparent erlebt wurden (vgl. Redmann und
Gintzel 2017; vgl. Reimer 2017). Im Kontext von Kindeswohlgefährdung und
damit verbundener staatlicher Kontrolle ist eine kritische Reflexion sozialer
Ungleichheitsverhältnisse und daraus resultierender diskriminierender Strukturen

unabdingbar, da der staatliche Eingriff in Familien massive Folgen für Kinder, Jugendliche und deren Erziehungsberechtigte haben kann.

Mit Blick auf historische Kontinuitäten der Kinder- und Jugendhilfe wird zudem deutlich, dass ‚problematische' Verhaltensweisen sowie Vorstellungen von ‚Kindeswohl' und dessen Gefährdung schon immer abhängig von Normalitätsvorstellungen, sowie impliziten oder expliziten Normen waren (vgl. Jordan 2007; vgl. Knab 2014; vgl. Kuhlmann 2014). Damit eng verbunden war und ist der Auftrag an die Soziale Arbeit abweichendes Verhalten zu ‚normalisieren', was häufig mit Zwang, Disziplinierung und Sanktionierung einherging. Mit Blick auf Statistiken der letzten Jahre zur Nutzung von erzieherischen Hilfen und Fällen von Inobhutnahmen soll im Folgenden der Fokus auf Weißsein gelegt werden.

3.1 Hilfen zur Erziehung im Spiegel von Ungleichheitsverhältnissen

Im Jahr 2020 ist die Anzahl derjenigen Menschen, die HzE beanspruchten, erstmals seit Jahren um 8 % zurückgegangen (Destatis 2020). Die aktuelle Statistik von 2021 wiederum zeigt einen Anstieg der Inobhutnahmen im Jahr 2021 um 5 % (Destatis 2021). Der Anstieg im Jahr 2021 geht besonders auf die Gruppe minderjähriger Geflüchteter zurück, die aufgrund unbegleiteter Einreise 49 % der Inobhutnahmen ausmachten. Inobhutnahmen aufgrund akuter ‚Kindeswohlgefährdung' jenseits unbegleiteter Einreise gingen dagegen leicht zurück. Beides, der Rückgang von beanspruchten HzE, sowie auch der Rückgang von Inobhutnahmen (ohne die Berücksichtigung eingereister Minderjähriger) aufgrund von akuter Kindeswohlgefährdung in den beiden letzten Jahren, ist vermutlich auf die eingeschränkten Kontaktmöglichkeiten im Zuge der Corona-Maßnahmen zurückzuführen. Nach „unbegleiteter Einreise" ist der Hauptgrund für Inobhutnahmen, wie auch in den Jahren zuvor, „Überforderung der Eltern" (ebd.).

Die Gruppen, die am häufigsten HzE in Anspruch nehmen, sind alleinerziehende Elternteile mit 44 % und 40 % Menschen, die teilweise oder ganz von Transferleistungen abhängig sind (ebd.). Im 14. Kinder- und Jugendbericht wurde erneut darauf hingewiesen, dass es eine Verbindung zwischen Armut und damit verbundenen prekären Lebenslagen und der Erziehung gibt (Arbeitsstelle Kinder- und Jugendhilfestatistik 2021, S. 22). Auch die Ergebnisse der amtlichen Kinder- und Jugendhilfestatistik benennen eine Verbindung „zwischen Armutslagen und einem erhöhten Bedarf an Leistungen der Hilfen zur Erziehung" (ebd.). Die Zahlen verdeutlichen, „dass mehr als jede zweite Familie, für die 2019 eine erzieherische Hilfe […] neu gewährt wurde, auf Transferleistungen angewiesen ist" (ebd.). Der verhältnismäßige Unterschied zwischen Menschen mit bzw. ohne Transferleistungsbezug erhöht sich noch einmal, wenn Elternteile alleinerziehend sind: „66 % der Alleinerziehenden, die eine Hilfe zur Erziehung erhalten, sind gleichzeitig auf staatliche finanzielle Unterstützung angewiesen" (ebd.).

Unter Berücksichtigung des ‚Migrationshintergrunds' zeigt sich, dass 40 % derjenigen jungen Menschen, die im Jahr 2018 HzE in Anspruch genommen haben, „mindestens ein[en] Elternteil ausländischer Herkunft" haben (ebd., 2021, S. 25). Von denjenigen, die Zuhause nicht Deutsch sprechen, nehmen 23 % junger Menschen erzieherische Hilfen wahr (ebd.). In Kombination mit dem Bezug von Transferleistungen wird ein enormer Unterschied zwischen Familien mit bzw. ohne ‚Migrationshintergrund deutlich: „Während bei Familien ohne Migrationshintergrund lediglich 12 % auf Transferleistungen angewiesen sind, ist der Anteil bei den Familien, die hauptsächlich nicht Deutsch sprechen, mit 40 % mehr als dreimal so hoch" (ebd., 2021, S. 27). Die Autor*innen verweisen darauf, dass insgesamt festzuhalten sei, dass „Familien mit ‚Migrationshintergrund' zu einem weitaus größeren Anteil in ökonomisch prekären Lebenslagen befinden" (ebd.) als Familien ohne diesen.

Die Zahlen verdeutlichen, dass der Bezug von Transferleistungen sehr prekäre Lebenslagen für Menschen mit sich bringt, die sich wiederum auf weitere Lebensbereiche auswirken können. Kommt die Kategorie ‚Migrationshintergrund' dazu, „ist es Fakt, dass Menschen mit Migrationshintergrund u. a. in Abhängigkeit von ihrem Herkunftsland und ihrem Geschlecht oft benachteiligt und damit zusammenhängend typisierenden Eingriffen und Bewertungen ausgesetzt sind" (Bütow und Schär 2016, S. 17).

Was bedeutet das konkret? Im Kontext von HzE zeigt sich ein „signifikanter Unterschied von 10 % zwischen Sorgerechtsentzügen in den stationären Hilfen" (ebd.) zwischen deutsch- bzw. nicht-deutschsprechenden Eltern. Dieser enorme Unterschied kann unterschiedlich erklärt werden. Zum einen, so Bütow und Schär, ist es Familien mit ‚Migrationshintergrund' aufgrund prekärer Lebenslagen nicht möglich schädigende Einflüsse auf die Entwicklung ihrer Kinder abzufangen. Gleichzeitig verweisen sie darauf, dass auch die „Wirkmächtigkeit von Vorurteilen" und „unzureichende differenzsensible, transkulturelle Professionalität in den Erziehungshilfen" (ebd.) eine Rolle bei Sorgerechtsentzügen spielen, die in die Erklärungen, wie es zu erwähntem signifikanten Unterschied kommen kann, einbezogen werden sollten.

3.2   Weißsein als dethematisierte Norm

Anknüpfend an die eben genannte „Wirkmächtigkeit von Vorurteilen" (Bütow und Schär 2016, S. 17) soll der Blick nun auf die *weiße* Mehrheitsgesellschaft gelegt werden. Weißsein als dethematisierte Norm zeigt sich auch in den Strukturen Sozialer Arbeit und wird nachfolgend ausschließlich auf struktureller und institutioneller Ebene beleuchtet. Mehrheitlich *weiße* Menschen entscheiden über ‚gelungenes Aufwachsen', ‚gute Erziehung' und ‚Kindeswohl', was mit einer bestimmten Normvorstellung verbunden ist, die wiederum eng mit ähnlichen Biografieverläufen zu tun hat. „Vor dieser dominanten, aber einseitigen Interpretationsfolie wird nicht selten deren Lebenssituation kulturalisiert, rassialisiert und problematisiert" (Riegel und Yıldız 2011 zit. n. Riegel 2021, S. 431). Das Verhalten ‚der Anderen', der Umgang mit ihren Kindern, ihre Erziehung wird problematisiert, was dazu führen kann, dass zum einen prekäre Lebenslagen und diskriminierende Verhältnisse übersehen werden, zum anderen aber auch die mit Weißsein verbundene ‚Objektivität'. Letzteres kann zur Folge haben, dass die oben beschriebenen kolonial-rassistischen Strukturen, die mit *weißen* Überlegenheitskonstruktionen verbunden sind, dethematisiert bleiben, während stattdessen erneut ‚die Anderen' problematisiert und ‚erzogen' werden müssen. Weißsein bleibt so ‚objektive' und unsichtbare Norm, der die Macht zukommt ‚die Anderen' zu bestimmen und über deren Unzulänglichkeiten zu urteilen. Angesichts der genannten Zahlen und der Tatsache, dass nicht-deutschen Eltern signifikant häufiger das Sorgerecht entzogen wird, ist die konsequente Dethematisierung von Weißsein frappierend. Denn das ‚Wissen' zu nicht-weißen Familien ist bis heute von kolonial-rassistischen Bildern und Zuschreibungen geprägt. Studien wie der 2020 veröffentlichte „Afrozensus" oder die vom Mediendienst Integration herausgegebene Studie zu antimuslimischem Rassismus in Deutschland (2021) verdeutlichen, wie negativ die Bilder zu und Zuschreibungen an Schwarze bzw. muslimischen Menschen bis heute sind. Aus beiden Studien geht hervor, dass Schwarze und/oder muslimisch gelesene Menschen Erfahrungen von Nicht-Zugehörigkeit, Abwertung, Mehrfachdiskriminierung und strukturellem Rassismus machen. Im Kontext der ‚Erziehung der Anderen' zeigt sich die bereits beschriebene ambivalente Rhetorik auch darin, „dieser Gruppe eine besondere Förderung oder Unterstützung zukommen zu lassen" (Riegel 2021, S. 431). Dies verdeutlicht wie verdreht das Narrativ ist, wenn über besondere Bedürfnisse und Förderung ‚der Anderen' reflektiert wird, anstatt Weißsein, damit verbundene ‚Überlegenheit' und daraus entstandene diskriminierende Strukturen ins Blickfeld zu rücken und danach zu fragen, welche Folgen diese in der Bewertung ‚der Anderen' mit sich bringen. Aus dieser Perspektive müssten *weiße* darin gefördert werden sich mit der Jahrhundertealten und andauernden Konstruktion von Weißsein als ‚überlegen‘, ‚neutral‘ und ‚wissend‘ auseinanderzusetzen, sowie mit der Vorstellung des *weißen* ‚Retters‘ und ‚Erziehers‘ und der Tatsache, dass diese Vorstellung zu keinem Zeitpunkt ‚objektiv‘ war, stattdessen aus *weißer* Perspektive ‚die Anderen‘ und deren vermeintlichen Bedürfnisse hervorgebracht wurden.

Struktureller und institutionalisierter Rassismus zeigt sich somit subtil als Teil gesellschaftlich etablierter Ungleichheit, der nur schwer greif- und nachweisbar ist. Im Kontext von Inobhutnahmen und der Orientierung am ‚Kindeswohl‘, was schon immer abhängig war von impliziten oder expliziten Normen und bestimmten Vorstellungen von ‚Normalität‘, ist auch die Vorstellung eines Aufwachsens in einer *weißen* bürgerlichen Kleinfamilie als ‚normal‘ eingeschrieben. Abweichungen irritieren und können den Wunsch nach ‚Normalisierung‘ durch Zwangs- und Disziplinierungsmaßnahmen hervorrufen. Im Kontext von Sorgerechtsentzug wird deutlich, wie machtvoll diese Strukturen sind, denen einmal mehr ‚die Anderen‘ ausgesetzt sind. Es dreht sich erneut um ‚die Anderen‘ und deren vermeintlichen Defizite, nicht aber um kolonial-rassistische Wissensbestände *weißer* Menschen und deren anhaltender Vorstellung von Überlegenheit und darum, dass sich dieses Narrativ tief in gesellschaftliche und institutionelle Strukturen eingebrannt hat. Die Ignoranz dieser Strukturen ist „zur Stabilisierung von Verhältnissen von Unrecht, Unterdrückung, Ausbeutung und Abhängigkeit“ (Bollwinkel 2018, S. 6) nötig – international, wie auch im nationalen Innenraum. Auch die Konstruktion ehemaliger europäischer Kolonialstaaten als *weiß* ist als Ausdruck von Ignoranz zu interpretieren, denn jede*r, die*der „nicht weiß ist, auch nicht europäisch [ist]“ (El-Tayeb 2016, S. 8), was auch Rassismuserfahrungen mit sich bringt. Kolonial-rassistische Zuschreibungen treffen somit auch nicht-weiß gelesene Menschen, die in Deutschland geboren sind, da anhand von Hautfarben über Zugehörigkeit bestimmt wird.

Vor dem Hintergrund dieser Auf- bzw. Abwertungen menschlichen Seins hat sich auch etwas entwickelt, das Emilia Roig als „Empathielücke“ (Roig 2021, S. 142 ff.) bezeichnet. Die Fähigkeit Empathie zu empfinden ist im Kontext von Ungleichheitsverhältnissen von großer Bedeutung, da sie es möglich macht, „die Welt aus der Perspektive anderer zu betrachten“ (Roig 2021, S. 146) und ein Hineinversetzen in die Leiderfahrungen anderer ermöglicht. „Entmenschlichung und Empathie sind deshalb untrennbar miteinander verbunden“ (ebd.). Als „racial empathy gap“ (ebd.) wird in den USA das Phänomen bezeichnet, wonach *weiße* Menschen sowohl auf physischer als auch emotionaler Ebene weniger Empathie mit nicht-weißen Menschen empfinden. Roig verweist in diesem Kontext auf Studien, die dies gezeigt haben und auf den besonders zur Zeit der ‚Aufklärung‘

gewachsenen „wissenschaftlichen Rassismus", der damals mitunter die Vorstellung hervorgebracht hat, Schwarze seien „weniger emotionsfähig" als *weiße*, eine Vorstellung, die „im kollektiven Unterbewusstsein bis heute fort [besteht]" (ebd., S. 147). Ein Ergebnis des Afrozensus zeigt, dass Anti-Schwarzer Rassismus als nicht so schlimm bewertet wird (Afrozensus 2020, S. 197), was zeigt, dass die Tiefe und lange Geschichte der Entmenschlichung von nicht-weiß gelesenen Menschen und der damit verbundene Schmerz für viele *weiße* Menschen nicht nachvollziehbar sind. Gerade im Kontext von Inobhutnahmen stellt sich die Frage, wo sich mangelnde Empathie in Verbindung mit vermeintlichem ‚Wissen' zu ‚den Anderen' zeigt und welche Folgen dies haben kann.

3.3 Intersektionale Betrachtung von Differenzkategorien im Kontext der Hilfen zur Erziehung

Abschließend soll auf die Verwobenheit unterschiedlicher Differenzkategorien miteinander eingegangen werden, da die oben genannten Zahlen verdeutlichen, wie eng Rassismus mit Sexismus und Klassismus verbunden ist, was bereits bell hooks (2020) in ihrem Buch „Die Bedeutung von Klasse" aufgegriffen hat (vgl. hierzu auch den Beitrag von Schneider in diesem Band). Aus intersektionaler Perspektive soll nachfolgend ein Zusammendenken unterschiedlicher sozialer Differenzkategorien und daraus resultierender Diskriminierungserfahrungen im Kontext erzieherischer Hilfen erfolgen. Neoliberale Tendenzen und der damit verbundene Aktivierungsstaat stärken die Vorstellung, dass jede*r Einzelne für seine*ihre soziale Position verantwortlich und grundsätzlich aufgefordert ist selbst aktiv zu werden. Doch greift eine Individualisierung der Verhältnisse deutlich zu kurz, da die komplexen Zusammenhänge von sozialen Wirklichkeiten darüber verloren gehen.

Sexismus wird nachfolgend als Diskriminierungsform verstanden, von der Menschen aufgrund des ihnen zugeschriebenen Geschlechts betroffen sind. Geschlecht bzw. die Einordnung von Menschen in eine vermeintlich ‚natürlich gegebene' Zweigeschlechtlichkeit ist sozial konstruiert (vgl. Wetterer 2010) und spiegelt ungleiche gesellschaftliche Machtverhältnisse wider. Im Kontext von ‚Klassismus' spielt die Differenzkategorie des ‚sozialen Status' eine zentrale Rolle, die „im Juni 2020 in Berlin erstmals [...] als Diskriminierungskategorie in ein Landesantidiskriminierungsgesetz aufgenommen" wurde (Seeck 2020, S. 10). Unter dem Begriff ‚Klassismus' werden Diskussionen um die Auswirkungen des ‚sozialen Status' verhandelt, er umfasst alles, was „als Unterdrückungsform,

als Abwertung, Ausgrenzung und Marginalisierung entlang von Klasse" (ebd.)
erfolgt.

Aus den unter Abschnitt 3.1 zitierten Statistiken zur Nutzung erzieherischer
Angebote geht hervor, dass alleinerziehende Elternteile sehr viel häufiger von
Transferleistungen abhängig sind als Familien, in denen beide Elternteile ihre
Fürsorgepflicht wahrnehmen. Alleinerziehende sind in Deutschland nach wie vor
primär weibliche Personen: von 2,52 Mio. Alleinerziehenden sind 2,09 Mio.
weiblich. Somit sind primär alleinerziehende Frauen* von Armut oder drohender
Armut betroffen. Wie wirken Geschlecht und sozialer Status ineinander?

Ähnlich wie bei der Differenzkategorie ‚Rasse' durchlief auch die Konstruktion von Zweigeschlechtlichkeit durch Wissenschaften wie „Biologie, Medizin
und Anthropologie" (Wetterer 2010, S. 131) im 18. Jahrhundert den Prozess der
Naturalisierung. Zeitgleich kam auch die Vorstellung von Familie als „bürgerlicher Familie [auf] und einer mit ihr verbundenen Arbeitsteilung, die Frauenwelt
und Männerwelt in einer Weise trennt, die in der Geschichte beispiellos ist"
(ebd.). Das „bürgerliche Familienmodell" wurde zum Modell, das allein ein
geschütztes Aufwachsen möglich machte und brachte mit sich, dass fortan
Frauen* „für die Erziehung der Kinder und die Haushaltsführung" (Bütow
und Schär 2016, S. 17) verantwortlich gemacht wurden. So wurde es „zur
‚natürlichen Bestimmung' insbesondere des Weibes, das im Inneren der Familie seinen naturgemäßen Platz findet, während der Mann hinaus geht in die
Welt der Kultur, der Berufe, der Wissenschaften und der Künste" (Wetterer
2010, S. 131). Obwohl sich das Modell der bürgerlichen Familie nur zöger-
lich durchsetzen konnte, „diente es trotzdem als Legitimation für sozialstaatliche
Eingriffe in Familien, in denen bürgerliche Normalität scheinbar nicht gegeben
war" (Bütow und Schär 2016, S. 18). Was teilweise bis heute zur Folge hat,
dass ein Aufwachsen jenseits dieser Familienform als ‚nicht normal' gela-
belt wird und Normalisierungsprozesse in Gang gesetzt werden, die meist mit
Kontrolle, Sanktion und Zwangsmaßnahmen verbunden sind. Historisch betrachtet, wird ‚abweichendes' Verhalten somit schon lange Zeit nicht losgelöst
von Geschlechtsvorstellungen konstruiert. So galt beispielsweise „[f]ür weibliche Heranwachsende […] ‚Unzucht' als Haupteinweisungskriterium, während
dies bei männlichen eher ‚Stehlen' oder ‚Landstreichen' waren" (Mecheril
und Melter 2010, S. 118). Hinzu kommt, dass mit der Naturalisierung von
Zweigeschlechtlichkeit und der bürgerlichen Familie die Einteilung von Berufen
in „Frauen- bzw. Männerberufe" (Wetterer 2010, S. 131) erfolgte und die
Vorstellung, dass Fürsorgetätigkeiten, wie auch Kindererziehung oder Pflege
von Angehörigen, unentgeltlich von Frauen* zu erbringen seien. Insgesamt
wurden Sozial- und Pflegeberufe zu Fürsorgetätigkeiten und ‚weiblich' und in

der Hierarchisierung auf unterste Stufen gestellt, was sich sowohl in deren gesellschaftlichen Anerkennung, sowie finanziellen Entlohnung widerspiegelt. Der niedrige soziale Status wiederum sorgt für weitere Diskriminierung durch „Abwertung, Ausgrenzung und Marginalisierung entlang von Klasse" (Seeck 2020, S. 10), da armen Menschen zugeschrieben wird „faul, kriminell, dumm und an ihrer Armut selbst schuld" (Seeck 2020, S. 16) zu sein. Das Ineinandergreifen dieser unterschiedlichen Ebenen von Diskriminierungen sorgt dafür, dass alleinerziehende Frauen* häufiger von Armut bedroht oder betroffen sind. Lange Zeit wurden Diskussionen um Klassismus und Armut im Kontext „weiße[r] Fabrikarbeiter" geführt, doch „haben trans Personen, alleinerziehende Mütter und Menschen, die Rassismus erfahren, ein hohes Armutsrisiko" (ebd., S. 16 f.). Die einzelnen Differenzkategorien Geschlecht, ‚Rasse', Klasse intersektional zu analysieren, kann hilfreich sein, um ein Bewusstsein für die Vielschichtigkeit und Komplexität von Mehrfachdiskriminierung zu bekommen. So kann nur eine tiefe Analyse gesellschaftlicher Verhältnisse die Komplexität sozialer Lebens- und Problemlagen beleuchten und verhindern, dass verkürzte Antworten gegeben werden. Die Berücksichtigung der Perspektiven und Ressourcen der Adressat*innen bei gleichzeitigem Einbezug der ineinandergreifenden diskriminierenden Verhältnisse, wird dem Anspruch Sozialer Arbeit an der Schnittstelle zwischen Individuum und Gesellschaft zu agieren, gerecht und kann dazu beitragen die Individualisierung von Verhältnissen zu verhindern.

Gleichzeitig wird in den herangezogenen Beispielen deutlich, dass sozialarbeiterische Unterstützungsangebote auch dazu beitragen diskriminierende Strukturen zu reproduzieren und/oder aufrechtzuerhalten, was dringend reflektiert werden muss. Zahlreiche Studien zeigen, dass Soziale Arbeit an der (Re-)Produktion von Ausgrenzung bestimmter sozialer Gruppen beteiligt ist, da sie unvermeidlich auf Praxen der Ein- und Ausgrenzung so genannter Anderer beruht (vgl. Mecheril und Melter 2010; vgl. Riegel 2016; vgl. Afrozensus 2020). Diese Reflexionen sind gerade auch im Kontext von Familienbildern bedeutsam, da „Familien aus Sicht der Bildungs- und Sozialpolitik besondere Funktionen hinsichtlich des Aufwachsens von Kindern zugeschrieben und von historisch gewachsenen, hegemonialen Normativen bestimmt werden" (Bütow und Schär 2016, S. 16). Das bedeutet auf der einen Seite sich an den Stimmen der Adressat*innen zu orientieren, was nicht nur im Kontext von Rassismus, sondern auch anderen Differenzkategorien einen Perspektivwechsel mit sich bringt, der jedoch nicht alleine auf individueller Ebene stehen bleiben darf. Adressat*innen zuzuhören und ihre je individuellen Lebenslagen anzuerkennen und gemeinsam an Umgangsstrategien zu arbeiten, ist wichtig und tief verankert im Alltag von Sozialarbeitenden.

Doch erfordert das enorm ungleiche System ebenfalls die Reflexion diskriminierender Gesellschaftsstrukturen und eine kritische Auseinandersetzung mit der
Reproduktion und Aufrechterhaltung dieser durch Soziale Arbeit.

4   Wege zu einer diskriminierungssensibleren Soziale Arbeit

Zum Abschluss soll auf die Frage eingegangen werden, wie eine diskriminierungssensiblere Soziale Arbeit gelingen kann. Angesichts der Komplexität und Vielschichtigkeit gesellschaftlicher Ungleichheitsverhältnisse ist es
unmöglich diese Frage allumfassend zu beantworten, aber einige, an die bereits
formulierten Gedanken anschließenden Ideen sollen dennoch formuliert werden.
    Wie im ersten Teil des Beitrags aufgezeigt, geht es aus postkolonialer
Perspektive darum sich kolonialer Kontinuitäten und damit verbundener Entmenschlichung ganzer Menschengruppen bewusst zu werden und diese stets zu
reflektieren. Die Beschäftigung mit (Alltags-)Rassismus als kolonialer Kontinuität, macht eine Auseinandersetzung mit dem historischen Gewordensein der
Kategorie Weißsein unumgänglich, sowie die Reflexion der mit Weißsein verbundenen Überlegenheitskonstruktion. Selbstverständlich ist die Reflexion alleine
nicht ausreichend, es müssen auch Wege gefunden werden, wie die über Jahrhunderte gewachsenen gesellschaftlichen Strukturen, die *weißen* Privilegien bringen,
überwunden werden können. In diesem Zusammenhang ist die Abgabe von
Macht und Privilegien, auch unter dem Begriff Powersharing bekannt, notwendig.
Dies kann jedoch nur gelingen, wenn die Notwendigkeit von Machtausgleich
nicht allein von Deprivilegierten gesehen und dafür gekämpft wird, sondern
auch diejenigen dafür einstehen, die von sozialer Ungleichheit profitieren. Dies
bedeutet Verzicht, der mit vielen Nachteilen verbunden sein kann, doch, und da
schließe ich mich Emilia Roig an, können „[w]ir […] uns der Unterdrückung und
den Hierarchien, auf denen sie basiert, nur mit einem tiefen kollektiven Bewusstseinswandel entziehen" (Roig 2021, S. 319). Dafür braucht es in einem ersten
Schritt eine feine Analyse miteinander verwobener Diskriminierungsverhältnisse,
um die Strukturen dieser benennen zu können und damit sichtbar werden zu
lassen. Der nächste Schritt ist dann mit dem Anspruch verbunden, uns von
Gewohntem, „der Welt, wie wir sie kennen" (ebd., S. 327), zu lösen.
    Zu diesem Loslösen aus Gewohntem gehört eben auch die Dekolonisierung
von ‚Wissen' zu ‚den Anderen', was aus meiner Sicht nur gelingen kann,
wenn diesen vermeintlich ‚Anderen' zugehört wird. Das wiederum bringt ein
sich Zurücknehmen mit sich, nicht bereits zu wissen, sondern das Nichtwissen

wahrzunehmen, anzuerkennen und die Bereitschaft zu zeigen, Nichtwissen durch vielleicht unbekanntes und ungewohntes Wissen anzureichern und damit hegemoniale, entmenschlichende Narrative zu entkräften. Oder, wie Ronald Lutz es formuliert, bedeutet es, das „Zuhören ohne Vorbedingungen, ohne vorab gefasste Interpretationen und ohne moralische Entwürfe" (Lutz 2011, S. 75). Des Weiteren bedeutet es neu gewonnenes ‚Wissen' nicht wieder hierarchisch anzuordnen, sondern als gleichberechtigt und wertvoll anzuerkennen. Das ist kein einfacher Prozess, da die Vorstellung von ‚universal gültigem' und ‚objektivem Wissen' tief verankert ist in den Köpfen und gesellschaftlichen Strukturen, dennoch erscheint mir der Prozess lohnenswert, weil nur Mehrperspektivität unterschiedliche Wege aus den so komplexen, diskriminierenden Verhältnissen aufzeigen kann.

Ein weiterer Aspekt ist, dass ‚Diversity' nicht länger nur ein Label bleiben kann, das sich Institutionen anheften, darüber hinaus jedoch nicht viel passiert. Im Kontext Sozialer Arbeit muss daran gearbeitet werden, auch aufseiten der Sozialarbeitenden die Vielfalt der Adressat*innen abzubilden mit denen Sozialarbeitende zu tun haben. Stellenausschreibungen müssten dementsprechend gestaltet werden und es bräuchte die Bereitschaft zu mehr Flexibilität im Zusammenhang mit der Anerkennung von Bildungsabschlüssen.

Zuletzt ist darauf zu verweisen, dass sozialarbeiterisches Handeln in einem kapitalistischen System stattfindet, das Hierarchisierung und Ausschluss braucht, um funktionsfähig zu bleiben. Die mehrfach erwähnte Reproduktion und Aufrechterhaltung dieser Strukturen durch Soziale Arbeit muss dringend mehr diskutiert werden mit dem Ziel alternative Wege zu gehen. Unreflektiertes und unkritisches Handeln in diesem System wird auch in Zukunft Ausschlüsse und Entmenschlichungen mit sich bringen, die sich im Kontext von globalen Krisen und weiteren Kriegen noch verschärfen werden. Aus meiner Perspektive wäre es die Aufgabe Sozialer Arbeit dieses System radikal infrage zu stellen, um die entmenschlichenden Verhältnisse zu skandalisieren und damit dem politischen Mandat Platz zu machen, das Soziale Arbeit zweifelsohne hat, statt weiter Elend zu verwalten.

Fazit

In diesem Beitrag wird Rassismus als koloniale Kontinuität beschrieben, die bis heute dafür sorgt, dass nicht-weiße Menschen durch kolonial-rassistische Bilder und Zuschreibungen (unbewusst) abgewertet werden. Im Kontext Sozialer Arbeit, besonders aber im Kontext von Inobhutnahmen, ist es bedeutsam, koloniales ‚Wissen' zu ‚den Anderen' zu kennen und zu reflektieren, um zu vermeiden, dass dieses vermeintliche Wissen sich negativ auf nicht-weiße Adressat*innen auswirkt. Damit dies gelingen kann, ist die Reflexion von Weißsein, damit verbundenen Überlegenheitskonstruktionen und Herrschaftspositionen unabdingbar. Weiter ist eine intersektionale Analyse im Kontext von komplexen sozialen Wirklichkeiten bedeutsam und die Reflexion möglicher Auswirkungen, die diese auf die Adressat*innen haben.

Fragen zur Reflexion

1. Welches ‚Wissen' zur Kolonialherrschaft Deutschlands wurde Ihnen in der Schule vermittelt?
2. Wie kann kolonial-rassistischen Zuschreibungen an Adressat*innen begegnet werden?
3. Wenn Sie nach dem Lesen des Textes über Weißsein nachdenken, welche Gedanken haben Sie?
4. Wie kann Powersharing aus Ihrer Sicht gelingen?

Literatur

Afeworki Abay, R. (2020). *Das über Jahrhunderte andauernde Babysitting Afrikas.* In: Deutsches Rotes Kreuz (Hrsg.) Online verfügbar unter: Das über Jahrhunderte andauernde Babysitting Afrikas – kulturTür (kulturtuer.net). Zugegriffen: 16. Juni 2022.

Aikins, M. et al. (2021): Afrozensus 2020: Perspektiven, Anti-Schwarze Rassismuserfahrungen und Engagement Schwarzer, afrikanischer und afrodiasporischer Menschen in Deutschland, Berlin. Online verfügbar unter: www.afrozensus.de. Zugegriffen: 30. Juni 2023.

Arbeitsstelle Kinder- und Jugendhilfestatistik (2021) (Hrsg.). *Monitor Hilfen zur Erziehung 2021.* https://www.akjstat.tu-dortmund.de/fileadmin/user_upload/Kurzanalyse_HzE_2020_AKJStat.pdf. Zugegriffen: 07. Juli 2022.

Arndt, S. (2017). Rassismus. Eine viel zu lange Geschichte. In K. Fereidooni & M. El (Hrsg.), *Rassismuskritik und Widerstandsformen* (S. 29–45). Wiesbaden: Springer VS.

bell hooks (2020). *Die Bedeutung von Klasse.* Münster: Unrast Verlag.

Bollwinkel, T. (2018). *Ignorances – Zur Konstruktion von Unwissen am Beispiel weißer Rezeption afrikanischer Sexualitäten.* Vorlesung im Kontext der Veranstaltung Gesellschaft.Macht.Geschlecht, Lüneburg, 13. November 2018.

Bütow, B. & Schär, C. (2016). Mehr Gerechtigkeit oder neue Muster sozialer Kontrolle? *Sozial Extra 6*, 16–19.

Castro Varela, M. & Dhawan, N. (2015). *Postkoloniale Theorie. Eine kritische Einführung.* Bielefeld: transcript Verlag.

Césaire, A. (2021). *Über den Kolonialismus.* Berlin: Alexander Verlag.

Conen, M.-L. (2014). *Kinderschutz: Kontrolle oder Hilfe zur Veränderung?* Berlin: Soziale Arbeit kontrovers.

Destatis (Statistisches Bundesamt): *Kinderschutz: Jugendämter nahmen 2020 rund 45 400 Kinder in Obhut.* https://www.destatis.de/DE/Presse/Pressemitteilungen/2021/06/PD21_295_225.html. Zugegriffen: 01. August 2022.

Destatis (Staistisches Bundesamt): *Kinderschutz: Jugendämter nahmen 2021 5 % mehr Kinder und Jugendliche in Obhut.* https://www.destatis.de/DE/Presse/Pressemitteilungen/2022/07/PD22_315_225.html. Zugegriffen: 01. August 2022.

El-Tayeb, F. (2016). *Undeutsch. Die Konstruktion des Anderen in der postmigrantischen Gesellschaft.* Bielefeld: transcript Verlag.

Fanon, F. (2016). *Schwarze Haut, weiße Masken.* Wien: Verlag Turia + Kant.

Jordan, E. (2007). *Kinder- und Jugendhilfe. Einführung in die Geschichte und Handlungsfelder, Organisationsformen und gesellschaftliche Problemlagen.* Weinheim, Basel: Beltz Juventa.

Kipling, R. (1899).*The White Man's Burden.* http://www.loske.org/html/school/history/c19/burden_full.pdf, November 2019.

Knab, E. (2014). Entwicklung der Erziehungshilfe Mittelalter bis 2. Weltkrieg. In Macsenaere, M. et al. (Hrsg.), *Handbuch der Hilfen zur Erziehung* (S. 21–26). Freiburg im Breisgau: Lambertus Verlag.

Kuhlmann, C. (2014). Erziehungshilfen von 1945 bis heute. In Macsenaere, M. et al (Hrsg.), *Handbuch der Hilfen zur Erziehung* (S. 27–32). Freiburg im Breisgau: Lambertus Verlag.

Liebel, M. (2017). *Postkoloniale Kindheiten. Zwischen Ausgrenzung und Widerstand.* Weinheim, Basel: Beltz Juventa.

Lutz, R. (2011). *Das Mandat der Sozialen Arbeit.* Wiesbaden: Verlag für Sozialwissenschaften.

Mecheril, P. & Melter, C. (2010). Differenz und Soziale Arbeit. Historische Schlaglichter und systematische Zusammenhänge. In Kessl, F./Plößer, M. (Hrsg.). *Differenzierung, Normalisierung, Andersheit* (S. 117–134). Wiesbaden: Verlag für Sozialwissenschaften.

Mediendienst Integration (2021). *Antimuslimischer Rassismus in Deutschland: Zahlen und Fakten.* https://mediendienst-integration.de/fileadmin/Dateien/Infopapier_Antimuslimischer_Rassismus.pdf. Zugegriffen: 01. August 2022.

Mignolo, W. (2009a). *Epistemic Disobedience. Independent Thought and Decolonial Freedom.* Theory, Culture & Society 2009 (SAGE, Los Angeles, London, New Delhi, and Singapore), Vol. 26 (7–8) (S. 159–181).

Piesche, P. (2009). Fortschritt der Aufklärung. In Eggers, M.-M. et al. (Hrsg.), *Kritische Weißseinsforschung. Mythen Masken und Subjekte* (S. 30–39). Münster: Unrast Verlag.

Redmann, B. & Gintzel, U. (Hrsg.) (2017). *Von Löweneltern und Heimkindern. Lebensgeschichten von Jugendlichen und Eltern mit Erfahrungen in der Erziehungshilfe.* Weinheim, Basel: Beltz Juventa.

Reimer, D. (2017). Echte Partizipation in Settings der Fremdunterbringung. Ein Problemaufriss am Beispiel der Pflegekinderhilfe. In Maier-Höfer, C. (Hrsg.), *Kinderrechte und*

Kinderpolitik. Fragestellungen der Angewandten Kindheitswissenschaften (S. 241–258). Wiesbaden: Springer VS.

Riegel, C. (2016). *Bildung – Intersektionalität – Othering. Pädagogisches Handeln in widersprüchlichen Verhältnissen.* Bielefeld: transcipt Verlag.

Riegel, C. (2021). Kindheit und Jugend in der Migrationsgesellschaft. In Deinet, U. et al (Hrsg.), *Handbuch Offene Kinder- und Jugendarbeit* (S. 241–258). Wiesbaden: Springer Fachmedien.

Roig, E. (2021). *Why we matter. Das Ende der Unterdrückung.* Berlin: Aufbau Verlag.

Schirilla, N. (2018). Dekolonialisierung des Wissens: Indigenes Wissen, Menschenrechte und Soziale Arbeit. In Spatscheck, C./Steckelberg, C. (Hrsg.), *Menschenrechte und Soziale Arbeit. Konzeptionelle Grundlagen, Gestaltungsfelder und Umsetzung einer Realutopie* (S. 109–122). Opladen: Verlag Barbara Budrich.

Seeck, F. (2020). Hä, was heißt Klassismus? In Seeck, F./Theißl, B. (Hrsg.), *Solidarisch gegen Klassismus. Organisieren, intervenieren, umverteilen* (S. 17–19). Münster: Unrast Verlag.

Shure, S. (2021). Ort der Bildung neu begründen?!. In: bildungsLab* (Hrsg.), *Bildung – ein postkoloniales Manifest* (S. 19–21). Münster: Unrast Verlag.

Statista: Statistiken zum Kolonialismus. https://de.statista.com/themen/6472/kolonialismus/#topicOverview. Zugegriffen: 29. Juli 2022.

Wetterer (2010). Konstruktion von Geschlecht. In Becker, R./Kortendiek, B. (Hrsg.), *Handbuch Frauen- und Geschlechterforschung* (S. 126–136). Wiesbaden: Verlag für Sozialwissenschaften.

Wiedemann, C. (2022). *Den Schmerz der Anderen begreifen. Holocaust und Weltgedächtnis.* Berlin: Ullstein Buchverlage.

Ziegler, H. (2020). Das Elend mit dem Kindeswohl: Kindeswohlbezogener Kinderschutz als konservative Pädagogik. In Kelle, H./Dahmen, S. (Hrsg.), *Ambivalenzen des Kinderschutzes* (S. 172–188). Weinheim, Basel: Juventa Beltz.

Weiterführende Literatur

El-Tayeb, F. (2015). *Anders europäisch. Rassismus, Identität und Widerstand im vereinten Europa.* Münster: Unrast Verlag.

Mignolo, W. (2009b): *Who spaeks for the „Human" in Human Rights?* Hispanic Issues On Line 5.1.

Saad, Layla F. (2021). *Me and White Supremacy. Warum kritisches Weißsein mit dir selbst anfängt.* München: Penguin.

Isabelle Ihring, Dr., Dipl. Päd., Professorin für Soziale Arbeit mit dem Schwerpunkt Jugend an der Evangelischen Hochschule Freiburg. Lehrtätigkeiten zu den Schwerpunkten Hilfen zur Erziehung mit besonderem Blick auf Kinderschutz, der Analyse (globaler) Ungleichheitsverhältnisse mit dem Fokus auf Rassismus aus postkolonialer und intersektionaler Perspektive. Hinzu kommt die Auseinandersetzung mit dekolonialen Praktiken und deren Relevanz für die Soziale Arbeit. Forschungsinteressen: Weißsein als global wirksame Machtmatrix und die Auswirkungen dieser Konstruktion auf nicht-weiß gelesene Menschen, Erinnerungskultur, Umgang mit kolonialen Kontinuitäten.

Prävention häuslicher Gewalt im Fluchtkontext

Mohammad Naser Rostami, Mohamad Abdullah und Alexander Stotkiewitz

Zusammenfassung

Die Ursachen von häuslicher Gewalt bestehen meist in Machtstrukturen, die insbesondere Frauen und vulnerable Bürger*innen, wie z. B. Menschen mit Fluchtgeschichte, benachteiligen. Im Rahmen der „Stuttgarter Ordnungspartnerschaft gegen häusliche Gewalt" (STOP) werden geflüchtete Betroffene von häuslicher Gewalt durch die „Stuttgarter Gewaltschutz-Mentor*innen", eine Gruppe von ehrenamtlichen Frauen und Männern, die selbst eine Flucht- bzw. Migrationsgeschichte haben, *empowert*. Zu ihnen gehören Mohammad Naser Rostami und Mohamad Abdullah. Die beiden Mentoren bauen in informellen Begegnungscafés langfristige, vertrauensvolle Beziehungen auf und bieten so für die Betroffenen eine Brücke ins professionelle Hilfesystem. Für Sozialarbeiter*innen und andere Fachkräfte sind sie eine wichtige Unterstützung, sei es durch die kultursensible Einschätzung von Problemlagen in den betroffenen Familien oder durch ihre Expertise zu Gewaltdynamiken.

Keywords

Gewaltprävention • Flucht • Brückenbauer*innen • Empowerment • Beziehungsaufbau

M. N. Rostami (✉) · M. Abdullah · A. Stotkiewitz (✉)
Stuttgart, Deutschland
E-Mail: Alexander.Stotkiewitz@sm.bwl.de

© Der/die Autor(en), exklusiv lizenziert an Springer Fachmedien Wiesbaden GmbH, ein Teil von Springer Nature 2024
K. E. Sauer et al. (Hrsg.), *Studienbuch Gender und Diversity für die Soziale Arbeit*, https://doi.org/10.1007/978-3-658-42942-3_13

1   Einführung

Häusliche Gewalt ist ein gesamtgesellschaftliches Problem. Ihre Ursachen bestehen meist in Machtstrukturen, die insbesondere Frauen und vulnerable Bürger*innen, wie z. B. Menschen mit Fluchtgeschichte, benachteiligen. Dies geschieht mittels kultureller, religiöser, gesellschaftlicher und institutioneller Strukturen, d. h. mittels gelernter stereotypischer Rollenbilder, „traditioneller" und informeller Normen sowie diskriminierender Gesetze etc.. *Individuelle* Vorfälle von häuslicher Gewalt sind also häufig die Folge von *struktureller* Gewalt. Daraus folgt, dass die Prävention von häuslicher Gewalt zum einen die Gleichstellung aller Bürger*innen zum Ziel haben muss und zum anderen die kulturelle und religiöse Rechtfertigung von Gewalt verurteilen muss, ohne dabei selbst Stereotype und rassistische Zuschreibungen zu reproduzieren.

In der Landeshauptstadt Stuttgart ist die Abteilung für Chancengleichheit die federführende Stelle, die die Verbesserung des Schutzes vor häuslicher Gewalt kontinuierlich vorantreibt. Mit der „Stuttgarter Ordnungspartnerschaft gegen häusliche Gewalt" (STOP) koordiniert sie einen Zusammenschluss aus polizeilich-juristischen sowie psychosozialen Stellen. Innerhalb von STOP haben Menschen mit Fluchtgeschichte aufgrund ihrer besonderen Schutzbedarfe einen besonderen Stellenwert. Für die Stuttgarter Herangehensweise in der Gewaltpräventionsarbeit im Fluchtkontext sind drei Aspekte charakteristisch:

1. Interdisziplinäre Zusammenarbeit,
2. niederschwellige, muttersprachliche, geschlechtsspezifische und kultursensible Präventionsangebote sowie
3. die Weiterentwicklung dieser Präventionsangebote in Zusammenarbeit mit Menschen mit Fluchtgeschichte.

Das Herzstück dieser Präventionsangebote sind die „Stuttgarter Gewaltschutz-Mentor*innen", eine Gruppe von ehrenamtlichen Frauen und Männern, die selbst eine Flucht- bzw. Migrationsgeschichte haben. Sie fungieren für geflüchtete Betroffene als wichtige Ansprechpersonen. Exemplarisch berichtet dieser Beitrag über die Erfahrungen von Mohammad Naser Rostami und Mohamad Abdullah in ihren Begegnungscafés. Mit den Cafés stellen die beiden Mentoren einen „Safer Space" für Menschen mit Fluchtgeschichte zur Verfügung. In diesen geschützten Räumen können alltägliche Dinge, aber auch persönliche Probleme der Teilnehmer*innen besprochen werden. So bauen sie langfristige vertrauensvolle Beziehungen auf und bieten aus ihren informellen Unterstützungsangeboten heraus eine wichtige Brücke für Betroffene von häuslicher Gewalt ins professionelle Hilfesystem an. Für Fachkräfte im Hilfesystem und auch für andere Sozialarbeiter*innen, die mit von häuslicher Gewalt Betroffenen arbeiten, ist die Beziehungsarbeit und das Empowerment der Betroffenen von zentraler Bedeutung. In der Arbeit mit Betroffenen und Täter*innen kann es darüber hinaus ausgesprochen wichtig sein, neben einer klaren Haltung *gegen* häusliche Gewalt, auch eine Vision *für* ein gleichberechtigtes, gewaltfreies Miteinander und *für* ein selbstbestimmtes Leben zu vermitteln.

2 Machtstrukturen als Ursache geschlechtsspezifischer häuslicher Gewalt

Gewaltpräventionsarbeit für spezifische Zielgruppen braucht ein erhöhtes Maß an Sensibilität, insbesondere wenn es sich um die Arbeit mit besonders vulnerablen oder marginalisierten Menschen, wie Geflüchteten, handelt. Ist diese Sensibilität nicht vorhanden, kann der Eindruck entstehen, dass ein gesamtgesellschaftliches Problem in besonderem Maße mit einer bestimmten gesellschaftlichen Gruppe verbunden sei. Es besteht zum einen die Gefahr, diese zu den „Anderen" zu machen, deren sich die Mehrheitsgesellschaft annehmen muss, um ein Problem zu lösen, mit dem sie selbst anscheinend nichts zu tun hat. Zum anderen fördert es den Glauben, dass es „so etwas bei uns" nicht geben kann, was dann wiederum Unsichtbarkeit, Ablehnung und Bagatellisierung nach sich zieht. Gewaltpräventionsarbeit, die auf einer Zuschreibungshaltung basiert, wird somit zwangsläufig zu Diskriminierungs- und Ausschluserfahrungen der Zielgruppe führen. Bevor wir uns folglich mit den spezifischen Aspekten der Gewaltpräventionsarbeit im Fluchtkontext auseinandersetzen können, müssen wir anerkennen:
Häusliche Gewalt ist ein gesamtgesellschaftliches Problem.

Wissensbaustein „Häusliche Gewalt"
Häusliche Gewalt ist Gewalt in der aktuellen oder ehemaligen Ehe bzw. Partnerschaft (zwischen erwachsenen Personen). Sie ist komplex und beinhaltet unterschiedliche Erlebens- und Verhaltensweisen von Betroffenen und Täter*innen. Oft ist sie Teil eines systematischen, kontinuierlichen Gewalt- und Kontrollverhaltens des/der Täters*in, das darauf ausgerichtet ist, das Gegenüber zu bestimmen. Sie tritt in der Regel nicht nur einmal, sondern wiederholt auf und steigert sich über die Zeit in ihrer Schwere. Sie

setzt sich häufig aus verschiedenen oft ineinandergreifenden Gewaltformen zusammen:

• Körperliche Gewalt (z. B. Stoßen, Schlagen, Treten, Würgen)
• Psychische Gewalt (z. B. Beschimpfen, Drohen, Demütigen)
• Sexualisierte Gewalt (z. B. ungewolltes Anfassen, Vergewaltigung)
• Soziale Gewalt (z. B. Einsperren, Isolieren)
• Wirtschaftliche Gewalt (z. B. Kontrolle über Einkommen, Verbot zu arbeiten)
• Digitale Gewalt (z. B. Kontrolle über das Smartphone der/des Partners*in)

Häusliche Gewalt findet in allen sozio-ökonomischen Schichten statt, in den Familien von Akademiker*innen und ebenso in Familien von Sozialhilfeempfänger*innen, in heterosexuellen wie in queeren Beziehungen. Sie betrifft Menschen unabhängig von ihrer Herkunft und Migrations- bzw. Fluchtgeschichte.

Die Ursachen von häuslicher Gewalt können individuell, beziehungsspezifisch und abhängig vom sozialen Umfeld sein. Sie sind allerdings nicht nur in den Individuen einer Gesellschaft zu finden, sondern auch in kulturellen, religiösen, gesellschaftlichen und institutionellen Strukturen. Sie liegen vor allem in den ungleichen Machtverhältnissen in patriarchal geprägten Gesellschaften. Dies sind Gesellschaften, in denen sich Männer in einer privilegierten und als „natürlich" konstruierten Machtposition befinden und somit die Rechte (und auch deren Entzug) von anderen gesellschaftlichen Gruppen bestimmen können. *Strukturelle Gewalt* bedeutet in diesem Zusammenhang den Ausschluss, die Benachteiligung und die Diskriminierung von Bürger*innen durch politische Maßnahmen oder Institutionen, basierend auf Stereotypen, Geschlecht, geschlechtsspezifischen Rollenzuschreibungen und Wertevorstellungen (Medica Mondiale 2023). Es kann sich dabei um diskriminierende Gesetze handeln, aber auch um traditionelle, informelle Normen oder einen diskriminierenden Sprachgebrauch. Darüber hinaus ist *kulturelle Gewalt* die Rechtfertigung von *struktureller Gewalt* aufgrund von kulturellen Aspekten einer Gesellschaft (Galtung 1998, S. 341). Bürger*innen übernehmen und internalisieren aufgrund ihrer Sozialisierung innerhalb der Strukturen die kulturellen Regeln ihrer Gesellschaft als eigene Überzeugungen. Die Gewaltprävention im Fluchtkontext bewegt sich folglich immer in einem Spannungsfeld zwischen einem erhöhten Maß an Kultursensibilität und dem konsequenten Abbau *kultureller Gewalt* durch die Sensibilisierung der Zielgruppe. Dazu gehört, dass normalisierte Verhaltensweisen, wie z. B. Vergewaltigung in der Ehe, als Gewalt benannt und verurteilt werden.

3 Diskriminierungskritische Chancengleichheitsarbeit als Gewaltprävention

Wenn Gewaltprävention nicht nur den Schutz vor häuslicher Gewalt verbessern möchte, sondern anstrebt, häusliche Gewalt in Zukunft zu verhindern, muss sie sich mit den Wurzeln von häuslicher Gewalt, also mit ungleichen Machtverhältnissen, auseinandersetzen. Sie muss die Unterdrückung von Frauen und die Marginalisierung aller Bürger*innen, die nicht zur sogenannten Mehrheitsgesellschaft gehören, adressieren. Strukturelle Gewalt und die daraus resultierende individuelle Gewalt schränken die Betroffenen in ihrer gesellschaftlichen Teilhabe und in der Verwirklichung ihrer Entfaltungsmöglichkeiten ein. Sie fallen beispielsweise aufgrund von körperlichen oder psychischen Verletzungen in ihren Arbeitsstellen häufiger aus (TERRE DE FEMMES 2010, S. 7). Daraus können wir folgern, dass die rechtliche, politische, soziale und ökonomische Gleichstellung aller Geschlechter die beste Gewaltprävention ist. Aus diesem Grund ist der Schutz vor geschlechtsspezifischer Gewalt im Artikel 22 der „Europäischen Charta für die Gleichstellung" festgeschrieben (Rat der Gemeinden und Regionen Europas 2006, S. 28). Um dieses Ziel zu erreichen, müssen geschlechtsspezifische Stereotype kritisch hinterfragt und aufgelöst werden. Außerdem darf sich Gewaltprävention nicht auf den Schutz vor körperlicher Gewalt beschränken, wenn psychische Gewalt und Diskriminierung häufig die Grundlage für körperliche Gewalt darstellen.

In der Landeshauptstadt Stuttgart ist die Abteilung für Chancengleichheit die zentrale Stelle, die Chancenungleichheiten und Diskriminierung von Mitarbeiter*innen der Stadtverwaltung und von Bürger*innen der Stadtgesellschaft adressiert. Sie kümmert sich um Chancenungleichheiten, in denen das Geschlecht eine ausschlaggebende Rolle spielt und betrachtet das Geschlecht in einer Vielfalt von Dimensionen, u. a. die ethnische Zugehörigkeit/Herkunft der Betroffenen und Täter*innen im Kontext häuslicher Gewalt. Hierbei wird eine intersektionale Perspektive eingenommen, d. h. es werden Mehrfachbenachteiligungen, z. B. sexuelle Orientierung, Aufenthaltsstatus, Geschlecht, Religion, (gelesene) Hautfarbe etc., besonders in den Blick genommen. Außerdem werden Arbeitsprozesse grundsätzlich so partizipativ wie möglich gestaltet, um die Expertise von Fachkräften und aus den Zielgruppen bzw. Selbstvertretungsorganisationen selbst einfließen zu lassen.

4   Schutz vor häuslicher Gewalt in Stuttgart

Häusliche Gewalt macht einen erheblichen Anteil der geschlechtsspezifischen Gewalt gegen Frauen aus. Geschlechtsspezifische Gewalt bedeutet, dass das Geschlecht der Betroffenen und Täter*innen eine zentrale Rolle für die Ausübung der Gewalt spielt. Es ist häufig nicht der unbekannte Fremde, von dem Gefahr ausgeht, sondern es sind Menschen aus dem sozialen Nahraum, mit denen Frauen in einer engen Beziehung stehen. Der kriminalstatistischen Auswertung des Bundeskriminalamts vom Jahr 2021 zufolge wurden 113 Femizide in Deutschland von (Ex-) Partnern verübt. Darüber hinaus überlebten weitere 188 Frauen einen Mordversuch ihrer (Ex-) Partner (Bundeskriminalamt 2022, S. 6). Diese erschreckenden Zahlen zeigen, dass etwa jeden Tag ein Mann versucht seine Frau zu töten, und dass etwa jeden dritten Tag einem Mann ein solcher Mord gelingt.

> **Wissensbaustein „Femizid"**
> Der Begriff „Femizid" beschreibt die „von privaten und öffentlichen Akteuren begangene oder tolerierte Tötung von Frauen und Mädchen wegen ihres Geschlechts" (European Institute for Gender Equality 2016). Die Tötung von Frauen und Mädchen durch einen Täter aus dem sozialen Nahraum wird „Intim-Femizid" genannt. Liegen die Beweggründe des Täters darin, dass die „Ehre" der Familie wiederhergestellt werden soll, handelt es sich um einen sogenannten „Ehrenmord" oder „Gewalt im Namen der ‚Ehre'".

Die Anzahl der Polizeieinsätze wegen häuslicher Gewalt in Stuttgart nimmt kontinuierlich zu. Im Jahr 2014 wurden noch 485 Einsätze gezählt, während es im Jahr 2022 bereits 1651 Einsätze waren. Das bedeutet eine Steigerung um das Dreifache. Gleichzeitig gilt es zu beachten, dass es sich bei den Zahlen um das „Hellfeld" handelt und davon ausgegangen werden muss, dass deutlich mehr häusliche Gewalt stattfindet.

Aus diesem Grund hat die Stadt Stuttgart schon 2001 die „Stuttgarter Ordnungspartnerschaft gegen häusliche Gewalt (STOP)" initiiert und seitdem wird sie von der Abteilung für Chancengleichheit koordiniert und kontinuierlich weiterentwickelt. Es handelt sich um ein kommunales Netzwerk mit verbindlichen Verfahrensabläufen und Vereinbarungen. Verschiedene Institutionen und Beratungsstellen aus dem polizeilich-juristischen und dem psychosozialen Bereich arbeiten hierbei auf der Basis des Gesetzes zum zivilrechtlichen Schutz vor

Gewalttaten und Nachstellungen, kurz „Gewaltschutzgesetz," gemeinsam an einer wirkungsvollen Gewaltprävention und -intervention. Das STOP-Interventionsverfahren umfasst folgende Handlungsebenen:

- Wohnungsverweis für den/die Täter*in (bis zu 14 Tage)
- Zeitnahe, proaktive Beratung
- Hilfsangebote für Betroffene und Täter*in (Frauenhausplatz, Gewaltsensibilisierungstraining u. a.)
- Hilfen für Kinder (Jugendamt, Kinderschutz-Zentrum)
- Zivilrechtliche Schutzmaßnahmen (Annäherungs- und Kontaktverbot bis zu 6 Monate)
- Konsequente Strafverfolgung

2016 kam ergänzend zu dem Thema Gewalt gegen Frauen das Modul „Gewaltschutz für Männer" hinzu. Neben dem Beratungsangebot für von gewaltbetroffene Männer gibt es mittlerweile eine „Männerschutzwohnung" als Pendant zu den Frauenhäusern, in der Männer vor ihren gewalttätigen Partner*innen Schutz finden können. Des Weiteren wurde ein neues Verfahren für Hochrisikofälle entwickelt, bei denen es akut um Leben und Tod geht. Das Kernstück des Verfahrens besteht darin, dass in kürzester Zeit Fallkonferenzen einberufen werden, in denen die beteiligten Akteure des Hilfesystems gemeinsam die notwendigen Schutzmaßnahmen besprechen, beschließen und umsetzen. Ziel ist es, den Schutz vor häuslicher Gewalt zu verbessern, indem die Kooperation der beteiligten Akteure gestärkt wird. Zudem sollen Betroffene dahingehend unterstützt werden, aus dem Gewaltkreislauf auszubrechen, da sie dies ohne Unterstützung oft nicht schaffen.

5   Besondere Schutzbedarfe von Menschen mit Fluchtgeschichte

Wie bereits dargelegt ist häusliche Gewalt ein gesamtgesellschaftliches Problem, von dem vorwiegend Frauen, aber auch Männer, betroffen sind. Sie kommt in allen sozialen Schichten, unabhängig von Alter und Herkunft vor. Gleichzeitig können kulturelle Aspekte und die persönliche Geschichte durchaus eine zentrale Rolle darin spielen, ob eine Person Betroffene*r bzw. Täter*in häuslicher Gewalt wird.

Menschen mit einer Fluchtgeschichte leiden häufig unter traumatischen Erlebnissen in ihrem Herkunftsland, während ihrer Flucht und in ihrer neuen Heimat.

In Deutschland stoßen sie auf erhebliche Schwierigkeiten durch ihre neue Umgebung. Die beengten Lebensverhältnisse und die langen Aufenthaltszeiten in den Gemeinschaftsunterkünften können dazu führen, dass Konflikte schneller eskalieren. Die unsichere Bleibeperspektive und zunehmende Perspektivlosigkeit können Aggressionen auslösen. Darüber hinaus treffen die Menschen auf unbekannte geschlechtsspezifische Rollenbilder. In Deutschland unterscheidet sich das Rollenverständnis von Frauen und Männern deutlich von vielen Herkunftsländern, in denen beispielsweise die Vorstellung vorherrscht, dass eine „gute Ehefrau" dem Mann bedingungslos gehorchen muss oder Frauen generell als minderwertig betrachtet werden. Diese Ungleichheit wird in Deutschland zum Teil aufgehoben, was dazu führen kann, dass sich geflüchtete Männer nicht nur aufgrund der Flucht und durch den Verlust ihrer Stellung im Herkunftsland, sondern auch durch die neuen Rechte und Freiheiten von Frauen entmachtet fühlen. Diese Entmachtungserfahrung aufgrund der Veränderung traditioneller Rollenverständnisse kann dazu führen, dass sie versuchen, die ihnen vermeintlich zustehende Position in der Familie durch den Einsatz von Gewalt zurückzugewinnen.

Die betroffenen Frauen suchen sich selten Hilfe, weil sie nicht ausreichend über ihre Rechte und Hilfsangebote informiert sind. Zudem befürchten sie möglicherweise eine weitere Eskalation der Gewalt oder Benachteiligungen im Asylverfahren, die sich negativ auf ihren Aufenthaltsstatus auswirken könnten. Eine weitere Herausforderung besteht in der Sprachbarriere. Hinzu kommt, dass viele Betroffene Gewalt- bzw. Diskriminierungserfahrungen mit Behörden im Herkunftsland, auf der Flucht oder auch in Deutschland gemacht haben, sodass sie auch gegenüber den Behörden des Hilfesystems misstrauisch sein können. Häufig wird häusliche Gewalt auch von den betroffenen Frauen nicht als Gewalt wahrgenommen. Sie gilt in einigen Herkunftsländern als „normale" Disziplinierungsmaßnahme. Es ist daher wichtig, die Betroffene zunächst dafür zu sensibilisieren, dass häusliche Gewalt eine Straftat darstellt und dass es Schutzmaßnahmen gibt, die sie ergreifen können. Neben häuslicher Gewalt sind geflüchtete Frauen in ihrem Alltag in Deutschland oft auch von Rassismus und Sexismus betroffen, was zu weiterer Belastung und Diskriminierung führt. Diese Mehrfachbelastung macht deutlich, dass Menschen mit Fluchtgeschichte eine besondere Schutzbedürftigkeit aufweisen, und es deshalb von großer Bedeutung ist, ihre spezifischen Schutzbedarfe zu berücksichtigen. Die Abteilung für Chancengleichheit setzt sich daher besonders für diese Zielgruppe ein.

6   Gewaltprävention im Fluchtkontext

Aufgrund der beschriebenen besonderen Schutzbedarfe setzt sich die Abteilung für Chancengleichheit mit der Frage auseinander, wie die Bewohner*innen in Stuttgarter Gemeinschaftsunterkünften vor häuslicher Gewalt geschützt werden können. Die Herangehensweise ist durch folgende drei Aspekte charakterisiert:

• Interdisziplinäre Zusammenarbeit
• Niederschwellige muttersprachliche, geschlechtsspezifische, kultursensible Präventionsangebote
• Partizipative Weiterentwicklung der Präventionsangebote in Zusammenarbeit mit Menschen mit Fluchtgeschichte

Zunächst wurde 2017 ein Arbeitskreis „Häusliche Gewalt und Geflüchtete" gegründet. Bis heute ist dieser Arbeitskreis die zentrale Plattform für alle städtischen Ämter, Behörden und Beratungsstellen sowie Trägerorganisationen der Flüchtlingshilfe, um sich über aktuelle Themen im Kontext von häuslicher Gewalt und Flucht auszutauschen, gemeinsame Problemlagen anzusprechen und in der Zusammenarbeit Lösungen zu erarbeiten. Das STOP-Interventionsverfahren wurde durch eine Reihe von zielgruppenspezifischen Maßnahmen ergänzt. Dazu gehört ein Handlungsleitfaden für akute Vorfälle und Verdachtsfälle von häuslicher Gewalt in Gemeinschaftsunterkünften, der in Zusammenarbeit von der Abteilung für Chancengleichheit, dem Jugendamt und allen Trägerorganisationen der Flüchtlingshilfe in Stuttgart entwickelt wurde. Der Leitfaden soll für die Sozialarbeiter*innen vor Ort mehr Handlungssicherheit bieten und dazu ermutigen, hinzuschauen, häusliche Gewalt zu erkennen und professionell zu handeln, ohne dabei sich selbst und andere zu gefährden.

Im Bereich Prävention wird ebenfalls seit 2017 ein Projekt umgesetzt, mit dem Ziel, Menschen mit Fluchtgeschichte in Bezug auf häusliche Gewalt in ihrer Muttersprache kultursensibel und geschlechtsspezifisch zu sensibilisieren. Es wurden sogenannte „Stuttgarter Gewaltschutz-Mentor*innen" ausgebildet, die sich ehrenamtlich dieser Aufgabe widmen. Sie bringen eine eigene Flucht- bzw. Migrationsgeschichte mit und sind wichtige Ansprechpersonen für geflüchtete Menschen, indem sie für die Betroffenen eine Brücke ins psychosoziale Hilfsystem bauen. In ihren Einsätzen führen sie Informationsveranstaltungen, Einzelgespräche und regelmäßige Sprechstunden in den Gemeinschaftsunterkünften durch. Dort sind sie auch für Sozialarbeiter*innen eine wichtige Unterstützung, sei es durch die Übersetzung in Gesprächen mit betroffenen Bewohner*innen, durch die kultursensible Einschätzung von Problemlagen in den Familien oder durch Hintergrundinformationen zu Gewaltdynamiken. Als Dolmetscher*innen können sie außerdem verhindern, dass andere Familienmitglieder zur Übersetzung herangezogen werden, was für die Hilfe ausschlaggebend sein kann. Auch wenn Kinder häufig schneller Deutsch lernen als ihre Eltern, sollten sie keinesfalls an Gesprächen über häusliche Gewalt zur Übersetzung teilnehmen. Es wäre für die Kinder äußerst belastend, die Gewalterfahrungen ihrer Eltern wiederzugeben zu müssen. Des Weiteren ist es in der Regel für die Betroffenen außerordentlich schwierig, sich in Anwesenheit ihrer Kinder oder der Täter*innen zu öffnen.

Im Mehrgenerationenhaus Heslach wurde 2018 ein Männercafé als regelmäßiges Angebot eingerichtet. 2019 wurde es von den beiden Gewaltschutz-Mentoren Mohammad Naser Rostami und Mohamad Abdullah übernommen. Die zweistündigen Treffen boten einen niedrigschwelligen und geschützten Raum für Männer, zum Kennenlernen und Austausch über Themen, die gerade von Interesse waren. In den folgenden Jahren weitete sich das Männercafé aus und es entstand daraus 2020 das Familiencafé und 2022 das Café Blabla.

Die Entwicklung in den Cafés verdeutlicht, dass die praktizierte Herangehensweise möglichst viel *Ownership* der Zielgruppe ermöglichen und die individuellen Bedürfnisse der Teilnehmenden aufgreifen möchte. Beispielsweise haben die Teilnehmer*innen des Café Blablas sich diesen Namen selbst gegeben. Darüber hinaus geht die Entwicklung der großen Vielfalt von Präventionsangeboten maßgeblich auf das Engagement der Mentor*innen in den regelmäßigen Planungstreffen zurück. Sie berichteten, dass ihre Einsätze, die zu Beginn nur auf Informationsveranstaltungen begrenzt waren, an ihre Grenzen stießen, da Betroffene vor allem das vertrauliche Gespräch unter vier Augen nach der Veranstaltung gesucht haben. Daraufhin wurden Sprechstunden, Einzelbetreuungen und Begegnungscafés eingerichtet, die auf das Feedback der Mentor*innen zurückzuführen sind.

7   Erfahrungen aus der Praxis: Begegnungscafés

Das Männercafé der Gewaltschutz-Mentoren Mohammad Naser Rostami und Mohamad Abdullah (2018–2021) war ein „Safer Space", in dem Männer ihre Meinungen ohne Angst vor Stigmatisierung oder Diskriminierung ehrlich kommunizieren konnten. Die Mentoren konnten sich gut in die Lage der Männer versetzen, in der sie selbst vor wenigen Jahren gewesen waren. Jeder Mann wurde als Mensch angenommen und gleichzeitig wurde er mit den möglichen Konsequenzen seines Handelns konfrontiert, wenn er Täter geworden war.

„Oft sprechen wir über einen ‚Bekannten', in dessen Familie Gewalt vom Ehemann ausgeübt wird. Auf diese Weise ermöglichen wir es den Männern sich mit dem Thema auseinanderzusetzen, ihre eigenen Haltungen einzubringen und Lösungsvorschläge zu diskutieren, ohne sich persönlich zu verletzlich machen zu müssen. Damit legen wir den Grundstein dafür, auch schwierige Themen anzusprechen. Wir haben beispielsweise die Frage in den Raum gestellt, ob die Teilnehmer es akzeptieren würden, wenn ihre Partnerinnen nicht mit ihnen schlafen wollen würden. Einige würden es akzeptieren, aber einige nicht. Die Männer konnten ihre Meinung ehrlich äußern und gaben nicht die Antwort, die sie als gewünscht vermutet hatten. Auf diese Weise konnten wir sie damit konfrontieren, dass sie damit nach deutschem Recht Gewalt anwenden würden und sie dafür strafrechtliche Konsequenzen, z. B. eine Haftstrafe, befürchten müssen. "

Mohamad Abdullah

Außerdem berichteten die Mentoren über ihre persönliche Entwicklung und ihre positiven Erfahrungen durch einen gewaltfreien und respektvollen Umgang mit ihren Partnerinnen. Sie teilten grundlegende Informationen über Gewalt und Rechte in Deutschland. Damit erhielten diese Informationen Zugang zu den Communities der Männer, in denen es teilweise starke Bemühungen gibt, sich von der deutschen Gesellschaft abzugrenzen, aus Angst, die eigene Kultur zu verlieren. „Sie leben in Deutschland, aber sind nie richtig angekommen", beschreibt Mohammad Naser Rostami diese Situation. Sie leben nach den Werten und Regeln ihrer Herkunftsländer. Im Männercafé erfuhren die Teilnehmer, dass sie ihre Herkunft und ihre Religion weiterhin bewahren können. Gleichzeitig erfuhren sie, wie in einer Familie gewaltfrei miteinander gelebt und umgegangen werden kann. Auf diese Weise wurden neue Handlungsmöglichkeiten und Ideen für einen gewaltfreien Umgang in Beziehungen in die Gedankenwelt der Männer eingebracht und damit ein langfristiger Prozess angestoßen. Zu Beginn stießen diese Ideen auf Widerstand, der nur durch regelmäßigen Austausch und Vertrauensaufbau abgebaut werden konnte.

Neben dem geschlechtsspezifischen Angebot des Männercafés wurde 2020 zusätzlich ein arabisch-sprachiges Familiencafé und 2022 das internationale Café Blabla ins Leben gerufen. Es war ein Anliegen der Mentoren, die Familien als Ganzes zu stärken und sie in einem gewaltfreien Miteinander zu unterstützen. Zentraler Aspekt ihrer Arbeit ist auch hier der Aufbau vertrauensvoller Beziehungen zu den Teilnehmer*innen. Ein solcher Prozess benötigt Zeit und einen regelmäßigen, langfristigen Austausch in einem geschützten und informellen Rahmen. Es ist wichtig, dass dieser Rahmen nicht zu formell ist, sondern freundliche und entspannte Gespräche über alle Dinge des Lebens ermöglicht, bevor man sich dem sensiblen Thema häusliche Gewalt widmet. Die Teilnehmer*innen kommen mit ganz persönlichen, aber auch ganz pragmatischen Anliegen, wie Hilfe bei den Hausaufgaben des Deutschkurses, beim Schreiben einer Bewerbung oder zum Ausfüllen von Dokumenten des Sozialamts.

Es konnten Frauen für die Teilnahme in den Cafés gewonnen werden, aber das war ein schwerer Prozess, da es für viele Frauen nicht vorstellbar war, an einer Veranstaltung teilzunehmen, bei der auch Männer anwesend sind, die nicht zu ihrer Familie gehören. In einigen Communities ist es eine unausgesprochene Regel, dass Frauen nicht mit ihnen unbekannten Männern reden sollen. Zentral bei der Arbeit mit Frauen, die oft einem enormen Druck aus der eigenen Familie in Deutschland und im Herkunftsland ausgesetzt sind, ist das Empowerment. In den Begegnungscafés werden die Frauen gestärkt und können sich mit anderen Frauen und Männern über ihr Probleme austauschen. Das Café fördert eine Kultur des Zuhörens, in der Probleme offen angesprochen werden können. Dies kann für die Teilnehmerinnen äußerst hilfreich sein, insbesondere wenn sie versuchen, ihre neuen Freiheiten auszuleben.

„Wenn eine Frau ihr Kopftuch ablegt, wird das immer wieder von Familienmitgliedern als Vertrauensbruch an den Werten und der Religion der Familie aufgefasst. Sie stoßen dann in ihren eigenen Familien auf Unverständnis, ernten Vorwürfe, und haben oft keine Person, der sie sich anvertrauen können. Oder wenn eine Teilnehmerin im Café Blabla berichtet, dass nur ihr Partner über die Finanzen der Familie verfügen kann oder, dass ihr Partner ihr verbietet, in einen Deutschkurs zu gehen, dann sage ich, dass das wirtschaftliche bzw. soziale Gewalt und Kontrolle ist. In der Gruppe werden dann mögliche Lösungen, wie ein eigenes Konto, diskutiert. "
Mohammad Naser Rostami

(Siehe: Stuttgarter Zeitung vom 18.03.2022, „Stuttgarter/Stuttgarterin des Jahres Menschen, die Hoffnung verbreiten", https://www.stuttgarter-zeitung.de/gallery. stuttgarter-stuttgarterin-des-jahres-menschen-die-hoffnung-verbreiten.c92040bd-9fe0-4ab1-a87f-3715d18a1fc1.html).

Es hat sich gezeigt, dass besonders die weiblichen Teilnehmerinnen die Informationen aus den Cafés mit Freundinnen und Bekannten teilen und sie auf diese Weise in ihren Communities weiterverbreiten. Das hat manchmal zur Folge, dass alte und neue Wertevorstellungen in diesen Familien aufeinandertreffen, was zu Konflikten und somit auch zu weiterer häuslicher Gewalt führen kann. Das stellt ein ernsthaftes Dilemma dar. Dennoch wäre es keine Lösung, die Benachteiligung der Betroffenen fortzusetzen. Daher ist es besonders wichtig, die Betroffenen zu stärken, insbesondere wenn sie in ihren Familien Widerständen ausgesetzt sind.

8 Handlungsempfehlungen für Sozialarbeitende

Fälle von häuslicher Gewalt sind häufig komplex und individuell. Dennoch lassen sich eine Reihe von Vorgehensweisen definieren, um als Sozialarbeitende professionell zu handeln. Selbstschutz hat bei gewalttätigen Auseinandersetzungen die höchste Priorität. Erst wenn die eigene Sicherheit gewährleistet ist, können weitere Schutzmaßnahmen für Betroffene getroffen werden. Es gibt unterschiedliche Wege, Selbstschutz zu gewährleisten. Wenn möglich, sollten auf jeden Fall weitere Kolleg*innen zu einer Konfliktsituation dazu geholt werden. Darüber hinaus muss geprüft werden, ob die Täter*innen Waffen (Messer, Schere etc.) bei sich tragen. Falls kein Selbstschutz gewährleistet werden kann bzw. die Situation sich nicht beruhigen lässt, muss umgehend die Polizei gerufen werden.

Sozialarbeiter*innen erfüllen eine sehr wichtige Vorbildfunktion. Es ist folglich besonders wichtig, bei häuslicher Gewalt hinzuschauen, sie zu erkennen, zu benennen und zu handeln. Häusliche Gewalt ist eine Straftat und nie eine „Privatsache". Das heißt, der weit verbreiteten Überzeugung „es bleibt in der Familie" muss aktiv entgegengewirkt werden. Das kann eine Herausforderung sein, da häusliche Gewalt wechselseitig stattfinden kann. Eine eindeutige Trennung zwischen Betroffenen und Täter*innen ist somit nicht immer möglich. Darüber hinaus ist psychische Gewalt im Gegensatz zu körperlicher Gewalt deutlich schwerer zu erkennen. Zusätzlich erschwerend ist, dass sich Betroffene aus Scham oder aufgrund von Druck der Täter*innen bzw. anderen Familienmitgliedern selten Hilfe suchen. Bei dem Verdacht auf häusliche Gewalt in einer Familie sollte genauer hingeschaut werden und die Betroffenen sollten ermutigt werden sich zu öffnen. Hier sollten Sozialarbeitende signalisieren, dass sie ein offenes Ohr haben. Dabei sollten sie die Betroffenen in ihrem Selbstbewusstsein stärken und die geteilten Informationen vertraulich behandeln.

„Betroffene haben häufig eine hohe Erwartungshaltung an Sozialarbeiter*innen, d. h. es ist wichtig, ehrlich zu sein, z. B. dass ein Strafverfahren durchaus lange dauern und belastend sein kann."
Mohammad Naser Rostami

Wenn möglich, sollten die Betroffenen geschlechtssensibel beraten werden, d. h. für weibliche Betroffene sollte (auch) eine weibliche Ansprechperson zur Verfügung stehen. In der Beratung geht es außerdem darum, über persönlichen Freiheiten jeder Person, z. B. ein eigenes Konto, zu informieren. Neben der eigenen Beratung sollten Sie versuchen, die Betroffenen an eine Fachberatungsstelle weiterzuvermitteln. In Gesprächen mit Täter*innen sollten mögliche strafrechtliche Folgen klar und deutlich kommuniziert werden und, wenn möglich, an eine Täterberatungsstelle vermittelt werden.

Fälle häuslicher Gewalt können in der Regel nicht auf Anhieb „gelöst" werden. Betroffene bleiben häufig über Jahre in einer Partnerschaft, obwohl sie weiterer Gewalt ausgesetzt sind. Die Entscheidung der Betroffenen nach einem Vorfall zu einem*r gewalttätigen Partner*in zurückzukehren, muss also akzeptiert werden.

„Es kommt regelmäßig vor, dass Betroffene keine Anzeige erstatten möchten, weil es für sie zu belastend wäre, die Gewaltvorfälle vor Gericht zu schildern. Außerdem spielt häufig die Familie eine so zentrale Rolle für das eigene Leben und die eigene Identität der Betroffenen, dass es für sie gar nicht denkbar ist, sich daraus zu lösen. Die persönlichen Grenzen der Betroffenen müssen hier respektiert werden."

Mohamad Abdullah

Nach Möglichkeit sollte die Familie weiter eng begleitet und Ansprechbarkeit signalisiert werden, damit die soziale Isolation der Betroffenen verhindert und das Beratungsangebot zu einem späteren Zeitpunkt erneut aufgesucht wird. Im Zentrum ihrer Arbeit steht der Aufbau einer vertrauensvollen Beziehung. Es handelt sich dabei um einen langfristigen Prozess, der deutlich länger dauern kann als das aus eigener Sicht „normal" erscheint. Außerdem sollte in Zusammenarbeit mit Kooperationspartner*innen ein gewaltfreies Miteinander in der Familie durch Hilfsangebote gefördert werden. Hier kann es wichtig sein zu reflektieren, inwiefern die Hilfsangebote tatsächlich hilfreich sind oder eher dazu beitragen eine unverändert gewalttätige Beziehung zu stabilisieren. Ist letzteres der Fall, sollten die Betroffenen auch im Fall der Trennung unterstützt werden. Verlässliche Anlaufstellen für Betroffene und Schutzorte, wie z. B. Frauenhäuser, können Möglichkeiten sein, um zur Ruhe zu kommen oder sich auf einschneidende Veränderungen vorzubereiten.

Für Trennungsphasen ist außerdem zu beachten, dass in dieser Zeit eine außerordentlich hohe Gefährdung von den Täter*innen ausgehen kann. Trennungen können sehr schambehaftet sein. Einige Täter*innen würden eine Haftstrafe in Kauf nehmen, um ihre „Ehre" wiederherzustellen. Im Vergleich zu der willkürlichen Justiz in manchen Herkunftsländern, haben strafrechtliche Verfahren und die vergleichsweise humanen Strafvollzugsanstalten in Deutschland nur bedingt eine abschreckende Wirkung. Um schwere Gewalttaten und Tötungen zu verhindern, ist eine professionelle Gefährdungseinschätzung dringend notwendig. Hierfür kann die kollegiale Beratung der Frauen- bzw. Täter*innenberatungsstellen in Anspruch genommen werden, die mit standardisierten Instrumenten, wie dem Danger Assessment von J. C. Campbell oder dem ODARA-Bogen arbeiten. Zur ersten Orientierung können sie außerdem folgende Liste von Gefährdungs- und Risikofaktoren (Zusammenstellung aus den Quellen: Hilder et al. 2012; Campbell 1986; Hilton et al. 2010; Meloy et al. 2012) heranziehen:

Wissensbaustein „Gefährdungs- und Risikofaktoren"
Einschätzung der Gefahrenlage durch die/den Geschädigte*n

- Angst um sich selbst (die Kinder und andere)

Risikofaktoren aufgrund des Verhaltens des/der Gefährders*in

- Androhung von Tötung oder Verletzung (der Kinder, ggf. mit nachfolgendem Suizid), Suizidandrohungen

Einschätzung der Ausführungsgefahr:

- Charakteristika der Drohung: wie konkret, direkt, konsistent und detailliert?
- Charakteristika der Gefährder*innen: Persönlichkeitsstörungen, schwere psychische Störungen, Waffenaffinität, Suchtmittelmissbrauch, Suizidalität etc.
- Situative Belastungsfaktoren/konfliktverschärfende Ereignisse
- Warnverhalten
  - Vorbereitungshandlungen, z. B. Waffenkauf
  - Neue aggressive Verhaltensweisen (testen)
  - (Noch) intensive(re) Fixierung auf Thema/Geschädigte
  - Identifikation mit berühmten Gefährder*innen
  - Kommunikation mit Dritten über geplante Tat oder Gewaltfantasien
  - Ankündigung der Tat gegenüber den Geschädigten
  - Steigerung der Intensität, Diversität oder Frequenz von Warnverhalten („Energieschub")
  - Zunehmende Verzweiflung in Worten, Taten, Rechtfertigung von Gewalt, Alternativlosigkeit („Letzter Ausweg")
- Drogen- und Alkoholmissbrauch, komorbider Substanzmissbrauch
- Besitzansprüche, extreme Eifersucht und andere beeinträchtigende Einstellungen (Familienehre, patriarchale Weltanschauung)

- Schlechte psychische Verfassung, Rachefantasien, Suizidversuche von Gefährder*in bzw. Geschädigten
- (Existenzbedrohende) finanzielle Belastung, Arbeitslosigkeit

Konfliktverschärfende Ereignisse

- Bevorstehende/vollzogene Trennung
- Bevorstehende/vollzogene Scheidung
- Bevorstehender/vollzogener Um- bzw. Auszug
- Akute Kränkung des/der Gefährders*in, narzisstische Krise
- Bekanntwerden neuer Beziehung der/des Geschädigten
- Anzeigenerstattung/Antrag Gewaltschutzgesetz
- Aktuelle/ausstehende Verhandlung bei Gericht
- Termin für letzte Aussprache
- Umgangskontakte
- Bevorstehender/vollzogener Entzug des Sorge-/Umgangsrechts

Geschichte der Gewalt

- Vorangegangene häusliche Gewalt/Wiederholungstaten
- Vergangene polizeiliche Intervention(en) wegen häuslicher Gewalt
- Gewalt gegen Kinder bzw. andere Angehörige
- Generell gewalttätiges Verhalten
- Verstoß gegen Schutzverfügungen oder Kontaktverbote von Polizei, Straf- oder Zivilgerichten

Gewaltformen und -muster

- Zunehmende Schwere und Häufigkeit gewalttätiger Handlungen
- (Angedrohter) Waffengebrauch, Waffenbesitz
- Kontrollierendes Verhalten, Isolation/Freiheitsberaubung
- Stalking
- Sexualisierte Gewalt
- Nötigung/Bedrohung
- Zwangsheirat
- Strangulieren und Würgen
- Gewalt während der Schwangerschaft

Weitere

- Stiefkinder im gemeinsamen Haushalt
- Vorgeschichte von Gefängnisstrafen (mehr als 30 Tage)
- Hindernisse bei der Opferhilfe
- Zugehörigkeit zu gefährlichen Gruppen
- Aufenthaltsstatus (z. B. drohende Abschiebung)
- Kultureller Druck (z. B. der (eigenen) Familie bzw. nahes Umfeld)

Erschwerende Faktoren, sich Hilfe zu holen

- Flucht- und Migrationsgeschichte
- Psychische Erkrankung
- Suchterkrankung
- Behinderung
- Mobilitätseinschränkung

Häusliche Gewalt bedeutet Gewalt in der Partnerschaft. Gewalt gegen Kinder ist darin folglich zunächst nicht inbegriffen. Allerdings sind Kinder, die Gewalthandlungen zwischen den Eltern erleben mussten, besonderen psychosozialen Belastungen ausgesetzt. Viele von ihnen zeigen in der Folge ähnliche Symptome wie Kinder, die selbst misshandelt oder vernachlässigt wurden. Sie benötigen deshalb ebenfalls psychosoziale Unterstützung. Außerdem werden sie häufig von Ohnmachts- und Schuldgefühlen geplagt. Sie fühlen sich verantwortlich und sind der Gewalt gleichzeitig machtlos ausgesetzt. In einem geschützten Rahmen kann es demnach ausgesprochen sinnvoll sein, die Kinder selbst über die Gewalt zwischen den Eltern erzählen zu lassen. Des Weiteren neigen Kinder, die in ihren Familien Gewalt als Konfliktlösungsmuster kennengelernt, Gewalt selbst erlebt oder beobachtet haben, später oft dazu, selbst gewalttätig oder Opfer von häuslicher Gewalt zu werden. Daher handelt es sich immer um einen potenziellen Kinderschutzfall, wenn Partnerschaftsgewalt in einer Familie mit Kindern vermutet wird. Darüber hinaus ist der Schutz der eigenen Kinder für betroffenen Eltern ein starker Beweggrund, um eine gewalttätige Beziehung zu verlassen, der folglich in der Beratung erwähnt werden sollte.

In der Beratung von Betroffenen von häuslicher Gewalt braucht es eine klare Haltung gegen Gewalt *und* eine hohe kulturelle Sensibilität. Diskriminierungserfahrungen mit anderen Behörden sollten im Hilfesystem nicht reproduziert werden, um für Betroffene hilfreich sein zu können. Das beinhaltet zum einen die Art, wie sensible Themen kommuniziert werden. Es wird beispielsweise erst über das Thema Erziehung oder die Rolle als Mutter bzw. Vater Kontakt und Vertrauen zu Betroffenen *und* Täter*innen aufgebaut. Zum anderen geht es aber auch darum, Vorstellungen von „Was ist normal?" oder von „Was würde mir helfen?" und die eigenen Vorurteile zu reflektieren. Es geht darum, die unterschiedlichen kulturellen Hintergründe von Menschen mit Fluchtgeschichte verstehen und respektieren zu können. Die Offenheit für jeden individuellen Fall und für jedes Individuum muss gewahrt werden, um Menschen mit Fluchtgeschichte nicht zu verurteilen. Ganz im Sinne der „Erklärung der globalen Sozialarbeit zu ethischen Grundsätzen" muss der Mensch als Ganzes behandelt werden, um Diskriminierung und struktureller Benachteiligung entgegenzuwirken (IFSW 2018).

9   Fazit

Eine erfolgreiche Prävention von häuslicher Gewalt im Fluchtkontext ist eingebettet in eine diskriminierungskritische Chancengleichheitsarbeit. Dies bedeutet, dass zugrundeliegende Machtstrukturen als Ursachen von Benachteiligungen und häuslicher Gewalt adressiert und in Angriff genommen werden müssen. Ausschlaggebend für den Erfolg ist neben einem kultursensiblen Ansatz eine koordinierte Herangehensweise, wie es in Stuttgart durch die Zusammenarbeit der STOP-Kooperationspartner*innen der Fall ist. Dabei müssen besondere Schutzbedarfe, die Gewalterfahrungen im Heimatland, auf der Flucht und in Deutschland sowie kulturelle Normen und Rollenverständnisse mit einbezogen werden. Kulturelle Unterschiede müssen berücksichtigt werden. Gleichzeitig dürfen Menschen mit Fluchtgeschichte nicht als Vertreter*innen einer vermeintlich homogenen Gruppe gesehen werden, sondern sie müssen Beachtung in ihren individuellen Umständen und Bedürfnissen finden. Dies lässt sich besonders effektiv durch einen Peer-to-Peer Ansatz verwirklichen, wie er bei den „Stuttgarter Gewaltschutz-Mentor*innen" praktiziert wird. Die Mentoren Mohammad Naser Rostami und Mohamad Abdullah bieten in ihren Begegnungscafés ein niederschwelliges, muttersprachliches und kultursensibles Angebot an. Ihre langfristige Beziehungsarbeit ermöglicht es Betroffenen von häuslicher Gewalt, sich in einem vertraulichen Rahmen zu öffnen. Sie bilden damit ein wichtiges Bindeglied an das professionelle Hilfesystem. Aus ihren Erfahrungen lassen sich eine ganze Reihe wichtiger Handlungsempfehlungen für alle (angehenden) Sozialarbeiter*innen ableiten.

Zentraler Bestandteil von kultursensibler Gewaltprävention im Fluchtkontext ist immer der langfristige Aufbau einer vertrauensvollen Beziehung. Außerdem geht es darum, häusliche Gewalt als solche zu erkennen und zu benennen, um einen Ausweg aus der Gewalt, d. h. ein gewaltfreies Zusammenleben in der Familie und ein freies, selbstbestimmtes Leben zu ermöglichen.

Reflexionsfragen

- Warum kann Gewaltprävention nicht auf die Sensibilisierung und den Schutz von individuellen Betroffenen von häuslicher Gewalt begrenzt sein, sondern muss sich auch mit kulturellen, religiösen, gesellschaftlichen und institutionellen Strukturen auseinandersetzen?
- Vorurteile entstehen schnell aufgrund der Notwendigkeit, die Komplexität der Realität zu reduzieren. Sie sind folglich etwas durchweg Menschliches. Gleichzeitig werden sie problematisch, wenn sie unbewusst wirken. Nehmen Sie sich die Zeit und überlegen Sie, welchen Menschen gegenüber Sie Vorurteile haben. Welche Gründe könnte es dafür geben?
- Welche geschlechtsspezifischen und kulturellen Faktoren muss Gewaltprävention im Fluchtkontext beachten?

Literatur

Bundeskriminalamt (Hrsg.) (2022). Partnerschaftsgewalt: Kriminalstatistische Auswertung – Berichtsjahr 2021. Wiesbaden.

Campbell, J. C. (1986). Nursing assessment for risk of homicide with battered women. *Advances in Nursing Science 8*, 36–51.

European Institute for Gender Equality (2016). Femizid. https://eige.europa.eu/publicati ons-resources/thesaurus/terms/1192?language_content_entity=de. Zugegriffen: 31. Mai 2023.

Galtung, J. (1998). Frieden mit friedlichen Mitteln. Friede und Konflikt, Entwicklung und Kultur. Wiesbaden: Leske + Budrich.

Hilder, S., Kemshall, H., Rösemann, U., Logar, L., Vargová, B. und Fisher, H. (2012). PRO- TECT II: Capacity Building in Risk Assessment and Safety Management to Protect High Risk Victims. Wien: WAVE.

Hilton, N.Z., Harris, G.T. und Rice, M.E. (2010). Risk assessment for domestically violent men. Tools for criminal justice, offender intervention, and victim services. Washington, DC: American Psychological Association.

International Federation of Social Workers (2018). Global Social Work Statement of Ethical Principles. https://www.ifsw.org/global-social-work-statement-of-ethical-principles/. Zugegriffen: 31. Mai 2023.

Medica Mondiale. Gewalt gegen Frauen: Ursachen und Folgen. https://medicamondiale.org/gewalt-gegen-frauen/ursachen-und-folgen. Zugegriffen: 1. März 2023.

Melody, J.R., Hoffmann, J., Guldimann, A. und James, D.V. (2012). The Role of Warning Behaviors in Threat Assessment: An Exploration and Suggested Typology. *Behavioral Sciences and the Law*, 256–79.

Rat der Gemeinden und Regionen Europas (Hrsg.) (2006). Europäische Charta zur Gleichstellung von Frauen und Männern auf lokaler Ebene. Innsbruck.

TERRE DES FEMMES e. V. (Hrsg.) (2010). Wissenschaftliche Studie zur Evaluation der Implementierung des Workplace Policy Konzeptes in Berlin. Berlin 2010.

Weiterführende Literatur

Ethno-Medizinisches Zentrum e. V. und Duale Hochschule Baden-Württemberg Villingen-Schwenningen (Hrsg.) (2016). Schutz und Sicherheit vor Gewalt für geflüchtete Frauen, Migrantinnen und Kinder in Deutschland – Handreichung für Mediatorinnen, Multiplikatorinnen und Fachkräfte. Hannover, Villingen-Schwenningen.

Landeshauptstadt Stuttgart, Abteilung für Chancengleichheit (Hrsg.) (2023). Gewalt Erkennen – Richtig Handeln, Häusliche Gewalt/Beziehungsgewalt in Gemeinschaftsunterkünften. Stuttgart.

Rabe, H. (2015). Effektiver Schutz vor geschlechtsspezifischer Gewalt – auch in Flüchtlingsunterkünften. Berlin: Deutsches Institut für Menschenrechte.

Stuttgarter Zeitung vom 18.03.2022, „Stuttgarter/Stuttgarterin des Jahres Menschen, die Hoffnung verbreiten", https://www.stuttgarter-zeitung.de/gallery.stuttgarter-stuttgart erin-des-jahres-menschen-die-hoffnung-verbreiten.c92040bd-9fe0-4ab1-a87f-3715d1 8a1fc1.html.

Mohammad Naser Rostami, Stuttgarter Gewaltschutz-Mentor, Gesundheitslotse, Arbeitsfelder: Häusliche Gewalt, Dolmetschertätigkeiten, Begleitung zu Beratungsstellen, Empowerment, Arbeit mit Geflüchteten und Migrant*innen, Ehrenamt: Training von Kindern und Jugendlichen im Rollstuhl, Leitung des Männercafés bzw. des Café Blabla im Mehrgenerationenhaus, Ansprechperson für persisch- und türkischsprachige Community, Ausbildung zum MIMi-Mediator für Gewaltprävention sowie zum Gesundheitslotsen beim Gesundheitsamt Stuttgart.

Mohamad Abdullah, Stuttgarter Gewaltschutz-Mentor, Gesundheitslotse, Ausbildung: Textilschneider, Arbeitsfelder: Häusliche Gewalt, Dolmetschertätigkeiten, Begleitung zu Beratungsstellen, Empowerment, Arbeit mit Geflüchteten und Migrant*innen, Ehrenamt: Leitung des Männercafés bzw. des Familiencafés im Mehrgenerationenhaus, Ansprechperson für arabischsprachige Community, Ausbildung zum MIMi-Mediator für Gewaltprävention sowie zum Gesundheitslotsen beim Gesundheitsamt Stuttgart.

Alexander Stotkiewitz, Stabsabteilung für Chancengleichheit der Landeshauptstadt Stuttgart, Sachgebiete: Stuttgarter Ordnungspartnerschaft gegen häusliche Gewalt (STOP) und Beratung, Arbeitsfelder: Häusliche Gewalt und Flucht, Stuttgarter Gewaltschutz-Mentor*innen, Hochrisiko-Kooperationsverfahren, Istanbul-Konvention, Benachteiligungen und Diskriminierung von Bürger*innen und städtischen Mitarbeitenden. Ehrenamt bei der Telefonseelsorge Stuttgart e. V. und im städtischen Mitarbeiterunterstützungsteam (MUT). Gewaltschutzkoordination für Gemeinschaftsunterkünfte, Malteser Hilfsdienst Stuttgart e. V.. Marschkoordination, Civil March for Aleppo. MA in Global Studies an den Universitäten Roskilde, Addis Abeba und Leipzig. BA in Politik- und Geschichtswissenschaft an den Universitäten Tübingen und Hongkong.

Prostitution/Sexarbeit zwischen rechtlicher Normierung und lebensweltlichen Bewältigungsstrategien. Konsequenzen für die Soziale Arbeit

Rahel Gugel

Zusammenfassung

Soziale Arbeit wird immer wieder mit Prostitution/Sexarbeit konfrontiert. Der Beitrag analysiert dieses soziale Phänomen, indem er das Tätigkeitsfeld des Sexmarktes beschreibt, die Struktur der ganz überwiegend weiblichen Angebotsseite darstellt sowie ein Bild der Freier vermittelt. Dabei zeigt sich, dass das Phänomen Prostitution von einem hohen Maß an Gewalt geprägt ist, dass es sich als besonders kriminogen erweist und dass sich die Angebotsseite deutlicher Diskriminierung und Vulnerabilität ausgesetzt sieht. In einem weiteren Schritt wird dargestellt, wie sich angesichts dieser Probleme gegenwärtig zwei theoretische Betrachtungsweisen bzw. rechtspolitische Ansätze abzeichnen. Ein liberaler Ansatz geht von der Autonomie der einzelnen aus und sucht besonders Lösungen in der Stärkung der Handlungskompetenz der einzelnen Frauen. Deren im Prinzip freie Berufsentscheidung sei ohne Bewertung ebenso zu akzeptieren wie Bedürfnisse von Freiern. Eine andere Bewertung sieht in der Prostitution ein strukturelles Gewaltverhältnis, das von männlicher Seite aufgrund überkommener Prägungen ausgeübt wird. Staat und Gesellschaft seien aufgefordert dieser Diskriminierung – auf der Nachfrageseite auch strafrechtlich – entgegenzuwirken. Das Kapitel endet mit einer Problematisierung der bisherigen Praxis der Sozialen Arbeit in diesem Feld und stellt weiterführende Fragen.

R. Gugel (✉)
DHBW Villingen-Schwenningen, Villingen-Schwenningen, Deutschland
E-Mail: rahel.gugel@dhbw.de

291
K. E. Sauer et al. (Hrsg.), *Studienbuch Gender und Diversity für die Soziale Arbeit*, https://doi.org/10.1007/978-3-658-42942-3_14

Keywords

Prostitution • Sexarbeit • Arbeitsfeld • Geschlechterverhältnisse •
Theoretische Ansätze • Folgen für Recht und Gesellschaft

1   Einleitung

Prostitution wird häufig als das „ältestes Gewerbe der Welt" bezeichnet: Es wird
dabei eine Zuschreibung der sozialen Praxis Prostitution vorgenommen, die diese
als kulturell verankert, für Gesellschaften normal oder zumindest unausweichlich
erscheinen lässt. Bei Prostitution findet sich jedoch auffallend und sehr beharrlich
durch die sozial- und kulturgeschichtliche Entwicklung hindurch eine Strukturlo-
gik: Die heteronormative Geschlechtlichkeit ist dominant vertreten. So sind die
Kategorien Geschlecht, Klasse und ethnische Herkunft seit jeher fest verankert:
Schon immer sind die in der Prostitution arbeitenden Menschen ganz überwiegend (migrierte) Frauen, die gesellschaftlicher Stigmatisierung, (struktureller)
Diskriminierung und (struktureller) Gewalt ausgesetzt sind und die mehrheitlich besondere Vulnerabilitätsfaktoren aufweisen. Auf der Nachfrageseite finden
sich hingegen ganz überwiegend Männer (Freier), die ihrerseits nicht von diesen
Gefährdungen und negativen Faktoren betroffen sind.

Das Milieu, in dem Prostitution stattfindet, hat für Nicht-Milieumitglieder
undurchsichtige Strukturen und Machtverhältnisse mit eigenen Spielregeln und
Handlungsabläufen. Es besteht grundsätzlich kein Interesse daran, dass Außen-
stehende, die Öffentlichkeit oder staatliche Institutionen diese Abläufe stören,
staatliche Regulierungen oder Eingriffe sind damit meist unerwünscht (Wege
2021a, S. 47). Insgesamt ist der Sexmarkt und die damit verbundene Prostitution ein transnationales Phänomen, das eng mit kriminellen Erscheinungsformen
des Menschenhandels und der Zwangsprostitution sowie häufig der organisierten Kriminalität verknüpft ist (Di Nicola 2021). Soziale Arbeit ist dabei im Feld
der Prostitution mit seinen komplexen sozialen Problemlagen fest verankert: In
den Fachberatungsstellen, in der aufsuchenden Sozialen Arbeit, aber auch in vielen zuständigen Behörden, wie Gesundheitsämtern, Jobcentern oder Sozialämtern
arbeiten Professionelle der Sozialen Arbeit.

Das Thema Prostitution löst immer wieder heftige gesellschaftliche und
politische Kontroversen aus, wobei sich im Wesentlichen zwei Positionen unterscheiden lassen: Zum einen wird Prostitution als sexuelle Dienstleistung und als
eine freiwillig mögliche Erwerbsarbeit betrachtet. Sie ist Ausdruck individueller
Handlungsermächtigung und Autonomie. Alte Vorurteile sind dabei zu überwinden. Konsequent wird in diesem Zusammenhang von Sexarbeit gesprochen. Das

deutsche Prostitutionsgesetz (ProstG) aus dem Jahr 2002 folgt im Grundsatz dieser liberalen Sichtweise, ebenso wie letztlich auch das regulierende Prostituiertenschutzgesetz (ProstSchG) aus dem Jahr 2017. Für einen alternativen Ansatz ist die ganz überwiegend praktizierte Prostitution Ausdruck eines patriarchalischen, asymmetrischen Geschlechterverhältnisses. Dieses erlaubt dem Mann eine durch strukturelle ethnische und soziale Ungleichheit ermöglichte sexuelle und finanzielle Ausbeutung von Frauen. Staat und Gesellschaft sind somit aufgerufen, dieser strukturellen Ungleichheit zu begegnen durch Offenlegung der zu Grunde liegenden Genderproblematik bis hin zu strafrechtlichem Vorgehen gegen Freier, wie es in Schweden und weiteren Ländern bereits praktiziert wird.

Zunächst soll nun das soziale Phänomen im Einzelnen dargestellt werden, um dann auf die theoretische und rechtspolitische Problematik einzugehen. Dabei werden die Begriffe Prostitution/Prostituierte, Sexarbeit/Sexarbeiter*in im Sinne von legalen Formen der Prostitution/Sexarbeit gleichwertig verwendet.

2   Das Arbeitsfeld Prostitution

2.1   Der wissenschaftliche Zugang

Für wissenschaftliche Forschung erweist sich der Zugang zum Milieu als schwierig. Es gibt zwar fundierte Studien auf nationaler und internationaler Ebene, die die sozialen Tatbestände und Lebenslagen von Menschen in der Prostitution untersuchen. Jedoch werden häufig nur Personen aus dem sog. Hellfeld des Milieus erreicht. Nach Degenhardt und Lintzen (2018) ist es schwierig, Kontakt zu Prostituierten zu bekommen, die von missbräuchlicher und/oder ausbeuterischer Formen der Sexarbeit betroffen sind. Der Zugang zu illegalen Bereichen bleibt danach überwiegend verwehrt (Degenhardt und Lintzen 2018, S. 11–12). Je nach Studie wird der Fokus auf die Gewaltprävalenz, gesundheitliche und psychische Problemlagen, biographische Lebensverläufe, die besonderen Handlungsoptionen und Gewalterfahrungen von migrierenden Prostituierten, die Auswirkungen von Gesetzen auf die Lebenssituation von Prostituierten oder auf den Konsum sexueller Dienstleistungen gelegt (siehe etwa Brückner und Oppenheimer 2006; Euchner 2015; Farley et al. 2003; Gerheim 2012; Grenz 2007; Le Breton 2011; Månsson 2015; Wege 2021a; Witz, 2017; Zumbeck 2001) Diese Studien legen in ihren Ergebnissen nahe, dass die soziale Situation und die Lebenslagen von den mehrheitlich in der Prostitution tätigen Frauen sich überwiegend als hoch prekär, diskriminierend und von der Gesellschaft stigmatisiert gestalten. Die große Mehrheit der Frauen in der Prostitution will deshalb auch aussteigen. Nach einer

Studie von Zumbeck (2001) sind das 78,6 % (Zumbeck 2001, S. 67), nach einer
Studie von Farley et al. (2003) 85 % (Farley et al. 2003, S. 51) der Frauen in der
Prostitution in Deutschland.

2.2   Zahlen und Herkunft der Frauen

Hinsichtlich der Gesamtzahl von Menschen in der Prostitution in Deutschland
(angemeldet und unangemeldet) gibt es, auch aufgrund des spezifischen Charakters des Sexmarktes, keine gesicherte Datenlage. Schätzungen schwanken
zwischen 150.000 und 700.000 deutschlandweit (Angelina und Schreiter 2018,
S. 20). Im Jahr 2021 waren bei Behörden lediglich rund 23.700 Prostituierte
angemeldet. Da die Statistik jedoch nur die nach dem ProstSchG registrierten Ver-
waltungsvorgänge abbildet, lässt sich aus den Zahlen keine Aussage zu der Zahl
von nichtangemeldeten Prostituierten ableiten (Statistisches Bundesamt 2022a).

Auf dem deutschen Sexmarkt arbeiten seit Jahren ganz überwiegend Frauen
mit Migrationshintergrund in der heterosexuellen Prostitution. Frauen aus osteuropäischen EU-Mitgliedsstaaten wie Bulgarien, Rumänien und Ungarn, häufig
mit Roma-Hintergrund, bilden in Deutschland die größte Gruppe. Eine Studie zu
den Veränderungen und Auswirkungen durch das ProstSchG auf die Prostitutionsszene in NRW aus dem Jahr 2018 kommt zu dem Ergebnis, dass nur 11 % der
angetroffenen Prostituierten ursprünglich aus Deutschland stammen, 89 % hatten
einen Migrationshintergrund oder zum Erhebungszeitraum (noch) einen Auslän-
derstatus (Degenhardt und Lintzen 2018). Die auf der Grundlage des ProstSchG
veröffentlichte bundesdeutsche Statistik zeigt für das Jahr 2021, dass nur 1/5 der
bei Behörden angemeldeten Prostituierten die deutsche Staatsangehörigkeit besaß.
Auch hier waren die drei häufigsten ausländischen Staatsangehörigkeiten bei den
angemeldeten Prostituierten rumänisch, bulgarisch und ungarisch (Statistisches
Bundesamt 2022a).

2.3   Diversität und Orte der Prostitution

Die Diversität auf dem deutschen Sexmarkt findet ihren Ausdruck nicht zuletzt in
den unterschiedlichen Prostitutionsstätten. Neben Bordellen finden sich sog. bor-
dellähnliche Betriebe wie Saunaclubs, (FKK)Clubs, Bordellstraßen, Laufhäuser,
Terminwohnungen, Apartmentwohnungen, Privatwohnungen, Wohnwagen und
der Straßenstrich mit den in einigen Städten aufgebauten sog. Verrichtungsboxen.
Die verschiedenen Prostitutionsstätten unterscheiden sich damit „grundlegend in

ihrer Größe, Lage, Ausstattung und den Kosten, die die Sexarbeiterinnen zur Nutzung der Räumlichkeiten zu entrichten haben" (Degenhardt und Lintzen 2018, S. 17). In der Regel arbeiten Prostituierte als Selbständige: Für die Nutzung der Räumlichkeiten entrichten sie eine Raummiete an den/die Betreiber*in und handeln die sexuelle Dienstleistung und den Preis mit dem Kunden aus. In der Praxis finden sich regelmäßig Mieten um die 120–150 € pro Tag für die Prostituierte in Bordellen und Laufhäusern (Heide 2016, S. 7). Das bedeutet nach Heide (2016), dass eine Sexarbeiterin zusammen mit der zu entrichtenden Steuer mindestens 150 € Fixkosten pro Tag hat und daher mehrere Freier täglich nur für die Fixkosten bedienen muss (Heide 2016, S. 7). Es ist zu vermuten, dass sich die Fixkosten in den letzten Jahren erhöht haben.

3 Frauen in der Prostitution

3.1 Motive und Gründe für die Tätigkeit

Für die Auseinandersetzung mit dem sozialen Phänomen der Prostitution ist grundlegend, welche Gründe und Motive bei Frauen und insbesondere migrierten Frauen für die Tätigkeit und ggf. den Verbleib in der Prostitution auf dem deutschen Prostitutionsmarkt vorliegen. Frauenspezifische Gründe für eine Migration in den deutschen Prostitutionsmarkt lassen sich in *Pull- und Push-Faktoren* unterteilen. Diese sind entscheidend sowohl für die jeweilige Handlungsmacht der einzelnen Frau als auch für das Vorhandensein einer besonderen Vulnerabilität. Dabei gelten Push-Faktoren als subjektiv negative Faktoren aufgrund eines Zusammenhangs von strukturellen und individuellen Hindernissen, die die Handlungsmacht (agency) stark einschränken. Pull-Faktoren können dagegen Handlungsermächtigung der einzelnen Frau sein, da hier von außen eine Anziehungskraft vorhanden ist (Bundesministerium für Familie, Senioren, Frauen und Jugend 2015, S. 106–107). Als Push-Faktoren für den Einstieg und ggf. den Verbleib in der Prostitution für ausländische Frauen gelten an erster Stelle ökonomischer Zwang bzw. ökonomische und berufliche Perspektivlosigkeit im Heimatland, gefolgt von einem geringen Bildungsstand, fehlender Alphabetisierung, keiner beruflichen Alternative und/oder Verantwortung für die finanzielle Versorgung der Familie und Kinder im Heimatland. Daneben können Push-Faktoren Zuhälter oder männliche Familienmitglieder, die von der Frau verlangen in der Prostitution Geld zu verdienen, Schulden, Gewalterfahrungen und sexuelle Übergriffe in der Kindheit, Jugend und im Erwachsenenalter sein (Degenhardt und Lintzen 2018, S. 14; Döring 2014, S. 102; Le Breton 2011, S. 206).

Zu den Pull-Faktoren zählen für migrierende Prostituierte die große Nachfrage männlicher Kunden nach ausländischen Prostituierten und die Möglichkeit, in Deutschland legal in der Prostitution zu arbeiten. Zusätzliche Push-Faktoren für den Eintritt und ggf. Verbleib in der Prostitution sind Wohnungslosigkeit, traumatisierende Erfahrungen, Suchtmittelabhängigkeit, erlebte oder erwartete Stigmatisierung, Verlust von sozialen Netzwerken und Schwierigkeiten mit dem Umgang oder der Verarbeitung der Vergangenheit als Prostituierte. Als weitere Pull-Faktoren gelten die Selbstverwirklichung als Sexarbeiterin, Selbständigkeit und selbstbestimmtes Arbeiten, Flexibilität, gute Verdienstmöglichkeiten, die schnelle Rückmeldung und die unmittelbare Belohnung, Abenteuerlust, Begeisterung für die Tätigkeit, Macht, Lebenslust und Hedonismus (Bundesministerium für Familie, Senioren, Frauen und Jugend 2015, S. 108).

3.2 Gewalt

Insgesamt werden sexuelle Dienstleistungen als Tätigkeiten in einem Hochrisikobereich insbesondere für Frauen hinsichtlich schwerwiegender Verstöße gegen ihre körperliche und sexuelle Selbstbestimmung bewertet (BT-Drucksache 19/14.969). So findet sich auf dem Prostitutionsmarkt allgemein eine sehr hohe Gewaltprävalenz verbunden mit ständigen Grenzüberschreitungen (Wege 2021a, S. 228). Nach einer repräsentativen Studie zu Gewalt gegen Frauen in Deutschland aus dem Jahr 2004 ist die Teilpopulation Frauen in der Prostitution um ein Vielfaches häufiger als die durchschnittliche weibliche Bevölkerung körperlicher, sexueller und psychischer Gewalt und Aggression ausgesetzt. Gravierende Gewalterfahrungen erfahren sie vorwiegend von aktuellen oder ehemaligen Beziehungspartnern und männlichen Kunden. 41 % der in der Studie befragten Prostituierten erlitten körperliche und/oder sexuelle Gewalt im Kontext ihrer sexuellen Dienstleistung (Bundesministerium für Familie, Senioren, Frauen und Jugend 2013, S. 26). Ein weiterer Befund der Studie ist, dass Frauen in der Prostitution auch in der Kindheit, schwerere, bedrohlichere und häufiger auftretende Ausprägungen von Gewalt erlebt haben. „43 % der befragten Prostituierten hatten sexuellen Missbrauch in der Kindheit erlebt, über die Hälfte (52 %) wurde von den Eltern häufig oder gelegentlich körperlich bestraft; ein relevant hoher Anteil hatte körperliche Misshandlungen durch die Erziehungspersonen erlitten" (Bundesministerium für Familie, Senioren, Frauen und Jugend 2013, S. 26). Verbale Gewaltformen wie Beschimpfungen und Demütigungen der Frauen in der Prostitution sind nach den Ergebnissen von Le Breton (2011) in ihrer Studie zu migrierenden Sexarbeiterinnen in der Schweiz Konstanten auf dem Prostitutionsmarkt (Le Breton 2011, S. 200). Sie spricht von einer Omnipräsenz von Gewalt im Arbeitskontext des Sexgewerbes, die die Frauen in der Prostitution normalisieren und relativieren, indem sie Gewalterlebnisse zum Teil als selbst verschuldet einordnen. Dieses Verhalten ordnet sie als eine Bewältigungsstrategie der „Gewalt- und Machtkonstellationen" auf dem Sexmarkt ein (Le Breton 2011, S. 198). Gewalt in der Prostitution ist damit genderspezifische Gewalt. Sie ist Ausdruck der asymmetrischen Machtverhältnisse zwischen Frauen in der Prostitution und den weiteren Akteuren des Sexmarktes insbesondere den männlichen Kunden oder/und Beziehungspartnern. Die Gewalt auf dem Sexmarkt hat dabei nicht nur personale sexuelle, physische oder psychische Formen, sondern ist auch strukturell verankert. Die sozialen und ökonomischen Ungleichheitsverhältnisse und damit asymmetrische Machtverhältnisse sind die akteursindifferenten strukturellen Voraussetzungen für Gewalt und Ausbeutung (vgl. Grant-Hayford und Scheyer 2016, S. 2). Die Generalversammlung der Vereinten Nationen formulierte schon 1993, dass „Gewalt gegen Frauen eine Ausdrucksform der historisch gesehen ungleichen Machtverhältnisse zwischen Männern und Frauen ist, die zur Beherrschung und Diskriminierung der Frauen durch die Männer geführt und den Frauen volle Chancengerechtigkeit vorenthalten haben, und dass die Anwendung von Gewalt gegen Frauen einer der maßgeblichen sozialen Mechanismen ist, durch den Frauen gezwungen werden, sich dem Mann unterzuordnen" (Generalversammlung der Vereinten Nationen 1993, Präambel Absatz 6).

3.3   Gesundheitliche Verfassung

Neben der hohen Gewaltprävalenz für Prostituierte ist deren gesundheitliche und psychische Verfassung mehrheitlich prekär. Studien und Berichte aus der Praxis belegen zahlreiche und gravierende Formen von körperlichen und gynäkologischen Beschwerden, Depressionen, Traumata und posttraumatische Belastungsstörungen von Frauen in der Prostitution. (Brückner und Oppenheimer 2006; Farley et al. 2003; Wege 2021a; Zumbeck 2001). Auch die repräsentative Untersuchung zu Gewalt gegen Frauen in Deutschland aus dem Jahr 2004 kommt bei der Teilpopulation Prostituierte zu dem Ergebnis, dass „die gesundheitliche und psychische Verfassung vieler Prostituierter äußerst problematisch [ist], was sich unter anderem in erhöhten gesundheitlichen Beschwerden im Gynäkologischen, im Magen-Darm-Bereich und in Essstörungen äußert. Etwa die Hälfte der Befragten weist zudem Symptome von Depressionen auf, ein Viertel der Befragten hat häufig oder gelegentlich Selbstmordgedanken, fast ein Drittel hat

Angstanfälle und Panikattacken und etwa jede siebte Selbstverletzungsabsichten in den letzten 12 Monaten gehabt" (Bundesministerium für Familie, Senioren, Frauen und Jugend 2013, S. 26). Degenhardt und Lintzen (2018) schätzen die gesundheitliche Verfassung der Sexarbeiter*innen insbesondere in der Armuts- und Beschaffungsprostitution als bis zu lebensbedrohlich ein (Degenhardt und Lintzen 2018, S. 48).

3.4 Typenbildung

In Studien zur Prostitution finden sich Versuche, verschiedene Gruppen oder Typen von Prostituierten zu bilden (z. B. professionelle Prostituierte, Armutsprostituierte, Beschaffungsprostituierte). Ziel der Typenbildung ist, spezifische Vulnerabilitätsfaktoren zu erkennen, die nicht zwangsläufig in jeder Gruppe von Prostituierten vorhanden sein müssen (Degenhardt und Lintzen 2018; Wege 2021a). Wege (2021a) unterscheidet im Ergebnis ihrer biografischen und ethnografischen Studie über Frauen in der Prostitution zwei Typen: Repräsentantinnen des ersten Typus wählen die Sexarbeit als selbstbestimmte Erwerbsarbeit. Zu diesem Typus gehören mehrheitlich Frauen aus der Mehrheitsgesellschaft, die über sprachliche, soziale und kulturelle Ressourcen verfügen (Wege 2021a, S. 210). Ursache für den Einstieg in die Prostitution sind auch hier oft ökonomische Gründe und/oder der Mangel an Alternativen auf dem Arbeitsmarkt. Frauen diesen Typus entwickeln jedoch ein professionelles Verständnis ihrer sexuellen Dienstleistung und organisieren selbständig ihre Arbeitsbedingungen. Häufig bieten sie exklusive sexuelle Dienstleistungen im höhergestellten Segment des Prostitutionsmarkts an und wirtschaften profitorientiert. Sie können sich gut vor gewalttätigen oder sexuellen Übergriffen schützen, haben Kenntnisse sowohl über das Sozialversicherungssystem als auch über relevante rechtliche Regelungen und haben „sprachliche und sozial codierte Kompetenzen, die es ihnen erlauben, sich im Rotlichtmilieu entsprechend durchzusetzen und mit den Freiern zu kommunizieren bzw. zu verhandeln" (Wege 2021a, S. 210–211). Frauen des ersten Typus bezeichnen sich häufig als Sexarbeiterinnen, für sie sind vorwiegend Pull-Faktoren für die Prostitution entscheidend. Sie verfügen über Ressourcen und Handlungskapazitäten (agency), stellen insgesamt jedoch eine deutliche Minderheit der Frauen in der Prostitution dar.

Wege (2021a) ordnet Frauen in der Prostitution einem zweiten Typus zu. Hierzu zählen Frauen, für die Prostitution nicht eine normale Erwerbsarbeit ist, sondern „eine Tätigkeit, der sie aufgrund von Zwangssituationen oder Notlagen nachgehen müssen" (Wege 2021a, S. 214). Repräsentantinnen dieses

Typus weisen diverse Vulnerabilitätsfaktoren auf, die auch als Push-Faktoren für den Einstieg und Verbleib in der Prostitution entscheidend sind: Ökonomische Zwangslagen für sich und ihre Familien/Kinder, fehlende Alternativen auf dem Arbeitsmarkt auch aufgrund geringer oder fehlender Bildungsabschlüsse, fehlende oder unzureichende Deutschkenntnisse, keine oder nur geringe Kenntnisse der rechtlichen Vorgaben und des Sozialversicherungssystems, psychische Vulnerabilität und Abhängigkeits- und Gewaltverhältnisse in ihrer persönlichen Biografie und/oder Arbeitsbiografie. Frauen des zweiten Typus stehen dem System des Prostitutionsmilieus größtenteils schutzlos gegenüber. Sie verfügen nicht wie die Repräsentantinnen des ersten Typus über ausreichend Handlungskapazitäten (agency) und haben kaum Ressourcen um mit den vielfachen Gefährdungen und Belastungen umgehen zu können. Repräsentantinnen des zweiten Typus gehören nicht der Mehrheitsgesellschaft an und haben regelmäßig einen Migrationshintergrund. Wege (2021a) stuft den zweiten Typus als unfreiwillig und fremdbestimmt in der Prostitution ein (Wege 2021a, S. 214). Zusammenfassend lässt sich festhalten, dass die sehr große Mehrzahl der (migrierten) Frauen* in der Prostitution in der sozialen Lebenswirklichkeit weder individuell noch strukturell über ausreichende Ressourcen, Handlungskapazitäten und Machtquellen verfügen, sodass ihre Lebens- und Arbeitssituation als hoch prekär einzuordnen ist (Tab. 1).

Tab. 1 Zentrale Aspekte der Typenbildung. (Darstellung auf Grundlage von Wege 2021a)

Typ 1: Prostitution als selbstbestimmte Erwerbsarbeit	Typ 2: Prostitution als fremdbestimmte Tätigkeit
Frauen aus der Mehrheitsgesellschaft	Keine Zugehörigkeit zur Mehrheitsgesellschaft, sehr häufig Frauen mit Migrationshintergrund
Sprachliche, soziale und kulturelle Ressourcen	Hoch prekäre Ausgangslage mit diversen Vulnerabilitätsfaktoren (psychische Vulnerabilität, Abhängigkeits- und Gewaltverhältnisse in ihrer persönlichen Biografie), kaum sprachliche, soziale oder kulturelle Ressourcen vorhanden

(Fortsetzung)

Tab. 1 (Fortsetzung)

Typ 1: Prostitution als selbstbestimmte Erwerbsarbeit	Typ 2: Prostitution als fremdbestimmte Tätigkeit
Einstieg häufig aus finanziellen Gründen und fehlenden beruflichen Alternativen	Einstieg aus finanzieller Not heraus; fehlende berufliche Alternativen und geringe/fehlende Bildungsabschlüsse
Professionelles Verständnis über sexuelle Dienstleistung (→ Sexarbeiter*in)	Prostitution keine normale Erwerbsarbeit, sondern einzige Möglichkeit Geld zu verdienen
Exklusive sexuelle Dienstleistungen im höhergestellten Segment des Prostitutionsmarktes → ausgewählte Freier; profitorientiertes Arbeiten	Anbieten der sexuellen Dienstleistung zu niedrigeren Preisen in der unteren Prostitutionshierarchie (Armutsprostitution) → Bedienen einer großen Anzahl von Freiern
Arbeit als Selbständige, eigene Organisation ihre Arbeitsbedingungen mit ausreichend Handlungsmöglichkeiten	Gravierende Einschränkung ihrer Handlungsmöglichkeiten; dem System „Rotlichtmilieu" weitgehend schutzlos ausgeliefert
Schutz der persönlichen Integrität, der psychischen und körperlichen Gesundheit; klare Grenzsetzungen gegenüber Freiern	Große Gefahr, Opfer von Abhängigkeiten und Gewalt zu werden (seitens Freier und weiterer Akteure des Sexmarktes); psychischer Stress führt zu Zuständen von Angst und Ohnmacht
Kenntnisse über rechtliche Vorgaben, das Sozialversicherungssystem und zuständige Behörden	Keine oder nur geringe Kenntnisse über rechtliche Vorgaben, das Sozialversicherungssystem und zuständige Behörden
→ Vorwiegend Pull-Faktoren in die Prostitution/Sexarbeit entscheidend → Ausreichende Ressourcen und Handlungsmöglichkeiten (agency) → Deutliche Minderheit der Frauen in der Prostitution	→ Vorwiegend Push-Faktoren in die Prostitution/Sexarbeit entscheidend → Kaum Ressourcen für selbstbestimmtes Handeln (agency) → Unfreiwillig und fremdbestimmt in der Prostitution

3.5   Stigmatisierung

Alle Prostituierte erfahren seit jeher gesellschaftliche und soziale Ausgren-
zung, Abwertung und Stigmatisierung ihrer Tätigkeit in allen Lebensbereichen.
Ihre damit einhergehende soziale Marginalisierung wirkt sich negativ auf ihr
Selbstwertgefühl und ihre soziale Identität aus (Bundesministerium für Familie,
Senioren, Frauen und Jugend 2015, S. 23–24). Die Stigmatisierung bezieht sich

nicht nur auf die Zeit der Tätigkeit in der Prostitution, sondern hat erschwerende Auswirkungen für den Ausstieg. Prostituierte sind darüber hinaus auch im sozialen Hilfesystem, bei Fachkräften der Sozialen Arbeit und in Behörden Stigmatisierungen ausgesetzt (Wege 2021a, S. 87–97). Migrierende Sexarbeiterinnen erfahren dabei eine doppelte Stigmatisierung: Als Prostituierte und als Migrantin (Bundesministerium für Familie, Senioren, Frauen und Jugend 2015, S. 79). Eine Folge der gesellschaftlichen Stigmatisierung ist, dass Prostituierte im Arbeitskontext gewöhnlich mit Aliasnamen auftreten und regelmäßig ein Doppelleben führen, indem sie die Tätigkeit strikt von ihrem Privatleben trennen (Degenhardt und Lintzen 2018, S. 12; siehe auch Wege 2021a).

3.6   Der Sexmarkt

Angebote und Erscheinungsformen der Prostitution sind stark von der Nachfrage aber auch von sozialräumlichen und rechtlichen Rahmenbedingungen abhängig und einem ständigen Veränderungsprozess unterworfen. Wie jeder andere Markt, zielt auch die Sexindustrie auf Wachstum und Expansion. Zentraler Akteur auf dem Sexmarkt ist die Nachfrageseite, also die männlichen Kunden (Le Breton 2011, S. 165). Auch in der Nachfragorientierung unterscheidet sich der Sexmarkt damit nicht von anderen freien Märkten. Weitere Akteure der Sexindustrie wie Betreiber*innen von Etablissements oder „Manager" von Prostituierten handeln strategisch und profitorientiert (z. B. durch die Vermietung von Zimmern zu sehr hohen Preisen an die Prostituierten) und versuchen die Bedürfnisse der Kunden etwa nach immer neuen, häufig sehr jungen ausländischen Frauen zu erfüllen. „The sex industry expands to accommodate all tastes and all demands. For example, men buying women in prostitution don't just want the local women – they want women from other countries who will fulfill their fantasies who, according to their racial preferences, are stereotyped as more exotic, pliable, willing, or sexy" (Raymond 2020, S. 444). Strukturell befinden sich diese Akteure der Sexindustrie gegenüber den Prostituierten auf der höheren Hierarchieebene. Sie sind vielfach bereit, ihre ökonomischen Interessen auch mit gewalttätigen Praktiken gegenüber den migrierten, insbesondere in der Illegalität lebenden Sexarbeiterinnen durchzusetzen (Le Breton 2011, S. 174). Natürlich arbeiten auch die Frauen in der Prostitution mit wirtschaftlichem Interesse, jedoch aufgrund der strukturellen Diskriminierung und der strukturellen Gewalt und der daraus folgenden nur sehr eingeschränkten bis nicht vorhandenen Handlungskapazitäten auf der untersten Hierarchieebene (vgl. Gugel 2011; Le Breton 2011; Wege 2021a). Die mit Milliardengeschäften als hochprofitabel eingeschätzte globale Sexindustrie

(Jeffreys 2014) wird auch in Deutschland insgesamt nicht von den Prostituierten gesteuert oder beeinflusst (Steiner 2014, S. 2). Sie sind daher auch nicht die ökonomischen Profiteur*innen ihrer sexuellen Dienstleistungen.

4   Die Nachfrageseite: Freier

Es gibt keine gesicherte Datengrundlage, aus der die Gesamtheit der ganz überwiegend männlichen Kunden (Freier) in Deutschland ersichtlich würde. Zahlen beziehen sich regelmäßig auf Hochrechnungen und sind Schätzungen, häufig aus den 1980/90er Jahren. Schätzungen sprechen von ca. 1 Million täglichen Freiern in Deutschland, jeder Altersstufe, jedes Familienstandes, jedes Bildungsniveaus und aus den unterschiedlichsten Berufs- und Einkommensgruppen, wobei der Anteil von Akademikern hoch ist (Kleiber und Velten 1994 zitiert nach Gerheim 2012, S. 15). Diese „Jedermann-Hypothese" wird von anderen, auch internationalen Studien untermauert (Degenhardt und Lintzen 2018; Di Nicola 2021; Weitzer 2007). Grenz (2007) stellt in ihrer Studie über den Konsum sexueller Dienstleistungen die Freierdoktrin „Sex ist männlich, wichtig, hat mit Liebe nichts zu tun und kann von Männern konsumiert werden" (Grenz, 2007, S. 241) auf. Freier von Prostituierten sind danach spezielle Konsumtypen, die selbstverständlich davon ausgehen, ein Recht auf sexuelle Dienstleistungen zu haben. Als Kunden erwarten sie von den Prostituierten, dass diese ihren Job ganz ihren Wünschen und sexuellen Vorlieben gemäß ausüben („Girlfriend-Sex", „Dreilochsex", „Körperbesamung", „Pornosex", „Alles-ohne", „Fingern", „Blasen" etc.). Daraus resultierende sexuelle Grenzüberschreitungen und Gewalthandlungen sexueller, körperlicher, psychischer oder verbaler Natur von Freiern gegenüber Prostituierten wurden in Studien vielfach nachgewiesen (s. o.) und werden offen in sog. Freierforen kommuniziert. Freierforen bieten einen Einblick in die häufig aggressiv abwertenden, sexistischen und rassistischen Haltungen zu Frauen in der Prostitution. In einer Studie von Farley et al. (2017) über Sexkäufer und Nicht-Sexkäufer beschrieben sich Freier selbst öfter als sexuell aggressiv als Nicht-Sexkäufer und sie hatten auch weniger Empathie für Prostituierte (Farley et al. 2017). Gerheim (2012) klassifiziert in seiner soziologischen Studie über die männliche Nachfrageseite nach sexuellen Dienstleistungen verschiedene Motive männlicher Freier: Zu den sexuellen Motiven gehöre „doing sex", Körperkontakt, Zärtlichkeit und ein „omnipotentes Universum sexueller Wunscherfüllung" (Gerheim 2012, S. 181). Als soziale Motive klassifiziert Gerheim (2012) neben kommunikativ-emotionalen Bedürfnissen patriarchale Destruktivitätspotenziale wie Macht-, Gewalt- und Dominanzmuster und Frauenverachtung bzw. -hass (Gerheim 2012, S. 182–184). Von letzteren seien insbesondere Prostituierte in prekären Lebens- und Arbeitssituationen tangiert (Gerheim 2012, S. 184). Weitere Motive könnten psychischer Natur, die Erotisierung der Subkultur Rotlichtmilieu, zufalls- und situationsbedingte Motive, Neugierde, habituelle Krisen und strategische Sexsuche sein (Gerheim 2012, S. 184–208). Nach di Nicola (2021) haben Freier auf der Suche nach einem „beautiful girl at a reasonable price" zumindest das partielle Bewusstsein, dass die ausländische Prostituierte, die die sexuelle Dienstleistung sehr viel günstiger anbietet als die lokale, von Ausbeutung betroffen ist (Di Nicola 2021, S. 29).

Insgesamt wird deutlich, dass es unterschiedliche subjektive Motive für den Konsum sexueller Dienstleistungen gibt und es den einen Prototyp Freier nicht gibt. Trotzdem ist die soziale Position der männlichen Kunden im System der Prostitution strukturell machtvoll, dominant und privilegiert: Freier kommen aus der Mitte der Gesellschaft ohne besondere Vulnerabilitätsfaktoren. Sie sind im Gegensatz zu den sich prostituierenden Frauen nicht von struktureller Diskriminierung, Gewalt und Stigmatisierung betroffen.

5   Theoretische Ansätze und daraus resultierende Folgen für Recht und Gesellschaft

5.1   Der liberale Ansatz: Sexarbeit

Verterter*innen dieses Ansatzes richten den Blick dezidiert auf das Subjekt, also auf die einzelne Person in der Sexarbeit. Der Fokus liegt auf der (sexuellen) Selbstbestimmung und Autonomie der einzelnen Person, die freiwillig sexuelle Dienstleistungen anbietet. Vertreter*innen dieses Ansatzes nutzen bewusst den Begriff Sexarbeiter*in, um die sexuelle Dienstleistung als Erwerbsarbeit zu beschreiben (Wersig 2017, S. 217). Grundlegend geht es um die gesellschaftliche und rechtliche Anerkennung von Prostitution und die Beendigung der Stigmatisierung der Sexarbeiter*innen. Es wird davon ausgegangen, dass die ganz überwiegende Mehrheit der in der Prostitution arbeitenden Personen die Tätigkeit freiwillig und selbstbestimmt gewählt hat. Zwar wird anerkannt, dass ökonomische Zwänge für die Entscheidung der Sexarbeit ursächlich sein können, jedoch sei dies dem kapitalistischen System inhärent und unterscheide sich deshalb nicht grundsätzlich von anderen unliebsamen Arbeiten wie etwa Putzen oder an der Kasse sitzen (Hill und Bibbert 2019, S. 109). Die Tätigkeit in der Sexarbeit stelle danach gerade auch für viele Migrantinnen eine Chance dar, einen niedrigschwelligen Einstieg ohne formale Qualifikationsnachweise in die legale Erwerbsarbeit zu bekommen (vgl. Wersig 2017, S. 225). Denn in der Sexarbeit gebe es zumindest die Chance, flexibel und mit gutem Einkommen zu arbeiten, wenn die Arbeitsbedingungen gut und professionell seien. Die Handlungskapazitäten gerade auch der Migrant*innen würden dadurch deutlich, dass sie sich für die Migration selbstbestimmt entschieden hätten, um ihre ökonomische Situation durch Sexarbeit zu verbessern (Hill und Bibbert 2019, S. 113). Voraussetzung für gute und professionelle Arbeitsbedingungen in der Sexarbeit sei, dass die Tätigkeit als Sexarbeiter*in von der Gesellschaft umfassend wertgeschätzt werde. Sei dies der Fall, dann würden Sexarbeiter*innen so agieren „[…] dass Freier ihnen und ihren (vertraglich vereinbarten) Vorgaben vor, während und nach der sexuellen Dienstleitung unbedingte Folge leisten" (Ziemann 2022, S. 113). Das Prinzip der Souveränität hätte damit auch konkrete Auswirkungen auf das Geschlechterverhältnis in der Prostitution (Ziemann 2022, S. 113).

Rechtspolitisch folgt aus dem liberalen Sexarbeitsansatz eine rechtliche Anerkennung der Tätigkeit als sexuelle Dienstleistung. Ziel solcher rechtlicher Reformen ist, „Prostituierte vor Gewalt und Ausbeutung zu schützen und ihnen als Marktsubjekt Anerkennung zu verschaffen" (Kontos 2009, S. 9). Danach bieten Sexarbeiter*innen grundsätzlich freiwillig, selbstbestimmt und Grenzen setzend sexuelle Dienstleistungen an. Sie können ihre Rechte einfordern und gerichtlich durchsetzen. Als Arbeitnehmer*innen in den diversen Prostitutionsstätten sind sie sozialversichert, als Selbständige arbeiten sie eigenverantwortlich. Mit der Stärkung der Sexarbeiter*in auf einem legalisierten Sexmarkt werde zugleich auch die Ausbreitung der Sexindustrie insgesamt begrenzt, die Anzahl von Bordellen und anderen Etablissements im Milieu gedrosselt und die kriminellen Erscheinungsformen reduziert. Die hohe Gewaltprävalenz gegenüber Frauen in der Prostitution würde dadurch zumindest reduziert. Hieran knüpfte die deutsche Rechtspolitik mit Inkrafttreten des Prostitutionsgesetzes (ProstG) im Jahr 2002 (BT-Drucksache 14/5958). Rechtlich folgt daraus eine klare Abgrenzbarkeit zwischen freiwilliger (legaler) und unfreiwilliger (illegaler) Prostitution. Die besonderen Vulnerabilitätsfaktoren auch gerade der mehrheitlich migrierten Prostituierten, die sich aufgrund ökonomischer Zwangslagen und Perspektivlosigkeit bewusst für eine Tätigkeit in der Prostitution entschieden haben, spielen deshalb für die rechtliche Einordnung als freiwillige Tätigkeit grundsätzlich keine Rolle.

Mit dem im Jahr 2017 in Kraft getretenen Prostituiertenschutzgesetz (ProstSchG) hat sich der deutsche Gesetzgeber von der zuvor ordnungsrechtlich weitgehend unregulierten legalen Prostitution abgewendet. Erkenntnis 15 Jahre nach Inkrafttreten des ProstG war, dass es einer fachgesetzlichen Regulierung gewerberechtlicher Natur bedarf, um die spezifischen Risiken und Gefahren im

Arbeitsfeld der Prostitution zu verhindern. Hintergrund war die seit der Liberalisierung im Jahr 2002 zunehmend entgrenzende Entwicklung auf dem deutschen Sexmarkt und der Nachfrageseite mit Erscheinungsformen wie FKK-Clubs, Großbordellen mit „Gang-Bang"-, „Flat-Rate"- und „Tabulos" – Angeboten, einem daraus folgenden immensen Druck auf die psychische und körperliche Integrität, der weiterhin bestehenden sehr hohen Gewaltprävalenz und der massiven Verschlechterung des Gesundheitsschutzes der Prostituierten. Daneben kam es nicht zu der erhofften sozialversicherungsrechtlichen Absicherung der Prostituierten, da diese nicht als Arbeitnehmer*innen in Bordellen tätig wurden, sondern als (Schein)Selbständige arbeiteten. Die ganz überwiegende Mehrheit der Sexarbeiter*innen arbeitete nicht selbstbewusst, Grenzen setzend, Rechte einfordernd, gut verdienend auf dem legalen und lukrativen Sexmarkt. Vielmehr zeigte sich im Milieu eine besondere Anpassungsfähigkeit, indem „vorhandene Regulierungs- und Gesetzeslücken zur Gewinnoptimierung der Bordellbetreiber genutzt wurden" (Steiner 2014, S. 2) und dies „fast ausschließlich zum Nachteil der Prostituierten" (ebd.). Erklärte Zielsetzung des ProstSchG ist es deshalb, die (sexuelle) Selbstbestimmung der Prostituierten zu stärken, verträgliche Arbeitsbedingungen zu schaffen und den Gesundheitsschutz für Prostituierte zu verbessern. Zusätzlich soll die Rechtssicherheit für die legale Prostitution gestärkt und gefährliche und sozial unverträgliche Auswirkungen der Prostitution ausgeschlossen werden. Schließlich ist erklärtes Ziel, die Kriminalität in der Prostitution wie Menschenhandel, Gewalt gegen und Ausbeutung von Prostituierten und Zuhälterei zu bekämpfen (BT-Drucksache 18/8556). Prostitution bleibt dabei erlaubnisfrei, jedoch wird versucht, durch behördliche Anmeldepflichten (auch mit Alias-Namen), verpflichtende Informations- und gesundheitliche Beratungsgespräche in den direkten Kontakt zu den Prostituierten zu kommen, um ggf. Zwangssituationen und spezifische Gefährdungen der Frauen schneller zu erkennen (BT-Drucksache 18/8556). Zu den grundlegenden Regelungen zählen daher Anmeldepflichten für Prostituierte, das Mitführen der Anmeldebescheinigung bei der Arbeit (auch mit Alias-Namen möglich) und die Kopplung der Anmeldung an ein persönlich wahrzunehmendes Informations- und Beratungsgesprächs über die Rechte und Pflichten (u. a. im sozialversicherungs- und steuerrechtlichen Bereich). Daneben gibt es die Pflicht zur Wahrnehmung einer Gesundheitsberatung (bezüglich Krankheitsverhütung, Empfängnisregeln und -verhütung, Schwangerschaft und Risiken des Alkohols-/Drogenmissbrauchs u. a.). Für alle Prostitutionsgewerbe gelten Erlaubnispflichten (u. a. Betriebskonzepte, Zuverlässigkeitsprüfung der Betreiber*innen, bauliche Erfordernisse wie angemessene Sanitäranlagen, Notrufsysteme, getrennte Schlaf- und Arbeitsräume,

Pausenräume, Auslegen von Kondomen, Gleitmittel und Hygieneartikel). Darüber hinaus verbietet das ProstSchG sexuelle Dienstleistungen ohne Kondom. Schließlich wurden die Überwachungsmöglichkeiten in der Prostitution durch staatliche Behörden (u. a. Betretungsrechte der Polizei oder anderer zuständigen Behördenmitarbeitender, Einsichtnahme in Unterlagen, Auskunftspflichten der Betreiber*innen) erweitert. Mit der Legalisierung und damit verbundenen Regulierung von Prostitution wird nach MacKinnon der Staat ermächtigt, sich in das Leben der Prostituierten einzumischen, um ihnen den versprochenen und erhofften Schutz gewähren zu können (MacKinnon und Baer 2019, S. 368).

Das ProstSchG wird von Vertreter*innen des liberalen Sexarbeitsansatzes scharf kritisiert. Sexarbeit müsse wie jedes andere Gewerbe behandelt werden, dort gebe es auch keine speziellen Schutzgesetze für die Gewerbetreibenden. Anmeldepflichten und verpflichtende Informations- und Beratungsgespräche für Sexarbeiter*innen wären diskriminierend, datenschutzrechtlich problematisch und würden die Stigmatisierung weiter verfestigen. Lembke (2014) spricht von einer „grandiosen Zielgruppenverfehlung" und einer neuen Doppelmoral. Sexarbeiter*innen bräuchten nicht nur Schutz vor Ausbeutung und Gesundheitsgefährdungen, sondern auch vor behördlicher Willkür und Diskriminierung (Lembke 2014, S. 2–3). Nach Wersig (2017) könnte der vom Gesetzgeber intendierte Schutz ins Leere laufen oder sich sogar ins Gegenteil wandeln: Auflagen für Terminwohnungen könnten die selbstbestimmtere Sexarbeit in diesen Wohnungen beenden, Großbordelle dann die Regel werden, Zwangsoutings könnten durch die Anmeldpflichten entstehen und Freier würden womöglich den Klarnamen der Sexarbeiterin erfahren (Wersig 2017, S. 231–232).

Eine gesetzlich vorgeschriebene bundesweite Evaluation des Gesetzes setzte am 01.07.2022 ein und muss dem Deutschen Bundestag spätestens am 01.07.2025 vorgelegt werden. Die Zahlen der auf der Grundlage des ProstSchG angemeldeten Prostituierten sind seit Inkrafttreten des Gesetzes 2017 eher als niedrig anzusehen und sagen nichts über die tatsächliche Zahl der Prostituierten in Deutschland aus. So waren im Jahr 2019 deutschlandweit rund 40.400 Personen als Prostituierte bei den zuständigen Behörden angemeldet, im Jahr 2021 waren es hingegen nur noch 23.700 (Statistisches Bundesamt 2022b). Der Rückgang der Zahlen wird auf die Corona-Pandemie und der damit verbundenen erschwerten und teilweise verbotenen Prostitution zurückgeführt. Eine erste Evaluation des ProstSchG wurde bereits 2018 für Nordrhein-Westfalen durchgeführt. Ergebnis dieser Evaluation ist, dass sich nur eine Minderheit der befragten professionellen Sexarbeiter*innen durch das ProstSchG geschützt und unterstützt fühlt, da durch das Gesetz ausbeuterische und riskante Geschäfte verboten werden (Degenhardt und Lintzen 2018, S. 30). Die wesentlich größere Zahl der befragten Sexarbeiter*innen fühlte sich hingegen „kontrolliert, entmündigt, stigmatisiert und kriminalisiert" (Degenhardt und Lintzen 2018, S. 49). Zwar schütze das Gesetz in manchen Bereichen, in anderen Bereichen erschwere und gefährde es hingegen das Alltagsleben gravierend. Weiteres Ergebnis der Studie ist, dass die Gefahr in Illegalität oder Armut abzurutschen, den Arbeitsplatz zu verlieren und/oder Probleme mit dem Schutz personenbezogener Daten zu bekommen erhöht ist. Auch sei die Gefahr für Sexarbeiter*innen, Opfer von Erpressung und Ausbeutung zu werden, nicht verringert, sondern vielmehr erhöht worden (Degenhardt und Lintzen 2018, S. 49).

5.2   Prostitution als sexuelle Ausbeutung und Gewalt

Grundlage dieses Ansatzes ist die kritische Analyse der Geschlechterverhältnisse und Machtstrukturen in der Prostitution, wonach es in der Prostitution um Dominanz, Macht und Gewalt geht. Grundpfeiler in der Prostitution ist die institutionalisierte Geschlechterungleichheit. Prostitution ist danach nicht das „älteste Gewerbe" sondern die „älteste Form weiblicher Unterdrückung" (MacKinnon 2011, S. 273). Ekberg (2016) bezeichnet Prostitution als „männliche sexualisierte Gewalt gegen Frauen, die sich insbesondere gegen jene richtet, die wirtschaftlich, rassisch (sic) oder ethnisch marginalisiert/diskriminiert werden" (Ekberg 2016, S. 2). Die Entscheidung, in der Prostitution tätig zu sein, wird ohne tatsächliche Wahl- und Handlungsmöglichkeiten aufgrund vielfacher Vulnerabilitätsfaktoren wie ökonomischen Zwang, Missbrauch und Gewalt getroffen. Nach MacKinnon werden „[I]n der Prostitution [...] Frauen und Mädchen praktisch alle Optionen außer der einen verwehrt, und damit wird ihr Einverständnis, ihre freie Entscheidung oder ihre Wahl betrügerisch und illusorisch [...]" (MacKinnon und Baer 2019, S. 365–366). „Einfach gefasst ist Prostitution die unterste Stufe der Ungleichheit von Frauen" (MacKinnon und Baer 2019, S. 366).

Deshalb wird Prostitution im Kontext geschlechtsspezifischer Gewalt diskutiert und generell als sexuelle Ausbeutung analysiert. Es wird nicht zwischen legalen und illegalen Formen der Prostitution unterschieden, Menschenhandel und sexuelle Ausbeutung korrelieren mit einem legalisierten Sexmarkt. MacKinnon (2011) sieht aufgrund der hinter der Prostitution stehenden Zwangslagen einen ökonomischen Sektor des sexuellen Missbrauchs verwirklicht (MacKinnon 2011, S. 274). Prostitution sei weder „Arbeit" noch „Sex". Sex beruhe auf Gegenseitigkeit und Wechselseitigkeit und könne kein kommerzieller Vertrag sein (MacKinnon und Baer 2019, S. 367). „In these transactions, the money coerces the sex rather than guaranteeing consent to it, making prostitution a practice of

serial rape" (MacKinnon 2011, S. 274). Der Begriff der „Sexarbeit" als Ausdruck des Neo-Liberalismus wird als Euphemismus für ein Ausbeutungs- und
Gewaltsystem bezeichnet, das von Staaten wie Deutschland legalisiert wurde.
Mit der Legalisierung sei die Grundlage für die Sexindustrie gelegt worden, die
rapide wachse und sich stark diversifiziere (Raymond 2020, S. 443). Jeffreys
(2014) bezeichnet in diesem Sinne den Staat als patriarchalen Zuhälter, der mit
der Legalisierung der Prostitution den Interessen der männlichen Bürger nach
unbegrenztem sexuellem Zugang, also dem „Recht auf Sex", entspräche (Jeffreys
2014, S. 209–211). Vor diesem Hintergrund wird Prostitution als geschlechtshier-
archische strukturelle Diskriminierung analysiert, in der Geschlechterstereotypen,
Rassismen und Sexismen fest verankert sind und die nicht nur Auswirkungen
auf die Frauen* in der Prostitution, sondern auch auf die gesamte Gesellschaft
und besonders alle Frauen* haben: Ihre Rolle als mögliche Objekte männlichen
Besitzdenkens wird gestützt und verfestigt.

Rechtspolitisch folgt aus dem Ansatz, Prostitution als sexuelle Ausbeutung
und Gewalt zu verstehen, das sog. Nordische Modell, das ursprünglich von
Schweden 1999 eingeführt wurde. Prostitution wird bei diesem Ansatz nicht
als Beruf anerkannt. Prostitution ist danach männliche sexualisierte Gewalt
gegen Frauen, insbesondere derjenigen, die ökonomisch und ethnisch margi-
nalisiert und diskriminiert sind. Sie ist deshalb unvereinbar mit international
anerkannten Menschenrechten wie der Würde jedes Menschen und der Gleichstellung der Geschlechter. Prostitution verhindere vielmehr die Gleichstellung der
Geschlechter. „Die Legalisierung von Prostitution führt unweigerlich zu einer
Normalisierung einer extremen Form sexueller Diskriminierung und Gewalt und
stärkt die männliche Dominanz über alle Menschen weiblichen Geschlechts"
(Ekberg 2016, S. 2). Das sog. Nordische Modell sieht ein Verbot der Nachfrage
nach sexuellen Dienstleistungen vor, es kriminalisiert damit ausschließlich die
Freier und andere Profiteure des Sexmarktes wie Zuhälter, Bordellbetreiber*innen
und Menschenhändler*innen. Prostituierte erfahren dagegen keine Kriminalisie-
rung. Hierdurch erfolgt eine Verschiebung der asymmetrischen Machtbalance hin
zu einer stärkeren (rechtlichen) Position der Frauen* in der Prostitution. Nach
MacKinnon „entmachtet das Nordische Modell den Staat insofern, als dass er
die Befugnis verliert, gegen Menschen vorzugehen, die prostituiert werden. Tatsächlich liegt sogar ein ganz wesentlicher Gewinn dieses Ansatzes darin, dass
der Staat den Frauen endlich nicht mehr im Nacken sitzt" (MacKinnon und Baer
2019, S. 368). Das sog. Nordische Modell schafft also einen Perspektivwechsel. Prostitution wird aufgrund der Strukturen in der sozialen Realität als Form
männlicher Gewalt und sexueller Ausbeutung von Frauen bewertet. Integraler und

wesentlicher Bestandteil des Modells sind Beratungsangebote und Ausstiegshilfen für Prostituierte. Nach MacKinnon ermächtigt damit der Staat die Frauen in
der Prostitution auf zweierlei Weise: Zum einen stellt er Mittel für den Ausstieg
zur Verfügung, den nach Studien (s. o.) in Deutschland die ganz überwiegende
Zahl der Frauen möchte. Zum anderen gibt der Staat den Prostituierten, die in
der Prostitution bleiben wollen die stärkere Position, rechtlich gegen Kunden vorzugehen, die die Vereinbarungen nicht einhalten, „deren Durchsetzung sonst nur
eine Fantasie wäre" (MacKinnon und Baer 2019, S. 369). Das sog. Nordische
Modell setzt insgesamt stark auf einen normativen Wandel in der Gesellschaft
hinsichtlich der Nachfrage nach sexuellen Dienstleistungen. Deshalb gehen mit
dem Gesetz auch gesamtgesellschaftliche Bildungsmaßnahmen über die Prostitu-
tionsstrukturen einher. Laut schwedischer Regierung wird das Gesetz inzwischen
von gut 70 % der schwedischen Bevölkerung unterstützt und die Nachfrage nach
sexuellen Dienstleistungen ist gesunken. Insgesamt scheine der Prostitutionsmarkt
zurückzugehen, eine Verlagerung der Prostitution in den nicht mehr erreichbaren
Untergrund mit mehr Gewalt und Ausbeutungsverhältnissen werde nicht beobachtet (Embassy of Sweden 2020). Mit der sinkenden Nachfrage nach sexuellen
Dienstleistungen sei zugleich die Attraktivität Schwedens bei Menschenhänd-
lern zurückgegangen. Damit habe das Gesetz auch konkrete Auswirkungen auf
die (organisierte) Kriminalität im Bereich der Prostitution: „Interpol beschreibt
Schweden als einen toten Markt" (Embassy of Sweden 2020). Kritiker*innen des
Modells befürchten trotz anderslautender Evaluationen der schwedischen Regie-
rung, dass Prostitution nun im Verborgenen stattfände, was die Gesundheit und
Sicherheit der Frauen noch stärker gefährde (vgl. Langford und Skilbrei 2022,
S. 186). Die Staaten, die das sog. Nordische Modell übernommen haben (zuletzt
Israel 2020), weisen Unterschiede in den konkreten Regelungen auf. Gemein-
sam ist jedoch, dass sich der Diskurs über Prostitution erweitert hat und die
Strukturlogiken in der Prostitution und die Auswirkungen auf die Geschlechtergerechtigkeit, auch für die gesamte Gesellschaft, mehr in den Blick genommen
werden.

6   Soziale Arbeit und Prostitution/Sexarbeit

Die professionelle Soziale Arbeit ist im Feld der Prostitution in Deutschland fest
verankert. Dabei spielen Fachberatungsstellen für Prostituierte/Sexarbeiter*innen
mit niedrigschwelligen Angeboten eine herausragend wichtige Rolle. Sie sind
regelmäßig erster Kontakt oder Anlaufstelle für die mannigfachen Schwierigkeiten und Probleme der einzelnen Frauen* in der Prostitution. In ihrer Trägerschaft

und Ausrichtung sind die Fachberatungsstellen divergent, jedoch fokussieren sie
sich überwiegend auf die Verbesserung der konkreten Gesundheits-, Lebens-
und Arbeitsbedingungen der einzelnen Frauen, auf Ausstiegshilfen, Gemeinwesenarbeit und Öffentlichkeitsarbeit. Für alle Fachberatungsstellen gilt, dass die
wertschätzende Anerkennung gegenüber der sich prostituierenden Frau zentral ist
(Albert und Wege 2015; Wege 2021a). Die fachliche Positionierung zum sozialen Phänomen Prostitution scheint dabei in Nuancen voneinander abweichend,
jedoch ganz überwiegend in der Übernahme des liberalen Sexarbeitsansatzes.
Erst in den letzten Jahren haben sich Fachberatungsstellen dieser liberalen Positionierung kritisch gegenüber gestellt und Prostitution als sexuelle Ausbeutung
und Gewaltsystem klassifiziert (vgl. Mühlberger 2019, S. 53–54). Erstaunlich ist,
dass die Deutsche Gesellschaft für Soziale Arbeit (DGSA) und der Deutsche
Berufsverband für Soziale Arbeit (DBSH) bislang keine Stellungnahmen oder
Positionspapiere zum Themenfeld Prostitution veröffentlicht haben, sie wurden
auch nicht in den Gesetzgebungsprozess für das ProstSchG einbezogen. Auch in
der deutschen Fachliteratur der Wissenschaft Sozialer Arbeit finden sich insgesamt wenige Veröffentlichungen zum Themenfeld Prostitution. Die jüngsten sind
von Albert und Wege (2015), Angelina, Piasecki und Schurian-Bremecker (2018),
Mühlberger (2019) und Wege (2021a). Die Ansätze aus der Wissenschaft Sozialer Arbeit stellen dabei regelmäßig nicht den liberalen Sexarbeitsansatz mit der
Regulierung des legalen Prostitutionsmarktes an sich infrage. Nur sehr wenige
Vertreter*innen analysieren bislang kritisch die Strukturlogiken im Prostituti-
onssystem und formulieren daraus Ableitungen für die Soziale Arbeit. Einzig
Mühlberger (2019) setzt sich in ihrer Studie über Soziale Arbeit als Menschen-
rechtsprofession im Feld der Prostitution mit den Grundlagen und Theorien von
Staub-Bernasconi und Obrecht und ihren Verbindungen zum Handlungsfeld Pro-
stitution auseinander. Gegenwärtig sieht Mühlberger (2019) die Soziale Arbeit im
Feld der Prostitution fast ausschließlich ein Doppelmandat erfüllen, indem gute
Soziale Arbeit mit den Klientinnen gemacht und die gesetzlichen Vorgaben umgesetzt würden. Das Tripelmandat der Sozialen Arbeit verlange von der Profession
Soziale Arbeit jedoch mehr, als nur Dienstleisterin für konkrete Hilfsleistun-
gen zu sein. Als Profession müsse sie auch die ethisch und menschenrechtlich
problematischen Strukturen und Systeme in der Prostitution analysieren, kritisch diskutieren, dazu Stellung nehmen und neue Handlungsansätze entwickeln
(Mühlberger 2019, S. 83).

Fazit

Die Auseinandersetzung mit den Folgen des seit 2002 liberalisierten Sexmarkts hat in Deutschland den Blick gesamtgesellschaftlich geweitet. Der Sexmarkt mit seiner entlarvend einfachen Struktur legt mit seiner hohen Gewaltprävalenz, der (strukturellen) Diskriminierung und Stigmatisierung von Frauen in der Prostitution eine Asymmetrie der Geschlechterrollen und Machtverteilung offen, die in vielfachen Brechungen auch in anderen gesellschaftlichen Bereichen sichtbar sind: Bei sexueller Belästigung am Arbeitsplatz, bei Gewalt gegen Frauen, häuslicher Gewalt, Feminiziden, sexistischer Werbung oder allgemein im Arbeitsleben, beispielsweise Gender Pay Gap, Karriere-Aus aufgrund von Schwangerschaft und/oder Care-Aufgaben. Unumstritten sind Diskriminierung und Gewalt dabei keine individuellen Probleme einzelner Frauen, sondern sie sind ein gesamtgesellschaftlich strukturelles Problem fehlender Machtbalance, da sie maßgebliche soziale, politische und ökonomische Mittel sind, die Geschlechterhierarchisierung aufrechtzuerhalten. Es existieren mit Art. 3 Abs. 2 Grundgesetz und mit völkerrechtlichen Menschenrechtsverträgen wie der UN-Frauenrechtskonvention und der sog. Istanbul-Konvention des Europarats rechtliche Verpflichtungen Deutschlands, geschlechtsspezifische Diskriminierungen, Sexismen und Gewalt durch geeignete Maßnahmen und Gesetze anzugehen. Der regulierende liberale Sexarbeitsansatz mit dem geltenden ProstG und dem ProstSchG hat sich in der Praxis als sozial selektiv wirkende „Behinderungsregel" (Staub-Bernasconi 2018, S. 414 ff.) erwiesen. Denn die asymmetrische geschlechtsspezifische Machtstrukturierung vermochte dieser Ansatz nicht aufzubrechen, vielmehr wurde die dominante Machtposition der männlichen Nachfrageseite und weiterer Profiteure des Sexmarktes in der sozialen Lebenswirklichkeit verfestigt und gestärkt. Es ist an der Zeit, auch in Deutschland Prostitution als strukturell geschlechtshierarchisierende und gewaltförmige soziale Praxis zu definieren. Das bedeutet, dass neben umfänglich unterstützenden und entkriminalisierenden Maßnahmen für die sich prostituierenden (migrierten) Frauen, die männliche Nachfrageseite und die Profiteure des Sexmarktes in den Blick genommen werden müssen. (Straf)rechtliche Regelungen im Sinne einer legitimen „Begrenzungsmacht" (Staub-Bernasconi 2018, S. 418 ff.) für die Nachfrageseite und die Profiteure des Sexmarktes zielen auf das Aufbrechen der verfestigten Machtasymmetrien und den gerechten Zugang zu Ressourcen und sozialer Teilhabe.

Fragen zur weiteren Vertiefung/Reflexion

Sollte Prostitution/Sexarbeit „als eine Existenzoption von Migrantinnen" (Le Breton 2011, S. 213) akzeptiert werden?

Hat Sexarbeit/Prostitution Auswirkungen auf das Geschlechterverhältnis in einer Gesellschaft?

In welcher Weise beeinflusst die soziale Praxis Prostitution/Sexarbeit die sozialen Vorstellungen von Sexualität insgesamt?

Literatur

Albert, M. & Wege, J. (Hrsg.). (2015). *Soziale Arbeit und Prostitution. Professionelle Handlungsansätze in Theorie und Praxis.* Wiesbaden: Springer Fachmedien Wiesbaden GmbH.

Angelina, C. & Schreiter, L. (2018). Ein Milieu im Wandel. Zugänge zum Thema Prostitution. In C. Angelina, S. Piasecki & C. Schurian-Bremecker (Hrsg.), *Prostitution heute. Befunde und Perspektiven aus Gesellschaftswissenschaften und Sozialer Arbeit* (S. 11–32). Baden-Baden: Tectum.

Brückner, M. & Oppenheimer, C. (2006). *Lebenssituation Prostitution. Sicherheit, Gesundheit und soziale Hilfen.* Königstein/Taunus: Ulrike Helmer.

Bundesministerium für Familie, Senioren, Frauen und Jugend (Hrsg.). (2013). *Lebenssituation, Sicherheit und Gesundheit von Frauen in Deutschland. Ergebnisse der repräsentativen Untersuchung zu Gewalt – Kurzfassung gegen Frauen in Deutschland* (5. Aufl.). Berlin.

Bundesministerium für Familie, Senioren, Frauen und Jugend (Hrsg.). (2015). *Abschlussbericht der wissenschaftlichen Begleitung zum Bundesmodellprojekt. Unterstützung des Ausstiegs aus der Prostitution.* Berlin.

(25.05.2016), BT-Drucksache 18/8556.

(08.11.2019), BT-Drucksache 19/14969.

Degenhardt, T. & Lintzen, L.-M. (2018). *Veränderungen und Auswirkungen durch das ProstSchG auf die Prostitutionsszene in NRW. Entwicklungsbeobachtung vor dem Hintergrund des am 01.07.2017 in Kraft getretenen Prostituiertenschutzgesetzes für das Berichtsjahr 2018.* Zugriff am 07.07.2022. Verfügbar unter: https://www.landtag.nrw.de/portal/WWW/dokumentenarchiv/Dokument/MMV17-2008.pdf

(08.05.2001), BT-Drucksache 14/5958.

Di Nicola, A. (2021). *The differing EU member states' regulations on prostitution and their cross-border implications on women's rights. Study requested by the FEMM committee.* Brussels: European Parliament. https://doi.org/10.2861/467006.

Döring, N. (2014). Prostitution in Deutschland: Eckdaten und Veränderungen durch das Internet. *Zeitschrift für Sexualforschung, 27*(2), 99–137. https://doi.org/10.1055/s-0034-1366591.

Ekberg, G. (2016). *Schwedische Gesetze, politische Strategien und Maßnahmen gegen Prostitution und Menschenhandel. Eine Übersicht.* Zugriff am 26.09.2022. Verfügbar unter:

https://www.researchgate.net/publication/313108289_SCHWEDISCHE_GESETZE_
POLITISCHE_STRATEGIEN_UND_MASSNAHMEN_GEGEN_PROSTITUTION_
UND_MENSCHENHANDEL_EINE_UBERSICHT_Juli_2016.

Embassy of Sweden. (2020). *Das schwedische Gesetz über das Verbot des Kaufs sexueller Dienste.* Zugriff am 27.07.2022. Verfügbar unter: https://www.swedenabroad.se/de/%
C3%BCber-schweden/deutschland/schwedens-sexkaufverbot/#.

Euchner, E.-M. (2015). *Prostitutionspolitik in Deutschland. Entwicklung im Kontext europäischer Trends* (Springer eBook Collection). Wiesbaden: Springer VS. https://doi.org/
10.1007/978-3-658-09747-9.

Farley, M., Cotton, A., Lynne, J., Zumbeck, S., Spiwak, F., Reyes, M. E. et al. (2003). *Prostitution and Trafficking in Nine Countries. An Update on Violence and Posttraumatic Stress Disorder.* Zugriff am 17.07.2022. Verfügbar unter: http://www.prostitutionresearch.com/
pdf/Prostitutionin9Countries.pdf.

Farley, M., Golding, J. M., Matthews, E. S., Malamuth, N. M. & Jarrett, L. (2017). Comparing Sex Buyers With Men Who Do Not Buy Sex: New Data on Prostitution and Trafficking. *Journal of Interpersonal Violence, 32*(23), 3601–3625. https://doi.org/10.
1177/0886260515600874.

Generalversammlung der Vereinten Nationen. Erklärung über die Beseitigung der Gewalt gegen Frauen, Resolution 48/104.

Gerheim, U. (2012). *Die Produktion des Freiers. Macht im Feld der Prostitution; eine soziologische Studie.* Bielefeld: transcript.

Grant-Hayford, N. & Scheyer, V. (2016). *Strukturelle Gewalt verstehen. Eine Anleitung zur Operationalisierung,* Galtung-Institut für Friedenstheorie und Friedenspraxis. Zugriff am 19.07.2022. Verfügbar unter: https://www.galtung-institut.de/papers/G-I-WP-2016-06-SG.pdf.

Grenz, S. (2007). *(Un)heimliche Lust. Über den Konsum sexueller Dienstleistungen* (2. Aufl.). Wiesbaden: VS Verlag für Sozialwissenschaften. https://doi.org/10.1007/978-3-531-906
67-6.

Gugel, R. (2011). *Das Spannungsverhältnis zwischen Prostitutionsgesetz und Art. 3 II Grundgesetz. Eine rechtspolitische Untersuchung.* Berlin, Münster: Lit.

Heide, W. (2016). *Stellungnahme zur öffentlichen Anhörung zur „Regulierung des Prostitutionsgewerbes" im Ausschuss für Familie, Senioren, Frauen und Gesundheit im Deutschen Bundestag.* Zugriff am 26.09.2022. Verfügbar unter: https://www.bundestag.de/resource/
blob/425132/8d5f5d287762d764f17a9c1996b36b0e/18-13-76e_wolfgang-heide-data.
pdf.

Hill, E. & Bibbert, M. (2019). *Zur Regulierung der Prostitution. Eine diskursanalytische Betrachtung des Prostituiertenschutzgesetzes.* Wiesbaden, Heidelberg: Springer VS.

Jeffreys, S. (2014). *Die industrialisierte Vagina. Die politische Ökonomie des globalen Sexhandels.* Hamburg: Marta Press.

Kleiber, D. & Velten, D. (1994). *Prostitutionskunden. Eine Untersuchung über soziale und psychologische Charakteristika von Besuchern weiblicher Prostituierter in Zeiten von AIDS.* Baden-Baden: Nomos.

Kontos, S. (2009). *Öffnung der Sperrbezirke. Zum Wandel von Theorien und Politik der Prostitution.* Königstein/Taunus: Helmer.

Langford, M. & Skilbrei, M.-L. (2022). Branding the Nordic model of prostitution policy. In H. Byrkjeflot, L. Mjøset, M. Mordhorst & K. Petersen (Eds.), *The making and circulation of Nordic models, ideals and images* (S. 166–191). London: Routledge Taylor & Francis Group.

Le Breton, M. (2011). *Sexarbeit als transnationale Zone der Prekarität. Migrierende Sexarbeiterinnen im Spannungsfeld von Gewalterfahrungen und Handlungsoptionen.* Wiesbaden: VS Verlag für Sozialwissenschaften. https://doi.org/10.1007/978-3-531-940 67-0.

Lembke, U. 2014. *Das „Prostituiertenschutzgesetz" kommt: die Heuchelei geht weiter.* https://doi.org/10.17176/20190517-172401-0.

MacKinnon, C. A. (2011). Trafficking, Prostitution, and Inequality. *Harvard Civil Rights-civil Liberties Law Review, 46*(2), 271–309.

MacKinnon, C. A. & Baer, S. (2019). Gleichheit, realistisch. *Jahrbuch des öffentlichen Rechts der Gegenwart. Neue Folge, 67*(1), 361–375. https://doi.org/10.1628/joer-2019-0014.

Månsson, S.-A. (2015). Johns' fantasies of the „prostitute". In M. Larsson & S. Johnsdotter (Eds.), *Sexual fantasies. At the convergence of the cultural and the individual* (S. 159–177). Frankfurt a.M.: PL Academic Research.

Mühlberger, J. (2019). *Soziale Arbeit als Menschenrechtsprofession – auch im Feld der Prostitution?* Berlin, Münster: Lit.

Raymond, J. G. (2020). Revisiting the Impact of the Sex Industry and Prostitution in Europe. In L. L. O'Toole, J. R. Schiffman & R. Sullivan (Eds.), *Gender violence. Interdisciplinary perspectives* (3rd ed., S. 443–456). New York: New York University Press.

Statistisches Bundesamt. (2022a). *Ende 2021 rund 23 700 Prostituierte bei Behörden angemeldet. Pressemitteilung Nr. 277 vom 1. Juli 2022.* Zugriff am 16.07.2022. Verfügbar unter: https://www.destatis.de/DE/Presse/Pressemitteilungen/2022/07/PD22_277_228.html;jsessionid=9F59EA2852D2D4EA1E1A89C1507E58E3.live741.

Statistisches Bundesamt. (2022b). *Soziales. Prostituiertenschutz.* Zugriff am 27.07.2022. Verfügbar unter: https://www.destatis.de/DE/Themen/Gesellschaft-Umwelt/Soziales/Pro stituiertenschutz/_inhalt.html.

Staub-Bernasconi, S. (2018). *Soziale Arbeit als Handlungswissenschaft. Soziale Arbeit auf dem Weg zu kritischer Professionalität* (2. Aufl.). Leverkusen, Opladen, Toronto: UTB; Verlag Barbara Budrich. https://doi.org/10.36198/9783838547930.

Steiner, M. (2014). *Stellungnahme zur Anhörung „Regulierung des Prostitutionsgewerbes" BMFSFJ. Panel 4: Perspektive von Polizei und Strafrechtswissenschaft.* Zugriff am 26.09.2022. Verfügbar unter: https://www.bmfsfj.de/resource/blob/83060/bde0ff084 61c6f9d9c0c8dde8904cf20/anhoerung-regulierung-prostitution-stellungnahme-panel-4-data.pdf.

Wege, J. (2021a). *Biografische Verläufe von Frauen in der Prostitution. Eine biografische und ethnografische Studie.* Wiesbaden: Springer VS. https://doi.org/10.1007/978-3-658-34837-3.

Weitzer, R. (2007). Prostitution as a Form of Work. *Sociology Compass, 1*(1), 143–155. https://doi.org/10.1111/j.1751-9020.2007.00010.x.

Wersig, M. (2017). Schutz durch Kontrolle? Zur Debatte über die Regulierung der Sexarbeit in Deutschland. In U. Lembke (Hrsg.), *Regulierungen des Intimen. Sexualität und Recht im modernen Staat* (S. 215–234). Wiesbaden: Springer VS.

Witz, S. (2017). *Importware Frau. Eine kriminologisch-strafrechtliche Untersuchung von Zwangsprostitution in Deutschland ; mit dem Fokus auf Osteuropäerinnen.* Frankfurt am Main: Peter Lang. https://doi.org/10.3726/b10893.

Ziemann, A. (2022). *Die neue Debatte zum Sexkaufverbot – eine Konfrontation alter Argumente*. Kriminologisches Journal, 108–118.

Zumbeck, S. (2001). *Die Prävalenz traumatischer Erfahrungen, posttraumatischer Belastungsstörung und Dissoziation bei Prostituierten. Eine explorative Studie.* Hamburg: Kovač.

Weiterführende Literatur

Wege, J. (2021b). *Biografische Verläufe von Frauen in der Prostitution. Eine biografische und ethnografische Studie.* Wiesbaden: Springer VS.

Rahel Gugel, Dr., Juristin, Master in Humanitarian Assistance. Professorin für Recht in der Sozialen Arbeit an der Dualen Hochschule Baden-Württemberg in Villingen-Schwenningen. Arbeitsschwerpunkte: Antidiskriminierungrecht und Social Advocacy, Legal Gender Studies, Gleichstellungsorientierte Gesetzesfolgenabschätzung.

Soziale Arbeit und sexualisierte Gewalt

Anja Teubert

Zusammenfassung

Im folgenden Beitrag wird ausgehend vom Auftrag Sozialarbeitender darge-stellt, weshalb diese sich fachlich-reflexiv mit der Thematik der sexualisierten Gewalt auseinandersetzen müssen. Dabei wird von einem Verständnis Sozialer Arbeit als Ermöglichungs- und Beziehungsprofession ausgegangen, deren Auf-trag sowohl in der Prävention als auch in der Intervention liegt. Dazu bedarf es Wissens-, Handlungs-, sozial-ethischer und Selbstkompetenzen, die sich im Laufe eines Berufslebens weiterentwickeln, vertiefen und modifizieren. Der Artikel gibt einen Überblick über sexualisierte Gewalt als gesamtgesell-schaftliches Problem und zeigt auf, wie diese die Entwicklung von sozialen Problemen als Gegenstand Sozialer Arbeit beeinflussen kann. Darauf auf-bauend wird ein Einblick in ein sozialarbeiterisches Präventionsverständnis ermöglicht, das zur regionalen Verankerung von Schutzkonzepten anstrebt, auf der kommunalen Ebene Vernetzungsstrukturen zu schaffen, in denen Schutz vor und Bearbeitung von sexualisierter Gewalt interdisziplinär fachlich implementiert und stetig weiterentwickelt wird.

Keywords

Sexualisierte Gewalt • Prävention • Schutzkonzepte

A. Teubert (✉)
Duale Hochschule Baden-Württemberg Stuttgart, Stuttgart, Deutschland
E-Mail: Anja.Teubert@dhbw-stuttgart.de

© Der/die Autor(en), exklusiv lizenziert an Springer Fachmedien Wiesbaden GmbH, ein Teil von Springer Nature 2024
K. E. Sauer et al. (Hrsg.), *Studienbuch Gender und Diversity für die Soziale Arbeit*, https://doi.org/10.1007/978-3-658-42942-3_15

1 Einleitung

Das fachlich-reflexive Handlungskonzept als theoretische Basis für eine sich immer in Entwicklung befindende Reflexionskompetenz von Sozialarbeitenden ist nach ersten Erkenntnissen aus einem kooperativen Forschungsprojekt zur Verankerung von Schutzkonzepten in (päd)agogischen Kontexten von großer Bedeutung. Die Haltung der Akteur:innen trägt u. a. maßgeblich zum Gewaltschutz bei. Um eine professionelle Haltung zu entwickeln, ist die Auseinandersetzung mit der eigenen Sozialisation, den Glaubenssätzen und Vorstellungen von Normalität eine Grundvoraussetzung. Das heißt, als Sozialarbeitende muss ich mich mit mir selbst beschäftigen.

Einen meiner persönlichen Glaubenssätze[1]: *Familie ist immer eine Ressource und ein Schutzraum,* musste ich durch die Auseinandersetzung mit Erfahrungsexpert:innen und Studien korrigieren. Meine Vorstellungen von Normalität *(Unterstützung nach sexualisierter Gewalt wird eben nicht bezahlt, das muss ich akzeptieren)* und mein Erfahrungswissen *(Fachlichkeit lohnt sich)* hatten einen großen Einfluss auf meine Arbeit als Sozialpädagogin in den Einrichtungen, in denen ich tätig war. Dass sich fachliche Einschätzungen verändern, wenn sich die private Lebenssituation zuweilen als problematisch darstellt, habe ich als Sozialarbeiterin in unterschiedlichen beruflichen Kontexten erlebt. Ich konnte durch offene Gespräche mit Kolleg:innen und Supervisor:innen erfahren, dass Offenheit im Umgang mit Gefühlen und vermeintlichen Unsicherheiten ein wichtiger Baustein meiner professionellen Rolle war und ist. Es gab auch Teams, die ich verlassen habe, wenn ich bemerkte, dass wir nicht offen Fragen stellen oder über Fehler sprechen ‚durften‘.

Inzwischen ist erwiesen, dass Teamkultur und ein fachlich-reflexives Handlungskonzept unter anderem Gelingensfaktoren für personen- und damit auch sozialraumorientierte Soziale Arbeit sind (bspw. Teubert und Rösner 2023). Deshalb finden sich im Text auch immer wieder Reflexionsfragen, die dazu einladen, diese für sich zu beantworten, mit anderen zu besprechen und sich so immer besser kennen zu lernen. Die Fragen sind nicht in sich abgeschlossen und könnten im besten Fall in Ihren Teams weiterentwickelt werden.

---

[1] Ich war selbst viele Jahre als Sozialarbeiterin im Feld tätig und als Vorsitzende einer spezialisierten Fachberatungsstelle auch verantwortlich für die Finanzierung und Professionalisierung der Arbeit.

2   Das fachlich-reflexive Handlungskonzept

Ein sich immer weiterentwickelndes Bewusstsein von Sozialarbeitenden über die eigene Persönlichkeit als ‚Erfahrungsfilter', professionsethische Prinzipien sowie zentrale handlungsleitende Konzepte (Diversität, Empowerment, systemisches Handeln) sind die Basis des fachlich-reflexiven Handlungskonzepts, welches sich aus Theorien und Konzepten sowie spezifischen fachlichen Inhalten aus der Sozialen Arbeit und Bezugswissenschaften speist. Handlungsleitende Prinzipien als Essenz dieser Grundlagen dienen den Fachkräften zur Reflexion. Das fachlich-reflexive Handlungskonzept betont die Notwendigkeit, im Kontext der Arbeit persönliches und fachliches Erfahrungswissen zu sich selbst in Bezug zu setzen und somit die eigene Biografie in Reflexionsprozessen mit zu berücksichtigen. Damit können Rückschlüsse auf Motive für das alltägliche sozialarbeiterische Handeln gezogen werden. Zusätzlich stellen sich Sozialarbeitende die Frage nach dem Wahr- und Ernstnehmen von eigenen Gefühlen *(Welches Gefühl kommt auf, und was will es mir in dem Moment sagen?)* und richten den Fokus auf das eigene Selbstwertgefühl *(Bin ich es wert, dass ich für mich sorge?)* und das Erleben von Selbstwirksamkeit *(Bin ich in der Lage, etwas zu bewirken?)* (Abb. 1).

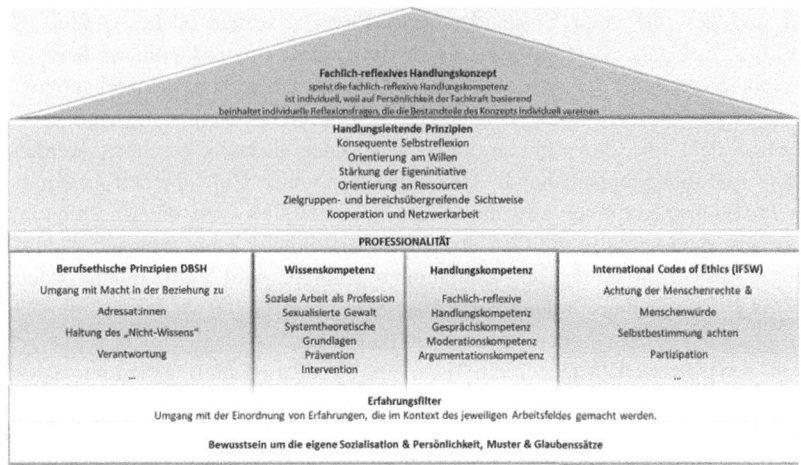

Abb. 1   Fachlich-reflexives Handlungskonzept (Teubert und Vobbe 2023, S. 39)

Soziale Arbeit als Beziehungsprofession hat den Auftrag, Bindung, Beziehung und Einbettung professionell zu ermöglichen (Gahleitner 2017). Gahleitner belegt empirisch, dass das Gelingen von Unterstützung eine authentische, von Nähe geprägte und emotional tragfähige Beziehung voraussetzt, die auf einer fachlich-reflexiven Beziehungsgestaltung beruht. Aufgrund dessen wird als erstes handlungsleitendes Prinzip das der konsequenten Selbstreflexion postuliert, die sich in folgenden Fragen ausdrücken kann:

Reflexionsfragen
Welche Gefühle entstehen, wenn ich an die Situation denke?
Sind diese Gefühle für die Zusammenarbeit mit der Person hilfreich oder störend?
Woher kommen Widerstände, die Situation in Bezug auf meine eigenen bisherigen Erfahrungen zu reflektieren?
Welche Anteile in mir muss ich unter Umständen genauer und ggf. mit Unterstützung anschauen?

Im Zusammenhang mit der Thematik der sexualisierten Gewalt ist die fachliche Reflexion von besonderer Bedeutung, weil Fachkräfte selbst von Normalitäten ausgehen, die unter Umständen gewaltfördernd wirken (siehe Abschn. 2), und die Auseinandersetzung mit Gewalt-Dynamiken Unterschiedliches bewirkt: Es gibt Fachkräfte, die sich zurückziehen, vorpreschen, besonnen reflektieren, Wut, Trauer, Besorgnis und Unglauben entwickeln. Es werden Dynamiken in Teams erlebt, die dazu führen, dass Täter:innen dadurch geschützt werden, dass eine streng einzuhaltende Hierarchie von einer Unfehlbarkeit bestimmter Funktionsträger:innen ausgeht. Wenn diese beispielsweise die Überzeugung vertreten, dass sexualisierte Gewalt niemals vorkommen kann, Grenzüberschreitungen aber zum Alltag der Einrichtung gehören, wird es Teammitgliedern erschwert, Grenzüberschreitungen anzusprechen und bei Gewaltvorkommnissen entsprechend einzuschreiten, solange die betroffene Person sich nicht selbst zur Wehr setzt. Entwickelt jedoch ein Team eine Feedback-Kultur, gehen wir davon aus, dass derartige Team-Dynamiken eher aufgedeckt werden können (Teubert und Huber 2023).

3   Der Nährboden von (sexualisierter) Gewalt

Gewalt ist eine Form der destruktiven Macht über Menschen, die ausgeübt wird, um auch gegen das Widerstreben anderer etwas zu erreichen (vgl. Weber 1972). Wir verstehen unter sexualisierter Gewalt Verletzungshandlungen, mit denen gewaltausübende Personen absichtsvoll durch die Überwindung von Widerstand eigene Bedürfnisse nach Macht, Anerkennung, Körperkontakt und Intimität gegen die sexuelle Selbstbestimmung und/oder das Einvernehmen[2] einer anderen Person durchsetzen. Dabei definieren Betroffene, was sie als Verletzung erleben (Teubert und Vobbe 2023).

3.1   Täter:innenstrategien

Die Verantwortung für eine Tat liegt also bei der Gewalt ausübenden Person. Diese geht strategisch vor, indem sie zunächst Beziehungen zum Opfer und/oder mit Personen im Umfeld aufbaut, sodass die betroffene Person schließlich das Gefühl bekommt, zu spät oder keine Grenzen aufgezeigt zu haben. Sie entwickelt möglicherweise den Eindruck, sich so verhalten zu haben, dass der:die Täter:in ‚gar nicht anders konnte‘. Nach Finkelhor (1984) sind Täter:innen motiviert, Widerstände von Betroffenen zu überwinden, und setzen alles daran, dies zu erreichen. Dabei ist ihnen das, was hinter dieser Motivation steht, nicht immer und unbedingt bewusst. So gibt es Täter:innen, die unbewusst eigene Ohnmachtserlebnisse aufgrund von Grenzverletzungen oder Gewaltanwendung kompensieren, um sich besser zu fühlen. Dabei sorgen sie dafür, dass sie entweder Verbündete haben, dass die Grenzverletzungen zur Normalität im Alltag des betroffenen Menschen werden und/oder dass Widerstände derart überwunden werden, dass eine Beziehung zum potenziellen Opfer aufgebaut wird. So entsteht bei von Gewalt betroffenen Menschen das Gefühl, Teil der Entwicklung zu sein. Sie übernehmen damit Verantwortung für das grenzüberschreitende Verhalten des:der Täter:in und werden dadurch in ihrer Glaubwürdigkeit sehr oft von anderen infrage gestellt (Finkelhor 1984) (Abb. 2).

---

[2] Einvernehmen setzt die Fähigkeit voraus, die Konsequenz einer Handlung zu verstehen und diese aufgrund dessen ablehnen zu können.

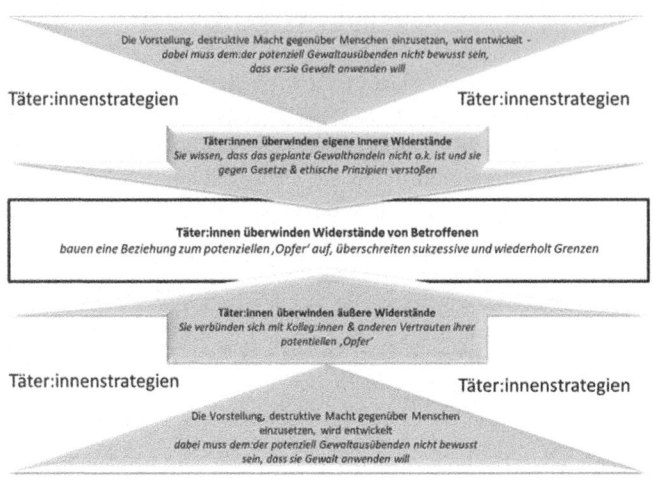

Abb. 2 Täter:innenstrategien (Eigene Grafik)

Täter:innenverhalten ist oft höchst manipulativ, sodass Betroffene Angst bekommen, Nachteile befürchten, sich schämen oder schlicht gar nicht wissen, dass sie ihrem Willen folgen und Nein sagen bzw. sich Unterstützung holen dürfen, weil sie vielleicht zuvor nie erlebt haben, dass sie nach ihrem Willen gefragt werden oder ob es ihnen gut geht. Dies finden wir häufig in Verhältnissen, in denen Grenzverletzungen, meist unbewusste Verletzungen, zur Normalität einer Person gehören. Menschen, die gepflegt werden müssen, erfahren beispielsweise oft, dass sie keine Wahl haben, wer sie pflegt und wo bzw. wie sie berührt werden. Andere erfahren, dass für sie gesprochen wird oder dass sie in Bedarfsermittlungsverfahren über intime Situationen wie den Toilettengang befragt werden und nicht die Wahl bekommen, ob sie darüber sprechen oder nicht – weil vermeintlich der Erhalt einer Leistung davon abhängt.

Reflexionsanregung
Denken Sie bitte an solche oder ähnliche Situationen in Ihrer Praxis oder Ihrem Alltag.
Was empfinden Sie jetzt? Schreiben Sie das Gefühl auf und lassen Sie es wirken, es gehört zu Ihnen.

Gibt es etwas, das Sie aufgrund dessen, was Sie fühlen und gelesen
haben, verändern wollen?

3.2   Wahrnehmung von ‚Normalitäten‘

Oft ist es so, dass wir in ‚Normalitäten‘ leben, die grenzüberschreitend sind, aber
von allen Beteiligten nicht so wahrgenommen werden, weil Gewöhnung einge-
treten ist und eine kritische Reflexion des Umgangs miteinander nicht zum Alltag
in Teams oder auch Familien gehört. Da wir nicht von allgemeinen Normalitätsvorstellungen darüber ausgehen können, was Gewalt ‚objektiv gesehen‘ ist, gilt
es, achtsam und grenzachtend unterschiedliche Empfindungen auszudrücken und
zu respektieren.

Machtunterschiede gehören zur derzeitigen gesellschaftlichen Normalität, deshalb gilt es, existierende Machtstrukturen und -asymmetrien zu betrachten und
damit ggf. Normalitäten im Umgang miteinander infrage zu stellen. Bei Betrachtung der Machtverhältnisse zwischen Kindern und Erwachsenen beispielsweise
wird deutlich, dass Kinder in einer Abhängigkeit von Erwachsenen gefangen
sind und dass Erwachsene dadurch eigene Bedürfnisse sehr leicht durchsetzen
können, indem sie junge Menschen vernachlässigen oder in ihren Teilhabemöglichkeiten behindern (Weber 1972; Galtung 1975, 1993). Mit den Glaubenssätzen:
Familie ist immer gut für Kinder und *Familie ist Privatsache,* ermöglicht der Staat
Erziehungsberechtigten, „ihre Macht im Namen der Erziehung zu missbrauchen"
(Andresen et al. 2021, S. 17) und legitimiert so eine Form der Gewalt (Abb. 3).

Als Nährboden für (sexualisierte) Gewalt sind gesellschaftliche Verhältnisse zu
verstehen, die Gewalt **legitimieren, bagatellisieren, beschönigen** oder gar **ver-
schleiern.** Wenn eine Gesellschaft also das Vorkommen von Machtunterschieden
nicht dahingehend bearbeitet, dass alle Menschen Zugang zu Verwirklichungschancen erhalten (Nußbaum 2007; Otto und Ziegler 2010), um gelingend(er),
also auch vor Gewalt geschützt, zu leben, führt dies zu einer Art von ‚Selbstver-
ständlichkeit‘, die das Ausmaß von Gewaltvorkommnissen manifestiert.

Legitimiert wird Gewalt beispielsweise, wenn eine Gesellschaft es als ‚normal‘ empfindet, dass Menschen, die nicht in jeder Hinsicht dem gängigen Bild
von Normalität entsprechen, ausgegrenzt werden.

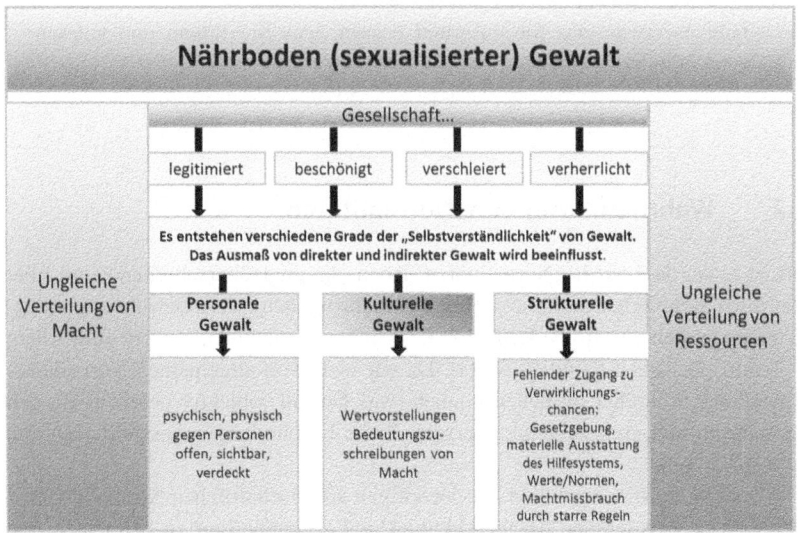

Abb. 3 Der Nährboden von Gewalt (Teubert und Vobbe 2023, S. 23)

Fallbeispiel für einrichtungszentriertes Denken im Regelschulbereich
Für die Mitschüler:innen von Fin[3] war es ‚normal‘, dass der Siebenjäh-
rige nahezu täglich vor der Klassenzimmertüre stehen musste, weil er sich
weigerte, laut vorzulesen.

Nach zwei Schuljahren, in denen die Klassenkamerad:innen über ihn
lachten, weil die Klassenlehrerin nur mit Fin schimpfte, wechselte er in eine
Förderschule für Kinder im Autismus-Spektrum. Wenngleich die Schullei-
terin den Wechsel zu verhindern versuchte, weil sie das Label ‚inklusive
Schule‘ behalten wollte, hielten alle diesen Schritt für das Beste.

Dass sich der Junge schämte, laut vorzulesen, weil er einen besonders
hohen Leistungsanspruch an sich hatte und nicht noch mehr ausgegrenzt

---

[3] Ich durfte Fin, inzwischen 9 Jahre alt, im Sommer 2022 interviewen. Er und seine Eltern
möchten ihre Erfahrungen veröffentlichen, damit andere Familien und das Regel- bzw.
Unterstützungssystem gespiegelt bekommen, was hilfreich und weniger hilfreich für Kinder
im Autismus-Spektrum war und ist.

werden wollte, hat im System Schule niemanden interessiert. Es war vermutlich auch für die Eltern der anderen Kinder normal, dass in der Schule
aussortiert wird, damit die Leistungsstarken die besseren Chancen erhielten.

Beschönigt wird Gewalt zum Beispiel, wenn Fins Verletzungen, die er deutlich durch das Aussondern erfuhr, von der Lehrerin als ‚nicht so schlimm‘ oder
‚wichtige Konsequenz‘ kategorisiert werden, oder wenn Fin selbst erzählt, er
sei es ja gewöhnt und es mache ihm nichts aus. Beschönigt wird die Gewalt
auch, wenn andere Lehrkräfte nicht nachfragen, sondern sich nur wundern und
einreden, ‚es wird schon seinen Grund haben‘.

Verschleiert wird Gewalt beispielsweise, wenn Verantwortliche eine:n
Täter:in einfach auf eine andere Stelle versetzen und nicht dokumentieren, was
gemeldet wurde.

Verherrlicht wird Gewalt, wenn ein Team sich verabredet, eine Person so
zu verletzten, dass es ‚richtig wehtut‘, damit dies als Konsequenz eines als nicht
adäquat betrachteten Verhaltens spürbar ist. Zur Verherrlichung gehört auch, wenn
die Teammitglieder sich freuen, dass die Verletzung spürbar war. Hier handelt es
sich klar um eine Form der Gewalt, weil sich die Gewaltausübenden sehr darüber
bewusst sind, was sie tun – auch wenn sie es ‚Konsequenz‘ nennen.

4   Formen von sexualisierter Gewalt

In diesem Abschnitt werden unterschiedliche Formen sexualisierter Gewalt dargestellt. Das Wissen um die verschiedenen Formen bzw. Ausmaße ist von
erheblicher Bedeutung für Fachkräfte, weil es sich teilweise um Taten handelt, die
nicht zu den Normalitätsvorstellungen der meisten Menschen passen und daher
als ‚unglaublich‘ betrachtet werden könnten. Das könnte ein Grund sein, weshalb wir immer wieder die Erfahrung machen, dass Betroffene mit sehr vielen
Menschen über ihre Gewalterfahrungen sprechen müssen, bevor ihnen geglaubt
wird.

A. Teubert

Fallbeispiel sexualisierte Gewalt

Die zwölfjährige Maha aus dem Libanon erfuhr durch ihren Vater sexualisierte Gewalt. Das kluge, selbstbewusste Mädchen wandte sich an die Mutter einer Schulfreundin, die bei einem Gynäkologen arbeitete. Diesen bat die Frau um Rat. Er legte ihr nahe, sich aus familieninternen Geschichten lieber rauszuhalten, man könne da in Teufels Küche kommen. Maha gab nicht auf. Nach fünf weiteren Gesprächen mit Müttern ihrer Freundinnen kam sie in Kontakt mit einer spezialisierten Fachberatungsstelle.

Für Maha war es wichtig, dass ihr dort geglaubt wurde. Es wurde mit ihr gemeinsam eine Einordnung dessen vorgenommen, was ihr geschehen war. Sie war Opfer von ritualisierter sexualisierter Gewalt geworden. Ihr Vater hatte sich mit anderen Vätern aus dem Dorf zusammengetan, um Kinder im Alter von vier bis vierzehn Jahren zu Sexsklaven zu züchtigen. Sie erlebte mit den anderen Kindern nahezu alle Formen der in der folgenden Tabelle aufgeführten Gewalt.

Wichtig ist im Zusammenhang mit den hier dargestellten Gewaltformen, dass es keine einheitlichen Begriffe dafür gibt – Betroffene beschreiben das Vorgefallene mit den für sie zumutbaren Worten. Daher ist es einmal mehr von Bedeutung, sich individuell mit den Menschen auseinanderzusetzen und differenzsensibel vorzugehen (dazu bspw. Lersner und Kizilhan 2017, Teubert und Kizilhan 2018, Helfferich et al. 2021) (Tab. 1).

Tab. 1 Formen sexualisierter Gewalt

Form sexualisierter Gewalt	Erläuterung
Hands-off-Taten (ohne Körperkontakt)	Eine Person überredet oder zwingt eine andere dazu, bei sexuellen Handlungen zuzusehen: Masturbation, Exhibitionismus, gezieltes Zeigen oder Zusenden pornografischer Darstellungen, Film- oder Fotoaufnahmen, die ein Kind auf eine sexualisierte Art darstellen; Verbale sexuelle Belästigung

(Fortsetzung)

Tab. 1 (Fortsetzung)

Form sexualisierter Gewalt	Erläuterung
Hands-on-Taten (mit Körperkontakt)	Personale Gewalt am oder mit dem Körper, Geht einher mit Manipulation oder Zwang, die Genitalien anderer, die eigenen oder die des:der Gewaltausübenden zu berühren Überreden zu sexuellen Handlungen vor der Webcam oder Filmen der Handlungen Vaginale, orale oder anale penetrative Handlungen Diese Form der sexualisierten Gewalt verläuft oft sehr zärtlich und in enger Beziehung. Der Körper der von Gewalt betroffenen Person reagiert nicht selten mit sexuellen Lustgefühlen bis hin zum Orgasmus. Für die Betroffenen ist das „wie ein Verrat des Körpers an der Seele" (Betroffenenzitat)
Organisierte sexualisierte Gewalt	**Menschenhandel/Zwangsprostitution:** Insbesondere Frauen aus ärmeren Ländern werden unter Zwang oder Vorspiegelung falscher Tatsachen nach Deutschland gebracht zur Zwangsprostitution bis hin zur Sklaverei. Pässe werden abgenommen, Abhängigkeiten geschaffen **Kommerzielle sexuelle Ausbeutung:** Handel mit Kindern/Jugendlichen für die sexuelle Befriedigung Erwachsener; Menschenhandel **Missbrauchsabbildungen:** Aufzeichnungen sexualisierter Gewalt an Kindern (Vobbe und Kärgel 2022) **Ritualisierte sexualisierte Gewalt:** systematische Anwendung schwerer sexualisierter in Verbindung mit körperlicher und seelischer Gewalt. Konditionierung und Programmierung („Mind control") von Kindern und Jugendlichen mit dem Ziel der Persönlichkeitsspaltung, um Dissoziationen bewusst hervorzurufen (Becker et al. 2019)
Sexualisierte Gewalt mittels digitalisierten Medieneinsatzes	**Cybergrooming:** Anbahnen von Kontakten im Internet **Sexting:** konsensuelles Versenden von erotischen Botschaften, Bildern und Filmen aufgrund von Zwang oder Manipulation[a] **Posing:** Darstellen von Babys, Kindern und Jugendlichen in erotischen Posen

[a]https://www.innocenceindanger.de/sexting/ [03.01.2022]

4.1   Besonderheiten im Zusammenhang mit sexualisierter Gewalt

Gewalt und deren Folgen können Angst auslösen. Zu wissen, dass jede:r von uns manipuliert und Opfer von Gewalt werden könnte, ist belastend. Vermutlich ist das mit ein Grund dafür, dass auch Fachkräfte sich in vielen Fällen nicht wirklich damit beschäftigen. Die Folgen der erheblichen Verletzungen durch sexualisierte Gewalt begleiten Betroffene ein Leben lang, viele fühlen sich stigmatisiert und auch ignoriert. Vermutlich auch weil das deutsche Unterstützungssystem nicht adäquat eingerichtet ist, fühlen sich viele wie Bittstellende um angemessene Unterstützung (Kavemann et al. 2019). Das ist leider ein Thema, das nicht nur Betroffene von sexualisierter Gewalt betrifft – diese aber besonders, weil es keinen Rechtsanspruch auf Beratung und Therapie nach Gewalterfahrung gibt und Deutschland mit Therapie- und Beratungsstellenplätzen unterversorgt ist. Insbesondere Menschen mit Lern- und Sprachschwierigkeiten finden deutschlandweit nur sehr schwer geeignete Therapie- oder Beratungsangebote.

Bei den von sexualisierter Gewalt Betroffenen handelt es sich in den meisten Fällen um Mädchen und Frauen (Jud et al. 2016). Jungen und Männer sind ebenfalls betroffen (Mosser und Lenz 2014). Menschen mit Behinderungserfahrungen stellen eine sehr vulnerable Gruppe dar (Bange 2020; Sauer und Teubert 2018; Schröttle et al. 2012). Empirisch belegt ist mittlerweile auch, dass neben pädagogischen Einrichtungen die Familie ein Risikoort ist (Andresen et al. 2021; Pöter und Wazlawik 2018).

Viele Betroffene wissen nicht, dass es sich bei dem, was sie erleben oder erlebt haben, um sexualisierte Gewalt handelt. Es wird also noch immer nicht in ausreichendem Umfang über sexualisierte Gewalt aufgeklärt. Das Thema ist extrem mit Scham besetzt – sowohl vonseiten der Betroffenen als auch vielfach vonseiten der Fachkräfte. Vielen Betroffenen wird suggeriert, sie seien Schuld daran, dass sie Gewalt erfahren haben, weil sie angeblich am falschen Ort waren, die falsche Kleidung trugen oder klare Signale aussandten, durch die Täter:innen ,sich nicht zurückhalten' konnten. Und Fachkräfte, Eltern, Lehrkräfte schämen sich, weil sie meinen, sie hätten besser zum Schutz beitragen können. Das Resultat ist meist, dass zu wenig bis gar nicht über die Taten gesprochen wird, Betroffene alleine dastehen und Täter:innen nicht gestoppt werden.

Reflexionsanregung

Bitte denken Sie darüber nach, wie Sie bislang mit der Thematik der sexualisierten Gewalt umgegangen sind.

Was hat dazu beigetragen, dass Sie sich intensiv oder gar nicht damit auseinandersetzen?

Alles, was Ihnen in diesem Zusammenhang gerade durch den Kopf geht, gehört zu Ihnen. Schreiben Sie es möglichst auf, besprechen Sie es mit anderen. Sollten Sie Scham oder auch Schuld fühlen, dann ist das so. Sie haben ab jetzt die Gelegenheit, sich der Thematik zu stellen.

5   Soziale Probleme als Folgen sexualisierter Gewalterfahrung

Sozialarbeitende haben die Pflicht, sich mit der Thematik zu beschäftigen, weil sexualisierte Gewalt eine Ursache für soziale Probleme sein kann und wir deshalb immer davon ausgehen können, dass Menschen, mit denen Sozialarbeitende in unterschiedlichen Kontexten arbeiten, von sexualisierter Gewalt oder anderen Formen von Grenzüberschreitung betroffen sein könnten. Eine Missachtung dieser Tatsache führt dazu, dass Adressat:innen Sozialer Arbeit sich unter Umständen nicht ernst genommen fühlen. Gleichzeitig muss aber klar sein, dass die jeweilige betroffene Person entscheidet, wann und mit wem sie worüber spricht. Für Fachkräfte gilt: Wenn eine Fachkraft Schwierigkeiten mit der Thematik hat – und das ist nicht ungewöhnlich –, gehört dies als Merksatz in ihr persönliches fachlich-reflexives Handlungskonzept im Sinne von: ,Liebe Kolleg:innen, unterstützt mich dabei, dass ich diese Thematik als mögliche Ursache für Probleme nicht übersehe.' Jede:r Sozialarbeitende ist also im jeweiligen Umfeld in der Verantwortung für Prävention und Schutz!

Eine der genannten Besonderheiten rückt in der letzten Zeit durch den Betroffenenrat der UBSKM in das Bewusstsein der (Fach-)Öffentlichkeit: Familie als Tatort. Folglich gilt es nicht nur, Jugendamtsmitarbeitende in ihrer Verantwortung zu stärken, es gilt vor allem, Normalitätsvorstellungen im Zusammenhang mit Familie zu hinterfragen und Kindern und Jugendlichen den Raum und die Möglichkeiten zu geben, die sie benötigen, um zu eigenverantwortlichen, sich selbst als wertvoll empfindenden und damit auch die Grenzen anderer achtenden Erwachsenen heranzuwachsen.

„Zur Aufarbeitung und zum Schutz von Kindern und Jugendlichen vor weiterer sexualisierter Gewalt im Tatkontext Familie braucht es eine verstärkte kritische Reflexion von (traditionellen) Familienbildern, intergenerational weitergegebenen Wertesystemen, die sexualisierte Gewalt ermöglichen, und der Konstruktion der Familie als vermeintlich heiler Ort" (Betroffenenrat 2021).

Reflexionsanregung
Welches Bild von Familie prägt Sie? Inwiefern haben Sie eine Offenheit in sich, dieses Bild infrage zu stellen?

Die Folgen sexualisierter Gewalterfahrung sind unterschiedlich und hängen von vielen Faktoren ab, die im Wesentlichen mit der Schwere der Tat und der Resilienz einer Person sowie den Reaktionen auf Disclosure[4] zusammenhängen. Grundsätzlich können die Folgen körperlicher und sozialer Art sein (Tab. 2).

Tab. 2 Folgen sexualisierter Gewalt

Körperliche Folgen	Soziale Folgen
• Schädigung der körperlichen und seelischen Gesundheit • Beeinträchtigung der Entwicklung des Gehirns von Kindern • Stark sexualisiertes Verhalten • Depressionen, Angstzustände, Sucht • Selbstschädigendes Verhalten – bis hin zum Suizid • Posttraumatische Belastungsstörungen Essstörungen wie Adipositas, Anorexie (WHO: s. Sethi et al. 2013)	• Ablehnende Reaktionen Dritter: Stigmatisierung, Ausgrenzung • Verlust von familiären Bezugspersonen • Probleme mit den Anforderungen der Leistungsgesellschaft • Versagen von Behörden und Unterstützungssystemen • Soziale Isolation durch Arbeitsunfähigkeit, verminderte Teilhabe am gesellschaftlichen Leben • Weitergabe ‚negativer' Verhaltensmuster an die nächste Generation • Das Risiko, dass Opfer von sexualisierter Gewalt in der Kindheit selbst (sexualisierte) Gewalt verüben, muss in Betracht gezogen werden (Kavemann et al. 2019)

---

[4] Disclosure beschreibt das Sich-Öffnen von Betroffenen, um über sexualisierte Gewalterfahrungen zu sprechen bzw. auf andere Arten zu zeigen, dass etwas passiert ist, wobei sie Unterstützung brauchen (Alaggia 2004).

„Gesellschaftliche Ungleichheit ist Bedingung, Begleiterscheinung und Resultat von Gewalt" (Mosser 2019, S. 13), denn Lebenssituationen, die bewirken, dass Menschen sich ohnmächtig und unbedeutend fühlen, können einen erheblichen Einfluss auf das Selbstwirksamkeitsempfinden einer Person haben und damit zu sozialen Kriterien-, Austausch- und Ausstattungsproblemen führen (Staub-Bernasconi 2012). Es ist wie ein Kreislauf: Eines dieser von Staub-Bernasconi definierten Problemfelder bedingt ein weiteres und führt letztlich zu Exklusionsprozessen. Für von sexualisierter Gewalt Betroffene stellen Kriterienprobleme oft einen Einstieg in diesen Prozess dar. Wenn der Nährboden für Gewalt im Umfeld besonders satt ist, Gewalt also legitimiert, beschönigt, verschleiert oder gar verherrlicht wird, führt dies dazu, dass das Gewalthandeln zu einer Normalität wird, die zu Verletzungen und anderen Folgen führt, die Ausstattungsprobleme begünstigen, welche wiederum zu Austausch- und/oder Machtproblemen führen können (Kavemann et al. 2019; Mosser 2019; Keupp et al. 2018).

Das macht deutlich, dass gerade Soziale Arbeit als Ermöglichungsprofession (Wirth und Kleve 2019) noch deutlicher an den gesellschaftlichen bzw. sozialräumlichen Bedingungen ansetzen sollte, um einer Kultur der Gewalt entgegenzuwirken und Betroffenen zu ermöglichen, die Problemspirale zu verlassen und gelingend(er) zu leben.

Es gilt also, sich die eigenen Erfahrungen, Muster, Wertvorstellungen im Zusammenhang mit der Thematik bewusst zu machen und auf Basis des fachlich-reflexiven Handlungskonzepts zu reflektieren. In der Reflexion können alte Ohnmachtserfahrungen an die Oberfläche kommen, es können sich Ängste entwickeln, Scham- und Schuldgefühle aufbrechen. Auch wenn sich das herausfordernd anhört, so kann die Auseinandersetzung mit diesem Teil des persönlichen Erfahrungsschatzes dazu führen, dass sowohl eine persönliche als auch eine professionelle Stärke entwickelt wird, die eine präventive Wirkung entfalten kann. ‚Sozialarbeiterische' Prävention ist mehr als die Stärkung von Individuen, weil die Profession vom Auftrag her „gesellschaftliche Veränderungen, soziale Entwicklungen und den sozialen Zusammenhalt sowie die Stärkung der Autonomie und Selbstbestimmung von Menschen" (DGSA 2016) fördert und dabei auch die strukturellen Bedingungen einbindet (ebd.).

Das Einbinden der Strukturen und sozialräumlichen Bedingungen ist eine Querschnittsaufgabe jeglicher sozialarbeiterischer Interaktion. Einzelfallspezifisch befinden sich Sozialarbeitende ihrem Auftrag nach immer im Bereich der selektiven und/oder indizierten Prävention, weil sie das Ziel verfolgen, gemeinsam mit den jeweiligen Adressat:innen Lebensbedingungen derart zu gestalten, dass diese letztlich in der Lage sind, selbstbestimmt gelingend zu leben. Sozialarbeitende informieren, weisen auf Risiken hin, wenden sich an Berufskammern und setzen sich als Fach- und Leitungskräfte dafür ein, den Schutz vor Gewalt durch konsequent personen- und sozialraumorientierte Arbeit zu sichern und entsprechend dafür zu sorgen, dass in den jeweiligen Organisationen neben der wichtigen achtsamen, grenzachtenden und fachlich-reflexiven Haltung passende Ressourcen und Rahmenbedingungen zur Verfügung stehen.

6   Prävention

Als fachliche Grundlage für die sozialarbeiterische Prävention eignen sich das triadische Risk-Benefit-Modell der Prävention (Franzkowiak 2018) und der systemische Präventionsansatz nach Hafen (2013). Für die Soziale Arbeit gilt der Ansatz, darauf hinzuwirken, die Risikofaktoren in einer Gesellschaft und ihren jeweiligen Subsystemen in den Fokus zu stellen. Gleichzeitig ist es wichtig, Schutzfaktoren, die längst empirisch belegt sind, zu befördern und noch klarer zu benennen (Abb. 4):

Mit Maßnahmen der **universellen Prävention** wird über die Thematik informiert und dafür sensibilisiert. Die Information richtet sich an alle Menschen. So kann eine Basis für eine Haltungsänderung gelegt und ein Bewusstsein geschaffen werden für die gesamtgesellschaftliche Bedeutung des Schutzes vor sexualisierter Gewalt. Die gesellschaftliche Einstellung zur Thematik hat insofern einen Einfluss auf Sozialarbeitende und Vertretende anderer relevanter Professionen wie Ärzt:innen, Jurist:innen und Psycholog:innen, als deren Muster und

Abb. 4 Triadisches Risk-Benefit-Spezifikationsmodell der Gewaltprävention (Eigene Darstellung)

Normalitätsvorstellungen im Hinblick auf grenzachtenden Umgang sowie sexualisiertes Gewalthandeln auch gesellschaftlich geprägt werden. Die Vernetzung dieser Berufsgruppen mit Vertretenden von Regeleinrichtungen soll dazu führen, dass der Umgang mit der Thematik professionalisiert und damit der Schutz stärker regional verankert wird.

Mit **regionalen Schutzkonzepten im Regel- und Unterstützungssystem** wird das Ziel verfolgt, die Strukturen im Unterstützungssystem derart zu modifizieren, dass sie gewaltpräventiv wirken. Durch eine regionale Vernetzungsstruktur kann erreicht werden, dass eine Kultur des Austauschs über Herausforderungen, Erfahrungen und auch Disclosure-Prozesse entsteht und die fachliche Expertise als Querschnittsthema im Unterstützungssystem präsent bleibt. So kann unterstützt werden, dass Schutzkonzepte, die bislang eher ‚Papiertiger' sind, interdisziplinär in den Fokus rücken. Wenn über Erfahrungen und Ansätze in einem Netzwerk gesprochen wird, kann hier Qualitätssicherung und fachliche Weiterentwicklung gestärkt werden. **Dafür werden Schutzkonzepte aus den Schubladen geholt.**

Die Beteiligten an diesem Netzwerk sind nämlich in der Verantwortung, Schutzkonzepte in Organisationsentwicklungsprozessen zu implementieren und dafür zu sorgen, dass Rahmenbedingungen geschaffen werden, die auch auf der dann operativen Ebene dazu beitragen, dass die Thematik enttabuisiert wird und bleibt. Dazu gehört neben Schulungen von Adressat:innen und Fachkräften auch ein gemeinsam mit allen entwickeltes Konzept – inklusive Maßnahmen zur Unterstützung von grenzachtendem Verhalten[5]. Hier geht es

- sowohl um Führungsverhalten als auch um das Identifizieren von Machtstrukturen, die behindernd sind,
- um das Entwickeln einer Feedback- und Fehlerkultur
- um das Herstellen der Sprechfähigkeit aller (leichte, einfache, unterstützte Sprache; analoge und digitale Formen der Kommunikation) – und das nicht nur über die Thematik der sexualisierten Gewalt, sondern generell
- um das Vorhalten von Ansprechpersonen im Falle erfahrener sexualisierter Gewalt
- um ein entsprechendes Dokumentationssystem und
- um eine fachlich-reflexive Handlungskonzeption in der gesamten Organisation.

---

[5] Das können ein Fach- und Planungskonzept sein wie Mein Kompass (Teubert und Rösner 2023) oder das Fachkonzept Sozialraumorientierung (Hinte und Treeß 2014) und sexualpädagogische Konzepte (Specht 2021).

Eine Risikoanalyse im Unterstützungssystem zeigt neben den Machtstrukturen auch Barrieren für Adressat:innen, die einen grenzachtenden Umgang schon im Keim verhindern. Darüber hinaus gibt es Systeme, die zunächst Aufarbeitungsprozesse ehemaliger Gewaltvorkommnisse anstoßen, durchlaufen und dann abschließen müssen.

Grundsätzlich verfolgt Soziale Arbeit mit der Prävention das Ziel, dem Nährboden von Gewalt die Grundlage zu entziehen, also gesamtgesellschaftlich zu wirken. Daher ist gerade das Regelsystem ein wichtiger Bereich, in dem Schutzkonzepte ihre Wirkung entfalten sollten. In Schulen und Kindertagesstätten gilt dann dasselbe wie in anderen Organisationen: Das Konzept muss seine Wirkung in der Organisation entfalten, kann also nur in einem über Jahre dauernden Prozess entwickelt werden. Dieser Prozess hört nie auf und entwickelt sich schließlich ganzheitlich. Daher wirken Schutzkonzepte sowohl universell als auch selektiv und im Bereich der indizierten Prävention.

Selektive Prävention richtet sich an Risikogruppen, also Menschen, die mehr als andere in der Gefahr sind, sexualisierte Gewalt zu erfahren. Das sind im Grunde alle Adressat:innen Sozialer Arbeit, da sie betroffen sind von den Auswirkungen sozialer Probleme. Das heißt, es gilt in allen Bereichen des sozialen Unterstützungs- und Regelsystems, den Nährboden von Gewalt zu bearbeiten, Aufarbeitungsprozesse zu aktivieren und die Sensibilität für die Thematik zu erhalten. Darüber hinaus ist es wichtig, alle Akteur:innen (Fachkräfte, Adressat:innen, andere Mitarbeitende) über die Gewaltdynamiken zu informieren und einen insgesamt achtsamen, grenzachtenden Umgang zu pflegen, sodass das Unterstützungssystem sich insgesamt zu einem 'sicheren Ort' (Schmid 2021) entwickeln kann.

Durch die Versäulung des Unterstützungssystems[6] und die an vielen Stellen unzureichende interdisziplinäre Vernetzung[7] werden Adressat:innen oft nur bezogen auf einen Problembereich unterstützt, was dazu führt, dass sexualisierte Gewalt als Ursache für Arbeitslosigkeit, Delinquenz, aggressives Verhalten, Sucht etc. nicht immer beachtet wird. Durch die Tabuisierung der Thematik und die an vielen Stellen fehlende Expertise bleiben vermutlich viele Menschen mit den Folgen allein.

Die Chance der Aufarbeitung zur Lösungsfindung in anderen Problembereichen bietet die Brücke zwischen selektiver und indizierter Prävention. Denn die **indizierte Prävention** richtet sich an Menschen, die sexualisierte Gewalt erfahren haben. Hier gilt es, diese dabei zu unterstützen, Erfahrenes aufzuarbeiten und

---

[6] Aufteilung von Zuständigkeiten nach den Sozialgesetzbüchern.

[7] Medizin, Psychotherapie, Soziale Arbeit in den unterschiedlichen Fachbereichen.

Schutzfaktoren zu stärken. Darüber hinaus ist es auch für diese Zielgruppe von Bedeutung, dass gesellschaftliche Bedingungen und Einstellungen verändert werden, um Stigmatisierungen und weiteres Leid zu verhindern. In einem Interview sagt eine junge Frau Folgendes dazu: „… ich find' des ist oft so, dass man sagt, irgendwie (.) man hat eine Vergewaltigung und, dass man sagt irgendwie, dann ist es immer so „ja die wurde vergewaltigt" und NICHT sagt ER hat sie vergewaltigt" (Sadkowski 2022). Sie wünscht sich, dass der Fokus auf dem Aggressor liegt, der ihr dieses Leid zugefügt hat.

Soziale Arbeit verfolgt einen ganzheitlichen Präventionsansatz, weil sie sowohl sozialräumlich, gesellschaftlich als auch individuell an der einzelnen Person in ihren Systemen ansetzt. Dazu bedarf es Ressourcen für fallunspezifische Arbeit und damit auch Netzwerkarbeit. Leider ist intra- und interdisziplinäre fachlich-reflexive Zusammenarbeit weder in den Finanzierungslogiken des sozialen noch des medizinischen oder therapeutischen Systems vorgesehen. Daher gilt es auch, sozialpolitisch anzusetzen und sowohl die Finanzierungs- als auch die Versäulungslogik zu reflektieren. Denn bei Betrachtung der Folgekosten[8] für eine Gesellschaft – will man damit argumentieren – wird deutlich, dass ein insgesamt präventiv ausgerichtetes System deutlich zu einer Reduzierung von Kosten und gleichzeitig zu einem gesünderen, gleichberechtigteren und friedlicheren, möglicherweise auch diverseren (inklusiven) Zusammenleben beitragen könnte.

7   Fachlichkeit zum Schutz vor sexualisierter Gewalt

Grundsätzlich gilt, dass ein konsequent personenzentrierter und damit auch ein partizipativ sozialräumlicher Ansatz dazu beiträgt, dass Adressat:innen Sozialer Arbeit sich ernst genommen fühlen und die Möglichkeit erhalten, darüber zu reflektieren, was ein individuell gelingendes Leben für sie persönlich ausmacht und was sie bisher daran hindert, gelingend(er) zu leben, bzw. was dafür getan werden könnte, dass dies möglich wird. Damit wird sowohl Disclosure ermöglicht als auch das Erkennen von strukturellen Risikofaktoren für (sexualisierte) Gewalt.

Mit einer personenzentrierten Haltung ist für Akteur:innen im Feld klar, dass alle Menschen gleiche Rechte haben und mit ihren Eigenheiten, Unzulänglichkeiten, Besonderheiten, Wünschen und ihrem Willen ernst genommen werden

---

[8] Die Kosten wurden für das Jahr 2008 auf Beträge zwischen 11,1 (konservative Rechnung) und 29,8 Mrd. EUR jährlich geschätzt. Was pro Kopf Folgekosten in Höhe von 134,82 bis 363,58 EUR ausmachen würde. Das sind 0,44 bzw. 1,2 % des Bruttoinlandprodukts in Deutschland für das Jahr 2008 (Jud et al. 2016).

müssen. Die persönlichkeitsstärkenden Faktoren sind dabei das eine, die Möglichkeiten, entsprechend mit den Menschen arbeiten zu können, das andere. Es bedarf hier nämlich nicht nur Ressourcen, sondern vor allem entsprechender Glaubenssätze (Normalitätsvorstellungen), die darauf abzielen, dass ein achtsamer, grenzachtender Umgang und die Fokussierung auf den Menschen zu den Standards der Arbeit gehören. Diese Haltung hat im Übrigen auch einen Einfluss auf das Privatleben von Fachkräften, so sie sie verinnerlicht haben.

Reflexionsanregung
Wie geht es Ihnen mit Menschen, die aus Ihrer Sicht ‚anders' sind, die sich nicht so einfach an vorgegebene Regeln halten?
Ist Ihnen selbst sehr wichtig, sich an die gesellschaftlichen Normalitäten zu halten, nicht unbedingt aufzufallen?
Brauchen Sie klare Regeln und glauben Sie, dass Regeln das Leben erleichtern?

Die Haltung von Fachkräften entscheidet unter anderem darüber, ob Adressat:innen sich in ihrer Persönlichkeit und Ausstattung ernst und angenommen fühlen und sich auf Basis einer größtmöglichen Akzeptanz als wertvoll und zugehörig erleben. Ein positives Selbstwertgefühl unterstützt, dass Menschen sich mit ihren Gefühlen der Angst, der Scham, des Verletztseins selbst ernst nehmen und beginnen, Grenzen zu setzen oder über Grenzverletzungen zu sprechen. Darüber hinaus trägt die entsprechende Haltung dazu bei, dass Unterstützungsleistungen Wirkungen erzielen, die zwar nicht immer im Voraus geplant sind, aber dennoch als solche wahrgenommen werden (Teubert und Rösner 2023)[9].

Damit wird eine Basis für den Gewaltschutz gelegt. Hinzu kommen die Analyse des Ist-Zustands im Hinblick auf den Nährboden von Gewalt und auf Gewaltvorkommnisse, um diese aufzuarbeiten, und schließlich das Schaffen von Strukturen für die Verankerung von personenzentriertem Arbeiten. Dazu zählen beispielsweise Qualitätszirkel, in deren Rahmen die Akteur:innen die Möglichkeit

---

[9] In einem dreijährigen Prozess im Rahmen der Einführung des Fach- und Planungskonzepts „Mein Kompass" bei „Leben mit Behinderung Hamburg" (lmbhh) beispielsweise wurde den Akteur:innen bewusst, dass Personenzentrierung die Organisation durchdringen muss, was dadurch geschieht, dass die fachlich-reflexive Handlungskompetenz aller auf allen Ebenen entsprechend weiterentwickelt wird. Ein derartiges Ergebnis konnte auch im Bundesmodellprojekt BeSt festgestellt werden: Ein Schutzkonzept muss die Organisation durchdringen (Eberhardt und Naasner 2020).

bekommen, sich intensiv fachlich auszutauschen, eigene Reflexionsfragen zu entwickeln und professionelles Handeln im Hinblick auf die Personenzentrierung zu hinterfragen. In Wirkungsdialogen kann dann gemeinsam mit den betroffenen Menschen der Fortschritt im Unterstützungsprozess besprochen werden, und im Kolleg:innenkreis kann anschließend reflektiert werden, was zur Wirkung beigetragen haben könnte. Außerdem tragen passgenau auf die Situation im Unternehmen und die Bedarfe der Akteur:innen entwickelte Fortbildungen dazu bei, dass der Wissensstand bei Adressat:innen, Fachkräften und dem übrigen Personal entsprechend vorhanden ist. Zur Haltungsbildung und Weiterentwicklung bietet es sich an, handlungsleitende Prinzipien als Richtschnur zu definieren und im Unternehmen derart zu setzen, dass sie die Unternehmenskultur mitprägen (Teubert und Rösner 2023).

Die derartig fachlich-reflexive Organisation (Abb. 5) kann eine Basis für den Gewaltschutz sein. Sie arbeitet am Nährboden von Gewalt und achtet darauf, die Schutzfaktoren zu stärken.

Abb. 5 Die fachlich-reflexive Organisation (Eigene Darstellung)

Für den Gewaltschutz setzt die Organisation auf Fachlichkeit und Reflexion und gibt so allen Akteur:innen die Möglichkeit, Normalitäten zu hinterfragen, Grenzen zu setzen und Grenzen zu achten. Es lohnt sich, in ein solches Unterstützungssystem zu investieren, weil es nachhaltig ist und insgesamt eine gewaltpräventive Wirkung in die Gesellschaft haben kann.

Grundsätzlich haben Sozialarbeitende im Zusammenhang mit der Thematik der sexualisierten Gewalt den Auftrag, eigene und gesellschaftliche Veränderungsprozesse anzustoßen, die dazu führen, dass ‚Normalitäten', die den Nährboden für Gewalt anreichern, überdacht und in Richtung Schutz gegen Gewalt modifiziert werden. Damit werden geltende Machtverhältnisse reflektiert, und der Umgang miteinander wird verändert. Die Menschen müssen darüber hinaus ihre Rechte kennen, und sie müssen erleben, dass sie es wert sind, grenzachtenden Umgang zu erfahren, weil der grundsätzliche Wert eines Menschen nicht an dessen Ressourcen und Leistungsfähigkeit gemessen wird. Auf dieser Grundlage besteht Hoffnung, dass Gewalt viel seltener legitimiert, bagatellisiert, verschleiert oder gar verherrlicht wird.

Fazit

Ich selbst überdenke meine Glaubenssätze und Muster immer wieder neu. So weiß ich jetzt, dass Familie kein heiliger Ort ist und dass Eltern nicht immer eine Ressource darstellen. Ich weiß auch, dass Politik Finanzen bereitstellen kann, wenn sie den Willen dazu hat. Ich akzeptiere nicht mehr einfach, dass in dem thematisierten Bereich eine Unterversorgung besteht. Und ich erinnere mich an mein Erfahrungswissen, dass es sich lohnt, hartnäckig zu bleiben und mich weiterzubilden.

Die Auseinandersetzung mit den Anfängen meiner Arbeit in den unbezahlt organisierten Fachberatungsstellen hat dazu geführt, dass mir klar wurde, wie auch wir damals in Mustern gefangen waren und wie uns die fehlenden Ressourcen davon abgehalten haben, diese Muster zu reflektieren. Wir wollten den Betroffenen helfen und haben dabei Fehler gemacht, die wir lange voller Scham verdrängt haben. Inzwischen habe ich mich auch mit meiner Scham auseinandergesetzt – und viel daraus gelernt (Teubert 2020). Es macht Sinn, dazu zu stehen, was war, und dann zu erkennen, was man daraus lernen kann. Das erfordert Mut und eine sich immer weiter entwickelnde Fachlichkeit, mit der auch der Schritt, fachliches Feedback zu geben, erleichtert wird. Dieser Mut bewahrt uns selbst im günstigen Fall vor Scham und kann zum Schutz vor sexualisierter Gewalt beitragen.

Literatur

Alaggia, R. (2004). Many ways of telling: Expanding conceptualisations of child sexual abuse disclosure. In: *Child Abuse and Neglect* (28), 1213–1227.

Andresen, S., Demant, M., Galliker, A., & Rott, L. (2021). Sexuelle Gewalt in der Familie. Gesellschaftliche Aufarbeitung sexueller Gewalt gegen Kinder und Jugendliche von 1945 bis in die Gegenwart. Hrsg. v. Unabhängige Kommission zur Aufarbeitung des sexuellen Kindesmissbrauchs. Berlin.

Bange, D. (2020). Kinder mit Behinderungen und Kinderschutz – Ein vernachlässigtes Thema. In: *Forum Erziehungshilfen* 26 (3), 178–184.

Becker, T., Schauer-Kelpin, C., & Ciecior, A. (2019). Rituelle und organisierte Gewalt. In: M. Huber, E. Kernen, T. Becker, & G. Plata (Hrsg.), Aus vielen Ichs ein Selbst? Trauma, Dissoziation und Identität. Tagungsband zur DGTD-Tagung im September 2018 in Mainz (S. 149–172). Paderborn: Junfermann.

Betroffenenrat (2021). Tatort Familie. Impulspapier des Betroffenenrates zum Tatkontext Familie. Eine Aufforderung zu Aufarbeitung, Schutz und Hilfe an die gesamte Gesellschaft. Hrsg. v. Unabhängige Beauftragte zu Fragen des sexuellen Kindesmissbrauchs. https://beauftragte-missbrauch.de/fileadmin/Content/pdf/Betroffenenrat/Aus_unserer_Sicht/Betroffenenrat_Impulspapier_Tatort_Familie.pdf, 15.03.2022. Zugegriffen: 19. Mai 2022.

Blank, B., Gögercin, S., Sauer, K. E., & Schramkowski, B. (Hrsg.) (2018). Soziale Arbeit in der Migrationsgesellschaft. Grundlagen – Konzepte – Handlungsfelder. Wiesbaden: Springer VS.

DGSA Deutsche Gesellschaft für Soziale Arbeit (2016). Deutschsprachige Definition Sozialer Arbeit des Fachbereichstags Soziale Arbeit und DBSH. Hrsg. v. Deutsche Gesellschaft für Soziale Arbeit. Berlin. https://www.dbsh.de/profession/definition-der-sozialenarbeit/deutsche-fassung.html. Zugegriffen: 19. August 2019.

Eberhardt, B., & Naasner, A. (Hrsg.) (2020). Schutz vor sexualisierter Gewalt in Einrichtungen für Mädchen und Jungen mit Beeinträchtigungen. Ein Handbuch für die Praxis. Deutsche Gesellschaft für Prävention und Intervention bei Kindesmisshandlung, Vernachlässigung und sexualisierter Gewalt e. V. Düsseldorf.

Eberhardt, B., & Naasner, A. (2021). Bundesmodellprojekt BeSt – Beraten und Stärken. Hrsg. v. Deutsche Gesellschaft für Prävention und Intervention bei Kindesmisshandlung, -vernachlässigung und sexualisierter Gewalt e. V. Düsseldorf. https://www.dgfpi.de/kinderschutz/best-beraten-staerken.html. Zugegriffen: 3. September 2021.

Franzkowiak, P. (2018). Prävention und Krankheitsprävention. Hrsg. v. Bundeszentrale für gesundheitliche Aufklärung. Berlin. https://www.leitbegriffe.bzga.de/alphabetisches-verzeichnis/praevention-und-krankheitspraevention/. Zugegriffen: 22. Juni 2020.

Finkelhor, D. (1984). Child sexual abuse. New theory and research. New York: Free Press.

Gahleitner, S. B. (2017). Soziale Arbeit als Beziehungsprofession. Bindung, Beziehung und Einbettung professionell ermöglichen. Weinheim, Basel: Beltz Juventa.

Galtung, J. (1975). Strukturelle Gewalt. Reinbek: Rowohlt.

Galtung, J. (1993). Kulturelle Gewalt. In: Landeszentrale für politische Bildung Baden-Württemberg (Hrsg.), Aggression und Gewalt. Stuttgart: Eigenverlag, 2–73.

Hafen, M. (2013). Grundlagen der systemischen Prävention. Ein Theoriebuch für Lehre und Praxis. 2. Aufl. Heidelberg: Verlag für Systemische Forschung im Carl-Auer Systeme-Verlag.

Helfferich, C., Kavemann, B., & Albert, L. (2021). Ergebnisse der wissenschaftlichen Begleitforschung des Modellprojektes „BeSt – Beraten und Stärken. Bundesweites Modellprojekt 2015–2020 zum Schutz von Mädchen und Jungen mit Behinderung vor sexualisierter Gewalt in Institutionen". Bericht 2. Ergebnisse der qualitativen Evaluation. Unter Mitarbeit von D. Prilop und S. Weber. Hrsg. v. Deutsche Gesellschaft für Prävention und Intervention bei Kindesmisshandlung, Vernachlässigung und sexualisierte Gewalt e. V. Düsseldorf.

Hinte, W., & Treeß, H. (2014). Sozialraumorientierung in der Jugendhilfe: Theoretische Grundlagen, Handlungsprinzipien und Praxisbeispiele einer kooperativen-integrativen Pädagogik. 3. Aufl. Weinheim: Beltz Juventa.

Jud, A., Rassenhofer, M., Witt, A., Münzer, A., & Fegert, J. M. (2016). Häufigkeitsangaben zum sexuellen Missbrauch. Internationale Einordnung, Bewertung der Kenntnislage in Deutschland, Beschreibung des Entwicklungsbedarfs. Hrsg. v. Unabhängiger Beauftragter zu Fragen des sexuellen Kindesmissbrauchs. Berlin.

Kavemann, B., Nagel, B., Doll, D., & Helfferich, C. (2019). Erwartungen Betroffener sexuellen Kindesmissbrauchs an gesellschaftliche Aufarbeitung. Studie. Hrsg. v. Unabhängige Kommission zur Aufarbeitung des sexuellen Kindesmissbrauchs. Berlin. https://www.auf arbeitungskommission.de/studie_erwartungen-an-gesellschaftliche-aufarbeitung/. Zugegriffen: 20. August 2022.

Keupp, H., Mosser, P., Hackenschmied, G., Busch, B., & Straus, F. (2018). Die Odenwaldschule als Leuchtturm der Reformpädagogik und als Ort sexualisierter Gewalt. Eine sozialpsychologische Perspektive. Wiesbaden: Springer VS.

Lersner, U. von; Kızılhan, J. İ. (2017). Kultursensitive Psychotherapie. Göttingen: Hogrefe.

Mosser, P. (2019). Auswirkungen sexualisierter Gewalt – Grundzüge einer sozialwissenschaftlichen Theorie unter einer bewältigungsorientierten Perspektive. In: G. Stecklina, & J. Wienforth (Hrsg.), Soziale Arbeit und Lebensbewältigung. Grundlagen, Praxis, Kontroversen.

Mosser, P., & Lenz, H.-J. (Hrsg.) (2014). Sexualisierte Gewalt gegen Jungen: Prävention und Intervention. Wiesbaden: Springer Fachmedien.

Nussbaum, M. C. (2007). Gerechtigkeit oder Das gute Leben. Frankfurt am Main: Suhrkamp.

Otto, H.-U., & Ziegler, H. (Hrsg.) (2010). Capabilities – Handlungsbefähigung und Verwirklichungschancen in der Erziehungswissenschaft. Wiesbaden: VS Verlag für Sozialwissenschaften.

Pöter, J., & Wazlawik, M. (2018). Bedingungen von sexualisierter Gewalt in pädagogischen Einrichtungen. Ergebnisse eines Reviews von Aufarbeitungsberichten. In: *neue praxis* 2018.

Sadkowski, E. (2022). Sexualisierte Belästigung an Frauen* im öffentlichen Nachtleben. Qualitative Analyse von Belästigungserfahrungen und Klärung des Auftrags der Sozialen Arbeit. Bachelorarbeit. Katholische Hochschule Freiburg (unveröffentlicht).

Sauer, K. E., & Teubert, A. (2018). Prävention sexualisierter Gewalt im Kontext Flucht. Handlungsempfehlungen für die Migrationsgesellschaft. In: B. Blank, S. Gögercin, K. E. Sauer, & B. Schramkowski (Hrsg.), Soziale Arbeit in der Migrationsgesellschaft. Grundlagen – Konzepte – Handlungsfelder (S. 399–408). Wiesbaden: Springer VS.

Schmid, M. (2021). Sichere Orte auf Zeit? Theoretische Überlegungen zur traumapädago-gischen Krisenintervention in Übergangssettings: Wo liegen die zentralen Unterschiede? In: *Trauma & Gewalt* 15 (1), 4–17.

Schröttle, M., Hornberg, C., Glammeier, S., Sellach, B., Kavemann, B., Puhe, H., & Zins-meister, J. (2012). Lebenssituation und Belastungen von Frauen mit Beeinträchtigungen und Behinderungen in Deutschland. Bundesministerium für Familie, Senioren, Frauen und Jugend. Berlin.

Sethi, D., Alink, L., Barnekow, V., Bellis, M., Butchard, A., Gilbert, R., et al. (2013). Europäischer Bericht über die Prävention von Kindesmisshandlung. Hrsg. v. WHO. Kopenhagen. http://www.euro.who.int/en/health-topics/Life-stages/child-and-adoles cent-health/publications/2013/european-report-on-preventing-child-maltreatment.-sum mary. Zugegriffen: 22. März 2022.

Specht, R. (2021). Sexuelle Selbstbestimmung für Menschen mit Behinderungen. In: Zeit-schrift für Sexualforschung 34 (03), 175–181.

Staub-Bernasconi, S. (2012). Soziale Arbeit und soziale Probleme. Eine disziplin- und pro-fessionsbezogene Bestimmung. In: W. Thole (Hrsg.), Grundriss Soziale Arbeit. Ein ein-führendes Handbuch (S. 267–282).Wiesbaden: VS Verlag für Sozialwissenschaften.

Teubert, A., & Huber, J. (2023). Schutzkonzepte verankern. Erste Erkenntnisse eines Koope-rativen Forschungsprojekts zur Verankerung von Schutzkonzepten. In: *Kindesmisshand-lung und -vernachlässigung. Interdisziplinäre Fachzeitschrift für Prävention und Inter-vention.* DGfPI e. V. 2023 (2). I. E.

Teubert, A. (2020). Prävention sexualisierter Gewalt gegenüber Kindern und Jugendli-chen. Warum scheitern wir an so vielen Stellen? In: *Kindesmisshandlung und -vernachlässigung. Interdisziplinäre Fachzeitschrift für Prävention und Intervention.* DGfPI e. V. 2020 (1), 56–63.

Teubert, A., & Kızılhan, J. İ. (2018). Sexueller Missbrauch gegen Kinder und Jugendliche mit Migrationshintergrund. Empfehlungen zu Intervention und Prävention. In: *Kindes-misshandlung und -vernachlässigung. Interdisziplinäre Fachzeitschrift für Prävention und Intervention.* DGfPI e. V. 2018 (2), 136–149.

Teubert, A., & Rösner, M. (2023). Mein Kompass zum Ermöglichen von Teilhabe. Wir-kungsorientiertes Arbeiten mit Menschen mit Behinderungen. Stuttgart: Kohlhammer. I. E.

Teubert, A., & Vobbe, F. (2023). Sexualisierte Gewalt in Kindheit und Jugend. Ein Lehrbuch für die Soziale Arbeit. Kohlhammer: Stuttgart.

Vobbe, F., & Kärgel, K. (2022). Missbrauchsabbildungen und die Orientierung am Kindes-wohl: Finn & Lina. In: Sexualisierte Gewalt und digitale Medien. Wiesbaden: Springer VS.

Weber, M. (1972). Wirtschaft und Gesellschaft. Grundriss der Soziologie. Tübingen: Mohr Siebeck.

Wirth, J. V., & Kleve, H. (2019). Die Ermöglichungsprofession. 69 Leuchtfeuer für systemi-sches Arbeiten. 1. Aufl. Heidelberg: Carl-Auer Verlag GmbH.

Weiterführende Literatur

Dewe, B., & Otto, H.-U. (2012). Reflexive Sozialpädagogik. Grundstrukturen eines neuen Typs dienstleistungsorientierten Professionshandelns. In: W. Thole (Hrsg.), Grundriss Soziale Arbeit. Ein einführendes Handbuch. 4. Aufl. (S. 197–221). Wiesbaden: VS Verlag für Sozialwissenschaften.

Lamp, F. (2010). Differenzsensible Soziale Arbeit – Differenz als Ausgangspunkt sozialpädagogischer Fallbetrachtung. In: F. Kessl, & M. Plößer (Hrsg.), Differenzierung, Normalisierung, Andersheit. Soziale Arbeit als Arbeit mit den Anderen (S. 201–217). Wiesbaden: VS Verlag für Sozialwissenschaft.

Nationaler Rat gegen sexuelle Gewalt an Kindern und Jugendlichen (2021). Gemeinsame Verständigung des Nationalen Rats. Hrsg. v. Bundesministerium für Familie, Senioren, Frauen und Jugend. Unabhängige Beauftragte zu Fragen des sexuellen Kindesmissbrauchs. Berlin. https://www.nationaler-rat.de/downloads/Gemeinsame_Verstaendigung_Nationaler_Rat.pdf.

Schütte-Bäumler, C. (2010). Queer Professionals als Reflexionskategorie für die Soziale Arbeit. In: F. Kessl, & M. Plößer (Hrsg.), Differenzierung, Normalisierung, Andersheit. Soziale Arbeit als Arbeit mit den Anderen (S. 77–95). Wiesbaden: VS Verlag für Sozialwissenschaften.

Stecklina, G., & Wienforth, J. (Hrsg.) (2019). Soziale Arbeit und Lebensbewältigung. Grundlagen, Praxis, Kontroversen.

Anja Teubert, Dr. phil., Dipl. Soz.päd., Master in Sozialmanagement. Professorin für Sozialraumorientierte Soziale Arbeit. Studiengangsleitung Soziale Arbeit in der Kinder- und Jugendhilfe an der DHBW in Stuttgart. Lehrtätigkeiten zu Professionalität in der Sozialen Arbeit, insbesondere der Kinder- und Jugendhilfe, Macht und (sexualisierte) Gewalt in (päd)agogischen Kontexten, Inklusive Kinder- und Jugendhilfe, Personen- und Sozialraumorientierung, Ganzheitliche Prävention der Sozialen Arbeit. Theorie und Praxis der Sozialen Arbeit und die Strukturen im Unterstützungssystem sind neben dem Thema Kinderschutz/Schutzkonzeptverankerung weitere Schwerpunkte. Anja Teubert ist Mitglied in der AG Schutz des Nationalen Rats der UBSK und im Beirat Wissenschaft und Praxis der Lebenshilfe sowie der LAG Teilhabe SGBIX des Landes Baden-Württemberg.

GPSR Compliance

The European Union's (EU) General Product Safety Regulation (GPSR) is a set of rules that requires consumer products to be safe and our obligations to ensure this.

If you have any concerns about our products, you can contact us on ProductSafety@springernature.com

In case Publisher is established outside the EU, the EU authorized representative is:

Springer Nature Customer Service Center GmbH
Europaplatz 3
69115 Heidelberg, Germany

The manufacturer's authorised representative in the EU is Springer
Nature Customer Service Centre GmbH, Europaplatz 3, 69115 Heidelberg,
Germany. If you have any concerns regarding our products, please
contact ProductSafety@springernature.com

Printed and bound by CPI Group (UK) Ltd, Croydon, CR0 4YY

28/04/2026

02098509-0003